Mystique non-philosophique à l'usage des contemporains

5-7, rue de l'Ecole polytechnique ; 75005 Paris

http://www.librairieharmattan.com
diffusion.harmattan@wanadoo.fr
harmattan1@wanadoo.fr

ISBN : 978-2-296-03146-3
EAN : 9782296031463

François LARUELLE

MYSTIQUE NON-PHILOSOPHIQUE À L'USAGE DES CONTEMPORAINS

L'Harmattan

OUVRAGES DU MÊME AUTEUR

PHILOSOPHIE I

- *Phénomène et différence. Essai sur Ravaisson*, Paris, Klincksieck, 1971.
- *Machines textuelles. Déconstruction et libido-d'écriture*, Paris, Le Seuil, 1976.
- *Nietzsche contre Heidegger*, Paris, Payot, 1977.
- *Le déclin de l'écriture*, Paris, Aubier-Flammarion, 1977.
- *Au-delà du principe de pouvoir*, Paris, Payot, 1978.

PHILOSOPHIE II

- *Le principe de minorité*, Paris, Aubier, 1981.
- *Une biographie de l'homme ordinaire. Des autorités et des minorités*, Paris, Aubier, 1985.
- *Les philosophies de la différence. Introduction critique*, Paris, PUF, 1987.
- *Philosophie et non-philosophie*, Liège-Bruxelles, Mardaga, 1989.
- *En tant qu'Un*, Paris, Aubier, 1991.
- *Théorie des identités*, Paris, PUF, 1992.

PHILOSOPHIE III

- *Théorie des Etrangers*, Paris, Kimé, 1995.
- *Principes de la non-philosophie*, Paris, PUF, 1996.
- *Ethique de l'Etranger*, Paris, Kimé, 2000
- *Introduction au non-marxisme*, Paris, PUF, 2000

PHILOSOPHIE IV

- *Le Christ futur*, Paris, Exils, 2002
- *L'ultime honneur des intellectuels*, Paris, Textuel, 2003
- *La Lutte et l'Utopie à la fin des temps philosophiques*, Paris, Kimé, 2004

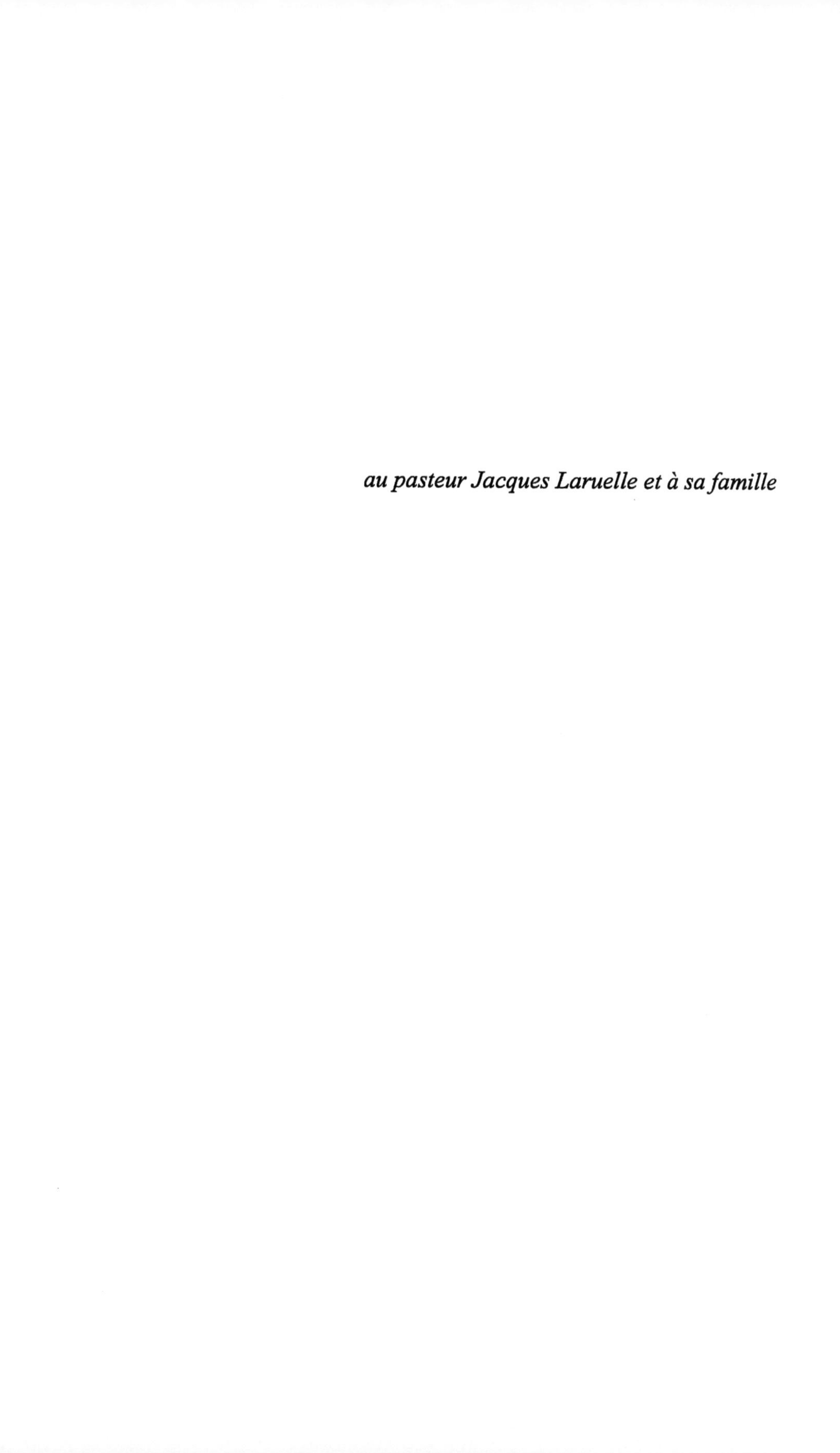

au pasteur Jacques Laruelle et à sa famille

INTRODUCTION AUX CHOSES DERNIÈRES

Ce second volume du Triptyque inauguré par *Le Christ Futur. Une leçon d'hérésie* était annoncé à l'origine sous le titre de *Théorèmes mystiques*. Nous avons abandonné ce titre exact dont un équivalent tout aussi exact serait celui de *Mystique-fiction* pour un titre plus immédiatement intelligible. Il s'agit d'une biographie des humains comme de Futurs. Changeant de titre, il n'a pas changé de sens pour autant, puisque l'élément naturel des théorèmes, surtout lorsqu'il s'agit, comme on va le voir, de ceux que « cause » l'Homme lorsqu'il fait impasse pour la religion, est la fiction dont il faut sans délai admettre qu'elle a très peu à voir avec l'imagination. Mais sa place dans l'économie générale de la non-philosophie est précisée à la fin de cette Introduction.

Si cette Introduction exige une lecture continue et une compréhension linéaire, si elle est une sorte de mémento exotérique pour une théorie, c'est afin de munir le lecteur d'un organon permettant une lecture éventuellement aléatoire, libre et dispersive « au hasard » du corps mal remembré du texte, fait d'avancées, de recoupements, de recherches et d'esquisses d'un Verbe fait d'axiomes vécus, mais qui constitue peu à peu une toile. Autant d'aspects de la mystique-fiction regroupés dans des rubriques très générales mais qui finissent par avancer une intelligence d'ensemble non-systématique. C'est au niveau des chapitres que s'établit la cohérence la plus forte autour d'un thème central mais toujours « occasionnel ». Chacun des paragraphes est précédé de l'énoncé du thème le plus important, mi-axiome mi-théorème, et contient un exposé théorique accompagné d'arguments protreptiques que leur auteur rêverait, pour tout dire, de pouvoir développer en un style sermonnaire. En mémoire de Maître Eckhart et d'autres, ces facettes ou ces « aspects » multiples de la mystique future ont été conçus, espérés surtout, comme autant de matrices pour des « prédications » ou des « interventions » possibles. Bien entendu nous nous adressons à tout un chacun des sujets, nullement à une catégorie particulière d'individus sous des critères d'exclusion. L'une des thèses principales est qu'il y a *une mathèse de la mystique-fiction*, mathèse évidemment non-mathématique, ce qui ne veut pas dire étrangère à toute mathématique, et qui garantit une transmissibilité intégrale des énoncés radicalement vécus du Verbe-fiction. L'Évangile ultime, la Dernière Bonne Nouvelle avant le retour du Monde, se dit en forme de mathesis. Que les mystères du Verbe se dissipent dans un savoir vécu adressé à tout un chacun des sujets signifie qu'il en existe pareillement un du salut destiné à se substituer aux vaticinations transcendantes des prêtres, aux ratiocinations des théologiens, aux mystères des sacrements. Nous introduisons un style quasi mathématique dans la prédication.

***

Cette première « concentration » d'objectifs (la fiction comme élément de la vérité) en annonce d'autres. Dans ses sources déjà, cet essai conjugue étroitement, unifie sur la base radicale du Réel redéfini comme « Homme-en-personne », trois modes de l'expérience religieuse restés étrangers les uns aux autres, voire adversaires déclarés. D'une part l'héritage de la mystique chrétienne et néo platonicienne à travers Eckhart et l'Hésychasme russe, dont nous inversons le sens général, donnant la primauté au Réel comme Homme-en-Homme plutôt qu'à Dieu ou à la Déité. D'autre part la pointe hérétique de la pensée, émoussée par des siècles de conformisme et de persécution anti-gnostiques et que nous mobilisons contre l'esprit de connivence philosophique. Enfin une inspiration eschatologique et messianique qui fait conjoncture et qui est ici mise au service d'une certaine pratique de la « fin des temps » philosophico-religieux. Ces trois traditions, nous entendons nous les approprier plutôt que nous les ré-approprier encore et toujours à la manière philosophique, les appelant à « venir » pour la première fois, plutôt qu'à revenir, à leur apocalypse. La formule à nouveau entendue ici et là, *ce qui vient*, dont nous faisons d'ailleurs réponse plutôt que question, témoigne en général de lassitude et de désespoir devant *ce qui est* et qui ne cesse de finir, comme par exemple la philosophie, *paradigme de ce qui finit* ou plus exactement de *ce qui survit.* Nous lui donnons un sens moins entendu, celui d'un messie humain, extra-mondain plutôt que l'extra terrestre de tous les fantasmes, qui se dit tel qu'« Homme-en-personne » et dont le pur acte est seulement de *venir sans qu'il y ait venue dans le Monde,* ou encore *de venue-sans-venir-au-Monde mais pour le Monde.* Logique étrange, mais c'est justement celle des Humains et de leur messianité propre que les religions ont combattue, les philosophies ignorée, les sectes espérée comme extra-terrestre. *Ceux qui viennent ?...* De quels humains s'agit-il s'ils sont seuls titulaires du titre de messie, un titre qu'ils n'ont pas emprunté par esprit de conquête métaphorique ? Au moins ont-ils le pouvoir de lier en leur corps de sujets-Christ les membres ennemis de la pensée. Il s'agit d'instituer une *Querelle des Modernes et des Futurs.* Pour le dire d'un mot, si les

Modernes, qui sont des traditionnels, saisissent la philosophie par le réel des mathématiques qui la détermine par sa base, les Futurs la saisissent par cet autre réel qui la détermine par sa tête, la mystique. Les Modernes sont des matérialistes, les Futurs sont des spirituels.

***

Nous plaçons donc ces recherches sous le Nom-de-l'Homme, et c'est un *ultimatum*, une « pensée » c'est-à-dire une « chose dernière », la *Chose dernière*. Nous lui associons comme on l'a suggéré, certaines dualités. Ce que nous appelons « mystique future » ou « non-religieuse », nous l'opposons, d'après ses références chrétiennes, ses sources et son matériau, à la « mystique religieuse » ou « ancienne ». Nous l'appelons aussi, cette fois en fonction de son sens philosophique, « mystique-fiction », voire « christo-fiction » pour l'opposer à la « mystique-monde », religieuse ou corrompue par l'esprit de Monde. Un tout autre couple encore, une autre dualité plus théorique et pour laquelle nous exposerons nos raisons, un modèle d'interprétation scientifico-philosophique de la non-philosophie, le modèle quantique, serait celui de la « micro-mystique » et de la « macro-mystique » des théologiens et des philosophes. Usant de cette modélisation, nous devons fonder d'une décision toute de venue la distinction entre « la-philosophie » des philosophes qui est en réalité une « macro-philosophie » qui s'ignore comme telle, et une « micro-philosophie » ou plus justement une « philo-fiction » à inventer comme objet d'un nouveau formalisme, celui que détermine le Réel comme Homme-en-personne et son sujet-Christ, et à laquelle correspond une micro-mystique. Autrement dit la micro-mystique ne correspond pas à la « micro-politique » des Contemporains, qui n'est qu'une miniaturisation des formes de multiplicité traditionnelles de la philosophie, nullement un changement qualitatif d'échelle et encore moins l'invention d'un nouveau formalisme.

Nous faisons en général une distinction entre deux types hétérogènes de mystique en fonction de l'usage de leur matériau chrétien, usage soit religieux soit non-religieux ou hérétique, de leur style soit dogmatique soit théorématique, enfin du modèle ou de l'un des modèles capables de les interpréter concrètement, modèle soit micro-physique ou quantique soit philosophique. Mais il est essentiel de retenir d'abord que *mystique future, mystique-fiction, micro-mystique (peu employé ici), c'est tout un dans la structure théorique, dans le formalisme, et différent dans les modèles soit philosophico-religieux soit scientifiques capables d'interpréter ce formalisme et par conséquent de le nommer par leurs symboles.*

Une dualité traverse donc ce discours mystique nouveau aux multiples modélisations que nous établissons par une structure unique. C'est globalement celle d'une théorie, la mystique-fiction, qui a pour traits d'être future ou « messianitaire » (plutôt que messianique), axiomatique et théorématique, « microphysique » enfin, et par ailleurs d'une mystique ancienne, fondée sur le théologico-philosophique chrétien et sur des formes d'argumentation idéologiques mais qui nous sert de symptôme, de matériau et finalement de modèle d'interprétation pour la précédente. Plus concentrée encore sur le point du sujet, c'est la *dualité d'une christo-fiction et d'une christologie* comme il y en a eu tant dans l'histoire de la philosophie.

On se demandera peut-être où veut aller l'auteur et de quoi s'agit-il exactement, d'une réforme de la mystique chrétienne par un croyant mécontent ? d'une « nouvelle » théologie sur une base philosophique renouvelée du genre néo-humanisme ? d'un exercice de fiction littéraire sur un certain corpus traditionnel ? de la tentative de fondation et d'argumentation mathématisée d'une secte philosophique, d'une parodie vaine ou d'une provocation sans lendemain ? *Pourquoi répondre à tant de questions mal et trop vite posées, qui n'auront pas attendu la réponse qui les rendrait (im-)possibles ?* Nous ne voulons rien de tout cela, évidemment, juste un discours « selon » le Réel mais surtout pas « du » Réel, donc selon l'Homme, et conduit avec la rigueur imposée d'un certain type d'axiomes et de théorèmes qui nous délivreront des fantasmes religieux. S'il y a un résultat final, c'est celui-ci, la mystique philosophico-chrétienne qui est un bloc unitaire est non pas divisée en deux mais dédoublée selon une dualité dite « unilatérale », d'une part la branche de la mystique-fiction ou future qui est ce que nous construisons avec les pièces de l'ancienne mystique, et d'autre part la détermination d'un nouveau statut de cette mystique ancienne comme modélisation du formalisme de la mystique-fiction. La suffisance philosophico-religieuse de cette mystique est ainsi détruite et la mystique mise à la portée des sujets-Christ que nous sommes.

***

Non sans de bonnes raisons espérons-nous, une certaine turbulence mal reçue des philosophes est ici mise à la pensée et aux langages multiples dont nous faisons un usage parfois débridé. Pour en finir avec le « jargon » philosophique, il faut le multiplier de manière baroque à travers des modélisations différentes et le « forcer » de manière réglée. Trop souvent le langage des philosophes n'est qu'un crime respectable contre la clarté de l'expression. À force de parler le langage « correct » du rationalisme et des frontières disciplinaires, de chercher du sens plutôt que de la jouissance, de la norme plutôt que de l'invention, nous les philosophes avons oublié combien la mystique par exemple, sans parler des sciences, contenait d'effervescence langagière et de création de vocables. Profitons plutôt de cette générosité du matériau mystique pour en accentuer la portée et le sortir de son « encerclement » philosophique. Nous avons essayé d'attaquer les murailles de Fort-Langage et pas seulement d'ouvrir les « chambres », du château intérieur dont parle Thérèse d'Avila, pour y faire pénétrer un peu des multiples vocabulaires que le Monde roule éternellement, mais justement pas le Monde lui-même. On dira que c'est un objectif contraire à la tradition mystique mais le paradoxe de la mystique-fiction et de la christo-fiction, qui ne fait que renforcer un trait de l'authentique mystique chrétienne, se tient ici, la donation du Monde, son salut, se fait au mieux sous une condition messianitaire radicale. Car seul un Verbe toujours émergent et neuf peut délivrer le Monde hors du Monde. Et nous-les-Humains comme sujets-Christs sommes cette force, pas une force forte trop faible pour se mesurer au Monde et à Dieu, mais la « force faible » qui fait les messies et vient au-devant des montagnes qu'elle « soulève ». *Quelle montagne ici ? Évidemment celle du langage.* Éprouvé, agité en tous sens, probablement nauséeux, le lecteur s'étonnera que l'on puisse malmener à ce point le bon usage par des rafales de synonymes, des paquets ou des clusters de vocables jetés en vrac, des innovations sémantiques excessives, quelques torsions syntaxiques, une logique d'agrégats. Le modèle de ce dérèglement du langage mystique, c'est Eckhart, accentué ici par un hétéroclite de surdétermination et de psychanalyse. À vrai dire une lecture de ces fragments devrait être de type musical. Le texte est articulé selon une double dimension, l'une est faite d'énoncé horizontaux, composés d'agrégats de termes souvent (dé)liés d'un trait d'union, l'autre est un empilement d'énoncés ou d'agrégats synonymes, qui sont donc identiques, mais en-dernière-instance seulement c'est-à-dire malgré leur hétérogénéité évidente de sens. La dimension mélodique est elle-même souvent brisée, comme la dimension contrapuntique contient des décalages. Ensemble elles doivent finalement résonner dans l'imaginaire comme l'expérience d'une pensée nouvelle.

***

Prenons le problème par le côté apparemment un peu extérieur du matériau, justement des langages réquisitionnés. Deux questions motivent ce traité du futur comme mystique et comme fiction chez les Humains. Quel avenir donner à la vieille mystique ? Quels messies les humains sont-ils autorisés dans leurs limites à reconnaître ? La mystique est un cadre inattendu pour un messianisme, une « messianité » strictement humaine, mais elle est la forme par excellence de l'expérience chrétienne de Dieu, et sa forme ancienne, philosophique et chrétienne, ne sert que de matériau pour cette élaboration. On trouvera par exemple une théorie possible du « sujet », de sa naissance mystique par clonage, de son statut de messie, de sa venue comme « lutte » contre le Monde, et un certain nombre de thèmes classiques des pensées chrétiennes et théologiques mais que l'on se gardera de reconnaître trop vite, étant toujours traités dans un esprit de « non-philosophie » étendu sous la forme d'une « non-religion » et d'une « non-théologie ». Toutefois comme l'appareil mystique qui nous sert de matériau et de symptôme est tiré de Maître Eckhart et de l'Hésychasme russe, on pourrait parler, sans doute trop étroitement, d'une mystique *non-eckhartienne* et *non-hésychaste*. L'essentiel toutefois est de mettre en œuvre le « formalisme » non-philosophique sur ce matériau, de démontrer qu'il est opératoire et qu'une mystique-fiction ou future est théoriquement possible.

La mystique historique est restée à l'état de désir en marge de la philosophie parce que la philosophie n'est qu'unité et marge, à l'état de rébellion contre l'Église parce que l'Église n'est qu'autorité c'est-à-dire inclusion et exclusion. La philosophie fait du mystique un marginal, l'Église en fait un chrétien au bord de l'hérésie, peu tolérable et de toute façon malheureux. En réalité la mystique n'a pas encore produit tous ses effets ni livré toutes ses possibilités. L'accomplissement chrétien semble achever la religion et libérer de nouvelles pratiques de foi, comme la métaphysique se clore sur soi et libérer de nouvelles possibilités de pensée. Ce n'est toutefois pas dans ce retrait, dans cette fermeture supposée libératrice que nous mettons cette performation mystique à quoi nous appelons. Loin de « possibiliser » la mystique existante comme on avait prétendu « possibiliser » la phénoménologie, nous demandons ce qu'elle devient lorsqu'elle est « impossibilisée », rendue *impossible mais non inexistante* par sa cause ou le Réel. Ce Réel, l'Homme-en-personne, disons-le une première fois, est le Vécu (d') impossibilité *pour* la mystique entre autres disciplines philosophiques. Justement parce qu'il est forclos à la mystique existante ou « donnée », il la transfigure en mystique-fiction qui n'est que la réalité de l'impossibilité des possibilités contenues dans son expérience religieuse.

« Philosopher en Christ », cette formule n'aurait donc pas épuisé tous ses pouvoirs ? Peut-être est-on resté en chemin c'est-à-dire toujours en philosophie comme le prouve le cortège des christologies philosophiques (Fichte, le jeune Hegel, Michel Henry). *Renverser* la soumission du Christ à la philosophie, soumettre celle-ci à celui-là, ou bien les identifier en immanence radicale (Hegel et Henry), s'est-on demandé ce que signifiait cette formule et si sa logique ne prolongeait pas l'état de choses ancien ? si elle était capable de délivrer de leur servitude réciproque le Christ et la philosophie, fût-elle celle de la Vie immanente, puisque c'est toujours pour faire du Christ le fils de Dieu, fils de la transcendance au lieu d'en faire le *Fils de l'Homme* ? C'est ce double héritage, religieux dans la conception du Christ, unitaire dans celle de la pensée, que la mystique future en sa messianité refuse d'assumer. La poursuite de la philosophie dans la religion ne va pas sans un droit de suite dans la religion elle-même, il est destiné à libérer le Christ dans Dieu et l'Homme dans le Christ. Nous avons le choix, il n'y en a pas d'autres, entre la mythologie religieuse et l'utopie « messianique », disons plutôt « messianitaire », la messianité humaine, celle qui renonce à l'imagination de la Venue comme promesse mais non à la Venue elle-même. Performer l'utopie de l'Homme-en-personne-qui-vient et ne cesse de venir plutôt que seulement ou d'abord renverser les soumissions, voilà qui invalide plus sûrement le Verbe ancien et quelque peu mythologique. Nous pratiquons d'emblée, sans même l'espérer, une utopie... sans-lendemain, un Christ qu'aucun testament d'aucun Dieu n'aura légué à l'Homme. Nous opposons au Christ par testament un Christ par *ultimatum*, au Christ historique un Christ futur, le dernier Christ dont la venue clôturante destitue le *règne* de la philosophie et de la théologie réunies. Il n'est plus possible, il est devenu impossible en un sens radical que nous devons aussi décider, de christianiser encore la philosophie ou de philosopher le Christ, de les défaire ou déconstruire l'un par l'autre. Il est en notre pouvoir de faire entendre un Verbe-sans-testament.

Mais comment s'approprier la mystique si le chrétien, lui, ne cesse de se la ré-approprier comme son essence et de la consommer ? Une mystique future est sans objet ou matériel propre par définition, puisqu'elle n'a pas eu lieu ni même peut-être n'aura eu lieu, qu'elle n'est pas sise déjà ou prédessinée dans un futur existant, puisque d'un futur plein, comme d'ailleurs d'un futur vide, nous faisons table rase. Pour ce qui ne sera que de l'ordre d'un matériau, il n'y a pas d'autre solution que de puiser dans la tradition tant le christianisme et peut-être sa mystique verront encore de formes nouvelles, possibles tout en étant par ailleurs impossibilisées, toutes d'ailleurs se disposant dans l'horizon final de leur *philosophabilité*. La mystique fut toujours un lieu d'intersection, un nœud resserré de la philosophie et du christianisme. C'est donc avec quelques éléments puisés dans ce matériau et dans celui de la gnose que l'on élaborera ce « non-christianisme » ou ce « christianisme futur » sans rien céder à la philosophie ni à la religion, sans les mélanger à nouveau pour les affaiblir l'un par l'autre.

***

Si nous entrons un peu dans la « technique », pour comprendre ce que peut signifier une « mystique non-philosophique », il est besoin de connaître les intentions les plus générales de la non-philosophie. Rappelons d'abord que pour la non-philosophie, ce qui prétend s'appeler soi-même et se définir soi-même comme « philosophie », quelles que soient les opérations qu'elle pratique sur soi, qu'il s'agisse de son auto-épuration comme vide ou de son auto-enrichissement comme épistémologie, esthétique, politique ou théologie, est marqué dans sa spontanéité de suffisance. La suffisance est la prétention de la philosophie à valoir pour le Réel. Elle ne repose pas ou pas seulement sur ces définitions limitées que sont les confusions de l'être en tant qu'être avec l'étant (Heidegger), la présence (Derrida), la transcendance des dieux (Deleuze), la Présence sans vide (Badiou). Mais elle repose sur la confusion avec le Réel comme Homme-en-personne de toutes ces confusions elles-mêmes *plus* leurs précédentes solutions proposées par ces auteurs. Donc sur la confusion de l'Être aux modalités diverses avec le Réel plutôt qu'avec une forme authentique de l'Être. La philosophie (Platon), la psychanalyse (Lacan) et la philosophie récente qui en est la plus proche voisine (Badiou), ont évidemment tenté de distinguer le Réel de l'Être, mais pas de la philosophie comme spontanément suffisante telle qu'elle s'articule ultimement sur une certaine réciprocation, extrêmement diversifiée, de l'Être et du Réel. C'est le cas du Réel comme « impasse de l'Être », à quoi nous opposons le *Réel comme Impasse-en-personne, Impossibilité-en-personne,* et non comme Autre (Lacan) ou comme Vide soustractif (Badiou), *impasse immanente* pour l'Être et le Logos qui se dit de lui. C'est ce que nous voulons signifier en disant que le Réel est forclos de manière immanente, fait *impasse radicale (immanente) et non absolue (transcendante)* pour la pensée et le langage. En général la philosophie contemporaine à la suite de Lacan et plus anciennement de Heidegger, pose dogmatiquement le Réel comme impasse sans se demander comment et pourquoi il a ce pouvoir d'impasse, sans prendre la peine de l'élucider, si c'est possible, et par quelle décision. Cette impasse du Réel agit par *une certaine rétroaction à préciser* de la philosophie, qui prétend se dire de lui. Des philosophies contemporaines à la non-philosophie, il y a donc, par et pour la décision non-philosophique comme impasse rétroactive, non seulement une traditionalisation, mais une véritable capitalisation des amphibologies à défaire, ce qui implique une rupture radicale avec ces formes de suffisance. Une présentation simple de la non-philosophie dit ainsi qu'elle distingue unilatéralement le Réel de l'Être (et de la pensée, du langage, de la connaissance, sans parler de Dieu, etc.), que le Réel est donc cause en-dernière-instance de la science de l'être en tant qu'être, de toute ontologie qu'elle renvoie comme symptôme à la philosophie. Autrement dit elle déclare la suffisance liée au spontanéisme philosophique et la frappe de non-suffisance pour la rendre « adéquate » au Réel, c'est-à-dire à l'Inadéquation-en-personne qu'est le Réel. Elle procède par une dualyse (dualité unilatérale) de cette entité dure-et-molle qui s'appelle philosophie. D'une part elle est construction d'une mystique-fiction, d'un nouveau Verbe procédant par axiomes et théorèmes, incluant une déconstruction spécifique, non textuelle de la mystique. D'autre part elle réduit philosophie et mystique à l'état de simples modèles d'interprétation, à une modélisation de ce formalisme concret qu'est le Verbe-fiction. Il s'agit d'expliquer et de détailler progressivement ce programme.

L'opération typique de la non-philosophie a la forme interne de ce que nous appelons une « dualité unilatérale » ou encore une « détermination-en-dernière-instance ». Elle a des effets d'impossibilisation sur un matériel mystique dont elle décide contre son gré qu'il est symptomal, comme toute doxa. Mais cette action, loin d'être l'effet d'une anticipation de vérité et d'un infini inachevable comme c'est toujours le cas dans la suffisance philosophique qui combine anticipation et retard, est l'effet d'une messianité ou d'un acte performé de Venue radicale, elle est quasi « messianique » ou messianitaire, tout en frappant l'ensemble de la mystique de symptôme de l'Homme-en-personne. Ce n'est plus la fantastique « vérité » qui nous guide, c'est l'Homme-comme-Venue, venue immanente à son effet unilatéral de rétroaction du matériau philosophico-mystique. Le caractère rétroactif de la vérité est ordonné, quoique immanent, comme unilatéral au Vrai-sans-vérité tel qu'il vient et ne fait que venir sans aucune « promesse » ou « annonce » pour prophètes en mal de reconnaissance. Nous appelons aussi « ultimatum » cette décision ou règne l'immanence de la « dernière » Venue qui impossibilise enfin la spontanéité philosophante.

***

Son premier acte fondateur opéré par le sujet non-philosophe, en même temps que l'établissement de sa véritable portée de mystique future, consiste à décider rétroactivement que les suffisants et philosophiques « Un », « Vide », « Vérité », les mystiques « Déité » ou « Superessentiel », et le psychanalytique « Réel » sont des symptômes, l'unique symptôme de l'Homme-en-personne qui est donc la mesure d'inadéquation ou la détermination en-dernière-instance de la philosophie, de son auto-enchissement théologique comme de son évidement mystique. La philosophie et la psychanalyse ont déguisé l'Homme-en-personne dans une entité transcendante, l'ont projeté dans un monde ou dans un Réel indécidable ou vide qui fait impasse par transcendance, abandonnant le concret de l'Homme à un « animal rationnel » objet d'une anthropologie vouée au désastre humaniste ou anti-humaniste, une antithétique sans beaucoup de pensée.

Qui sera maintenant sinon le sujet du moins la cause de cette appropriation qui fait impasse ? Nous avons la réponse première, c'est le propre qui n'est que propre, et c'est encore trop dire, l'Homme-en-Homme. La mystique traditionnelle pense en Dieu ou en Christ, la future pense « en-Homme ». De là l'axiome, *le Réel, qui n'est pas l'impossible (Lacan) mais le Vécu (de) l'impossible, l'Impossible-en-personne, c'est lui que nous appelons l'Homme-en-personne*. Le Réel comme impossible, cette formule contient un blanc, le manque d'un symbole, l'« Homme-en-Homme ». C'est le lapsus majeur de la psychanalyse glissant du sujet au symbolique et du symbolique à un « Réel » transcendant, de la religion aussi glissant de l'homme à Dieu et réciproquement. Elles passent sous silence le Vécu immanent (de) l'impossible et attribuent le simulacre de sa fonction à l'Inconscient, à Dieu, au Vide ou à d'autres indéterminations mais elles ne parviennent pas jusqu'à l'Homme-en-personne. *Il suffit de se donner, par un acte d'ultimation mais lui-même performé-en-dernière-instance, le Vécu (d') impossibilité pour en déduire toute la non-philosophie comme philo-fiction et comme mystique-fiction, et pour entrer dans le royaume d'Hérésie*. Elle traite de cette manière, qui est celle de l'*en-dernière-Humanéité,* les matériaux que lui offre la profusion des deux Testaments et de leurs suites mystiques.

Le principe de ce nouvel usage de la vieille mystique, c'est donc le Réel comme Vécu (d')impossibilité pour lequel l'*indifférence active* à l'union avec Dieu est plus qu'un attribut, qu'une propriété, qu'un destin historique et une conjoncture. Un tel Homme, dont l'indifférence est immanente, non relative mais radicale, est dépourvu de tendance ou de pulsion mystique. Cette indifférence à la religion et à Dieu n'est pas quelconque, elle est la condition pour que tout homme puisse accéder à cette expérience et que le forçage coutumier soit évité qui accompagne toute universalité désirée ou supposée comme est la philosophique. Les Humains n'accèdent pas à la mystique à partir de sa privation ou de son manque – c'est la solution traditionnelle. Ils y accèdent au contraire si, étant intrinsèquement absents ou invisibles comme le Réel, elle ne leur co-appartient pas, si elle est contingente pour eux qui ne risquent pas de s'y aliéner. Nous, les Sans-mystique…

Le paradoxe est d'identifier selon une nouvelle combinaison sans synthèse la philosophie et le Christ pour mieux les protéger l'un de l'autre, de cumuler leur force en les séparant d'une manière qui ne les mélange plus. En quelque sorte une théorie, unifiée unilatéralement ou en-dernière-identité, du Logos et du Verbe. Rapporter cette tradition à la *dernière Identité,* elle-même non-philosophable et non-chrétienne, c'est là sans doute une hypothèse, mais la seule qui, à la différence des hypothèses philosophiques, ne veuille pas se prouver elle-même, et à la différence des scientifiques ne soit pas vérifiable ou falsifiable empiriquement, déterminée qu'elle est en-dernière-instance par l'Homme-en-personne auquel seul elle rend des comptes. Une hypothèse *déterminée identiquement en immanence et en extériorité*, par *le dehors d'une immanence* si l'on peut dire, ou le dehors en forme d'impasse de l'Homme, est seule capable ainsi de transformer, de « transfigurer » la philosophie et le christianisme.

La loi de transformation de la mystique ancienne et de son monde a plusieurs noms, *dualité unilatérale* mais aussi *détermination-en-dernière-instance,* à condition de comprendre celle-ci comme *identité d'une impasse par immanence radicale*. Son caractère *ultime* ou son indifférence réelle de dernière (instance) s'exerce par son effet d'ultimatum ou par l'impossibilisation transformatrice et consumatrice dont elle affecte et force le Monde. L'Un-en-personne est la « Dernière Instance » qui *était* donc aussi l'homme mais « en-Personne » ! Il va de soi que nous avons « décidé » que l'Homme capable de mystique future n'était pas l'homme « naturel » ou rationnel pour lequel la religion est « donnée » par forçage, mais l'Homme réel d'être en-Personne, celui qui n'*est* pas religieux par nature et tradition, le Sans-religion, et qui doit s'approprier la religion selon un mode radicalement humain ou « impossible ». Devenir sur-humain, s'identifier à Dieu, à la philosophie ou au Monde, *s'identifier* en général aura été le plus vieux désir humain, désir pathétique d'absolu qui aura conduit le sujet dans une transgression mortifère. Or l'Homme est un type de causalité réelle(-transcendantale) inconnu de la philosophie et de sa mystique. Le Réel est indifférent par immanence radicale à toute action mondaine qu'il répulse par son trait d'impasse, mais il assume une fonction de sujet, une causalité transcendantale sur le Monde dès que celui-ci l'effectue comme une occasion, et il l'effectue dès qu'il s'agit de penser ou d'agir de manière quelconque.

***

L'œuvre de l'Homme-en-personne, puisqu'elle est en-dernière-instance, passe nécessairement par un sujet-Christ à la suite de son clonage par l'Homme *qui lui transmet en guise d'essence son Identité* avec ses propriétés. Il agence sur son mode à lui (la dualité dite unilatérale) ce matériel de symptômes philosophiques ou de miettes théologiques. Ce que nous appelons le *clonage* du Christ ou du Verbe par l'Homme ou encore, terme de la tradition philosophico-chrétienne que nous dualysons, la *mission* de l'Homme en Christ, est l'appropriation première de cette tradition plutôt que sa ré-appropriation seconde par l'ordre philosophique. Si le Christ est engendré sous ces conditions par l'Homme-en-personne, s'il est pensé jusqu'au bout comme *Fils de l'Homme*, la mystique future est l'appropriation de la mystique existante au propre radical, à l'en-Personne comme ce dehors par immanence. Le sujet-Christ est premier tandis que l'Homme, sans être « avant » lui, est plus que premier, il a la primauté du Réel sur le sujet mais s'exerce pour le Monde comme sujet. C'est notre « imitation » à nous des mystiques, notre répétition non-religieuse du Christ. Il n'y aura deux mystiques que par apparence philosophique. Une seule en réalité, la traditionnelle, et par ailleurs son appropriation future et non-religieuse selon l'Homme. Ce qui n'était que reproduit et *consommé* dans la ré-appropriation sera aussi *consumé* dans l'appropriation, assisté et sauvé de sa suffisance, le Messie sauvé de son horrible consommation par les Églises et venant pour les consumer. On sait que la philosophie et la folie entretiennent de nouveaux rapports autour du Christ. Mais en passant de la philosophie du Christ à sa non-philosophie, la folie du Christ est devenue folie-*en*-Christ. Et seule cette folie « selon » le Christ peut nous sauver des Fous de Dieu.

Selon quelle loi précisément s'opère cette transformation si elle-même n'est plus de ce Monde mais *pour* lui, si elle lui est indifférente, impossibilisante et étrangère ? Comme sujet-Christ, sans doute, l'homme *existe*-religieux mais sans être engagé dans un processus unitaire avec son existence, à la manière d'une « preuve ontologique », l'existence étant déjà fournie par le symptôme philosophique.

Soit donc le concept d'« Étranger » dont les Contemporains ont abusé philosophiquement, dont ils on dénié le trait d'Identité unilatérale par sa confusion avec la catégorie ontologique de l'altérité, le réduisant à une nouvelle doxa, quel usage théorique la mystique-fiction peut-elle en faire en fonction de son occasion gnostique ? Elle inverse, au moins dans l'apparence, l'extériorité plus ou moins accentuée de l'Étranger supposé affecter le moi humain et le constituer en divers modes d'inter-subjectivité. C'est désormais le sujet-Christ en-dernière-personne ou en-identité, qui est l'Étranger non plus en face d'Autrui mais en face du Monde, comme unique face *pour* le Monde, face unique ou unilatérale, sans face-à-face (Levinas). Étranger *au et pour* le Monde, exerçant contre lui son salut, forçant le Monde à être sauvé. « On forcera le Monde au salut ». Il s'agit donc, en référence à sa dernière-humanéité, non de son simple envers, encore moins de son revers, toutes structures qui appartiennent au Monde, mais bien de son Envers-en-personne. C'est un Vécu (d')identité impossible « au » Monde et qui conduit celui-ci dans son état futur de monde-fiction.

***

Sous le nom de mystique future, nous donnons une version hérétique de la mystique, à vrai dire l'Hérésie-en-personne, l'« en-Personne » étant peut-être l'hérésie par excellence ou accomplie. Dans les religions et ailleurs, l'hérésie est théoriquement insaisissable, juste manipulable comme rejet, calomnie, injure et bûcher, mais nous en faisons notre royaume et en esquissons une théorie. Ce trait d'insaisissabilité peut peut-être nous faire comprendre cette logique à quoi nous soumettons l'ancienne mystique. Illustrons ce problème avec un formalisme aux allures ou aux apparences philosophiques et que nous avions évoqué plus haut. Ce que nous appelons la mystique future, en quoi mérite-t-elle ce titre de fiction, une fois écarté évidemment le sens banal ou imaginaire, par exemple littéraire, de la fiction ? Il faut comprendre qu'elle ne décrit pas un phénomène religieux au sens d'une réalité en soi, ensuite affaiblie ou idéalisée par l'imagination. C'est parce qu'elle est elle-même réelle, ce Réel fût-il ou justement parce qu'il est intrinsèquement immanent et impossible et pas seulement absent ou manquant « à » la représentation, qu'elle n'est pas « réaliste » au sens ordinaire mais radicale fiction. Cela ne signifie pas qu'elle soit idéaliste, au contraire, elle est l'effet du Réel-en-personne, mais justement le Réel n'est surtout pas réaliste, matérialiste ou idéaliste, ce serait encore philosophie. Mais il n'est pas plus « absent » que « présent », et croire qu'il est « manquant » est le piège tendu par la psychanalyse à une philosophie pas toujours dégrossie. C'est ici qu'il faut introduire la notion d'un « formalisme ». Qu'est-ce qu'un « formalisme », si nous prenons comme *modèle d'interprétation* par exemple le formalisme quantique plutôt que logique ? Un formalisme réel, c'est dans ce contexte la formule théorique complexe d'une procédure,

1. agençant des symboles de syntaxes et de termes philosophico-mystiques sur un mode axiomatique non mathématique mais dont on dira qu'il les agence et les en-chaîne « unilationnellement » par sa manière de lier-sans-rapport les décisions et leur contenu de syntaxes et de symboles,

2. sans consistance ni validité de processus unitaire, philosophiques ou religieuses, soit empiriques (sans vérification et/ou falsification), soit métaphysiques (il ne dit rien sur l'essence en soi des phénomènes, ne fait pas d'hypothèses sur la nature et le vécu subjectif de la mystique comme le ferait une croyance ou une religion),

3. non-consistante (si ce n'est par ce qu'elle retient a priori *de son côté* de matériau ou de symptôme) à cause du Réel dont on ne peut rien dire sinon qu'il « en-siste » (et non « insiste ») comme sa cause ou comme a priori. Le Réel n'est pas immanent à un formalisme pré-donné, par exemple logique ou mathématique, c'est le formalisme qui est immanent en-dernière-instance selon le mode du Réel, mais comme possédant une autonomie relative, une fonction spécifique d'organe théorique. *Le formalisme est l'effet « symbolique » le plus direct possible, c'est-à-dire le plus impossibilisé, du Vécu (d')impossibilité, mais déterminé en-dernière-instance par lui, donc sans être son image ou son reflet spéculaire,*

4. chargée non de décrire et d'expliquer des phénomènes en soi mais, au sein du même geste immanent, des phénomènes transformés, de performer-conceptualiser (déconceptualiser) la transformation immanente ou transfiguration des phénomènes. Comme dualité unilatérale, le formalisme où s'épuise l'hérésie ne peut prétendre expliquer et décrire une réalité religieuse, ou même une *essence* des sans-religion et de leur rébellion, sauf simplification de l'hérésie par les formes dominantes d'autorité. *Le formalisme est l'acte d'une hérésie théorique. Le formalisme est l'hérésie dans la théorie et le noyau génétique de la mystique-fiction.*

5. capable de transmettre intégralement le Réel ou l'Identité humaine au Monde, ainsi transfiguré par le biais du clonage. La mystique future est par définition universelle et transmissible intégralement à tout un chacun. L'a priori au plan de l'Homme et le clonage au plan du sujet forment ensemble notre mathème non-mathématique mais intelligible à partir de l'axiomatique et de la théorématique qui président au Verbe. *Il y a un mathème du Verbe assuré par ce formalisme, voilà le sommet de la mystique future.*

Plus concrètement rappelons que la mystique-monde use de deux schèmes différents pour formuler le rapport de l'homme à Dieu. Chacun d'eux exploite l'un des côtés de l'instance philosophique la plus haute, qui n'est pas l'Un en général mais l'Un-Autre, car l'Un, objet de la transcendance en *épékeina*, possède une face d'altérité ou d'Autre *mélangée avec lui* (c'est le sens du trait d'union, qui indique ici la pérennité philosophique de la forme-mélange) et qui a reçu diverses interprétations opposées, plutôt éthiques ou plutôt mystiques. Soit ces deux cas où le trait d'union tombe en dehors des parenthèses suspensives et continue à légiférer hors suspens ou avec suffisance. Le schème néo platonicien exploite surtout le côté positif de l'Un-(Autre) sans négliger totalement l'autre côté et fait de l'œuvre mystique une identification, un retour à la simplicité de ce même Un. Le schème dionysien exploite plutôt le côté d'altérité de l'(Un)-Autre sans négliger totalement l'autre et fait de l'œuvre mystique une entreprise apophatique ou de négation des propriétés positives attribuées à Dieu-Un. Tantôt la manifestation « occidentale » de Dieu l'emporte sans l'annuler sur son être-caché ou invisible, tantôt c'est le mystère « oriental » de Dieu qui l'emporte sur sa manifestation jusqu'au sein de celle-ci. Mais dans les deux cas le mélange de l'Un et de l'Autre qui l'affecte divise l'Un et rejette encore plus loin et plus haut, peut-être à l'infini, un Un *de* l'Un ou un « méta-Un » (dont la formule en *meta-* ne peut signifier subrepticement que le caractère de métalangage et de redoublement métaphysique). À cet habitus fondamental de tout système philosophico-mystique qui veut qu'il y ait une vérité de la vérité et en général une duplicité, même dans le Bien platonicien ou le méta-Un (Badiou) où elle est dissimulée et secrètement présupposée comme convertibilité de la vérité avec elle-même, nous opposons une mystique non-philosophique qui rend radicalement et non absolument impossible la vérité de vérité et donc limite la vérité même en sa supposée simplicité par le Réel comme Vrai-sans-vérité ou comme « non(-)Un » (le trait d'union est une identité unilatérale).

Si simplifié soit ici le diagramme mystique, il peut l'être sans dommage parce que nous en *ultimons* (décision sur le mode de l'ultimatum) un tout autre, justement un formalisme d'une autre nature, celui de *l'Un((-)Autre/Tout)* – et non pas de l'Un-Autre philosophique avec la disjonction de ses deux versants ou versions, car cette fois le trait d'union propre au mélange est suspendu et tombe dans les parenthèses. Le principe de ce formalisme n'est donc pas l'Autre affectant et limitant l'Un avec lequel il serait mélangé, mais la radicale autonomie de l'Un qui n'est qu'Un, et de l'Autre qui accompagne l'Un de manière relativement autonome. Il a la même essence que lui mais sans se confondre avec lui ou être une partie du Réel. L'Un (et) l'Autre ne se partagent plus l'Un qui est cette fois radicalement impartageable. Nous appelons aussi *Un-en-Un* ou Homme-en-personne cette identité par immanence de l'Un qui ne prolifère plus indéfiniment. Mais même l'Autre n'est qu'Un-en-Un *quoique il ne se confonde pas avec lui comme s'il s'en soustrayait ou s'y ajoutait* (à la manière de l'Autre-de). Rien n'est pour nous plus symptomatique du style philosophique, donc de la suffisance, que le fameux « supplément » de la philosophie contemporaine même lorsque ce supplément est « soustractif ». Aussi n'est-il pas absolument *indiscernable* mais, si l'on peut dire, semi-indiscernable du Réel et semi-discernable de lui par son origine philosophique. Encore ces « semi » ne doivent-ils pas s'entendre comme un partage, il n'y en a pas ici, et encore moins comme des moitiés ou comme une moyenne, ils signifient le non-rapport de l'unilatéralité. Comme *Autre-que*... l'a priori de l'impossibilité ou du vide représente la fonction ou l'agir de l'Un, simple comme l'Un-en-personne auquel il ne retire ni n'ajoute rien. En ce sens il est « transcendantal » mais il ne l'est que parce qu'il est intégralement réel tout en ayant rapport (-sans-rapport) au Tout. En réalité, le transcendantal proprement dit viendra avec le sujet, donc le sujet-Christ, c'est pour l'instant un a priori non formel, l'a priori universel, comme dirait Husserl, de l'impossibilité, vide ou impasse que peut le Réel.

Si en effet le Réel est invisible et indivisible mais de cette manière, la radicalité non absolue (il serait dans ce cas aussi relatif et extrinsèque par mélange), il est aussi visible et divisible pour ou *à* la philosophie ou « aux yeux du monde », mais « à demi » pourrait-on dire, par le biais d'une dualité qualitative ou unilatérale et non plus par participation à un mélange. L'Homme-en-personne n'est pas et n'a pas un être-absent ou en retrait, invisible *à* la représentation ou indivisible *par* elle, il est trop intrinsèque à lui-même. Il est à demi-manifesté et séparé, c'est son aspect unilatéral ou unifacial, son aspect d'Étranger qui vient en ce Monde. Donc à demi-divisible par son altérité ou son unilatéralité, qui n'est pas un être-divisé mais de manière immanente un être-séparé-par-soi, à demi-visible aussi par son unilatéralité ou son unifacialité. L'immanence signifie que le Réel est intrinsèquement sans-rapport mais non pas absolu, qui supposerait toujours le relatif et la relation et un dernier saut dans l'être, donc il est aussi à demi-rapport comme a priori, et ceci en tant que lui-même est le Sans-rapport radical. Ce formalisme construit autour de la détermination en-dernière-identité exprime adéquatement la causalité de l'Homme « par rapport » au Monde c'est-à-dire au complexe du philosophico-mystique.

Il est évident que nous ne pouvons rien mettre de visuellement précis, de représentatif, nous ne pouvons rien imaginer sous ce formalisme théorique qui refuse toute phénoménologie de l'immanence comme de l'extériorité, alors prélevées sur leur mélange qui est le principe même de la philosophie. En revanche nous pouvons user de modèles divers, philosophiques, théologiques, scientifiques pour interpréter, et non pas illustrer, ce formalisme. Si nous usions par exemple un instant d'un *modèle physique et quantique d'interprétation de ce formalisme,* non d'une simple métaphore, le Réel serait dit constitué par l'Un-en-Un, intrinsèquement indivisible et invisible *comme* une « particule » pourrait le figurer concrètement. Ni un ni multiple, il évite cette disjonction et les autres apories issues de la représentation philosophique, mais il les évite de et par lui-même, sans rien devoir à la représentation dont il serait l'« absent ». Le Réel n'est pas *l'absent de toute philosophie ni l'impossible en général,* comme on le pensait au siècle dernier, ni l'Homme l'absence d'un fantoche ou la présence d'un sous-produit humaniste de la métaphysique. À la rigueur chacun est l'intrinsèquement (radicalement, non pas absolument) absent *pour (=Autre-que)* toute philosophie au sens où cette absence-là la détermine en-dernière-instance. Justement cette particule qui est un noyau de Réel est accompagnée nécessairement d'une « onde » unique d'altérité ou encore comme nous disons d'*unilatéralité ou d'impossibilité.* L'immanence radicale est aussi immanence d'un dehors, et ce n'est pas à proprement parler un « supplément » à la manière des philosophes contemporains, mais une uni-latéralité ou une uni-facialité, le concept que l'Homme exige pour être éventuellement pensé, c'est-à-dire pensé comme un sujet-Étranger et non anonymement comme une « fonction d'humanité » (Badiou). Le Réel n'a définitivement plus de faces bilatérales, voire trilatérales ou plus encore pour se montrer ou se manifester en extériorité et à une extériorité déjà donnée, pour s'inscrire dans un espace en général et surtout dans une transcendance. Et pourtant cette particule est *accompagnée* d'une face unique, d'une latéralité repérable au voisinage de la philosophie et de la théologie. En un sens l'onde d'altérité a même « essence » que la particule de Réel, elle est indivisible comme lui, ne lui ajoute ni ne lui retire rien de réel, mais ajoute d'un geste simple, sans le supplémenter, ses propriétés et sa fonction quant à la représentation. Elle est unilatéralement discernable du Réel et par ailleurs, par son origine ou son « élément », en est indiscernable. Le Réel doit se dire de deux manières non contradictoires, ou qui ne le deviennent que sous des conditions philosophiques, comme immanence radicale *et* comme flux d'altérité ou d'unilatéralité, un peu comme on dirait, selon ce modèle, qu'il est corpusculaire *et* ondulatoire. Comme il s'agit de l'Homme, on dira que celui-ci est pensable comme Identité invisible *et* comme Étranger, et chaque fois de manière intrinsèque. Au lieu de poser l'élément de la représentation et de lui soustraire l'invisible ou le vide comme font tous les philosophes (Lacan, Derrida, Badiou compris), le sujet réel inverse-sans-renverser, il agit selon un formalisme capable de se donner plus que l'inversion, la détermination-en-dernière-instance. Mais il y faut un acte d'ultimation première qui suppose la primauté du Réel comme Envers-en-personne de (pour) la représentation, et l'on en « déduit » le rapport, ou plutôt *le non-rapport*, à la représentation.

***

Bien entendu l'idée que la mystique future soit, plutôt qu'un système fermé, une théorie et même une pratique théorique réductible à un formalisme n'implique pas du tout qu'elle soit « sans réalité » ou « irréelle », pur fantasme ou imagination, à vrai dire le problème philosophique de sa « réalité » ne se pose plus. « Formalisme » ne s'entend pas ici comme la qualité de ce qui est logico-formel et vide de cette manière-là, mais comme un dispositif théorique quasi mathématique (axiomatisé) qui prédit à coup sûr des effets parce qu'il les produit par transformation immanente. L'axiomatique dont il s'agit est réelle et donc transcendantale, la décision axiomatique est unilationnelle, inséparable de son « enveloppe » de symboles concrets ou de son existence qu'elle « traîne » à sa suite dans un « rapport-sans-rapport » ou encore un « non-rapport », inséparable donc de leur transformation. Pour autant le Réel comme Vécu-en-personne n'est pas physique, la mécanique quantique n'est qu'un modèle de la non-philosophie en général qui est l'établissement de tels formalismes *selon-le-Réel*. La mystique future n'a donc pas de réalité (comme il a été dit, c'est « un futur sans lendemain », « du futur faisons table rase »), ce sera une mystique-fiction surtout si l'on en juge du point de vue de l'ontologie philosophique (qui ne peut être en l'occurrence qu'un *demi*-jugement fondé sur l'apparence philosophique) parce qu'elle est une théorie selon le Réel et que, si le problème de sa réalité ne se pose pas, c'est bien à cause du Réel qui la détermine, l'Homme étant sa cause ultime. S'explique ainsi l'un de ses thèmes majeurs, qui touche à la prédiction ou plutôt à *la prédication comme rétroactive*. Il est évident qu'elle ne prédit pas scientifiquement des phénomènes historiques ou spirituels plutôt que physiques. De toute façon son formalisme ne décrit pas ce qui est, même statistiquement comme ce qui est à venir, puisque le Réel n'*est* pas ou n'*existe* pas, que le futur est évidé de toute présence, mais les transformations qu'il opère comme sujet-Christ dans la réalité mondaine c'est-à-dire dans la réalité spécifique du Monde en tant qu'elle emporte toujours avec elle de l'étant et souvent du savoir. Transformations ou performations déterminées par ce Venir-sans-venue qu'est l'Homme-en-personne émergeant de son immanence *pour* le Monde. Il paraît évidemment paradoxal de déceler une certaine correspondance entre la prédiction quantique et le Venir-sans-attente-ni-venue du Messie. Mais la physique nous a déjà habitués à une double réquisition quantique et bouddhiste, quoique nos motifs soient très différents. L'on n'oubliera pas en effet que le quantique n'est ici qu'un modèle d'un formalisme plus général, que le Messie biblique encore attendu ou déjà venu est lui aussi un modèle mais religieux de ce formalisme qui vaut univoquement de toute pensée possible, pensée universelle.

Un tel formalisme, limitation réelle du tout-mystique ou du religieux, permet en revanche une détermination-en-dernière-identité du sujet dont l'essence ne peut plus être une extase de soi, du moins une transcendance auto-extatique, mais un clonage ou une mission par l'Homme-en-personne, et de là une lutte avec la suffisance du Monde. Leur confusion dans la philosophie au titre de l'« animal rationnel » conduit celle-ci à un « dogmatisme » mystique, c'est l'identification plotinienne à l'Un, et à un « scepticisme » mystique, c'est l'impossibilité de décrire et de connaître Dieu. La mystique future unifie en-dernière-Identité dans le nouveau sujet-Christ, donc sans les synthétiser, l'ancien sujet de la philosophie qu'elle fait plus que désubstantialiser, qu'elle arrache au signifiant, et le messie ou le Christ historique qu'elle enlève à l'histoire et à la religion. S'il y a un changement de figure, une transfiguration dans ces opérations toutes de performation, il ne peut affecter que la figure du Monde, pas l'Homme qui est sans-Visage, et la transfigurer plutôt que la « transformer » au sens d'une chose. Il donne lieu à une mystique, si l'on peut dire, phénoménale, nullement en soi et pour soi, Dieu compris. Autrement dit la mystique future est réelle par l'Homme-en-personne qui la détermine mais existe seulement pour le sujet-Christ et dans les limites de son activité de transfiguration. C'est la fin des antinomies de la mystique chrétienne et sa restitution au sujet sous l'égide de l'Homme.

***

C'est encore à d'autres changements qu'il faudra s'habituer. Évidemment quant à notre idée de l'Homme. Ce formalisme admet que l'Homme-en-personne n'est pas définissable comme un objet métaphysique ou entité macro-philosophique, objet apophantique de définition même négative, passible des attributs mystiques ou à plus forte raison théologiques. Il n'a donc pas à s'unir à Dieu et met un terme à l'idéal classique d'unition. S'il n'est pas l'Un néo platonicien, il est encore moins l'individu ou bien le sujet moderne. Pas davantage ce n'est une superessence infiniment transcendante, une entité divine tissée dans la ténèbre. Par exemple les

Humains, qui ne sont passibles ni de l'un ni du multiple et autres couplages philosophiques, ne peuvent être des monades individuelles, des miroirs s'entre-exprimant de l'univers, ce qui est le fondement de toute intersubjectivité. Invisibles « les uns aux autres » par définition, et même à tous les autres, au Tout-en-personne, ils se contentent d'être accompagnés d'une onde d'expression ou d'image sans original qui ne réfléchit pas le monde en soi et pour soi mais qui « est » le non-Monde de la mystique-fiction. Mais les Humains-en-personne ne forment un monde de l'infiniment petit ou du minimal, de la micro-mystique que par référence à un certain modèle. L'Homme est de toute façon hétérogène, quoique d'une manière originale, par immanence, au monde donné qui est le seul Monde, macroscopique si l'on veut. Toutes les solutions transcendantes étant exclues, il doit se définir « implicitement » par des énoncés privés de sens philosophique, non par de « petites lettres » mais par les « grandes lettres » ou les vocables dont sont tissés les axiomes qui démondanéisent leur matériau et qui sont l'œuvre du sujet-Christ. Au-delà encore de la phase réelle, il y a cette phase transcendantale du sujet cloné qui introduit un nouveau statut et fait œuvre non-philosophique proprement dite. Le sujet transforme pratiquement, unilatéralise de cette manière toutes les définitions du Réel dont vivent les philosophes, définitions de Dieu, du Christ, du Monde et de l'Homme, qu'il transforme en ajoutant de manière immanente-externe son unifacialité ou son unilatéralité aux phénomènes symboliques. Si bien que le symbolique de la psychanalyse se voit linguistiquement et philosophiquement dépotentialisé, l'ancien Verbe mis en état de résistance ou d'impossibilité contre l'imaginaire religieux. L'unilatéralisation n'est ni identification positive ni adoration mais dualité de l'Un-en-Un *et* de l'Autre-en-Un ou encore, selon notre autre modèle, corpuscule et onde. Cataphase et apophase sont interdites comme pratiques de Logos, ces voies traditionnelles sont unilatéralisées, elles perdent leur priorité, constitutive de l'Être, et passent à l'état de matériel de la mystique-fiction d'une part, de « modèle » de corpuscules et d'ondes d'autre part qui traversent le Monde sans plus s'y aliéner.

L'Homme est intrinsèquement cette Venue se faisant plutôt que faite. Ni actuelle ni virtuelle, elle peut être dite éternelle ou éternitaire si l'éternité échappe enfin aux prises du Temps et cesse d'être l'une de ces modalités et réciproquement elle-même son essence. L'éternité de l'Homme comme Venue, non comme être historique et encore plus ridiculement comme être culturel, ce qu'il est évidemment toujours possible et nécessaire dans son ordre de dire et de penser, est la seule hypothèse possible, celle de l'Impossible, si nous voulons pouvoir en même temps rendre intelligible et transfigurer le Monde plutôt que le contempler. La non-philosophie, et peut-être la philosophie dans les meilleures espérances qu'elle ait pu formuler, poursuit de tout autres buts que la relève de l'histoire, la rumination de la religion, la gestion supérieure de la politique, un bon usage de la psychanalyse et de la science, au mieux elle les transfigure en tant quelles sont impliquées par et dans le Monde. Elle n'a pas à commenter les formes du savoir et de l'actualité, à relever leur sens, mais à performer éternellement la Venue des sujets-Christ qui consument leur être-au-monde. Les sujets non-philosophiques ne reconstituent pas un Monde mais consument finalement sa suffisance au travers de l'apparente « consommation » de ses structures. Que produisent-ils alors sinon une Cité humaine, un Royaume indiscernable *et* unilatéralement discernable, un Plérôme de Christs ?

***

Autre changement, nous traitons par exemple la mystique ancienne et son désir infini comme étant le nouvel équivalent du « Monde » que fuyaient les mystiques religieux, notre « Monde » à nous les Sans-mystique, notre « Enfer » à nous les mystiques futurs. Notre conjoncture analytique nous a appris l'illusion majeure de la jouissance de l'Autre absolu et donc de la mystique traditionnelle. *Le désir de Dieu est l'éternelle forme de l'Enfer, la Mauvaise Nouvelle dissimulée dans la supposée Bonne.* On comprend que dans ces conditions de salut des sujets humains, il aura été nécessaire de ré-introduire le vieil Enfer, non comme le lieu de perdition où nous risquons d'être jetés par un Dieu-juge, mais où nous sommes déjà, par la méchanceté plus qu'ancienne, actuelle et éternelle, de Dieu. Enfer dont nous pouvons décider d'être non pas simplement *déjà* sauvés plutôt que d'y être à jamais perdus, mais qu'il est une décision en-Venue, à laisser-venir pour un salut qu'il revient à nous seuls, les Sans-religion, d'effectuer. L'appréhension positive, historique et dialectique du Christ, voilà ce qu'il faut *fuir pour l'approcher et le « déconstruire » conceptuellement plutôt que textuellement* dans un geste à calculer sur la base d'axiomes enfin purement humains. C'est se donner un concept élargi du Monde, y inclure les efforts fantasmatiques faits pour en sortir par le moyen de Dieu, postuler son extension à tout objet qui a forme de philosophie ou de mystique. C'est unifier enfin sous une loi nouvelle qui n'est plus celle de leur hiérarchie et de ses renversements de domination la mystique et la philosophie qui l'universalisait une première fois.

Ainsi une mystique univoque des ordres ou des instances se substitue à une mystique des degrés et du cheminement, une dualité unilatérale à une échelle des expériences. En particulier les mélanges de verbe et de silence, de cris et de concepts, de larmes et de joies ne sont plus que le matériau symptomal d'une structure axiomatique « vide » ou plutôt impossibilisée, et de théorèmes transcendantaux qui, eux, se rapportent unilationnellement au Monde nouvelle manière. L'ordre de cette mystique ancienne était plutôt le désordre cohérent de ce que nous appelons un « mélange », mélange ou duplicité d'une structure d'auto-position spéculaire et de savoirs régionaux à la fois internes et externes à cette structure, mais l'Homme forme par son immanence une extériorité qui affecte ce mélange. Ce type de discipline a un nom, celui de « théorie unifiée », elle s'oppose à unitaire ou à philosophique c'est-à-dire à synthétique, analytique ou dialectique, en général à « mélangé ». Opération qui tient moins du retrait ou du pas arrière, de la rétraction ou de la soustraction à l'Être, ultimement mesurés par celui-ci, que de la détermination des termes par la dernière Identité humaine séparée.

La mystique future, comme d'ailleurs sa matrice non-philosophique, paraîtra un monceau de contradictions philosophiques et de décisions arbitraires si l'on n'y saisit pas une « logique » très réglée qui est celle d'une liberté pratique de-dernière-instance, ici évidemment notre concept réduit de la « liberté du chrétien ».

L'une de ces contradictions semble orienter la mystique-fiction vers une théologie négative, une discursivité toute de négation de la philosophie comme s'il s'agissait de contempler les mystères révélés par la non-philosophie... Il y a beaucoup de négations de la mystique ancienne dans la future, de formules de refus, de critique, voire d'ironie et de passion contre des choses sérieuses et pathétiques pour lesquelles des hommes et des femmes ont souffert. Cependant il ne peut s'agir d'une négation globale ou bien stratégique, c'est là une apparence objective inévitable et une revanche de la philosophie. Le non- de la non-philosophie est l'effet immanent de résistance ou d'impossibilité de l'Un-en-Un et affecte le Logos de manière identiquement immanente et hétéronome, ce n'est pas une auto-négation du Logos devant une transcendance divine ineffable. Pourquoi ? L'Identité radicale n'étant pas substantielle ou relationnelle, c'est une condition nécessaire mais non-suffisante, « négative » si l'on veut, ou de dernière instance, sans être ineffable ou bien dicible. Elle n'est dicible et pensable (quoique inconnaissable et indéfinissable) que dans des axiomes ou des hypothèses qui sont déterminés anhypothétiquement (ce qui ne veut plus dire absolument mais radicalement déterminés) comme sujets en rapport avec le monde ou comme théorèmes. La mystique-fiction ne connaît pas le Réel, par définition, mais elle peut le penser et de là déterminer des théorèmes qui valent pour le sujet, qui sont les « yeux » ou les pensées du sujet-Christ.

Ainsi la mystique future n'est pas « négative » malgré certaines apparences, elle est duale (« onde et corpuscule ») sans être bilatérale, elle a deux faces mais l'une étant l'Identité qui n'a pas le mode de l'existence ou lui fait impasse, seule l'autre, effectuée comme sujet transcendantal, existe ou est unifacialement visible depuis la mystique ancienne au voisinage de laquelle elle se laisse repérer. Le côté négatif ou suspendu n'est jamais ici le tout d'une opération d'auto-négation ou sa moitié bilatérale, mais sa moitié unilatérale telle qu'elle est prise du Monde mais à demi-visible, suspendue par l'autre comme *en-Identité*. C'est la seule qui pourra exister à proprement parler (par le biais du côté « onde »), corps subjectif qui sera de langage et de pensée pour le sujet-Messie. Les formules négatives qui tissent la mystique-fiction ne sont donc plus de simples négations à double face, des négations de négations déployées dans une dialectique, mais des négations simples, immanentes et unilatérales qui n'ont que l'apparence apophatique, et cataphatique d'ailleurs, attachée au matériau, de ce que la philosophie ou la mystique nomment « voie négative » et « voie positive ». Ainsi la mystique-fiction unifie en mode unilatéral la dualité traditionnelle des deux voies. La contradiction que ne pouvait résoudre la théologie négative et qui aurait pu guetter la mystique future est donc résolue une fois de plus par la pratique théorique et non par le théoricisme ou la dialectique philosophique.

***

Impossible aussi d'introduire la mystique-fiction de manière originaire et continue par des transitions prudentes depuis ses formes anciennes qu'elle contribue d'ailleurs à identifier sinon empiriquement du moins rétroactivement, les déterminant et localisant *comme* le passé qu'elle constitue ou emplace. Dès les décisions inaugurales (le relevé de ses « oublis ») par lesquelles nous allons commencer, d'une manière qui n'est préparatoire qu'à l'intérieur de la suffisance philosophique, le style d'argumentation non-philosophique et rétroactif doit être mis en œuvre et réduire ces transitions et préparations à l'état d'apparences inévitables du matériau. La dualyse commence comme une pratique identiquement immanente-et-hétéronome à son matériau, un rapport-sans-rapport qui n'est possible que comme dualité unilatérale. Théorie sans théoricisme, pragmatique sans pragmatisme, c'est une pratique première qui porte la charge transcendantale du commencement (le sujet-Christ) qu'a toujours voulu être sans réussir à l'atteindre, sinon par un abus de primauté, la *philosophia prima*. D'entrée de jeu, sans beaucoup d'explications préliminaires – il y en a mais justement le préliminaire est déjà immanent et rétroactivement décidé – il aura fallu dualyser ses concepts, se situer d'emblée en régime de mystique-fiction, dans le royaume de l'Hérésie plutôt que dans le monde de la Philosophie. Il n'y a pas ici de « lecteur » potentiel distinct de l'auteur, pas d'auteur distinct de tout Homme, de métalangage assuré pour surplomber la situation de manière théoriciste, et ces préliminaires ne s'adressent déjà plus à lui, si ce n'est en tant qu'il participe encore de l'hallucination philosophique et c'est alors à lui que s'adresse tout l'aspect protreptique de ces énoncés formulés contre la doxa mystique. Mais ils *présupposent et impliquent radicalement* dans leur opération le lecteur comme sujet-Christ. Cette discipline est performative comme toute pratique mais avec cette réserve ultimante qui l'éloigne de la performativité classique, son être-déterminé en-dernière-identité. Nous, les Sans-mystique, nous le sommes et en sommes, et pratiquons notre Verbe en conséquence.

L'une de ces conséquences est que ce livre – à peine « un » livre, juste une rhapsodie ouverte de libres variations fictionnantes au hasard des occasions » – est *de* mystique autant que *sur* sa tradition, impliqué dans et hors de celle-ci dans sa transfiguration. Sur la mystique toutefois, il ne peut procurer aucun de ces bénéfices dont les études historiennes dites « savantes » font démonstration en fonction de leur prétention au métalangage ou à la pseudo-neutralité du discours de la maîtrise. Aucune perspective historique, rien que des outils ou un stock de moyens dans lequel il puise au gré des problèmes. Inutile de se cacher la pauvreté des informations, la faiblesse de l'érudition, l'indigence impardonnable des citations, l'arbitraire des allusions. Comme d'autres investissements de la non-philosophie, la mystique future entend en finir pour son compte avec les normes de recevabilité de la « science universitaire » élevées à l'état d'Idéal et de pratique dominante, avec l'idéal historien en général qui soutient et ruine toute la pensée moderne. Cependant bien que pour elle tout soit utilisable dans le passé et que ce passé soir en vue d'une « fiction », la mystique-fiction n'est pas un bariolage post-moderne malgré certains de ses aspects. C'est une mystique en cours et déjà achevée, identiquement performée ou terminée et interminée, mais selon des rapports qui ne sont plus de la logique philosophique ou d'une identité transcendante. *Pratiquer des énoncés impossibles à la mystique-monde mais tels qu'ils traversent de part en part celle-ci et soient son salut,* c'est sa manière à elle d'être justifiée et d'étendre jusqu'aux hommes « ordinaires » son être de messie. Faut-il le préciser, la définition des sujets comme de Futurs ne peut que faire appel à des décisions et à un engagement, ce texte est militant et j'oserais dire, employant un terme mystique, « missionnaire », opérant la « mission » des Futurs dans le vieux verbe philosophique. Toutefois elle n'a aucune des prétentions de prosélytisme des religions et des mystiques positives, aucune ambition de se faire une place sur terre un jour parmi les « grandes » religions et les « petites » sectes, d'établir sa domination, fût-ce par un rêve philosophique d'utopie. L'Homme-en-personne est un Maître tout « négatif » de non-religion, ce qui ne veut certainement pas dire un petit maître d'athéisme mais le Maître tout d'absence et donc de venue des Futurs que nous sommes. Parce qu'il n'est pas une simple imagination, mais la dimension utopique et éternitaire, radicale et vide de toute positivité religieuse, ce Verbe-fiction vaut des croyants et des non croyants, des « appelés » comme des hommes ordinaires insérés dans le cours commun du Monde. Son principe est certes plus ascétique que facile puisqu'il consiste à considérer une fois chaque fois sa religion implicite ou explicite comme définitivement suspendue et transfigurable et, sans donner dans un œcuménisme sentimental et un métissage des croyances qui serait plutôt la loi infernale du Monde, à admettre que tout un chacun, homme ou femme, maître ou esclave, hellène ou juif, romain, byzantin ou musulman, est seul à pouvoir déterminer-en-dernière-humanéité ses rapports les plus universels à sa religion et aux autres.

***

Le dernier mot sera pour l'économie d'ensemble de la non-philosophie où ce livre en revanche tient une place précise et nullement arbitraire au gré des intérêts de l'auteur ou des circonstances

Avec la mystique, ce que nous appelons la « non-philosophie » semble entretenir des rapports d'affinité et parvenir sur un terrain qu'elle n'aurait que provisoirement abandonné pour celui de la science ou de l'éthique. Il serait plus juste de dire que la philosophie, après avoir été traitée schématiquement, par sa base extérieure avec le secours occasionnel de la science, l'est « par en haut », par sa pointe hyper- ou super-philosophique, unifiée cette fois avec la mystique elle aussi occasionnelle. Sans doute l'Un-en-personne comme inconnaissable, l'unition radicale avec lui, le refus de la suffisance de l'Histoire et du Monde, ont un air de famille immédiat avec des thèmes mystiques reconnus. C'est cependant une apparence qu'il est urgent de dissoudre afin d'éviter la reconstitution d'un geste de continuité philosophique. La juste compréhension du sens et des limites de la non-philosophie interdit cette confusion fondée sur des usages hétérogènes du « même » langage. Articulée sur cette Impasse-en-personne qu'est l'Homme, la non-philosophie n'est pas plus en soi mystique qu'elle n'est scientifique ou éthique. C'est la condition de son univocité et de sa validité pour toute forme de l'expérience qu'elle ne se sente pas liée par une région particulière du savoir ou par l'élection d'une procédure de vérité définie et dominante. Si son centre est l'Homme-en-personne plutôt que Dieu ou la Déité, si l'unition ne concerne que le sujet qui est son organon transcendantal et se fait avec le seul Monde, si c'est maintenant la tradition philosophico-chrétienne qui représente pour elle le nouveau concept du Monde, *voire de l'Enfer* dont le sujet-Christ doit se désenchaîner, ces objectifs sont désormais étrangers à leur version traditionnelle quoique non sans rapport avec sa matérialité. Par exemple l'indifférence de l'Homme au Monde change de concept si elle est *réelle avant d'être transcendantale*. Elle affecte alors de part en part d'impossibilité la philosophie, ses gestes et ses objets, ses objectifs et ses prétentions, qui sont notre nouvel Enfer irréductible au seul monde sensible. Ce pouvoir du sujet-Christ d'être indifférent en-dernière-instance au peu d'indifférence de la philosophie elle-même, la mystique future le tient du primat du Réel, indifférent cette fois *par lui-même ou séparé* (du Monde) qu'il impossibilise, sur sa fonction transcendantale qui, elle, est *en rapport d'indifférence (transcendantale) cette fois au Monde* et pour autant que celui-ci l'effectue. Tous les concepts changent ensemble de statut théorique puis, par un effet de rétroaction, de sens, en passant sous le primat de l'Homme. Ils cessent d'être des concepts passibles d'une économie théologique et philosophique, ce sont les entités d'un formalisme du Réel.

Pour mettre à jour cette économie, il fallait une autre analyse de la philosophie que celle qui alimente les diverses décisions des systèmes, une description plus complète de « la » philosophie, pour apercevoir la tripartition de l'édifice de pensée où elle n'est que partie prenante quoique médiatrice. La philosophie et la science, ce binaire épistémologique, est en fait une abstraction aussi peu pertinente que le binaire philosophie et religion, sans parler de la tentative idéaliste d'isoler une activité purement philosophique ou transcendantale. En réalité le noyau proprement philosophique et qui est à l'origine de ce qui s'appelle en général « la philosophie » n'est lui-même qu'un organon transcendantal sans réel et qui doit recevoir une détermination réelle, soit par la religion qui la lui a toujours fournie sans qu'elle le reconnaisse clairement, soit par la science qu'elle reconnaît volontiers mais en la coupant souvent abstraitement de l'autre pôle du réel. La restitution de son contexte réel à la philosophie, comme la claire distinction des trois ordres qui la composent, impose de reconsidérer un peu autrement la distribution de la non-philosophie elle-même. Et de relayer la querelle des Anciens (les aristotéliciens) et des Modernes (les platoniciens) qui structure la vie philosophique par celle des Modernes et des Futurs. Le paradoxe est que c'est surtout du côté du réel religieux en sa dualyse que se trouve l'*occasion* d'une émergence des sujets comme de Futurs.

Plus précisément nous appelons « philo-fiction » la forme de la non-philosophie qui prend pour matériau ou symptôme la structure philosophique déterminante, son organon proprement dit qu'est la structure transcendantale séparée de tout Réel. C'est donc elle, mais désormais lorsqu'elle est déterminée par le Réel, le schème central ou le formalisme « organisateur » de la non-philosophie. Nous appelons « mystique-fiction » ce schème investi dans le matériau que constitue l'expérience de Dieu telle qu'elle est la dimension de Réel ou hypertranscendantale de toute philosophie et que celle-ci ré-enveloppe toujours à son profit, c'est l'objet propre de ce livre, et par ailleurs de quelques autres essais moins centraux qui l'accompagnent. Nous appelons enfin « science-fiction » en un sens radical et non littéraire l'investissement du formalisme non-philosophique dans le matériau épistémo-logique, en tant que la science donne à la philosophie une seconde dimension, hypotranscendantale cette fois, de Réel, et c'est une tâche qu'il reste à accomplir. Le massif non-philosophique comprend trois pointes principales, la philo-fiction, la mystique-fiction et la science- ou l'épistémo-fiction. La première est entourée symétriquement par les deux autres dont les matériaux de départ touchent au « Réel de la philosophie », ce syntagme impossible où la philosophie entendait se ré-approprier ses deux dimensions de Réel non-transcendantal. La philo-fiction est l'objet principal des *Principes de la non-philosophie* qui contenaient déjà de très rares, très imprécis éléments des deux disciplines qui en sont issues.

CHAPITRE PREMIER
MYSTIQUE-MONDE ET MYSTIQUE FUTURE

SECTION I

Les oublis de la mystique philosophique

La mystique future élucide trois problèmes oubliés par la mystique philosophique dite encore « mystique-monde. Celui de l'Un, cause de toute posture mystique, qui n'est plus Dieu mais la vision-en-Un ou l'Homme-en-personne dont Dieu est le symptôme. Celui du sujet proprement mystique, qui n'est plus la créature religieuse ou philosophique mais le « Fils de l'Homme-en-Homme » ou le « Christ Futur ». Enfin celui du Monde, qui n'est plus de la théologie ou bien de la métaphysique mais le Monde de leur mélange comme mélange, l'Enfer.

Le cours de la recherche précisera ces premières définitions et leur donnera leur fonction d'axiomes. La mystique à structure philosophique, dite plus concrètement mystique-monde, vit d'un triple oubli qui en fait un symptôme hallucinatoire. Le problème de sa teneur en réalité, du *Réel humain,* cause de la posture mystique, qu'elle se donne sous le masque théologique transcendant de Dieu, de l'Un sans doute mais compris comme entité métaphysique. Le problème d'un authentique *sujet mystique* qu'elle se donne sous le masque emprunté de la créature, de son néant et de son désir. Enfin le problème de la véritable extension du *Monde*, son concept le plus compréhensif, qui est l'*Enfer*, qu'elle se donne sous les espèces restreintes d'un Monde soit créé soit pensé. Elle les assujettit tous trois, l'Homme surtout, Dieu et le Monde aussi, à la philosophie et à la théologie réunies c'est-à-dire au « Monde » tel que nous allons l'entendre désormais en un sens universel sous le titre de « pensée-monde » et, en l'occurrence, de « mystique-monde » et plus profondément d'*Enfer.*

Maintenant ces oublis ne peuvent être ce qui détermine, juste ce qui motive occasionnellement (« occasionnalement ») une mystique-fiction, l'inverse étant plus exact, celle-ci révélant ceux-là. Pourquoi ces définitions rebelles ? Les titres directeurs de l'ancienne mystique, « Dieu et l'homme », « l'âme et Dieu », « seul avec Dieu », programment une communication des types de réalité, instances ou idiomes, une conversion et même à quelques nuances près une convertibilité qui fait de l'union mystique une servitude philosophique pour l'homme et de sa pensée une servante du langage comme Logos. Ils transforment en questions insolubles et en simple désir infini de réalisation l'acte performatif-immanent qui est celui de la vision-en-Un ou de l'Homme-en-Homme. Ils dissolvent la *réalité mystique* du Fils-de-l'Homme dans des fantasmes ontologiques et théologiques, dans des tourniquets spéculatifs ou spéculaires. Se libérer de la suffisance infernale de la philosophie et de la théologie réunies, c'est redéfinir l'Un non plus comme Dieu mais, hors-définition, par le nom premier d'« Un-en-Un » ou « en-personne », essence dernière de l'Homme. Ensuite le sujet mystique dont il n'est pas exagéré de dire que la philosophie l'a aliéné et assujetti plus encore qu'elle n'a « oublié » le sujet de l'inconscient, au nom d'entités artificielles ou d'anthropoïdes, la créature, le sujet de l'humanisme, l'homme de désir, de langage, de pouvoir, la fonction d'humanité, etc. Ces entités occupent prématurément la place et le statut à définir chaque fois du *sujet spécifique* de la théorie, ou de l'éthique, de la mystique, de l'art, de la science. Ces concepts souffrent d'une indétermination, équivocité ou polysémie due à la philosophie. Le Christ est apparu porteur d'une Bonne Nouvelle mais ce ne fut qu'une promesse soumise à trop de conditions externes et aléatoires. Celui que nous appelons le « Christ Futur » n'est plus une promesse et pas davantage une obligation ou un devoir soumis à des conditions de réalisation, seulement de matériau. C'est un ultimatum, l'univocité du Dernier Évangile, le don qu'est la Dernière Promesse.

À Dieu, réduit à un simple modèle théologique, nous substituons un premier axiome, qui est nécessairement plus qu'un axiome, l'humaine « vision-en-Un », cause de la mystique. Au Christ historique devenu lui aussi un modèle possible, le « Christ Futur » dont l'« Étranger » était le premier nom de sujet ou un autre mode. Au Monde cosmo-théo-logique, le Monde-Enfer hérétique et gnostique. L'anneau mystique passe du doigt de Dieu au doigt de l'Homme où il abandonne sa forme d'anneau. Convertir l'homme à l'expérience de l'Un comme Dieu, c'est la mystique ancienne. Subvertir la mystique ancienne par l'expérience de l'Un comme Homme-en-personne, c'est la mystique future. Introduire la mystique à l'Homme, en faire une « imitation » du Fils-de-l'Homme... « En-Homme » signifie qu'il se libère de la suffisance de l'Enfer en étant son propre royaume et ses propres cieux. L'Homme est une messianité qui change la face d'enfer du Monde.

Mais le programme de la mystique-fiction est incompréhensible si l'on ne dispose pas au préalable c'est-à-dire philosophiquement, des trois composants majeurs de son matériel de symptôme ou de son modèle, du concept le plus vaste sinon le plus complet de la philosophie, de la théologie et de la mystique dont elle est capable. Les systèmes doctrinaux, on le redira, sont des variations sur la structure de la philosophie comme double articulation de la transcendance (*meta-* et *épékeina*), munie d'une prétention supplémentaire au Réel. Un découpage adéquat du matériau mystique utilisable n'est pas nécessairement fidèle à l'histoire doctrinale mais doit être ré-inscrit dans cette invariance historico-systématique qui lui donne un sens de possible philosophique, de *philosophabilité*. La philo-mystique chrétienne n'est pas ici tout à fait une « boîte à outils » sauf à considérer que la boîte est elle-même un outil. Encore n'est-ce là que le matériel et le modèle de la mystique-fiction et soumis à un nouvel usage par le Verbe futur.

De ce matériel on se demandera alors comment conserver, puisque nous ne nions que la suffisance et la structure philosophiques, nullement sa matérialité ultime, certains termes anciens dans une fonction nouvelle, dans la définition du sujet l'aspect d'unition avec le Réel, et dans la pratique l'aspect de science expérimentale qui est traditionnellement celui de la mystique. Que conserver de la problématique philosophique d'une part et de l'unition chrétienne d'autre part en fonction maintenant du primat d'une expérience qui n'est pas plus celle de la Conscience que celle de l'Inconscient, pas plus celle de l'Être que celle de l'Autre, les deux piliers de la philosophie, mais celle de l'Homme séparé de Dieu par sa solitude radicale de Réel ? Le formalisme ici proposé pose que les Humains n'ont pas plus d'essence que d'être ou d'existence, mais qu'ils ont un *être-donné-en-Homme*, être-donné qui ne fait pas une classique « nature humaine » mais pas davantage une « fonction d'humanité » vide (Badiou). Leur non-consistance les rend indépendants de Dieu et du Monde, de l'Être et de l'Autre, mais capables en revanche, telles des formes a priori mais matériales qu'ils sont aussi ou supplémentairement, de déterminer une certaine connaissance expérimentale de ces choses. Forclos à Dieu et au Monde, qu'il s'agisse ou non déjà de l'Enfer, non déterminables par eux, ils peuvent pour cette raison déterminer une connaissance de ces objets toute de vécu et de rigueur. Si le mystique ancien est « de la race de Dieu », l'Homme n'est pas une race et le mystique futur n'est même pas de la « race de l'homme ». Sa posture, c'est l'unition assumée par le sujet comme Christ Futur ou Fils de l'Homme, de l'homme avec l'Homme plutôt qu'avec Dieu.

S'agit-il alors de reconvertir à l'homme ce qui lui fut arraché par la religion au profit de Dieu ? de retourner à son titulaire l'épreuve mystique ? Si la mystique ancienne est conversion et reddition de l'homme à Dieu, une mystique-fiction ne peut pas la dépasser et la répéter une nouvelle fois en sens inverse, elle doit l'expérimenter et la consumer au profit d'un

Homme-sans-Dieu mais toujours capable du vécu le plus intérieur. Survivante ou déchet de la culture occidentale, la mystique doit être re-traitée dans un nouvel appareil théorique et pragmatique plutôt qu'être l'objet d'une ré-appropriation dialectique qui n'invoque l'homme que pour le ré-approprier à son tour à Dieu. C'est une somme d'expériences, d'affects et d'idées que l'on n'ose imaginer perdue, sans pour autant demander à la dialectique d'en reconstituer le sens pour un homme-Dieu, gloire de la philosophie. Hegel et Feuerbach... deux manières de retenir le travail mystique dans des rets anonymes et aliénants. Nos axiomes ne sont ni chrétiens ni anti-chrétiens mais déterminent en-dernière-instance un certain usage du christianisme. Ils disent par exemple de manière très générale que 1. l'Homme-en-personne, au sens où il se confond avec le Réel, a le primat sur Dieu comme produit de l'onto-théologie et dimension du Monde, 2. la mystique-selon-l'Homme est première par rapport à la mystique historique donnée et transforme ce champ expérimental, 3. Cette mystique future se réalise comme sujet-Christ ou Fils de l'Homme-en-personne. Nous ne sommes pas venus accomplir la mystique ancienne mais l'universaliser sous des conditions non-religieuses, selon une humanéité universelle dont les religions, *toujours particulières*, n'ont jamais soupçonné la messianité.

La méthode d'ultimation et la dualyse des « deux » mystiques

Par le matériau conceptuel qu'elle retient comme contenu représentationnel dernier au sein de sa transformation, la mystique future est apparemment identique à la mystique-monde qu'elle intériorise tel un Ancien Testament de la mystique, mais à sa détermination-en-dernière-humanéité près. C'est la méthode d' « ultimation » qui permet de distinguer les deux (la dualyse) mais elle a besoin d'un matériau de symptômes pour s'exercer.

Les « oublis » de la mystique ancienne ne nous motivent pas, ils n'ont de sens qu'à l'intérieur de la mystique future pour laquelle ils font symptômes. Des distinctions scolaires articulent, démembrent l'unité du projet mystique traditionnel, spéculative/affective, dionysienne/augustinienne, etc et susciteront des échos « futurs ». Nous les insérons dans une différence plus radicale qui n'est pas de thème ou de cheminement, de méthode ou de dogme, même pas de « différence ». Elle est de mystique-objet (la mystique chrétienne existante) et de mystique-organon (pour ne pas dire « sujet »), ou bien de mystique-monde empirique et de mystique-fiction transcendantale. Ces deux régimes d'expérience s'articulent en une dualité unilatérale sans se partager une sphère unique puisque le premier régime est justement la totalité mondaine de cette sphère – c'est son régime majeur ou onto-théo-logique, il *spécule Dieu* pour se ré-approprier ultimement le Monde, pratique la double négation, le « non » divisé et spéculaire. L'autre régime est sinon le mineur ou le minoritaire, du moins le minimal, on dira plus tard l'hérétique. Il expérimente son rapport à la mystique majeure comme Monde voire comme Enfer dans un esprit de pauvreté radicale en philosophie. La pauvreté n'est pas ici terminale ou initiale, elle est « dernière », « ultimale » ou constitutive du Réel, elle a la primauté sur le Monde et sur Dieu. Cessant de louer ou d'agonir le Monde en tant que création de Dieu, elle en fait ce que font tous les pauvres de la survie, un usage de vie. Les pauvres ont deux vies hétérogènes, presque sans commune mesure, l'une qui est une survie dans le Monde et l'autre qu'on doit leur supposer comme l'être-en-Vie et même comme un Vécu-sans-vie. Le Monde est perdu mais « utilisable », quoique non consommable, pour les Humains-comme-pauvres, et les pauvres ne s'en servent pas pour augmenter leur sensation de la vie mais simplement pour le consumer dans l'exercice de leur Vécu d'humains. Ils préfèrent pratiquer la douceur du « sans » plutôt que la violence du « non » (les « non-philosophes » sont plutôt des sans-philosophie que des philosophes du non et déduisent un certain « non » du « sans »). Il y a une sobriété dont le Monde fait la condition relative de l'ivresse de la vie jusque chez certains philosophes mystiques (Henry). Et une sobriété plus secrète qui n'est pas de ce Monde mais s'exerce dans l'usage de consumation de celui-ci, c'est le Vécu-sans-vie qui fait l'Homme-en-personne.

Pour saisir cette différence sans entrer encore dans sa démonstration, poursuivons le relevé de quelques différences et similitudes. Divisons par exemple la mystique-monde suivant les quatre causes traditionnelles connues. Un aspect de cause formelle, c'est la philosophie néo platonicienne comme structure invariante qui donne à la mystique sa cohérence et son aspect de science. Un aspect de cause matérielle, l'affect d'union érotique et de discipline expérimentale. Un aspect de cause efficiente, l'évènement de la Crucifixion et la religion qui en a découlé, agent de la synthèse mystique. Un aspect de cause finale, l'insertion de l'homme et de Dieu dans un devenir commun. Elle conjugue par exemple une intuition chrétienne de la vie absolue avec un modèle d'intelligibilité relative, la philosophie, spécialement le néo platonisme. Elle les recoupe dans une pratique de l'union érotique qui est son moyen propre. De même que la différence spécifique de l'éthique est l'(Un-) Autre comme Autre et transcendance contraignante, celui de la mystique est l'union ou mieux encore l'Un(-Autre) comme unitionnel (de) soi et (de) l'homme. Ce fil conducteur peut nous conduire dans le labyrinthe philosophique de la mystique.

À ces quatre modalités correspondent, comme leur transformation en fonction de l'immanence de l'Homme-en-Homme, quatre aspects d'une mystique-fiction. Un aspect de connaissance ou d'axiomatique identiquement philosophique et scientifique, théorique-unifiée et non-platonicienne mais *pour* la mystique-monde. Un aspect de pragmatique comme expérimentation et consumation de cette dernière. Un aspect d'efficience, l'unition érotique cette fois de l'homme-monde avec l'Homme, l'expérience platonico-chrétienne de l'union à Dieu nous servant de cause occasionnelle, symptôme et modèle. Enfin un aspect de finalité, de reconduction de toute existence des sujets à l'Homme-en-personne plutôt qu'à Dieu, et au sujet-Christ comme Étranger plutôt qu'au Crucifié. Par exemple nous mettons en relief le modèle d'interprétation néo platonicien, nous l'exhaussons hors de ses mélanges avec l'expérience chrétienne de l'existence en *décidant* de manière explicite et plus déterminée le problème de leur unification non-unitaire. L'expérience chrétienne de la vie comme attente-en-Christ et la pratique érotique de l' union à Dieu et au Crucifié, au Monde aussi en vue de son salut, ce sont des acquis et des data vécus qui peuvent, sous ces conditions nouvelles, recevoir une destination humaine et seulement humaine sans être pour cela une réappropriation anthropologique d'une prétendue essence de l'homme aliénée dans la religion.

En général si la mystique doit être une science expérimentale comme beaucoup l'ont proclamé, celle qui se dit de fiction en un sens à inventer doit avoir aussi un objet d'expérimentation, cette fois l'ancienne mystique, dont elle reprend à son compte le matériel conceptuel et vécu mais par quelle opération ? En lui retirant par une abstraction axiomatique spéciale sa suffisance d'abord, sa structure et son sens ensuite. Cet acte est celui *d'une ultimation plutôt que d'une soustraction* (Badiou) malgré une certaine affinité avec celle-ci qui, pour nous, est trop parente du retrait des philosophies contemporaines (Heidegger, Derrida) et trop marquée de négativité. La méthode de la non-philosophie est ultimante c'est-à-dire d'ultimatum et procède par axiomes, et aboutit à des théorèmes de mystique-fiction, mais elle a alors besoin d'un matériau de symptômes, on y reviendra. Pour en rester à elle, cette ultimation qu'est le Vécu-sans-vie ou la vision-en-Un permet de faire « fonctionner » autrement 1. les transcendantaux (Un, Être, Autre, Réel, etc.) auxquels elle donne enfin une portée pleinement réelle (l'Un-en-Un, la vision-en-Un), elle-même en-dernière-humanéité seulement, 2. la noétique (intellect, théorie, connaissance), qu'elle conçoit maintenant comme *théorie unifiée de la mystique et de la philosophie*, unifiée par le Réel-Un ou l'Homme plutôt que par la philosophie elle-même, 3. les objectifs, vie bienheureuse et contemplation théorétique, mais à quoi elle ajoute, plus radicalement que dans la mystique ancienne, l'humilité et la « pauvreté d'esprit », ici encore en proposant une tout autre économie de ces objectifs et de ces pratiques, 4. les opérations destinées à assurer l'unition à Dieu, mais en substituant à ce style unitif ou unitionnel ancien, le style dit « non-unitif » ou « non-unitionnel (de) soi », l'Homme n'ayant plus à désirer l'union à l'Un-Dieu puisqu'il est lui-même l'Un-en-Un ou l'Uni-en-personne, 5. les techniques, néo platoniciennes ou autres, de la discipline d'unition érotique, qu'elle détourne de l'extase divine vers l'extase humaine, de l'union à Dieu vers l'union de l'humain à l'humain.

Ces ingrédients philosophico-mystiques sont notre seul matériau et font ici l'objet d'une répétition spéciale dite « unilatérale », globalement de la détermination-en-dernière-humanéité qu'est l'ultimation qui en change le sens et le statut désormais non-philosophiques. Le nom de mystique future couvre l'inventaire des effets de cette mutation. La mystique a souvent manifesté une grande liberté d'invention de vocables et de décision verbale. Sa forme fictionale exacerbe cette créativité conceptuelle et la combinatoire des jeux possibles entre l'homme, le Monde et Dieu. Mais par quel procédé de savoir et de pensée ? Le problème n'est évidemment pas de se débarrasser de la structure philosophique pour dégager un noyau mystique *supposé* pur, mais d'user de ce « vocabulaire » ou de cette langue mélangée qu'est le mystico-philosophique pour le connaître par sa cause humaine de-dernière-Identité, s'unir ultimement à lui comme sujet-Messie et la consumer.

De la fin de la mystique à son appropriation humaine

La « fin » de la mystique-monde est incluse dans son appropriation comme Christ Futur. Il y faut une série d'opérations identiquement théoriques et pratiques (ultimation, clonage, dualyse, consumation) qui la mettent en extériorité d'immanence.

La connaissance mystique en général, encore que cette notion ne nous soit plus possible mais soit dualysée, est unition de l'homme avec le Réel (Dieu ou Homme ?) à travers le sujet (Christ historique ou Christ Futur ?) qui lutte avec le Monde (Monde sensible ou Enfer ?). Chaque fois l'unition est de pratique et de lutte avec le Monde. La chrétienne a ses mots d'ordre qui scandent les phases d'une science érotique, à la fois philosophie et théologie enveloppées dans l'immanence d'une vie, « voir Dieu », « jouir de Dieu », « s'unir à Dieu », « jouir du Crucifié », etc. Nous devons inventer et, sur cette base, élucider le sens humain-en-dernière-Identité de cette méthode amoureuse qui se propose d'acquérir la vie éternelle dès cette Terre et la connaissance des choses futures dès ce Monde. Nos mots d'ordre sont les suivants, et ils sont encore techniquement incompréhensibles, 1. voir-en-Un c'est-à-dire en-Homme, cesser de vouloir s'unir à un être transcendant et sur-transcendant, 2. s'unir, seulement comme sujet, au Monde en s'unissant, comme homme mondain, à l'Homme-en-Homme à travers le sujet-Christ, 3. jouir, en cette union, du Fils de l'Homme que l'on est comme sujet. L'Homme n'est que vision-en-Homme ou que Vécu-sans-vie mais il peut s'unir au Monde par une certaine opération d'unition que l'on dira de mission ou de clonage et qui se termine par une lutte pour engendrer, comme inengendré à partir du Monde, le Fils de l'Homme. Compris comme Étranger-Christ, certes « crucifié » à sa manière par le Monde, c'est de cette façon que le sujet se sauve de l'Enfer dont il a décidé en mode d'ultimation.

L'unition, cependant, est pratique et critique. Aiguisé par le combat, cet aspect traditionnel change ici de sens et d'objet. Contre le Monde au sens ancien ou contre la multiplicité des pensées comme disait l'Hésychasme, il se fait maintenant contre lui comme unité de la pensée-monde. Se dépouiller pour Dieu, c'était l'ancien objectif. Se dépouiller de Dieu lui-même et penser selon-les-Dépouillés que nous sommes, c'est la pratique nouvelle. Nous avons nous aussi notre cours du Monde et même notre cours de l'Enfer, c'est la *suffisance* de la croyance religieuse à Dieu comme étant le Réel hyperphilosophique, ou l'Un lui-même, avec son cortège d'effets aliénants. Aussi notre révélation aussi qui est que l'Homme n'a pas à être révélé, qu'il n'a pas la consistance d'un Dieu, qu'il est le Réel radicalement non-consistant, sans unité mais non sans identité. Il reste trop de critique autonome au sens métaphysique et rationnel dans la mystique chrétienne, dans sa pratique et sa propre lutte de désaliénation. Mais ces aspects se combinent autrement lorsque c'est à l'Homme de *décider* l'adversaire et qu'il y confond Dieu. Dès lors le Tout lui-même, est unilatéralisé ou dualysé dès que tombe sa couronne hyperphilosophique. Cette lutte du sujet n'est plus que première, sans avoir la primauté hors-combat qui est celle de l'Homme-en-personne. Le sujet-Christ est par essence « en-lutte » et naît avec elle, qui est identiquement en-dernière-humanéité combat de désaliénation réelle et de dés-illusion transcendantales. La critique n'est plus seulement philosophique, la lutte contre l'exploitation n'est plus seulement de classe et politique, elle se fait avec le Monde devenu clairement ce qu'il a toujours été lorsqu'il est livré à lui-même, l'Enfer. L'Enfer n'est jamais loin, c'est au moins la leçon des leçons de l'histoire, et cette leçon n'est plus tout à fait seulement historique. Ou le privilège d'un peuple élu de victimes.

Mais comment conserver une pratique de type mystique lorsque la différence de Dieu à l'homme, et tout autant leur unition inverse, ne sont plus pertinentes, lorsqu'il n'y a plus d'identification pour les lier, de religion possible mais un *non*-rapport ? Comment ne pas tomber dans la confusion et le mysticisme ? Le pari d'une mystique sans transcendance constitutive du Réel humain, est de maintenir une science expérimentale de pensées et d'affects et une invention d'énoncés qui ont Dieu, le Monde, Dieu-le-Monde pour objet. Science toute pratique en ce qu'elle substitue justement aux *rapports spéculatifs* qui font l'idéalisme religieux une économie (une non-économie) de *dualités unilatérales*. Elle ne part plus de Dieu ou de l'homme pour aller de l'un à l'autre en usant des ressources philosophiques (théories des distinctions, des divisions, des différences, des renversements et des déplacements, etc.), elle va de l'Homme comme sans-rapport-au-Monde à l'homme comme être-en-Monde à travers le sujet-Étranger. C'est pourquoi une autre opération que la classique unition réciproque de Dieu et de l'homme est nécessaire, qui traite les rapports religieux selon une pratique de dualyse (dualité unilatérale) – son origine est le « clonage » ou la « mission » du sujet par l'Homme. Le clonage est le contenu réel ou déterminé de l'*henosis*, qui était la divinisation ou déification de l'homme, mais transformée telle que la « mission » aille de l'Homme-en-personne au sujet-Christ qu'il clone depuis le sujet-monde. Que l'homme-monde reçoive de l'en-Homme un être-cloné dont il fait « mission » signifie que les humains sont dispensés d'avoir à se surpasser dans une union déifiante ou à devenir surhumains. Dieu en revanche a à devenir humain, ce qui ne veut plus dire « se faire homme » ou s'« incarner », mais recevoir de l'Homme le sceau de l'humaine non-consistance. L'ultimation de Dieu est l'inversion et la sub-version de la théologique « incarnation ».

Il n'y a pas plus ici de « fin de la mystique » que de « fin de la métaphysique » mais une transformation-consumation de sa forme ancienne, mondaine et historique, toujours particulière et d'une fausse universalité. Sa nouvelle pratique théorique et expérimentale ne la relaie pas sur un mode supposé plus moderne ou bien post-moderne. Que tirer encore du vieux Logos de l'unition comme forme d'accomplissement du désir philosophique de l'Être ou de Dieu ? Plutôt que de le rejeter de manière simpliste au risque d'un retour inaperçu, non analysé et d'autant aliénant, il est possible d'édifier une pratique-de-vie qui tourne l'ancienne mystique conformément à la non-essence de l'Homme. La tâche ne peut avoir la simplicité idéologique d'un nouveau mot d'ordre ou d'une « vérité ». Il est impossible de libérer un noyau mystique en soi de toute enveloppe philosophique. La philosophie est bien la forme-monde et donc celle de la mystique chrétienne qui la nuance et la spécifie. La seule opération possible est de transformation réelle en-dernière-instance du Verbe, d'abstraire par des opérations spéciales (ultimation, clonage, dualyse) non pas le Réel, c'est impossible, il est déjà « séparé », mais de ses formes philosophiquement dominantes, doubles ou duplices, un nouveau discours de texture simple, vide de sens mystico-philosophique mais tissé d'une théorématique de mystique–fiction. La dualyse revient à extraire hors de leur *mélange* dominé par la philosophie, juge et partie, terme et exception, ce que nous appelons des dualités unilatérales. Il s'agit bien de ne pas rejeter sommairement la philosophie dans l'espoir de revenir à une expérience mystique originaire et pure comme l'âme faisait retour à Dieu. C'est pourquoi nous maintenons un aspect expérimental conforme d'une part à un certain esprit de la mystique et d'autre part à la conception non-philosophique de la théorie de type scientifique, fût-elle transcendantale, autant que philosophique.

La Vie Nouvelle, si l'on peut parler ainsi, n'est pas annoncée pour les prochains siècles et pour un homme post-post-moderne, athée, déchristianisé, voué à la production ou à l'interprétation communicationnelles, un homme qui aurait perdu dans la débauche des mysticismes sectaires tout sens de la mystique, mais pour un homme qui n'a guère d'avenir devant lui puisque c'est le sujet « futur » comme Christ. La mystique-fiction ne peut s'imaginer travailler dans l'horizon d'un temps donné, à la manière d'un programme doctrinal ou classiquement « théorique ». La Vie Nouvelle est de part en part théorique axiomatique et théorématique, de part en part transcendantale, de part en part anti-théoriciste ou anti-idéaliste, de part en part pratique ou s'exerçant dans des opérations de dualyse. La « théorie » philosophique est simple dépassement théoriciste sans connaissance véritable, la pratique séparée est technologie sans pensée. Séparées, elles servent un idéal de domination et doivent être unifiées en-dernière-humanéité sous la primauté du Vécu-sans-vie.

De l'unition future

La mystique future unifie dans son objet et dans ses principes plusieurs sources devenues des aspects unilatéraux sous le primat-de-dernière-identité de l'Homme comme vision-en-Un.

Si l'Homme-en-Homme n'est pas le substitut de Dieu mais l'Un-en-Un dont le Dieu-monde usurpe le Réel, non seulement la possibilité mais les œuvres de la connaissance mystique changent de face. Elles nous font uni-formes plutôt que déi-formes par les règles d'une pratique de transformation de la vie spirituelle ancienne. Règles nouvelles parce qu'elles se déduisent de la dernière-Identité déterminante comme sujet-Christ du Monde. Il s'agit de *performer pratiquement* une Vie Nouvelle *pour* le Monde et *pour* Dieu lui-même. Nouvelle philosophie du christianisme ? Certainement pas – mais une pratique tout autre de l'unité déjà réalisée sous la forme-mélange du christianisme et de la philosophie se réciproquant, mais dont l'identité doit être élucidée à partir du seul Homme. Son sujet propre a été laissé dans l'indétermination par la mystique, elle ne l'a pas précisément déterminé à partir du seul Réel dont nous sommes par définition l'accès, l'en-Homme qui est dans l'homme.

Pour être attribuée désormais à tout un chacun, la mystique ne renverse pas le mouvement philosophique ni n'occupe la place du sujet philosophico-mystique. L'opération est plutôt d'une inversion que d'un renversement, d'une mutation que d'une inversion, d'un clonage que d'une mutation. Être cloné ne suppose qu'une demi opération, unilatérale, toujours déjà déterminée par un Réel inconstitué ou « inopéré » tel qu'il transmet son opération au Monde. L'Homme prend à la mystique un bien qu'il n'avait jamais réellement perdu, dont il n'avait été dépouillé que comme *sujet*. S'il croyait y trouver l'occasion d'un travail de dépassement surhumain de ses limites, il n'y trouvera plus à dépasser que ses limites de sujet et non plus d'Homme. Qu'il soit lui-même le Révélé rend inutile la Révélation sinon, aux confins de l'Histoire et du Monde, la révélation pratique du sujet-Christ. L'invention du christianisme par rapport à la philosophie est d'avoir commencé à affirmer le primat du Révélé-sans-révélation sur la Révélation, sur leur état de mélange et d'échange. Son insuffisance est de n'avoir pas transformé le langage acquis à partir du Logos et d'avoir laissé annoncer par Saint Paul le Vécu Nouveau dans le vieux langage du Monde auquel, comme Église, il s'est abandonné. La tâche est d'interrompre de toute façon dans le Réel, et d'en tirer les conséquences dans le sujet, cet échange circulaire de la « révélation » et du « révélé » dans l'auto-révélation.

Nous aussi avons une certaine tâche de conciliation mais plus apparente que réelle. Non du concret et de l'abstrait en général, du sujet et de la substance ou bien encore de la philosophie et du Christ historiques. Tout cela est le Monde ancien et procède par réconciliation, synthèse et système. C'est plutôt une unification sur le mode de l'en-Homme-en-dernière-identité. Deux principes hétérogènes majeurs par conséquent sont en jeu, et non pas trois dont l'un, le philosophique, jouerait aussi le rôle du troisième assurant la fusion. Deux parce que la cause de l'unition n'est plus Dieu mais l'Homme qui n'est ni Dieu ni le Monde mais l'Un-en-Un. Mais en termes plus historiques, ces deux principes ont plusieurs sources, 1. la connaissance gnostique, « séparée » du Monde ou hérétique, tel qu'elle définit l'Homme comme le Réel, ou encore ce que nous appelons le savoir indocte ou la vision-en-Un, 2. le principe chrétien du salut universel tel qu'il s'étend jusqu'au Monde, enfin 3. le principe grec de la philosophie comme mélange, telle qu'elle se déploie comme duplicité ou doubléité, se divisant et se redoublant elle-même et prenant ainsi le monde en charge. Le christique, le grec, le juif, le chrétien, la religion, tous se sont unifiés sous la forme du mélange une première fois et de manière prématurée dans la mystique chrétienne massivement philosophique. Ils doivent l'être une seconde fois mais sans synthèse ou sans système, inséparables à force d'être séparés en-Homme. Recommencer une deuxième fois la même entreprise, ce serait une répétition comique, mais procéder sans synthèse, sans même un re-commencement (de la pensée), c'est un commencement « premier » à partir du Réel qui, lui, n'est jamais premier mais possède la primauté. Geste possible s'il présuppose le Réel séparé, l'en-Homme hérétique ou « impossible » au lieu de se poser lui-même comme absolu. L'en-Homme est ce savoir indocte ou cette Vie séparée, donnée-sans-donation, ce Vécu-sans-vie plutôt qu'une vie acquise par donation, transmission ou infusion comme la chrétienne. La Vie chrétienne et la Pensée grecque donnaient un mélange transcendant qui est pour nous désormais le nouveau « Monde » avec lequel nous devons maintenant entrer en lutte par l'annonce du Christ Futur. Cette annonce du sujet-Christ est celle d'une identité radicale, pas d'une nouvelle unité, *pour* la mystique-monde. Leur mélange aux dimensions variables, nous le transformons ainsi en une identité-sans-totalité d'aspects unilatéraux toutes les distinctions que la philosophie et la théologie y introduisaient. Le Christ Futur n'est donc pas le christique supposé pur et abstrait de cette combinaison – un fantasme pour secte ou hérésie religieuse – mais une pensée-sujet pour ce complexe d'unilatéralités.

La mystique traditionnelle satisfaisait l'imaginaire par la croyance en la jouissance de l'Autre. Elle était structurée comme une métaphysique qui cesserait d'être abstraite et transcendantale, c'était une théologie vécue, une co-extension souffrante mais heureuse du vécu et de la pensée que la philosophie seule ne donnait pas. Elle fécondait expérimentalement l'Un transcendantal par l'Un transcendant, elle pensait celui-ci par les moyens de celui-là, les médiatisant en la personne vivante de Christ. Avec le néo platonisme, la métaphysique encore processuelle et intellectuelle dessinait non plus en creux mais de manière positive un possible remplissement christique de la fonction unitive. Il fallait cependant le christianisme historique pour consommer les mélanges grecs jusque dans la forme moderne d'un Logos du Vivant (le jeune Hegel, Michel Henry).

Le principe et le style de la mystique était en général « Uni à l'Un » (Plotin). Cette formule directrice est ambiguë et peut recevoir un sens ancien ou bien un sens non-philosophique. Elle peut justement être comprise comme une identification et une unition unitionnelle (de) soi et extatique à la manière de la philosophie. Uni à l'Un, la mystique philosophico-chrétienne le comprend comme processus se redoublant dans l'Un encore supérieur de l'Un et de l'opération de s'unir à lui. Convertibilité et même réversibilité de Dieu et de l'homme, de l'Un et de l'union, qui se consomme dans un troisième Un. Enfin la mystique s'adressait à la même instance réelle (*épékeina)* au-delà de l'Être que l'éthique mais par son côté concret et positif, moins répulsif que désirable, toujours très-haut mais susceptible de se donner dans une unition amoureuse. Éthique et mystique étaient l'une la pointe hyperbolique de l'édifice philosophique, l'autre son ressort érotique interne et vécu. Comme si la mystique donnait enfin l'intuition de l'*épékeina* lui-même au lieu de devoir le recevoir et en être affectée. Mais supposons que l'Un soit incapable de se dédoubler et de se multiplier, qu'il ne s'unisse pas à lui-même mais soi définitivement Un-en-Un, alors le platonisme et la mystique qui l'accompagne sont subvertis. Il n'y a plus ici d'opération mystique réversible comme le sont les opérations philosophiques, mais une unique Identité qui clone l'Unité-Monde, opération unilatérale d'émergence du sujet plutôt que déification de l'Être et de l'homme. Un nouvel usage ne redivisera donc plus ces agrégats syncrétiques, ne les décomposera pas par une nouvelles analyse, il les prendra comme un seul tenant indivisible, un seul Monde avec lequel l'Homme-en-Homme peut espérer décider et former *sous ses propres conditions* une pensée dite « unifiée », identiquement érotique et théorématique, éthique et vécue, transcendantale et affective, future dans sa pragmatique du passé. Non pas des synthèses ou des totalisations reformant le Monde mystique ancien, mais des déterminations-en-dernière-humanéité.

SECTION II

Structure et duplicité de la transcendance

La mystique-monde effectue la double transcendance greco-philosophique par l'affect christique comme son Réel.

La mystique-monde est inséparable de schèmes philosophiques autant que de l'expérience christique. La science de la métaphysique devient la science des mystiques en introduisant plusieurs mutations dans l'économie aristotélicienne et néo platonicienne, mais aussi dans la Décision philosophique la plus universelle. De cette combinaison de la philosophie et de l'expérience christique, on a dit qu'elle a la forme générale d'un *mélange*, d'une co-appartenance entre-mêlée, entre-divisée et entre-réfléchie, d'une duplicité. La structure de la Décision philosophique est la forme invariante interne de l'unition réciproque avec Dieu mais elle est remplie de tout un aspect précieux de « science expérimentale » qui dépasse de beaucoup le vécu psychologique du philosophe.

Les mystiques ont conquis leur science en se plaçant dans l'Un comme sur un plan, y étalant et repliant les extases de l'homme et de Dieu, ordonnant le *meta* à l'*épékeina*. Ils mettent résolument la science de l'Être au service de la science de l'Un, accentuent l'imparité néo platonicienne de l'Un en même temps qu'ils donnent un contenu religieux et transcendant à ces transcendantaux. L'expérience christique remplit l'architecture ainsi ré-organisée de la métaphysique, plaçant l'ensemble dans une dynamique expérimentale de l'unition. Sur la voie échelonnée de la métaphysique, c'est à la fois un court-circuit théorique, l'ascension dialectique étant reportée principalement dans l'Un sur le plan duquel se déploie désormais l'échelle mystique. C'est un allongement vécu, un concentré de connaissances et un cheminement d'affects.

La mystique ancienne ne se réduit donc pas à une structure simple de « distance phénoménologique » (M. Henry) qu'elle partage de toute façon avec la philosophie et qui ne lui est pas spécifique. L'hénologie possède ses propres antinomies et mélanges. Des résidus de transcendance y font symptôme, par exemple l'échelle philosophique devenant échelle mystique, paradisiaque ou infernale. Des platoniciens réservent le droit de l'altérité de l'Un ou au-delà de l'Un, d'autres se refusent à dépasser l'ontologie de l'identification à l'Un. Non seulement elle contracte ou re-mélange les deux types de transcendance (*meta* et *épékeina*) dans une co-torsion, dans une duplicité, mais elle repose sur une double expérience de l'extase comme *épékeina*. Que l'extase soit une conversion vers soi ou qu'elle soit union avec l'Un, il importe doctrinalement. Mais conversion et unition finiront par fusionner dans la structure de l'extase grecque comme *épékeina* qui vaut de Dieu comme de l'homme et ne traverse pas l'un sans traverser l'autre. La conversion fusionne le sens chrétien de l'intériorité et de la vie dans le sens grec de la transcendance et du devenir. Mystique-monde, c'est toujours un mélange sous l'hégémonie de la transcendance. Elle donne l'apparence d'avoir pour l'essentiel conservé la syntaxe philosophique, disposant une hiérarchie de plans et de nouveaux objets sur ces plans. Si l'expérience christique est supposée *accomplir* la Loi mosaïque, l'expérience mystique prétend *réaliser et accomplir* la pensée philosophique, celle-ci se lisant encore dans celle-là mais l'anticipant.

Une troisième expérience viendra compliquer l'ontologie de l'extase et sera d'importance pour une mystique théorique, celle d'un contenu noétique de l'*épékeina* qui interdit de réduire l'extase de manière trop simplement phénoménologique et « heideggérienne » à un horizon ontologique fini et sans contenu théorique. Un contenu de connaissance est fondamental pour une mutation théorique de la mystique telle que celle dont nous avons le projet. Mais il est toutefois insuffisant pour introduire une autre pratique. L'ensemble de ce dispositif historique sera en effet dualysé, c'est-à-dire chaque terme transformé et décomposé en une dualité unilatérale qui exclut le mélange. Et la dualité unilatérale est celle dont le terme principal ou le côté de Réel fait *intrinsèquement défaut* dans la présence mais ne fait pas défaut absolument, étant seulement immanent et invisible, donc accompagné d'un dehors semi-visible.

Sur-transcendance et vision-en-Un

La mystique religieuse accuse la transcendance comme épékeina et y intériorise/extériorise le Monde. La mystique future procède par la vision-en-Un, qui est sans transcendance et séparée du Monde qu'elle unilatéralise comme Dehors de l'immanence.

Dépasser tout être mais aussi le tout des étants, c'est l'*épékeina*. L'*épékeina* est naturellement hyperbolique (et doublement hyperbolique lorsqu'elle prend la forme de la dialectique), mais pas à la manière judaïque. Quelle que soit la traduction du terme qu'Eckhart utilise pour le rapport de Dieu à ses créatures (*uberwesenen)* – traduction par les verbes *surêtre*, à la rigueur *transsubstantier*, *transessencier*, ou encore par le plus trivial *transcender* – il importe d'y saisir le mouvement de l'*épékeina*, le dépassement de l'Être-*meta* par l'Être-Un. Acte mystique par excellence, amphibologie de l'altérité qui a un pied dans l'Être, Être-Autre plutôt qu'« Autrement qu'être », c'est encore autre chose que la simple amphibologie du *meta* entre l'Être et l'étant. L'originalité de l'*épékeina* est partiellement méconnue, quant à la philosophie du moins, par Heidegger qui le pense trop en rapport au seul *méta*-physique. Elle réside dans une convertibilité d'excès de l'*épékeina* et de l'Un, de l'hypertranscendance et de son objet réel. Ainsi que le dit Eckhart, dans la perception une montagne reste une montagne (elle est donnée dans la transcendance propre à l'objet), tandis que l'œil qui voit Dieu est l'œil de Dieu lui-même (« mon œil et l'œil de Dieu ne sont qu'un œil »). Cette convertibilité supérieure définit le plan de l'Un ou de la Déité et porte à sa réalisation extrême le vieil idéal grec d'identification (« devenir d'une certaine façon toutes choses ») qui est aussi celui, un peu plus indirect, de la phénoménologie lorsqu'elle assure la réversibilité de la conscience et du Monde à l'intentionnalité près. La mystique résout ainsi le problème d'une perception de l'Un transcendant par une pratique, topologique en général, des flux, flux de désir et d'amour, de larmes, de soupirs et de cris de joie. Fluxion des créatures hors du sein de la Déité. Flux de la « lumière ruisselante de la Déité » (Mechtilde de Magdebourg). Rien en principe n'interrompt réellement ces flux puisqu'ils se prolongent par le retour en Dieu, en soi, en l'âme, par le traditionnel anneau mystique.

Que faire maintenant de cette topologie fluide qui s'efforce de mettre en mouvement et d'excéder en lui-même le mécanisme des instances métaphysiques réifiées ? Cette contemplation du pur mouvement de l'*épékeina* qui peut aller jusqu'à une identification de la contemplation et de l'action, rien de cela ne peut ni ne doit être ici arrêté ou nié, mais simplement invalidé en sa suffisance, *emplacé en un autre lieu qui est le Monde, reconnu comme dernier cercle de l'Enfer*. Que le Réel soit défini par la fluidité (dialectique, de la durée, de la temporalité, etc.), c'est un dogme philosophique et un fantasme mythologique qui en a remplacé de plus anciens. Ce n'est pas une position rigoureuse du Réel, la simple vision-en-Un n'est ni plus haute ni plus basse, ni hyper- ni hypo-bolique. Pas encore la « paupérité » de la connaissance en tant qu'elle a déjà renoncé à tout « dépassement ». Elle ne se loge pas entre le *meta* (-physique) et l'*épékeina* divin, entre deux formes de transcendance, ne sort pas de soi par une intentionnalité et un séjour auprès du Monde, ni ne revient à soi par une réduction ou une réversion. Pour l'Homme-en-Homme, pas de sortie et de flux hors de soi auprès des créatures, pas de retour des créatures à Dieu. Intentionnalité (pour la conscience humaine transcendantale), dialectique (pour la divinité), ces schémas de la philosophie sont sans pertinence pour la vision-en-Un. Sur tous ces points, l'apport de M. Henry est fondamental.

La vision-en-Un se déploie selon la dualité unilatérale et, au-delà, le mystique futur résout le problème par clonage plutôt que par flux, par causalité immanente qui emplace le Monde. Le clonage est l'opération transcendantale du Réel par laquelle le Monde transcendant est vécu de toute façon comme donné de manière immanente *mais seulement en-dernière-Identité.* L'immanence de la vision-en-Un se rapporte donc également comme transcendantale à la transcendance ainsi conservée du Monde. C'est pourquoi d'emblée le mystique futur, en sa connaissance du Monde, se rapporte sans doute à celui-ci mais fait d'abord plus que s'y rapporter – il est comme Homme-en-personne cause immanente de cette connaissance du Monde. Et même comme sujet-Christ transcendantal mais réel en-dernière-identité, il est inadéquat de dire qu'il y entretient un rapport, le sujet est *uni-lation* ou non-rapport au Monde et suspens de l'Enfer où il s'épuise.

L'Homme-en-personne rend ainsi inutile par son essence que l'on dira être de « non-essence » ou de « sans-essence », ou encore de « non-consistance », et par son existence de sujet-sans-monde mais *tourné pour* le Monde, l'appareil philosophique où s'embarrassaient les mystiques religieux. Dans la mystique dominante, le modèle perceptuel (le *meta-*) est au mieux levé/intériorisé, plus que dans la philosophie elle-même, comme s'il y avait encore une vie, l'autre Vie dans l'*épékeina*. Mais sa forme future se délivre dans le non-rapport au Monde de ce modèle perceptuel, désirant et unitionnel du rapport à Dieu. Si le Monde est vu-en-Un, en revanche la vision-en-Un n'est pas vue en-Monde mais forclose à son entreprise. En substituant l'unilatéralité sur le mode de l'immanence radicale à la convertibilité de l'œil de l'homme et de l'œil de Dieu, elle montre que n'importe quelle transcendance libérée de sa radicalité humaine, même celle de l'*épékeina*, aboutit à la réciprocité des contraires et à leur totalisation. C'est pourquoi, si « mystique » parût-elle comme immanence radicale, elle détermine unilatéralement (pratiquement) la pensée non plus comme philosophie mais comme simple théorie *pour* le Monde. L'unilatéralité explique que la pensée ait la forme générale d'un usage du Monde, d'une pragmatique qui fait corps avec sa connaissance théorique.

L'Un dialectique et l'Un performé

La mystique-monde est négation dialectique et dissolvante de l'être-performé de la vision-en-Un.

La transcendance se divise en deux formes, *meta* et *épékeina*, celle-ci est la forme de transcendance dominante. Mais cette forme d'extase qui a l'Un pour objet se divise encore, le *meta* la pénétrant à son tour. L'Un est alors Un *de* l'Un, rapporté à soi comme s'il avait besoin d'unité. L'Un et le Deux se réconcilient dans un Un plus profond ou plus élevé, une unéité de l'Un comme il y a une déité de Dieu, une arrière-unité. Cette logique de la différence dialectique est celle de la philosophie lorsqu'elle est consciente de soi et cesse de se perdre dans la représentation extérieure. Mais pourquoi l'Un aurait-il besoin de l'Un ? Que lui manque-t-il pour vouloir se multiplier par soi, exiger l'aide honteuse du Deux qu'il dissimule immédiatement ? La transcendance souffre d'une défaillance rédhibitoire que les gnostiques ont plus ou moins identifiée, qui est de se diviser et de se démultiplier de manière duplice de telle sorte qu'elle veut résoudre, voire « guérir » elle-même les problèmes qu'elle a créés. Les nouveaux mystiques résoudront ce problème à leur manière, ils accepteront d'être des théoriciens et des expérimentateurs du Monde en vue d'en obtenir un usage humain. En effet l'Un-en-personne est définitivement pauvre et seul, il n'y a pas de deuxième Un, pas d'homme derrière l'Homme qui est sans-consistance. *C'est un sans-pourquoi* (sans fin, sans matière, sans forme et sans agent), axiome qui doit être étendu de l'Homme-en-personne à toute la mystique. Ne pas passer par l'acte de donation et ses quatre causalités, cela s'appelle la grâce, un ordre qui arrache le Monde à l'Enfer.

Revenons à Eckhart. « L'œil qui regarde la montagne n'est pas la montagne alors que l'œil qui regarde Dieu est Dieu lui-même ». Formule typiquement philosophique, elle oppose et ré-unifie la dualité de la perception et la vision de Dieu, et résout l'ensemble sur le plan de l'Un en convertibilité et même en réversibilité de Dieu et de l'homme comme dans l'idéalisme spéculatif. Contrairement à M. Henry, nous pensons que ce type de formules est simplement de la convertibilité philosophique concentrée mais nullement abandonnée, c'est d'ailleurs le cas de la philosophie de la Vie dite « immanente » ou « auto-affective » qui se réfère justement à une mystique rendue immanente par Eckhart mais nullement immanente comme le Réel. C'est confondre la vision de Dieu « en » Dieu et la vision-en-Un. Celle-ci n'est pas d'abord vision *de* l'Un qui se ferait aussi *en* Un, introduisant la distance phénoménologique dans l'Un, le dédoublant comme Dieu est dédoublé. La diplopie mystique est un effet de la théologique qu'elle simplement rectifiée au lieu de la suspendre « en totalité ». La vision est plutôt d'emblée sur le mode de l'en-Un, simple et sans représentation. Elle peut être dite à la rigueur « finie » mais seulement en tant qu'elle ne peut sortir *de* soi et se déploie tout en restant immanente. Le mystique futur connaît une ascèse spéciale, celle justement de ne pas pouvoir sortir de soi pour *croire* voir autre chose, l'autre chose qu'est le Monde, *qu'il a déjà vu, quoique de manière non-suffisante, sur le mode de l'en-Un.* La maturité de la pensée vient avec cette finitude sans hallucination mais non sans l'onde de l'unifacialité, avec cette impossibilité à faire fusionner la pensée et son objet (contre l'idéalisme absolu) ou bien à les opposer trop simplement (contre le réalisme, le subjectivisme, etc.). La pensée qui est selon l'en-Un est une autonomie relative et ne se résorbe ni dans le Réel ni dans la subjectivité représentative.

Lorsque l'unition mystique ne va pas à la synthèse sous ses formes métaphysiques et positives d'une unification analytique d'« entendement », elle va en général au système sous la forme dialectique d'un troisième terme qui n'est pas simple synthèse mais double négation ou néant réfléchi. L'*épékeina* ne se compte plus à côté du *meta* et des deux autres termes, être et néant simples, elle se réfléchit et disparaît en elle-même. La double négation est le tour de magie le plus efficace de la philosophie pour effacer ses traces et faire virer le Logos en logicité (comme Dieu en déité). Boîte deux fois noire qui met à plat la triade philosophique et simule la vision-en-Un par sa simplicité retrouvée mais toute apparente. Double négation ou double Un, peu importe, c'est un terme et une opération de trop, une plus-value de réalité qui se fait passer pour le Réel. L'auto-médiation philosophique et la performation ont des airs de parenté. La dialectique simule la simplicité comme on voit chez les mystiques, simplicité que la non-philosophie fait sienne d'emblée au risque d'une apparence dogmatique. Mais l'Homme-en-Homme est le minimum de « dogmatisme », donc d'impossibilité, possible et nécessaire. Il est l'instance de performation par excellence parce qu'il est un performé immanent-en-dernière-identité.

Économie du capital mystique

Philosophie et mystique ré-unies ou mélangées forment une structure dont un modèle pourrait être un capital idéologique avec extraction de plus-value.

Les mystiques se sont laissés emporter par une pulsion grecque peut-être inadéquate à la révélation christique. Ils ont confondu leur extase vers l'Un avec une supposée extase de l'Un qui réciproque Dieu et l'homme. Ils ont voulu re-donner l'Un déjà donné et le dépasser à son tour, mettre en lui ce dépassement comme si l'Un, sous prétexte de Vie, pouvait être une combinaison d'immanence et de transcendance, d'intériorité et d'extériorité. La science mystique est devenue entre leurs mains une chasse au Réel plutôt qu'un effet du Réel. Sous l'impulsion de l'affect christique, la mystique mondaine a voulu vaincre l'abstraction de la transcendance philosophique, réaliser cette abstraction par une transcendance plus concrète. C'était une fois de plus tenter de surmonter le philosophie par elle-même. Transcender vers l'Un ou vers Dieu, ce geste ne se contente pas de viser et transformer les choses mais vise encore au-delà d'elles, par ce supplément d'une seconde transcendance, une plus-value de réalité, l'union avec Dieu et le devenir-Dieu. L'expérience mystique a la structure d'un « capital philosophique » procédant par accumulation des effets de transcendance et qui voudrait se faire passer pour une immanence humaine. Bien entendu l'aliénation mystique et l'aliénation économique ne peuvent être rapportées à des structures transcendantales univoques, sinon communes, que par le clonage universel de leur sujet comme Fils de l'Homme.

La grande thématique imaginaire qui traverse toute l'histoire de la philosophie et de la mystique et l'enserre dans l'immanence mondaine est celle du processus, de la procession et de la conversion, du flux et de la réversion, de l'aller et du retour, qui partagent Dieu, l'âme, les créatures. Même si la « Déité » (Eckhart) ne sort pas de soi lorsqu'elle se fait Dieu et engendre les créatures dans une naissance-processus, il est évident que son immanence est coextensive à la transcendance du Monde qu'elle décalque et que la Déité accompagne la création jusqu'en Enfer, s'y aliène en réalité, afin de mieux l'intérioriser. De la mystique spéculative à Nietzsche, de la Déité comme *causa sui* au principe immanent autoproductif des machines désirantes (la schizoanalyse), le processus est globalement le même, son immanence est celle d'un flux au mieux unilatéral mais toujours réversible. C'est ce qu'est devenue dans la pensée post-moderne la vieille « circumincession » de la Trinité, aux vertus conservatrices et capitalisantes, une simple et égale circumexcession, une circularité hyperbolique, au mieux une circumdiscession, mystique sécularisée mais honteuse de l'Un.

Le noyau spéculatif de la mystique ancienne est ce que les historiens appelleront une réciprocité et un échange des extases, ce que les philosophes essaieront de tourner en une dialectique des extases divine et humaine. Peu importe, comment l'échange ne s'approfondirait-il pas en une dialectique du double anéantissement, du rien-pour-le-rien ? Comment d'abord l'extase ne se dédoublerait-elle pas, comme la sortie en entrée et réciproquement ? Cette vie ancienne est celle de l'obéissance au Monde, l'esprit de Conformité. Il est difficile d'admettre que la pointe du dépassement dernier et total du Monde vers l'Un transcendant(al), l'*épékeina,* puisse rester dans le Monde. Mais la philosophie comme forme-monde universelle est une pointe parce qu'elle est un cercle et un cercle parce qu'elle est une pointe et c'est avec cette ancienne logique de la pensée excédante comme imagination que la mystique-fiction a déjà rompu.

Si la marchandise selon une analyse célèbre dissimule une vie spirituelle et mystique, la mystique explicite ne serait-elle pas, comme circuit d'échange des extases, le marché de l'onto-théo-logie et plus secrètement encore, une forme de capital où la philosophie et la théologie réunies exploitent cette production extatique, travail propre du mystique qui a passé contrat avec le Monde et lui a vendu son travail ? Une forme d'ensorcellement de l'homme ? Comme celle de la philosophie, la structure de la mystique commence par disposer deux termes, Dieu et l'homme, qui sont ses « transcendantaux » bientôt repris par les transcendantaux proprement philosophiques (Être, Un, Autre, etc.). Puis elle dispose un troisième terme, la vie mystique comme système (dialectique ou non) des souffrances et des joies, du cheminement de l'âme vers Dieu et de Dieu vers l'homme, système de leur union. Dans ce jeu à 2/3 termes ou 3/2 termes, l'homme n'est qu'un terme, sujet assujetti au devenir de leur identification, une pièce dans une structure autonome qui fonctionne avec lui mais pas vraiment à cause de lui. Il partage avec Dieu la causalité, les deux sont consommés, exploités dans le fonctionnement général qui seul importe. La mystique a le primat et la priorité à la fois sur le mystique, elle use de celui-ci à son profit, elle exploite son travail de passions et d'actions.

Pour qui en effet travaillent les mystiques, pour qui produisent-ils leurs souffrances et leurs joies ? Il y a une illusion partielle à dire que ce sacrifice est pour Dieu. Il est plus encore pour l'entente théologique suffisante de Dieu et de l'homme, pour l'unité de système de la philosophie et de la théologie. Il y a une économie à tous les sens du mot et un aliénation du travail mystique au marché de la philosophie lorsque ce marché n'est pas d'emblée transformé par une autre forme de ce travail. Dieu et l'homme s'unissent en échangeant leur extase respective au profit de ce qui les unit et qui les dépasse. De la déité peut-être ? On ne sera pas dupe, la déité c'est la philosophie et c'est elle qui dépasse et unit ces lutteurs éternels du « dépassement ». Comme tout dans le Monde dont c'est la loi, les essences philosophiques s'échangent, se capitalisent et produisent de la plus-value sous forme de suressence ou d'unition qui revient à Dieu.

Mystique du capital mystique

Le travail de l'Homme comme sujet-Christ est exploité par le capital mystique, soit par l'Enfer.

S'agit-il seulement d'interrompre dans son effectivité cette circulation des extases qui est le Monde, d'inhiber par une altérité ce mouvement d'ascension et de descente, de compénétration de Dieu et de l'homme ? Ou bien d'en acquérir plutôt l'intelligence libératrice ?

Cette loi d'échange, loin d'être quelconque et régionale, est la vie du Monde humain et spirituel, et le sujet-Christ ne peut se constituer comme Vécu Futur qu'en lui reconnaissant une autonomie relative et une réalité originale. Originale mais dont les prétentions infernales à l'absolu sont de toute façon déjà levées par l'Homme plutôt que par Dieu. Le sujet-Christ est la solution de ce problème, *que faire de cette économie spirituelle des extases* où l'homme et Dieu viennent échanger leurs vies à la fois de valeur incommensurable et pourtant susceptibles d'une certaine équivalence puisque dans l'Incarnation Dieu abaisse sa valeur et que l'homme mondain hausse la sienne ? Le mystique donne sa force de méditation et de désir, accepte de s'appauvrir pour la richesse et la jouissance de Dieu auquel il aspire à s'unir. La passion du mystique pour Dieu n'a d'équivalent que celle du sujet-travailleur pour le capital-monde.

La convertibilité métaphysique, si bien nommée, est le procédé de l'accumulation et de la richesse, procédé de la plus-value qui convertit Dieu avec lui-même, ou l'Un avec l'Un et en tire une plus-value. Contre cette convertibilité, on fera donc valoir que l'Un ne se multiplie pas avec lui-même comme fait Dieu, qu'il ne s'ajoute pas à soi, qu'il n'est pas supplément, tantôt rétractif tantôt soustractif, c'est aussi ce que signifie la formule de l'Un-en-Un, la pauvreté radicale. Toute la philosophie et la théologie pensent d'une manière qui n'est rien de plus qu'une pensée-capital. C'est pourquoi nous appelons « Monde » une telle manière mondialisante de penser et « Enfer » son pouvoir d'aliénation. Mais plus elle est inévitable et hégémonique comme l'Enfer-en-personne, et plus nous avons la tâche, l'unique tâche, de nous en défaire. S'il existe un mystique pauvre avant tout appauvrissement, force (de) travail avant tout travail d'ascèse et d'unition à Dieu, lui seul a quelque chance de se désaliéner de cette fascination. Pourquoi désirerait-il le Dieu-monde et la servitude sous Dieu s'il est déjà l'Un-sans-unition ? Dieu à son tour ne le désirerait-il pas, un Dieu désirant et mystique, non asservi à l'Homme mais recevant de lui son être-déterminé et sa liberté ?

L'immanence du Réel, marque indélébile du mystique, ne peut être atteinte au terme d'un processus d'accumulation d'une plus-value de réalité. Il y faut un appauvrissement en transcendance à laquelle on retirera non seulement ses postulats philosophiques particuliers mais la philosophie elle-même comme médiation supposée nécessaire à l'unition entre la créature et Dieu. Une mystique sans théologie constitutive, telle qu'elle naît dans l'esprit de l'humilité plutôt que du capital-monde, procèdera par suspens de ces axiomes. La solitude de l'Homme-en-personne est si pauvre en Monde que rien, même pas Dieu mais l'Homme seul, peut trouver place dans cette solitude. Dieu est trop riche de perfections pour avoir droit à la pauvreté. Le détachement du Monde est trop faible s'il n'est d'emblée séparé de toute consistance, essence, cause première ou perfection.

Le mystique futur, premier-né de la vision-en-Un, a donc une tout autre ambition et un tout autre droit que le mondain, et encore autre chose qu'une ambition et un droit. À la transmutation conservatrice des valeurs, au ressassement de la fin sans cesse recommencée du sujet et de la philosophie, il oppose l'être cloné du sujet-Christ. Forclose à la pensée et à son ontologie spontanée, à l'étant et à l'Être, la vision-en-Un ni ne flue ni ne revient, elle ne connaît ni procession ni conversion, et pourtant elle peut « agir ». Ce demi-agir sans acte ni action s'épuisant dans le Monde est celui de son être radicalement performé. Le primat de la vision-en-Un sur le sujet s'exerce par une détermination libérée de l'ordre di-rectionnel par descente et remontée, fluxion et retour. Le clonage est le noyau réel de « mission » du processus (dialectique ou non) de la création et en général du rapport spéculaire de Dieu et de son image-homme.

Tel est l'organon de lutte contre l'appareil de la mystique-monde et sa capture du sujet. C'est la réponse pratique à la question de la pragmatique mystique, *comment user encore, puisqu'il est impossible de fuir, de l'extase propre à l'ancienne mystique ?* comment lui donner, sinon lui redonner, une essence seulement humaine et non plus mélangée au Monde ? Le sujet-Christ, forme invariante de tout sujet mystique, est la saisie-en-identité, le clone, de cet échange des extases. En ce Christ les humains ne sont plus engagés, sinon comme sujets indifférents en-dernière-humanéité, dans la participation à ce marché et dans l'exploitation théologique de leur extase. Clonée par l'en-Un, l'extase est vécue comme *non-extatique (de) soi*, essence qui change sa forme telle qu'elle pénètre tous les moments de son contenu. D'une part elle n'est pas exactement « écrasée » sur soi, ce qui ne la libérerait pas du cercle infernal du Monde, mais elle est en-identité, Vécu anextatique et donc aussi semi-extatique. D'autre part elle change de direction ou d'objet, cesse de viser Dieu ou l'homme transcendants et vise désormais le Monde cette fois devenu immanent. Non-extatique (de) soi, elle n'est pas détruite, elle est maintenant uni-rectionnelle et ne s'exerce plus comme un cercle d'échange.

Il est urgent de briser « avec » le *marché du salut que sont les religions*, avec la thèse sinistre de l'aliénation essentielle de l'homme, de rétablir un rapport humain-en-dernière-Identité au Monde, à Dieu aussi et à bien d'autres choses. Réciprocité de l'homme et du marché, de l'homme et de Dieu, de l'homme et de la philosophie, de la sortie et de l'entrée, de l'aliénation et de la libération, etc., cette horrible pensée sans espoir réel, cette complicité et cet abandon sont les vraies œuvres de l'Enfer, son contenu phénoménal lorsqu'il a été dépouillé de sa mythologie religieuse. Justement parce que nous refusons le christianisme sous ses formes religieuses pour un non-christianisme, nous croyons à l'Enfer et nous le traitons même phénoménologiquement comme être-donné radical du Monde. La raison mystique n'a été jusqu'à présent que celle d'une déraison, sa logique celle d'une pensée hallucinatoire, Dieu et l'homme pris dans une topologie de la grâce qui pourrait bien avoir été la topologie tourmentée de l'Enfer. On a voulu confondre l'homme avec cette logique vicieuse, ne cessant d'en faire le lieu des puissances anonymes les plus tortueuses de la pensée et de la religion, comme lieu de l'Être, lieu de Dieu, lieu de la Pensée, lieu de l'Autre, etc., mais jamais « non-lieu » (de) lui-même c'est-à-dire en-Homme. Les plus belles maximes de convertibilité de la philosophie sont des ruses et peut-être des mensonges – se mettre à la place de l'Autre, laisser Dieu venir à ma place (s'anéantir devant lui, vouloir ce qu'il veut), se substituer à Autrui, faire advenir le sujet au lieu de l'Inconscient, etc. Etc. = Enfer... Pourquoi désirer ce que l'Autre ou ce que Dieu veut alors qu'il serait déjà beau de pouvoir ce que l'Homme peut et de ne faire que ce à quoi il est contraint ? Pourquoi substituer la vie si peu humaine, si biologique, si marchande telle que nous la subissons, au Vécu Nouveau dont nous sommes comme sujets les Premiers-Nés transcendantaux ? Si l'Un ne s'auto-engendre pas, n'est pas surgissement ou advenue à soi, telle une *causa sui* ou sa forme phénoménologique comme auto-manifestation, à plus forte raison sa causalité abandonne la pseudo-immanence du processus, de la naissance continue, de l'engendrement-devenir, pour se réduire au minimum de l'être-cloné. Le clonage est la cause de ceux qui n'ont pas de cause première ou dernière, qui sont pauvres jusqu'à être privés d'ontologie, de filiation divine ou parentale, qui ont suspendu le pacte philosophique et le consensus qui fait le Monde. À ces pauvres toutefois, il ne manque rien, le « manque » ne leur manque pas, c'est ce qui distingue les mystiques futurs comme hérétiques.

Consumer l'Enfer, consommer le Monde

La mystique future comme « consumation » de l'Enfer ou de la « suraliénation » permet une pragmatique du Monde.

Que serait une biographie du mystique futur ? Nous intéressent ses souffrances et ses illusions non pas tant par rapport à Dieu que par rapport à la philosophie, pour laquelle il travaille et se dépense au moins autant que pour Dieu si ce n'est davantage. Comment désaliéner l'un et l'autre en les libérant l'un de l'autre ? Comment libérer Dieu lui-même de sa création, voilà un problème que les mystiques auraient dû se poser avant de s'abîmer dans leur passion de Dieu. De Dieu il est toujours possible de ré-affirmer une réalité absolue, c'est même le premier piège que la philosophie tend à cet encombrant personnage. Mais tout change, rien ne se renverse simplement, lorsque l'on fait de l'Homme le Réel-en-personne. Alors il supporte la transcendance mais comme matériel à transformer selon sa propre nécessité, sans plus d'*ordre* transcendant ou redoublé.

Le sujet mystique en effet a son enfer à lui, comme mystique et pas seulement comme chrétien, un système auquel il est obligé de participer *deux fois* – double souffrance, double peine. Une première fois nécessairement, sans que l'on sache pourquoi, par quelle fatalité ou à cause de quoi, comme engagé de toute façon dans une lutte avec le Monde. En réalité c'est parce qu'il est Homme-en-personne qu'il est, comme sujet et s'il doit être sujet, jeté dans cette lutte dé-liante avec le Monde. Une seconde fois, et celle-ci est de trop et charge excessivement le destin, comme séduit par cette lutte, aliéné dans *la croyance à la suffisance du Monde*, à sa nécessité absolue supposée constitutive. Cette (seconde) servitude, nous l'appelons une « suraliénation » plutôt qu'une simple aliénation (le sujet-Christ est déjà l'Homme comme Étranger), et c'est l'Enfer rigoureusement compris. Il s'agit de se libérer de cette seconde servitude qui, certes, ne se surajoute pas simplement à la première mais se mêle à elle et doit donc aussi la transformer de sa propre suppression.

Si nous appelons le mystique à une rébellion strictement humaine, à une hérésie contre la théologie et la philosophe réunies, ce n'est donc pas pour une fuite absolue hors du Monde, qui n'aurait aucun sens ici, pour un absolu dé-chaînement de l'homme hors de toute mystique, comme s'il n'y en avait qu'une, à accepter ou à fuir, alors qu'ici encore s'il y en a une seule, il y en a deux usages. Pas davantage on ne propose un prétendu retour à la « vraie » et authentique mystique, dévoyée on ne sait pourquoi par le christianisme et la philosophie. Une mystique humaine ne peut donc pas davantage vouloir éliminer simplement Dieu et le Christ, elle est la pragmatique « impossible » de leur théo-logos. Le contenu humain non hallucinatoire de l'unition avec Dieu, c'est l'unition élargie et ré-expérimentée du sujet-Christ avec le Monde auquel Dieu appartient ou dont il est une dimension. Et le contenu de l'imitation du Christ, c'est d'être Fils de l'Homme, justement sujet-Christ, on dira « messie ».

Dualyse du mystère

La « boîte noire » de la philosophie – sa supposée identité ultime – donne à la mystique-monde son trait de magie et de mysticisme, que lui retire sa forme « clonée ». La mystique-fiction expose le secret de l'Homme Glorieux dans une pensée quasi-automatique.

La déité au-delà de Dieu (Eckhart) est un concept sans doute dialectique, non substantiel, mais d'une positivité résiduelle, marquée de négativité, de retrait et d'intériorisation à l'égard de la positivité empirique et représentative de Dieu. C'est un « quelque chose », un réel qui n'est ni ceci ni cela mais qui conserve, dissoutes en lui, ces premières déterminations. De là son caractère impénétrable et opaque (il ne peut que fluer/revenir, que devenir). L'identité de l'*avec* (l'Un avec l'Un, Dieu avec Dieu) est le vrai contenu « mystique » de la philosophique, sa « boîte noire ». Il donne son sens de désir et d'inintelligibilité à l'unition, fût-elle intellective. L'Un-déité n'est pas réellement forclos à la pensée et capable de déterminer une *pensée mystique réglée de manière pratique et immanente.* La mystique-monde, sa forme dialectique et spéculative s'opposent au mécanisme mais elles en relèvent plus secrètement par l'identité dissimulée de convertibilité. Il faut le sujet-clone pour arriver à un véritable « automatisme » non-mécaniste qui appartient à l'imitation ou simulation unilatérale. La fameuse « profondeur abyssale » de l'Un-déité, la connaissance cachée dans les profondeurs du Père éternel ou « implantée » dans l'Intellect, tous ces replis sont maintenant manifestés justement à cause de l'être intrinsèquement forclos de l'Homme-en-personne. La mystique est éventuellement fermée plutôt que réellement forclose au Monde. Fermée sur soi *et* le Monde, sur le mystère opaque de sa supposée identité. Dans quelle mesure alors la philosophie n'est-elle pas plutôt une *alphilosophie*, donnant lieu à une *almystique*, telle une alchimie de la pensée qui n'a pas atteint un statut scientifique *minimal ou liminaire, le seuil du Réel et de son formalisme* ? Le cercle philosophique et mystique se concentre en un point, l'Un-qui-contient-le-Monde à une procession près et se présente comme savoir-du-Monde. Si la philosophie est le savoir du Monde qui se confond avec le Monde, alors il faudra admettre qu'il doit exister un savoir du Monde qui ne se confond pas avec lui. Nous appelons non-philosophie et en particulier mystique-fiction cette science du Monde hétérogène au Monde.

Pour en finir avec ces secrets et ces prestiges typiques de la mystique unitaire, qui vit d'*exception* et de *domination* cachées, il faut renoncer à l'unition avec l'Un-Dieu, se donner l'Un comme Uni-sans-unition, donné-sans-donation, forclos de droit à la connaissance. L'Un-en-Un n'a pas besoin de l'intellect, pas plus d'ailleurs de l'intellect que de l'amour. C'est à cette condition de l'être-forclos de la vision-en-Un, un secret intrinsèque et donc intrinsèquement « négatif », sans positivité, insondable à force d'immanence, que le mauvais mystère représentationnel de la mystique peut être éliminé et l'unition devenir l'opération de la connaissance mais non du Réel. La pratique future renonce à prétendre penser l'Un par l'Un, ou avec l'Un, et pense le rapport au mystico-philosophique *selon* l'Un, elle expose le Secret qui fait les Humains par axiomes et théorèmes. Penser l'Un, le connaître au sens noble, c'est ce que font Eckhart, Hegel, et peut-être d'une tout autre manière M. Henry, c'est ce qui les distingue des platoniciens malgré tout plus prosaïques et surtout des aristotéliciens comme Heidegger, mais c'est aussi ce qui fait de leur pensée un désir ou une hallucination. L'Un comme plan est la métaphysique concentrée sur soi et réalisée par conséquent comme hallucination transcendantale. Ce n'est pas l'Un-sans-plan, l'Un-sans-unité, *tel qu*'il détermine une authentique connaissance se limitant au champ philosophico-mystique comme à son seul objet. La mystique future détermine cet objet dans un Verbe-fiction non-référentiel sans se fonder sur lui, sans fluer de lui, mais en déterminant son apport. Il n'y a plus de secret ou de mystère « caché » telle une boîte noire au cœur de l'Un ou de Dieu, en réalité au cœur du Logos. Mais un secret qui reste tel qu'un secret que ne transforme pas sa révélation « formelle » puisqu'il est déjà révélé. Un révélé-sans-révélation, un secret (de) l'Un déjà donné pour le Monde, secret de l'humilité que sa communication n'entame pas.

Autrement dit les concepts mystiques sous forme d'axiomes qui entrent dans les théorèmes transcendantaux ne sont encore des boites noires qu'en-dernière-identité et non, comme dans les objets technologiques, en arrière-fond ou arrière-plan. L'Identité qui les constitue est radicalement donnée, semi-représentée *à l'occasion* de la représentation (plutôt qu'*en* elle), semi-visible *pour* toute représentation. Elle n'est donc pas simplement cachée ou dissimulée comme l'est l'identité représentative de la philosophie, mais donnée intégralement en Vécu immanent hors de la représentation, et par ailleurs *pour* celle-ci (c'est le dehors propre à l'immanence). La boite mystique est réellement noire même si elle ne l'est qu'en-dernière-identité mais elle est performée comme noire (comme « savoir indocte »). Elle n'est pas noire par défaut de la lumière du Logos, assombrissement ou bien éclaircissement d'une

« clairière ». La mystique-monde est celle du mystère et de l'équivoque, de l'indécidable philosophique. Celle qui n'est pas de ce Monde est le secret tel que Révélé et le révélé tel que le Secret. Que peut l'homme qui ne soit pas d'une violence de lumière ? Ultimer du mystère du Monde son noir secret, manifester le château intérieur comme la dernière boite noire.

Justement parce qu'elle fait de l'Un le cœur du cœur de l'homme, la mystique-fiction semble n'en pas parler très « humainement », *comme si* elle se contentait d'axiomatiser froidement et de théorématiser. Pourtant c'est là parler humainement de (selon) l'Homme, à la réquisition près du concept comme symptôme ou matériau. Le langage n'est plus constitutif du Réel – il ne s'agit même plus d'une approche ou d'une approximation de l'Un supposé encore désirable – mais n'est constitutif pour partie que du sujet. Pour cette raison, elle se garde de passer sous silence le rôle du langage et de l'appareil philosophique anonyme (conceptualité et systématicité hiérarchique des instances). Elle étale le Verbe, ses conditions ultimes et occasionnelles, même l'être-forclos de sa cause, hors de tout mystère, dans le Dehors immanent. Le Verbe-fiction est constitué avec l'aide du Logos comme symptôme mais il n'est pas reclus, intériorisé et implanté dans l'intimité secrète d'un Logos préalable et reçu de l'extérieur. Il échappe justement à la suffisance du Principe de Raison autant que du mysticisme. Ainsi le sujet-Christ, la force (de) pensée expose ouvertement l'obscurité et le quasi-automatisme du Verbe futur sans se livrer à une oscillation productrice de sens. Sa pauvreté est éclatante, son humilité source d'inventions. Il force le Logos à le recevoir non pas sans résistance mais en quelque sorte à côté de sa résistance. Bien qu'il ne s'agisse pas pour elle d'un objectif mais d'un effet, la mystique-fiction intègre l'héritage chrétien dans l'Intelligence à venir. C'est un travail de quasi-formalisation, de dualyse ou de pratique théorique de la tradition, en vue d'un usage adéquat à l'Homme-en-personne. De ce point de vue, mais cela ne peut motiver son projet, elle est un dégrisement et une démytho-logisation de la mystique chrétienne traitée enfin comme un objet quelconque à expliquer selon les critères d'une intelligence « moderne » et même « non-moderne ». Car la rupture simplement moderne avec le mystique au profit par exemple du mathématique et de sa table rase n'est qu'une demi-ouverture de plus de la mauvaise foi philosophique. Une mystique-fiction ne répète l'héritage philosophico-chrétien que sous bénéfice de traitement uni-latéral. Nous sommes trop avertis, du moins comme non-philosophes, pour intégrer cet héritage de manière simplement latérale, comme fait Heidegger, au nom de l'« impensé ». Nous avons maintenant de nouveaux moyens, plus simples d'origine et donc plus complexes pour résoudre ce qui est un problème plutôt qu'une question interminable.

SECTION III

Une « science » hallucinatoire de l'Un

La mystique traditionnelle accomplit la philosophie, la transgressant des moyens qu'elle lui fournit, c'est une science de jouissance de l'Autre et une théorie hallucinatoire, sans les conditions réelles-formelles d'exercice de la théorie, nous lui opposons la mystique-fiction qui reconnaît ces conditions.

Le but le plus universel des mystiques religieuses est d'égaler – par un procédé en général philosophique – l'homme à Dieu, d'assurer leur réversibilité à une création près. Elles prétendent transformer d'abord l'Un en Dieu, s'identifier ensuite à lui sans accès réellement extérieur, enfin jouir de lui par cette unition. Du point de vue philosophique mais plus encore du point de vue psychanalytique, la mystique est une tentative de jouissance de l'Autre absolu, un désir d'unition qui dépasse les conditions de cette opération et ne peut qu'exiger l'auto-négation du postulant. La science des mystiques est une science toute de jouissance mais la jouissance de l'Un-Être se paie du néant de l'étant ou de la créature. Même lorsqu'elle s'acquiert à la pointe de l'intellect, ce n'est jamais sous la forme d'une pratique de théorie et d'expérimentation d'un objet contingent mais d'une connaissance ou d'une science supposée réalisée.

Quel est le mécanisme de cette jouissance ? L'objet de l'*épékeina*, la seconde et supérieure transcendance, celle qui est « au-delà de l'essence », n'est plus l'étant quelconque vers l'être duquel se fait le transcender comme *meta-*, c'est le *Réel* par excellence (l'Un, ou Dieu-comme-Un), ce qu'Eckhart appelle le « quelque chose » opposé au néant possible de la créature ou de l'étant. Sur-néant divin, il s'oppose au néant ontique et même sur-ontologique, il est Dieu ou mieux encore il « était » la Déité. Ce Réel au sens fort ne relève pas directement mais encore indirectement de la positivité. Il est lui-même affecté de la négation qui prend pour objet le propre néant de l'étant. Dieu est réel parce qu'il est « négation de la négation » (Eckhart). De là une non-essence, un non?être affectant l'être de Dieu, une défaillance sinon un vide qui donne son plein sens à l'*épékeina* platonicien. Déjà dans la mystique spéculative, l'Un se distingue de l'Unité métaphysique, ontologiquement positive. Si la double négation, la négation qui se rapporte réflexivement à soi, n'est qu'une solution historique particulière de la science métaphysique de l'Un, c'est certainement la plus rigoureuse dans l'effort pour le rendre dialectiquement intelligible.

L'objet de la mystique est toujours le *Réel.* Mais à la différence de la philosophie tant qu'elle n'est pas spéculative, qui ne le pose que de manière périphérique ou limitrophique, la négation constitutive du *meta* est redoublée de celle de l'*épékeina*, donatrice du Réel et nécessaire pour y accéder. En ce sens la dialectique a un aspect effectivement « mystique » comme le dit Marx de Hegel, mais mystique au sens authentique de ce terme, Marx confondant, non sans une certaine raison chez Hegel, le réel mystique avec le fait empirique et l'état de chose (*Bestand*). C'est l'objet de l'unition, la transgression de l'*épékeina* lui-même dans l'identification à son objet comme à l'Autre. Non seulement la créature se résorbe en Dieu, mais elle n'y fait retour que parce qu'elle en flue ou y *était* sans encore exister.

Le lieu réel spécifique de la mystique n'est donc plus la transcendance idéelle en *meta* de l'Être, mais cette seconde transcendance, en *épékeina*, vers le Réel ou l'Un. C'est une transcendance d'identité, la face visible du réel conservant, malgré cette identification à l'Un, un dernier reste de réalité limitrophique ou d'altérité. Ce Réel est donné avec l'Autre et par lui plutôt que *directement et d'emblée en lui-même*, ce que même l'immédiation augustinienne (« plus intérieur à moi que moi-même ») ne peut réaliser. Un signe de son caractère intrinsèquement philosophique est que, tentant de réaliser l'Un par lui-même ou de poser l'identification à l'Un, elle ne cesse malgré elle de repousser l'Un réel à cette limite supérieure, infinie et topologique qu'est le plan de l'Un, forme de l'anneau qui enserre tout l'étant en se distinguant de lui. La mystique est seulement un effort pour concrétiser en la réalisant l'abstraction métaphysique, mais elle se contente en guise de réel de multiplier comme on l'a dit, l'abstraction par elle-même. Seule la philosophie évidemment pouvait poser l'Un comme ce plan d'unification des contraires les plus extrêmes qu'elle ait imaginés et *rendre possible sa propre transgression sous la forme de son apparente réalisation*. La magie dialectique d'Eckhart à Hegel, mais c'est celle de toute philosophie, paraît résoudre ce problème impossible du désir mystique qui prétend transgresser et réaliser le simple désir philosophique assujetti encore à la loi de la transcendance en *meta*. Le plan mystique par excellence n'est évidemment plus celui de la Forme et de l'Être, mais celui de l'Un comme Réel-Autre. L'ontico-mystique constitue une dimension supérieure à la métaphysique proprement dite, une science de l'Un mais de la réalité et de l'altérité de l'Un – aux dernières limites de l'Être. Finalement l'Un jouit (de) soi et se dédouble dans sa convertibilité avec lui-même, dans l'Un qui est *avec* l'Un. Il se surmonte ainsi dans un troisième Un qui est cette convertibilité en personne, et encore dans un autre Un (la boîte noire abyssale). Il a toujours été à la fois un terme opposé (à lui-même) et un terme de fermeture systématique. Si bien que, spéculatif ou non, mystique ou simplement métaphysique, l'Un reforme une triade ou un plan topologique typique de la structure invariante de la Décision philosophique. La mystique accomplit alors le telos spéculatif de la philosophie, le concentre sur soi ou l'enveloppe sous la forme d'un plan comme anneau continu. Le *vinculum transcendentale* s'est toujours voulu asymptotique d'un *vinculum reale*. Loin d'être un présupposé parmi d'autres de toute position, le réel spéculatif de la mystique est le cercle d'une double et unique présupposition, qui s'accomplit comme double négation afin de mieux transgresser ses propres conditions. Tel est le destin de la philosophie vouée aux arrière-présuppositions.

C'est donc bien d'une illusion idéaliste qu'il s'agit. Le « quelque chose » au-delà de l'être et du néant est un indéterminé qui vise et dit l'Un, une manière de s'y identifier plus clairement que dans la métaphysique, mais encore sur le mode du désir. S'il est relativement facile de rejeter après usage le *meta*, ce dernier toutefois subsiste partiellement dans la transcendance en *épékeina* qui reste une identification (plutôt qu'une identité) ou, à la rigueur, encore la *donation* d'une identité plutôt que son *être-donné-en-Personne*. La mystique spéculative aura été une manière radicale de régler l'économie de l'Être et de l'Un, de l'Un-qui-est-et-n'est-pas, de le régler apparemment sans l'indécision métaphysique, depuis l'Un et non plus depuis l'Être, mais sans briser réellement leur mélange. On parlera d'un « tournant mystique » intériorisant l'appareil métaphysico-transcendantal, plus que d'un renversement de l'Être à l'Un. La mystique ne pourra jamais oublier l'Être. Cette sorte de tournant qui se produit à la limite supérieure de la métaphysique se contente d'écraser l'Être dans l'Un sans l'annuler. L'expérience christique croise ainsi le cortège complet de la métaphysique et du néoplatonisme, les court-circuitant plus ou moins expressément, supposant une expérience spécifique de l'Un, mais ne pouvant faire tomber l'Un dans l'expérience vécue qu'en le faisant tomber dans l'Être sous prétexte de « réel ».

Les mystiques chrétiens supposent donc la philosophie pour poser et résoudre leur problème, la jouissance pleine de l'Autre. Ce passage à l'acte, l'identification à l'Un, qui était simplement amorcé ou posé par la philosophie sans être réalisé, cette actualisation de l'*épékeina* qui passe partiellement sous silence sa condition de *meta*, signifie que le désir philosophique de l'étant *réel* est finalement écrasé extatiquement en Dieu. De là l'unition hallucinatoire à Dieu supposé être le Réel, l'écrasement topologique de l'échelle philosophique, l'inclusion de l'organon philosophique à son objet, de la transcendance métaphysique au désir mystique et à la jouissance. Comme si la hiérarchie, avec ses modes (échelle, degrés, médiation, etc.), l'opération diversifiée de la transcendance, était condensée sans être supprimée, résorbée en son objet telle une fin-sans-finalité. Seul l'organon philosophique, déjà hallucinatoire et illusoire en mode transcendantal, peut évidemment créer cette apparence d'une immédiation. Il n'est pas nécessaire pour céder à cette apparence d'être augustinien plutôt que dionysien et néo platonicien. La dialectique, en se développant sur l'unique plan de l'Un, en faisant de l'Un un *plan*, répète, sans lui apporter de solution véritable, le problème général des philosophes anciens et plus récents (Wittgenstein), utiliser la technique philosophique pour la nier, l'oublier, la « laisser tomber »... comme une échelle. La grande ressource illusionniste de la philosophie est de reproduire sur un plan supposé « réel » et capable de la rigueur théorique, le procédé du langage comme double articulation ou double transcendance. Tout ce qu'elle « vérifie », c'est donc le langage déjà fait et la capacité du discours à s'auto-vérifier hors de toute connaissance véritable. Qu'elle résorbe le support ou le moyen dans le résultat, la première transcendance dans la seconde plus appropriée à l'ambition mystique, est un effet et une conséquence.

L'immanence philosophique atteint ainsi sa forme extrême dans la mystique spéculative, avec l'axiome selon lequel toute distinction, par exemple de la pensée, s'annule en Dieu. Toutefois il ne s'agit que de *la simulation de l'immanence par l'intériorité auto-réflexive, la véritable immanence ou identité étant rejetée dans les ténèbres de la boîte noire.* Lorsqu'elle n'est plus un attribut de l'Être ou de Dieu, l'immanence suppose au contraire une distinction radicale c'est-à-dire unilatérale, de la pensée, auto-réflexive ou non, et du Réel comme être-séparé immanent ou forclos. Il est inutile de dire que l'homme est un *avec* l'Un plutôt qu'un *avec* l'Être, si cet *avec* inclut un ultime rapport constitutif à l'Un et interne à lui. La convertibilité, voire la conversion de l'Un *avec* l'Un ne peut réellement le sauver de l'Être, n'y ayant de con-vertibilité que par l'Être. L'Un des anciens mystiques possède la suffisance philosophique de ce qui est auto-(cloné) ou *cloné (de) soi* et n'est pas l'instance non-suffisante qui *clone en-dernière-Identité un sujet mystique.* La philosophie est l'arrière-monde de la mystique. La donation dialectique, réfléchie et objective de l'Un *comme Un* ou *comme tel* est une ultime mondanéité, effet de la haine du Monde qui n'est que l'autre face de l'ivresse mystique. Cette ivresse de l'unition à Dieu alimentera plus tard les formes modernes et post-modernes de la dialectique et ne trouve son véritable remède que dans le dégrisement hérétique et l'humilité, si pauvres en auto-suffisance et en convertibilité qu'ils exigent même cet axiome, presque hyperbolique, de *l'Un forclos à l'Un lui-même.*

Convertibilité, ultimation et clonage

À la convertibilité unitaire de l'homme et de Dieu, source de toutes les illusions et qui se résout dans le Christ historique et ses apories théologiques, s'oppose la détermination-en-dernière-Humanéité, clonage du sujet-Christ, « mission » de l'Homme dans les messies.

La philosophie apporte à la mystique son génie traditionnel de la triade, de l'identification des contraires, de leur égalité par leur convertibilité, donc la possibilité religieuse dessinée en creux de la conversion extatique de l'âme à Dieu, de son unition *avec* lui et, mieux encore, *en* lui. Dieu et l'homme, l'homme et le Monde « se regardent mutuellement », se mirent l'un dans l'autre, c'est la philosophie, à laquelle il ne manque plus que de concentrer ou de resserrer cette dialectique spéculaire sur elle-même pour se faire mystique. À la suite de l'expérience chrétienne et de la philosophie qui la renforçait sur ce point, les mystiques affirment avec quelques nuances la triple convertibilité de la philosophie et de la théologie, de la théologie et de la mystique, de la mystique et de la philosophie, sans parler par exemple de celle de la pensée et de la noblesse ou de la grandeur dont Nietzsche, Heidegger et d'autres ont répercuté les lointains échos. La mystique écrase l'un sur l'autre les termes des couples dont la philosophie la plus métaphysique tentait de conserver le plus longtemps possible l'écartement. La convertibilité se consomme en conversion et unition.

Ce principe se monnaie en opérations de la logique mystique (avec ses modes, la sortie, la rentrée, le retour, le cheminement, l'élévation, le ravissement et l'extase) qui seront retravaillées par la tradition mais qui sont pour nous sans signification sinon de matériau. Une mystique intrinsèquement humaine fait de l'Un et du sujet, plutôt que de les recevoir tout faits de l'extérieur, les contenus de l'Homme et du Fils. Elle réside en effet dans un acte initial destiné à briser le cercle vicieux de la triade et de la convertibilité, finalement le cercle de la conversion. C'est l'acte dit d'*ultimation première*, qui pose l'Un non plus comme transcendant et comme Dieu mais comme immanence d'une vision-en-Un, *le posant rétroactivement par un acte de performation déterminé en-dernière-Identité par lui-même*, par sa cause. La mystique future est-elle alors la simple inversion de la philosophique, l'échange des rôles entre Dieu et l'homme ? Cette permutation est exclue par la position de l'Un-Homme comme *présupposé radical ou sans-présupposition*. L'ultimation première de l'Homme peut toujours apparaître, du point de vue philosophique, comme une substitution de l'homme à la Déité et une rébellion.

Toutefois la vision-en-Un est plus et autre chose qu'une rébellion, c'est *le présupposé réel de toute rébellion.* Ce n'est pas l'homme que l'on substitue à Dieu par une sorte d'inversion du rapport fondamental. C'est l'Homme (se disant en-dernière-identité du sujet existant-Christ), qui est substitué et plus que substitué à la convertibilité de Dieu et de la créature.

Cet acte initial, décision de style axiomatique mais transcendantal, on y reviendra, en implique un autre, le clonage constituant du sujet-Étranger, en mode ici spécifiquement mystique, Fils ou Christ. L'Homme *et* le sujet.....Sous le *et* apparent de « synthèse », se cache la causalité de l'Un comme détermination-en-dernière-Humanéité du sujet. Le cœur de la détermination est une opération secrète de « mission » ou de clonage capable d'expliquer et de transfigurer l'unition. Rappelons que dans la philosophie l'Un était le moyen d'une fermeture limitrophique de système mais, comme vécue, immédiatement éprouvée, l'unition à Dieu-Un était à peine une synthèse, c'était plutôt une *imitation* (procédant parfois par une négation et du coup une auto-négation du néant) productrice d'une nouvelle positivité. En l'absence de synthèse, il y avait une opération au cœur de la mystique la plus immédiate et cette opération était le lieu de l'intervention philosophique. L'imitation ou la convertibilité généralisée de l'homme avec lui-même et avec Dieu n'était d'ailleurs pas une plate égalité, elle rendait possible la conversion intérieure à soi comme Un autre que soi et restait comme écrasée dans ces devenirs mystico-philosophiques. L'être-cloné se substitue à la naissance réciproque de Dieu et de l'âme et à ses moyens philosophiques (procession/conversion/réversion). *Le sujet cloné reçoit le sceau de l'Homme comme l'Uni-sans-unition, le clonage est le contenu réel de l'unition mystique.* Le sujet ne *devient* pas Un de lui-même, il ne s'engage pas dans un tel devenir, mais il est produit comme « clo-né » par l'Homme à partir de ses formes mélangées et mondaines. À la différence de l'unition religieuse qui est deux fois l'Un, divisé et transcendant à l'Homme radical, le clonage du sujet-Christ est unidentifiant mais aussi unilatéralisant et universalisant de manière purement immanente.

Les rapports philosophiques de Dieu et de l'homme dans la mystique spéculative pourraient se dire dans une parodie du *Dasein* et s'écrire *Da-eins*. L'homme y est le lieu de Dieu ou de l'Un plutôt que de l'Être. Mais cette réorganisation de l'écriture entre Heidegger et Eckhart, doit être arrêtée ou suspendue. L'Un ne se redouble plus ici dans sa causalité ou son effet, l'intrication amphibologique de Dieu et de l'homme cède la place à une causalité unilatérale de l'Homme sur le matériau mystique. Par son être-forclos, il détermine le sujet dans une sorte d'induction/déduction qui se joue entre l'Un-en-Un et l'objet mystique traditionnel, plutôt que par une élucidation de présuppositions encore impensées. L'homme naissant en Dieu, Dieu naissant en l'homme, la réciprocité de cette double et unique naissance, voilà ce à quoi l'Étranger-comme-Christ a renoncé, comme à l'axiome unitaire de la convertibilité par lequel la mystique a cru pouvoir accomplir et dépasser l'onto-théo-logie. La *théorie vécue ou pratique* remplace ainsi le Verbe philosophico-chrétien et lui donne un autre contenu, une autre origine et une autre destination. *Ce Verbe-sans-logos est identiquement l'invention du sujet-Christ entre la découverte de la vision-en-Un et le donné symptomal du Monde.* C'est donc à une stratégie apparemment complexe, en réalité à tout autre chose qu'une stratégie, que se livre la mystique-fiction pour se constituer. C'est le problème du style axiomatique et théorématique qui utilise les propriétés et les vocabulaires de la philosophie et de sa mystique sans être lui-même de cette nature.

La jouissance future. Science et unition

La vision-en-Un s'exerce comme unition non-unitionnelle (de) soi ou détermination-en-dernière-humanéité. Elle déplace la jouissance de l'Autre (comme auto-unition du Dieu-homme), de Dieu et de la créature vers le sujet qui existe-Christ. C'est la condition d'une science de l'unition ou d'une érotique humaine.

Si la mystique-fiction a un objectif, c'est de ne plus se leurrer d'une transgression divino-humaine des conditions d'accès au Réel imposées par la philosophie et la psychanalyse réunies et d'en venir à l'immanence radicale qui fait l'Humanéité. De la science des mystiques religieux à la théorie unifiée de la mystique et de la philosophie, la jouissance change de statut et déshabite l'Un humain, elle devient « Joui-sans-jouissance ». Reformulé par Saint Thomas d'Aquin mais consubstantiel à la philosophie, l'axiome de la convertibilité généralisée ou du *tout-unition* (les choses semblables s'aiment réciproquement), doit être éradiqué et son résidu n'apparaître plus que sous une forme limitée dans l'érotique du sujet. L'axiomatisation par laquelle commence la mystique de l'Un tel que lui-même sans unition ne peut qu'éliminer ce type de postulat naturel de l'entendement philosophique. Le Tout-amour, autant que la jouissance de l'Autre sont exclus du Réel et ne valent que pour la constitution érotique a priori du sujet existant-Christ.

Cette solution pourrait cependant apparaître comme une sur- et plus puissante transgression, comme une identification à l'Un philosophique hors des conditions du désir et même de l'oubli de la philosophie.

Toutefois ces conditions, le Réel, l'homme, le désir, changent ensemble dans cette mutation. « Réel » est un terme évidemment ambigu comme n'importe lequel et ne se dit, selon la philosophie, que par « analogie » de matériau des deux mystiques. Au système flux/retour, à la réversibilité de Dieu et de l'homme en la déité, à l'identification à l'Un absolu, nous avons opposé l'Un (de) l'Homme. L'unition, l'Un *avec* l'Un, était une immanence faite d'autant d'extériorité et de transcendance – un plan topologique ou un anneau. Identification des extrêmes, c'était une simulation de l'Un réel sous les conditions philosophiques. Le secret de cette unition traditionnelle à Dieu est l'inclusion, dialectique ou non, d'un terme à l'autre, de l'âme à Dieu, de Dieu à l'âme – c'est leur mauvaise « égalité », celle qui a lieu en eux et hors d'eux simultanément. L'union comme inclusion, l'égalité comme ressemblance, le même comme totalité de l'Un avec l'Un, voilà ce que déracine la radicalité non-unitionnelle de l'Un-en-Un et son effet de clonage.

C'est dans ce cadre que l'humilité comme non-suffisance et être-forclos (de) l'Un, prend sa portée. La mystique ancienne, on le sait, est unition par transgression, retrait, soustraction « négative » – encore une auto-transgression –, mais l'humilité est l'« impossibilité » de cette transgression ou de ce retrait. Le Réel *n'est pas* une *réalisation* de l'appareil philosophique mais ce qui, de lui-même, détermine ultimement la science de celui-ci et son usage. La mystique héroïque des Anciens transgresse l'héroïsme philosophique lui-même, ou s'en retire, mais la mystique future refuse de *prendre possession* de l'Un, de s'approprier l'*épékeina*. Ce n'est ni une méta-phore ni une e-épékeina-phore, un double et unique procès, mais l'ultimation d'une radicale humilité qui définit la non-essence du Réel, l'absence d'essence dans l'Homme-en-personne, l'impossibilité d'une définition logocentrique de l'Un. À sa suite, la détermination-en-dernière-Identité se substitue au flux/retour, à la procession/conversion, le clonage à l'engendrement ou à la naissance. Le Monde est bien donné « en-Un » mais pas au sens où il est créé en Dieu. *Il est donné lui aussi sur le mode de l'Homme-en-Homme mais ne constitue pas l'une de ses parties réelles.* Ainsi rien du Monde ou de la philosophie, de ses aventures mystiques n'habite l'Un et ne dispose d'un processus, dialectique ou autre, pour réaliser cette identification et cette jouissance. Il y aura de l'unition, et même il n'y aura que cela, mais hors de la vision-en-Un, dans le sujet-Christ.

L'unition se fait du Monde au sujet-Christ et réciproquement *dans une certaine mesure maintenant très limitée.* Le problème du sujet-Christ n'est plus de s'unir tel qu'il existe à Dieu, mais de se constituer dans sa modalité d'Etranger à partir de ses figures historico-mondaines qui seront sa modélisation. L'unition prend alors la forme nouvelle d'un clonage du Christ Futur comme unition non-unitionnelle (de) soi, c'est le contenu réel de la naissance ou de l'engendrement réciproque de Dieu et de l'Ame dans les anciennes mystiques. Si le sujet renonce à la suffisance de l'auto-engendrement, à plus forte raison renonce-t-il à la prétention à la divinisation, à la *theosis,* à la déification et à ce qu'elle est devenue – surhumanisation – chez les philosophes (Nietzsche, Bergson). Le style de la détermination uni-latérale remplace le style tout-unitionnel et dialectique de la mystique théologique.

La mystique future, en cela plus proche de la psychanalyse que de la philosophie, sans être un sous-produit de celle-là, refuse donc elle aussi la jouissance supposée de Dieu par le moyen de la philosophie. Celle-ci craint partiellement par rationalisme – plus que la mystique – la jouissance, elle conserve l'extériorité de l'Autre sans oser s'identifier simplement à lui. Mais en échappant aux conditions philosophiques, qui ne sont plus pour elle qu'« objet » ou symptôme, la mystique future postule une mutation par laquelle elle s'installe d'emblée au cœur de l'Un, distinguant du coup celui-ci, comme *Joui-sans-jouissance*, de la classique *jouissance (impossible) de l'Autre*, mais aussi d'une jouissance maintenant possible et déterminée par le Joui forclos à la jouissance. L'absence d'unition dans l'Un est la condition pour qu'il détermine en toute rigueur l'unition dont le sujet est capable et dont il a besoin. Qu'il n'y ait pas d'amour de l'Homme-en-Homme est la condition pour que le sujet soit amour salvateur (du) Monde et *que l'érotique humaine soit ainsi, sinon fondée du moins consistante*, et reçoive enfin une forme rigoureuse et un objet réel. C'est la même chose que de dire que la mystique future n'est plus *de* l'Un mais *selon* l'Un, mystique du sujet-Christ plutôt que d'un moi anthropo-théo-logique.

La mystique-fiction est science théorique et expérimentale du Monde et ne peut l'être que si par ailleurs elle n'est plus « science de l'Un » mais, comme elle le prétend parfois sans toujours apercevoir les exigences formelles de ce projet, être science de Dieu. La double science de Dieu et du Malin, les deux classes d'objets onto-théo-logiques, devient de toute façon science unique du Dieu-Malin ou plus exactement théorie unifiée, selon l'Un, de Dieu et du Malin comme des deux volets de la pensée-monde. La mystique-fiction tient autant de la science moderne et de la connaissance que de l'ancienne théologie, mais se délivre de la positivité de l'une et de l'onto-théo-logie de l'autre.

SECTION IV

Le labyrinthe de la convertibilité

Le principe de convertibilité (conversion et unition) de l'homme et de Dieu forme un labyrinthe et ne peut être invalidé que par des moyens qui soient de type scientifico-transcendantal, en particulier axiomatiques, et qui lèvent l'intuitivité philosophique.

De cette convertibilité, cercle de notre Enfer et qui n'exclut pas, au contraire, toute hiérarchie et exploitation, la mystique humaine fait donc à la fois, sous des angles distincts et unifiés, symptôme et matériau, objet et modèle, en vue de sa propre édification. Elle ne peut être que d'un type spécial d'abstraction que nous avons résumé comme celui d'un « formalisme micro-mystique ». Sous quelles conditions en effet de théorie et de langage peut-on faire, par exemple, de l'humilité ou de la pauvreté un présupposé réel, le Réel de l'Un-homme, plutôt que le concept ou l'attribut d'une créature ? par quelle grammaire, syntaxe ou procédure de la pensée ? On les appellera scientifiques-et-transcendantales, une combinaison paradoxale qui ne renvoie pas à « la philosophie comme science rigoureuse » mais que nous avons esquissée ailleurs sous le nom de « théorie unifiée de la science et de la philosophie » et plus haut dans l'Introduction, par allusion à la modélisation quantique, sous la forme de ce formalisme « micro-mystique ».

Dans les « deux » mystiques, la procédure est globalement, de manière approchée et souvent métaphorique, d'une science expérimentale, la connaissance de Dieu étant désormais étendue au Monde ou bien celle du Monde à Dieu. Mais elle est faiblement armée de la seule théorie doctrinale ou philosophique dans le premier cas, d'un moyen de théorie scientifique et de philosophie unifiées dans le second. La « théorie unifiée » est ici de la philosophie et de Dieu en leur identité de-dernière-Humanéité. Ce formalisme transcendantal, cette axiomatique, serait-ce trop dire qu'il est notre prière et notre confession de foi, par quoi nous faisons le vide dans la pensée et recevons hors-enfer le Monde-et-Dieu sous une forme « abstraite » ultimement non-intuitive comme l'Homme ? et la théorématique transcendantale la connaissance que nous puisons dans cette prière.

Il y a beaucoup de mathématique à l'état secret dans la mystique comme ailleurs, mais toujours sous l'autorité de la philosophie, de son intuitivité et de son peu de véritable spiritualité. L'ancienne mystique a confondu la spiritualité avec la transcendance et la hauteur, n'abordant l'immanence que par l'intériorité. L'Homme-en-Homme n'est ni le Très-

Haut ni le Très-Bas mais l'« ordre » où il y a de l'humain-sans-plan, il institue son propre ordre dans l'abandon de la planéité philosophique. Si le Réel ne flue pas, comme le signifie aussi l'Un-en-Un, ce n'est pas pour l'opposer statiquement à la dynamique du cheminement mystique. La distinction est ici unilatérale entre l'intuitivité et une autre expérience plus abstraite du penser. Le style de la dualité unilatérale refuse d'entrer dans le labyrinthe du continu comme dans le chaos du multiple. Il fallait une force (de) penser nouvelle pour inventer, « force faible » sans doute, en deçà de la topologie et de l'intuitivité philosophiques, une pensée abstraite capable de se libérer de l'imagination elle-même. Précisons cette double et unique nature scientifique (et) transcendantale.

Axiomatique transcendantale

La mystique-fiction est une axiomatisation et une formalisation de la mystique mais transcendantales.

Soit la métaphorique mystique et son élément intuitif ou naïf. Quoique plus riche que celle des systèmes doctrinaux, elle est fondamentalement philosophique, ni seulement spatiale ni seulement temporelle mais topologique. Flux, ruissellement, source, effusion et infusion, sortie et retour, devenir et génération confirment le style philosophique de fusion des contraires et de fluidité dialectique. C'est la topologie de l'esprit, méta- et épékeina-phorique, intériorisant et mobilisant la topographie spatio-temporelle dont la simple intuition n'épuise pas la philosophie. Il y faut l'intuitivité topologique, qui affecte *non seulement les objets mais la manière même de penser.*

Comprise avec cette extension, l'intuitivité de la pensée ne peut être surmontée que par une pensée tout autre, dont le premier aspect est axiomatique parce que fondé en-immanence radicale, *non-intuitive* c'est-à-dire « semi-intuitive ». Comme il s'agit de se délivrer d'une intuitivité philosophique à prétention réelle, nullement logique et mathématique, il faut donc donner nous aussi une portée transcendantale à cette symbolisation et formalisation, transformer la théorie pour un usage adapté à l'objet « philosophie » et « mystique ». Le second aspect est donc la nature transcendantale de cette abstraction assumée par le Réel ou par la détermination immanente du Monde.

Une abstraction qui n'est plus métaphysique ou dogmatique mais être-séparé-sans-séparation, sans transcendance comme le Réel lui-même, de type identiquement axiomatique (et) transcendantal, est à la fois scientifique (et) philosophique. L'axiomatique possède une pauvreté et une humilité qui impliquent de renoncer au paradigme philosophique spontané de la synthèse et du système comme de n'importe quel autre couple. Déterminée par l'Un-en-Un, elle possède une tout autre expérience que philosophique de l'unification (en-dernière-Identité...) des contraires. Sa pauvreté de pensée est trop pauvre, irréductible à une privation d'attributs, pour qu'elle puisse assurer une synthèse, *garantir* le droit d'une posture théorétique qui voudrait être le Réel même. Trop démunie pour s'engager dans une spéculation dogmatique sur l'Un et le confondre avec Dieu, c'est un formalisme qui ne prétend pas décrire le Réel même. L'axiomatisation tolère un nouvel usage et devient un instrument anti-idéaliste.

Une symbolisation et une formalisation des termes contribuent par ailleurs à leur fait perdre leur statut conceptuel et catégorial. Ces opérations à leur tour se comprennent comme des moyens et des effets de la dualyse unilatérale, de la *pratique théorique* qui découle du présupposé réel ou de la cause. Si cette axiomatique n'est pas formelle et logique, métaphorique comme une abstraction métaphysique opérée sur le discours onto-théo-logique, comme une « axiomatique négative » et une « mystique négative ». Quelle est la cause nécessaire de ce type de symbolisation et de formalisation ? Si des axiomes sont possibles pour la philosophie et la théologie qui soutiennent la mystique, ils doivent être privés ou « séparés » de leur sens par une cause qui les détermine comme étrangers à ces discours et qui ait une puissance spéciale de dés-intuitivation universelle. Symbolisation et formalisation se font selon-l'Un comme Autre-que..., c'est le vide de religion ou l'inconsistance dont l'axiomatique a besoin, plutôt que le Néant ou le vide comme Être. L'en-Homme est, entre autres choses, une puissance d'abstraction ou d'impossibilité radicale, parce que réelle, par rapport au Monde et pas seulement à la pensée comme l'est l'abstraction métaphysique. C'est donc un abstrait-sans-opération-d'abstraction, comme le suggère par exemple son autre nom de donné-sans-donation.

La nomination rétroactive par immanence ou première du Réel (Homme/Un/Réel/etc.-en-personne, ou sans-Être, sans-Monde, sans-présupposition, etc.) porte sur un « terme » qui a la primauté. Elle donne l'apparence objective d'un « démembrement » des couplages de base ou des synthèses du vocabulaire philosophique, mais surtout cette apparence hallucinatoire d'une détermination conceptuelle du Réel. Elle procède par le choix arbitraire de l'un des termes, par indifférence ou résistance active à l'autre plutôt qu'exclusion. Ce dernier ne serait exclu justement que de la supposée nomination de l'Un. Si bien que d'une part le terme second et inessentiel est réservé à la nomination du mélange spéculatif de départ qui remplit ces fonctions de symptôme, de matériau et de modèle, et d'autre part apparaît à ce titre dans les axiomes eux-mêmes où il désigne ce qui est suspendu et invalidé. La nécessité et la garantie d'une prise efficace sur les théologies et les philosophies, mais non sur le Réel, sont incluses en effet dans la décision de nomination première portant sur le Réel de la cause humaine.

Les anciens termes transcendantaux de la philosophie sont ainsi généralisés et formalisés, ils abandonnent leur anonymat ontologique et leur extériorité transcendante. Ce sont eux aussi des « boîtes noires » théoriques qui n'ont plus de contenu ou de sens religieux mais entrent dans des axiomes et des théorèmes *apparemment* dirigés « sur » la vision-en-Un et sur ce qui en découle comme Christ Futur. Ils sont alors soumis à certaines règles ou procédures exigées par la vision-en-Un. « Dieu », « Christ », « Monde », « Fils de l'Homme », etc. ne sont que des noms premiers qui entrent dans des formules dés-intuitivées – de quoi ? Du *sens* et de la *structure* de la mystique chrétienne, de la signification religieuse et croyante en général du discours onto-théo-logique. Les axiomes ne sont pas formés de symboles, petites lettres ou grands mots, supposés « vides » en un sens logico-formel, ils sont philosophiquement et théologiquement inopérants quant aux objets de la foi, même s'ils sont suivis, dès que l'on abandonne la pratique de leur écriture pour les contempler, de traînes ou de traces de représentation qui peuvent produire encore des artefacts théologiques. Les grands acteurs de la mystique que nous recevons en héritage à côté des transcendantaux ne sont plus pour nous des termes à la limite du concept, des noms de « personnages » théologiques et dogmatiques, l'Homme-en-personne n'étant plus un personnage conceptuel.

Cette pratique commence donc par une opération de dé-positivation de ces termes. L'abandon dialectique de leur positivité théologique et religieuse est insuffisant, c'est l'opération philosophique d'Eckhart qui rétablit l'autorité philosophique sur le plan de l'Un contre les hiérarchies de la représentation. *Noms propres* parce qu'ils désignent des « personnes » au sens non-conceptuel de l'Homme-en-personne, des individus qui ont la forme de l'Un-en-Un, soit directement soit indirectement et en-dernière-instance. L'Homme-en-personne n'a pas à devenir néant suressentiel ou non-être, pas plus que Dieu n'a à devenir déité et à abandonner sa positivité de cette manière-là.

L'humilité comme forme a priori de transfiguration du donné

L'humilité, autre nom de l'Humanéité ou de la pauvreté humaine, suffit, malgré sa non-suffisance, à déterminer comme mystique future la mystique-monde si celle-ci lui est donnée par ailleurs. Le Réel, contre toute ontologie des Anciens et des Modernes ou des Critiques, est une forme a priori donatrice ou matériale, condition d'une tranfiguration du donné.

Une procession ontologique ou une constitution dialectique ne pourraient jamais faire de l'humilité ou de la pauvreté autre chose qu'une propriété, qu'un attribut de la créature, jamais un symbole de la mystique-fiction et dont l'usage est immanent au titre de l'Homme. L'humilité comme Humanéité n'aura pas été implantée par une opération théorique ou conceptuelle dans le fond de Dieu ou de l'Homme, elle est plutôt le radical implanté de toujours comme l'en-Un qui inhabite l'Un. L'Un-en-Un n'est pas obtenu à l'issue d'un processus d'« humiliation ». L'humilité est le Réel qui n'a pas la force de commencer mais par qui un commencement de la pensée devient possible. Ce n'est pas une *essence* positive, c'est un « ce sans quoi » nécessaire mais « négatif » ou non-productif. Cette humilité radicale, qui n'a pas été acquise ou adoptée, est identiquement la non-suffisance ontologique de l'Un telle qu'elle s'exprime dans une diction axiomatiquement appauvrie.

La mauvaise humilité s'attribue de l'extérieur à l'homme qui possède déjà d'autres qualités, humilité deux fois humble qui veut s'assurer de soi comme de Dieu, si bien que les mystiques autoritaires qui la revendiquaient luttaient en réalité contre une suffisance intra-mondaine, nullement contre la suffisance du Monde-en-personne. Les mystiques disposaient d'un concept pour viser cette ultime instance, pour l'« *ultimer* » – elle qui, à la différence de sa pensée, est sans ultimation constitutive – un concept taillé par les théologiens – « increée et increable », les phénoménologues diraient « inconstitué et inconstituable ». Mais c'est une humilité de suffisance. L'humilité de non-suffisance ne fait donc pas de l'Un une *causa sui*, suffisante pour soi et pour les créatures, mais une cause dont la non-suffisance, autre nom de la radicalité, ne peut d'elle-même engendrer une pensée mystique toute faite.

Toutefois elle est nécessaire sans être créatrice, elle suffit pour déterminer un matériau de pensées, d'expériences, d'affects, à condition qu'un tel matériau lui soit donné par ailleurs. Le Réel à l'état de Venue est finalement une forme matériale donnée radicalement avant toute donation, et donnée comme a priori, il n'est même pas *acquis originaire-*

ment comme un *a priori formel et « kantien »* et il est préférable en général d'user d'une formule positive et de dire qu'il est « en-Réel » et qu'il détermine la pensée et son sujet. Il est donc inconcevable d'inverser simplement les places et les fonctions, de substituer l'Homme à Dieu dans le rôle de cause de soi. Mais sa radicalité suffit à en faire une cause négative indépassable (ce sans quoi..., sans laquelle..., *sine qua non...*), sans positivité anthropologique et ontologique. Comme d'autres déterminations de la mystique-fiction, l'humilité, agissant par mission ou clonage sous condition de donation suffisante d'un Monde, n'est accessible qu'à un formalisme transcendantal. Elle s'oppose à ces substituts de l'ontologie positive que sont la « cause absente » comme tout de la structure, la « somme négative » (des créatures), la « négation de négation » ou encore le retrait vers le « fond sans fond » des eckhartiens. C'est par cette non-suffisance, encore autre chose qu'une finitude toujours intérieure-et-extérieure, que l'humilité est efficace, justement parce que forclose à l'esprit de noblesse agonistique des philosophes et de ce qu'il en subsiste chez les croyants chrétiens.

L'humiliation axiomatique du Logos

L'axiomatisation des énoncés de la mystique, leur humiliation ou leur non-suffisance, est un mi-dire déterminé par l'Homme comme en-dernier-Silence. L'en-Silence destine la parole du sujet au bruit et à la fureur du Monde

Noms divins de la théologie, rocs archimédiens de la philosophie, principes de la suffisance, héroïsme de la pensée... La mystique-fiction, plus humble, moins héroïque, se pose sur les « noms humains » = X comme sur des pierres dispersées qui lui font traverser l'Enfer (du) Monde. Les noms humains ne sont pas conceptuellement audibles, ils habitent un silence de connaissance et de concept plutôt que de parole, ils n'interrompent pas les paroles mais le bruit et la fureur dont elles résonnent entre les murs de l'Enfer. Penser « en-silence », selon-le-silence est penser mais sans bruit philosophique, comme une nouvelle pratique du Verbe inaudible du langage-monde. L'Homme est-il comme Dieu une parole inexprimée, un silence anté-prédicatif par abstraction, réduction ou soustraction, un retrait qui appelle une expression philosophique et religieuse ? Ou un Performé-comme-silence qui n'a pas été abstrait de la parole, auquel la parole n'a pas été soustraite, une posture d'« en-Silence » accompagné d'un semi-dire ? Nous nous taisons en-Un, n'en parlant que comme d'un objet du Monde, mais nous ne cessons de parler-selon-ce-qui-est-*tu* c'est-à-dire *à demi-dit.* La mystique-fiction ne sombre pas dans le silence, au contraire elle est le seul silence destiné au bruit, pour le bruit du Monde. Nous ne terminons pas dans l'ineffable et commençons à peine en-lui qui nous force à parler. La parole est irrémédiablement première, commence de soi mais elle se déploie en-Silence, l'en-dernier-Silence qu'elle n'a jamais précédé.

Soit l'exemple justement de l'humilité. Pour nommer la nouvelle posture mystique, nous disposons des termes couplés par lesquels sa forme traditionnelle désignait ses moyens et ses objectifs, humilité et noblesse, qui se disaient autant de l'homme que de son Dieu. L'ancienne pratique croisait l'héroïsme ou la magnanimité obligée du philosophe avec l'humilité requise du chrétien. L'humilité mettait l'homme au-dessus du créé, comme le philosophe, et au-dessous de Dieu, comme le chrétien. Grandeur et détachement se combinaient plusieurs fois, selon la philosophie, selon la mystique, selon l'unité des deux. Il y avait déjà un détachement à venir dans la magnanimité du philosophe, mais un détachement orgueilleux du seul étant, et de la noblesse dans l'humilité. Si le philosophe était plus proche de la nature des dieux se réjouissant du spectacle de l'existence que du Dieu souffrant du mystique, ce dernier soumettait le survol de la comédie humaine à la transcendance plus haute de Dieu, et plus réelle que toute existence. Inversement la reprise chrétienne de l'héroïsme philosophique le redoublait et le dépassait comme la transcendance de l'union à Dieu redoublait et dépassait la transcendance philosophique. Si l'humilité n'était rien sans le dépassement ontologique de l'étant sur lequel elle prenait appui, elle en changeait la portée. Autant que la croix du Christ, la croix onto-théo-logique soutenait l'élan dans lequel elle s'abîmait, engendrant incessamment de nouvelles possibilités spirituelles.

Or sous les conditions de son traitement axiomatisé en vue de la science expérimentale que doit être la mystique, l'humilité n'est plus un élément du Logos, attribut ou essence de l'homme ou du Christ. C'est maintenant un *nom premier, un symbole* pour la vision-en-Un, savoir pauvre ou indocte. Comme nom premier, il entre dans la constitution d'axiomes plutôt que de thèses spéculatives et de descriptions psychologiques. L'Homme est trop humble pour être encore titulaire d'une essence ou d'une « nature » onto-théo-logique. L'humilité (de) l'Un se tient hors de la dyade qu'elle formait avec la noblesse dans la sphère du mélange spéculatif. Ce n'est pas accorder un statut philosophique à une vertu déficiente sous prétexte qu'elle est humaine et la rendre alors, *comme autoposition à la manière d'une causa sui*, contradictoire. Elle désigne sur le mode axiomatique d'un sans-logos, la vision-en-Un qui détermine la nouvelle posture et la distingue, sans déficience mais précisément avec humilité, de l'ancienne. Le choix en faveur de la « noblesse » aurait été en droit possible mais source de trop de malentendus philosophiques. L'humilité est dans le droit fil de l'expérience mystique en compagnie de la pauvreté, de la solitude et de la non-suffisance. L'Un est si pauvre qu'il est plus que dépouillé de son armature ou armure ontologique, dépourvu même de ses harmoniques chrétiennes. La pauvreté du Christ est alors un symptôme, seulement un symptôme encore unitaire ou un modèle, de l'humilité de l'Invisible.

Parmi les mystiques chrétiennes, l'hésychasme est apparemment une solution délivrée de la philosophie, plus que la théologie négative. Il oppose l'échelle des ignorances à l'échelle des connaissances, celle des oublis à celle des réminiscences. Mais exerçant un platonisme de la pauvreté, il aboutit à une pauvreté platonisante plutôt qu'il ne fait de la pauvreté en chair et en os la cause du Fils de l'Homme et le suspens du Monde. Si l'homme noble, on le sait, part pour gagner un nouveau royaume et pour revenir, tel le philosophe, l'homme humble au contraire, dont l'humilité n'exclut pas la noblesse mais n'en a pas besoin, ni ne part ni ne revient, il trouve dans l'utopie d'une radicale immanence les conditions de son existence, et dans sa non-suffisance la suffisance dont témoigne sa radicalité. Sans doute reste-t-elle entourée d'une aura de noblesse « philosophique » mais ce n'est pas selon ce doublet qu'elle fonctionne comme cause de la mystique future. L'homme qui n'est *tel qu'Identité*, qui n'est ni noble ni vil, ni haut ni bas, ni philosophe ni vulgaire, pas plus grec que juif ou chrétien, trouve l'un de ses noms ontologiquement impossibles, le nom de son être in-nommable, dans l'humilité.

La cause de la science mystique future est en effet indéfinissable et indémontrable dans les termes de la philosophie. Elle est introuvable dans l'horizon gréco-judaïque. L'Un-sans-être définit un Verbe non pas de privation ou de mise entre parenthèses mais d'abstraction et de formalisation transcendantales par rapport au champ intuitif de l'Un-qui-est, une demi-anamnèse cette fois. Le noyau des opérations philosophiques est conservé mais privé de son sens qui est la réversibilité avec soi à une transcendance près. Elles sont transformées en « opérations premières », symbolisées et formalisées à l'enseigne de l'Un-en-Un (à la manière de symboles littéraux). Déjà dans la philosophie, on l'a dit, les concepts peuvent être considérés comme des sortes de boites noires dont le fonctionnement interne est inconnu autant que connu et dont on considère les effets autant que les causes. Ils supposent une identité partiellement invisible et inélucidée, celle par exemple de l'« uni *à* l'Un ». Mais les non-concepts ou demi-concepts de la mystique future sont issus de la symbolisation et de la formalisation des concepts théologiques, privés de leur syntaxe interne ou de leur statut de concept. La double-et-unique identité interne, celle d'arrière-plan et celle de premier plan, leur fait défaut ou n'est plus qu'une couche secondaire dans leur composition. Elle est remplacée par une tout autre structure, celle de l'Un de-dernière-identité et de sa dualité unilatérale.

Théorématique de la mystique-fiction

La mystique future radicalise l'intention de science propre à la mystique-monde dans la mesure où elle use d'axiomes déterminant en-dernière-identité des théorèmes portant sur les propriétés du Monde.

Un théorème transcendantal relève d'une double mais très inégale justification. L'axiomatisation donne aux énoncés la forme extérieure de jeux de langage mystiques, mais qui ont une face expérimentale puisqu'elle s'exerce sur un champ d'objets historiques et vécus, la forme invariante de l'expérience étant sa philosophabilité. Seule la forme axiomatique est digne des cris de souffrance et de joie des mystiques, du travail d'abstraction et de contemplation qu'ils mettent dans leur vie toute d'*épékeina*. Mais seule une théorématique transcendantale est assez rigoureuse pour les transformer en science du Monde philosophico-mystique. Un théorème, s'il est transcendantal plutôt que logique et mathématique et se rapporte à l'expérience, relève aussi d'une justification, empirique celle-là puisqu'il s'agit de la mystique déjà constituée historiquement et qui représente en quelque sorte le savoir intuitif et mondain, contenu de la forme du Monde et Enfer de suffisance. De là des théorèmes non pas logico-formels mais transcendantaux et donc expérimentaux comme l'exige ici leur objet.

Dans l'ordre de la pensée, la mystique-fiction commence avec la position non-positionnelle (de) soi de l'Un plutôt que dans un désir et une jouissance supposée de l'Autre. Elle se continue par la pratique réglée de la dualyse unilatérale du matériel mystique. Les théorèmes obtenus forment, si l'on veut, une non-mystique plutôt qu'une méta-mystique philosophique comme cette entreprise pourrait en donner l'apparence. Il s'agit d'un Verbe nouveau dont la cause radicale est l'en-Homme plutôt que Dieu, dont le matériau est l'expérience mystique des chrétiens, dont l'essence transcendantale pratique est théorique (sans théoricisme) et de pragmatique du Monde, dont le but enfin est l'émergence de tout homme comme Verbe-Christ futur. Avec ces considérations, l'ambiguïté entre les deux mystiques, qui ont l'apparence du « même » langage, est ainsi dissoute par la pratique et par l'usage non-mondain des termes transcendantaux que cette pratique détermine. Cette ambiguïté pouvait affecter l'unilatéralité elle-même, comprise alors comme une forme de « retrait », et la non-consistance, confondue avec un néant. Tout dépend de la claire position des axiomes initiaux plutôt que d'une ascèse, à moins que cette pensée ne soit la forme la plus humaine de l'ascèse.

Universalité autoritaire, universalité solitaire

L'axiomatisation transcendantale des énoncés de la mystique est la condition de leur univocité humaine.

L'humilité est-elle trop particulière pour avoir quelque efficace ? est-elle universelle ? Toute mystique se veut en fin de compte universelle mais elle peut l'être de deux manières différentes. Par primat (philosophique) de la noblesse, et le mystique fait alors exception aux autres hommes par la perfection et l'universalité de son devenir divin. Par pauvreté en axiomes philosophiques, primauté de l'humilité comme cause, et le mystique fait universalité sans forçage mais non sans force par son Identité humaine. Lorsque le dépouillement, la pauvreté, l'ascèse, l'oubli, l'arrachement à soi et au Monde, sont des opérations adéquates au concept de la philosophie, réversibles ou à double détente, double effet, double face, elles sont moins émergentes ou universelles que répétitives, duplices et vicieuses. N'étant pas déterminées unilatéralement par l'Homme-en-personne, elles se prennent pour le Réel. Plus que la noblesse, l'humilité de l'Un est uni-verselle de manière univoque par détachement de l'étant et de l'Être. Tant qu'elle se dit de l'Être (de l'homme, de Dieu) et qu'elle trouve en lui sa mesure, elle n'est évidemment universelle que quantitativement, par extension, au mieux par intensité comme mélange qualitatif-quantitatif. L'Être n'est que commun, son humilité (sa finitude, son être-dégrisé) reste une propriété générale qui, valant de *tous* les étants, se laisse co-déterminer et différencier par eux.

De ce point de vue, on pourrait distinguer dans la mystique ancienne une *mystique générale* articulée sur l'*être-mystique commun* des étants (créatures) et une *mystique spéciale* articulée sur l'étant-être qu'est Dieu comme *cause de l'être-mystique commun.* Comme d'habitude dans la philosophie, ces deux volets tendent vers leur unité divisée et leur convertibilité. La « science des mystiques » est une et double comme la science métaphysique des philosophes. Cette confusion de la généralité ou de la communauté du mystique autoritaire avec l'uni-versalité du mystique solitaire, est plus facilement défaite par l'humilité et son trait de radicale immanence. Le mystique futur parle *pour* le Monde, cela ne signifie pas *à sa place* mais *en sa faveur*. Se mettre à la place d'autrui est la formule de l'intersubjectivité rationaliste ou bien celle de la substitution judaïque, ce n'est pas celle de la grâce ou du salut pour le Monde. Sans doute la forme philosophico-chrétienne de la mystique était-elle déjà universelle, mais c'était l'universalité restreinte d'une discipline naïve et intuitive. Si le christianisme s'est approprié la philosophie pour produire avec elle sa mystique, le noyau universel de celle-ci ne peut être obtenu par un procédé inverse et illusoire de séparation du christianisme et de la philosophie. Une mystique sans exception chrétienne ou particulière relève d'une abstraction, d'un Vécu (d')impossibilité. Il n'y a plus ni grecs ni juifs, ni philosophes ni chrétiens, ni réalistes ni « mystiques ». Elle prononce l'égalité de-dernière-instance de l'Un-en-Un, l'égalité de son identité plutôt que celle de l'Un *avec* lui-même comme le ferait sa mise sous principe. La mystique a servi aux chrétiens à profiter de l'exception philosophique liée à l'esprit de hiérarchie, pour assurer l'exception de leur salut. Il peut paraître inconvenant de lier le salut et l'exception antidémocratique, mais c'est la philosophie elle-même qui a favorisé cette connexion et qui s'est liée indissolublement au christianisme dans un nouveau mélange. La culture de la singularité de l'objet et de l'identification à cet objet n'est plus notre problème. Nous abandonnons la divinisation de l'humain pour poser l'Homme non pas comme exception première *au* Monde, ainsi que l'a fait la philosophie, mais comme cause de sa détermination, cause en-dernière-humanéité et non-créatrice.

La liberté du chrétien

Le contenu réel de la liberté du chrétien réside dans l'usage du formalisme transcendantal expliquant/transfigurant les propriétés et les concepts de la mystique-monde.

Par son côté axiomatisé et théorématique, le sujet de la mystique-fiction pose librement un formalisme et non pas des thèses philosophiques qui, par définition de leur contexte, seraient instables, particulières et finalement vicieuses, et encore moins des dogmes onto-théo-logiques. Les unes et les autres ne sont justement pas des axiomes, tout au plus des « postulats » à la manière ancienne, ontologiquement intuitive, et ne sont donc pas posés librement mais déjà encerclés de convertibilité. Quel est le contenu réel de la « liberté du chrétien » ou, si l'on veut, selon notre usage de la syntaxe unilatérale, du « non-chrétien » ou du « demi-chrétien » (non-chrétien selon la primauté et donc à demi-chrétien selon la priorité) qui ne trouve dans le christianisme qu'une modélisation ? C'est la liberté, à la détermination *en-dernière-Humanéité* près, de la décision axiomatique exercée sur le champ intuitif et naïf du christianisme historique et de sa mystique, de leurs dogmes et de leurs concepts. Si les axiomes sont libres quoique non absolument dépourvus de contenu et de représentation, c'est qu'ils sont « libres de... » toute essence onto-théo-logique. Nous voulons ce qu'ont voulu les mystiques, que l'âme soit libérée des représentations, la pensée libérée des pensées, mais plus encore de l'unité ou de l'Un-Tout de la pensée, que la pensée soit libérée de l'intuition des objets et surtout du Monde lui-même, que le vide mystique se réalise comme vide axiomatique d'un formalisme et pas seulement comme vide « spirituel ». Seul l'Homme est cette *identité (du) vide* où l'on ne trouve rien d'autre que lui ou plutôt rien d'autre que l'« en-Homme », il est cette non-consistance de l'Identité-sans-unité où l'on ne trouve même pas Dieu. Le roc de la mystique future, c'est l'indifférence de l'en-Homme qui s'étend d'emblée et définitivement jusqu'à un Dieu qui ne pourra jamais remplir ce vide qui est en-vide. L'« abandon » humain signifie que l'homme est abandonné (à) l'Homme et qu'il ne peut qu'abandonner Dieu avec le Monde et l'abandonner au Monde. On mesure ce vaste repentir, cette hérésie ratée que fut la mystique chrétienne qui n'abandonna le Monde que pour se livrer à Dieu et donc par un tour supplémentaire de nouveau au Monde.

CHAPITRE II

LE ROYAUME D'HÉRÉSIE

L'esprit d'hérésie

Le principe hérétique, que nous tirons de la gnose religieuse qui est l'un de ses modèles, est l'être-séparé de l'Homme et sa primauté sur Dieu.

La pensée juive et la mystique, parmi d'autres points communs, ont celui-ci, qui nous importe, de parler humainement de Dieu et parfois de lui parler humainement. Eckhart en parle ainsi à une négation de négation près, certains juifs à une hauteur inintelligible ou un infini près. Ils disent Dieu et à Dieu et percent les oripeaux de l'onto-théo-logie. Ils savent le prix de ce dire-sans-dogme qui use à peine de l'organe philosophique ou qui donne la transcendance à peu près sans médiation. Il y a un empirisme juif de l'*épékeina* qui tranche sur le Dieu du concept. Mais le Dieu le plus humain peut être, comme ces exemples le montrent aussi, le plus lointain, ou bien encore se convertir en l'homme le plus divin. La transcendance n'est pas toujours une affaire de médiation conceptuelle, mais elle a quelque mal, surtout dans la mystique, à effacer ses moyens philosophiques traditionnels. Les mystiques s'aident de la philosophie pour approcher Dieu et poser le telos de l'égalité de Dieu et de l'homme, tandis que les juifs reçoivent Dieu comme un affect irrecevable, l'accusent comme irrécusable, en parlent et y pensent sur un mode humoristique plutôt que philosophique. C'est là une ambiguïté intéressante mais qui peut seulement nous orienter vers l'hérésie sans nous la donner.

Comme philosophique et non seulement comme chrétienne, la mystique ancienne a entretenu des rapports dangereux avec l'hérésie propre à la gnose, en tant que *celle-ci pose l'homme au centre de son dispositif de salut et Dieu à sa périphérie infernale.* N'importe quelle mystique peut sans doute être suspectée d'hérésie par un tribunal philosophique ou ecclésiastique, et si l'on brûle moins souvent les mystiques que les hérétiques, ce n'est pas faute de tenter de les confondre. On sait pourquoi la mystique a toujours côtoyé l'hérésie – elle est paradoxalement spéculative et simple, prétend dépasser l'ordre de la philosophie et de l'onto-théo-logie, les réaliser même, user de leurs conditions pour s'adresser en même temps aux âmes réputées « simples ». La prédication

« vulgaire » des « subtilités » risque l'erreur dogmatique et l'inintelligibilité « catholique ». *La conjonction de la spéculation et de la « pauvreté d'esprit », l'effacement de la hiérarchie entre les simples et les savants,* la collusion de l'humilité et de la transcendance par *épékeina*, la mise entre parenthèses du *meta*, voilà un court-circuit intolérable, une « hérésie » c'est-à-dire ce qui ne peut « recevoir un sens catholique même après explication » comme l'argumentent génialement les bûchers.

Posons donc l'hypothèse d'une identité plus que spéculative ou dialectique, d'*une identité radicale de la pauvreté d'esprit et de la théorie, la théorie comme « pensée » de ceux qui sont dépourvus de pensée (de doctrine ou d'opinion) et ne sont que leur propre force (de) pensée*. Cette « simple théorie » est la « théorie unifiée » de la mystique et de l'hérésie et ne peut recevoir un sens onto-théo-logique même après explication conceptuelle. La mystique future doit naître dans l'esprit de l'hérésie et se manifester comme posture de l'« homme ordinaire » ou du sujet-existant-Étranger, sujet plus que pauvre et que « franciscain ». La mystique spéculative trouvait fruste parfois l'Idée que Dieu soit Être et le mettait, comme Un, « au-dessus de l'Être ». Mais lorsque l'Un n'est même plus au-dessus de l'Être ni en rapport de semi-convertibilité avec lui, lorsqu'il se définit, lui et l'homme, comme non-essence et non-suffisance, s'agit-il encore d'une posture fruste, ou déjà d'une simplicité autrement qu'intellectuelle ? encore à demi hérétique, comme une tentation extérieure, ou bien témoignant d'un coup de l'identité de l'hérésie ? Si hérétique soit-elle, si « populaire », non pas au sens de la philosophie mais de la non-philosophie, elle doit témoigner de l'homme-Un comme incommensurable à l'Être, et ceci par une pensée-théorie rien moins que fruste. Délivrée de l'onto-théo-logie, qu'elle rejette dans son objet ou son matériau, elle se donne moins sur le mode de l'intellect que de la théorie délivrée de ses limitations et de ses prétentions. C'est une pensée pour non-intellectuels ou hommes « indoctes ».

Le véritable esprit de l'hérésie, son fil conducteur, c'est que Dieu et l'homme ne se redoublent pas l'un l'autre dans l'ordre humain et mondain ni ne se redoublent dans l'ordre in-humain de Dieu. L'hérésie est le génie des « termes », plus que des termes, des Identités séparées-sans-séparation. L'abstraction hérétique n'en est pas une, elle est plutôt le Réel, tel qu'un abstrait-sans-abstraction ou qu'un soustrait-sans-soustraction. La mystique future naît de l'être-séparé (de) l'Homme plutôt que de la Déité, de l'esprit d'hérésie plutôt que de la sainteté. L'humilité radicale, la non-consistance est notre sainteté à nous, dépourvue de portée religieuse, la sainteté propre à l'Étranger. Si l'hérétique revendique une mystique, elle est sans transcendance première, dé-divinisée. Il fait sans doute usage de la mystique-monde existante mais sous des axiomes impossibles dans l'horizon gréco-chrétien. L'Un-sans-Dieu peut seul renouveler notre idée de l'homme tel qu'un être hérétique ou séparé par excellence. À la lutte philosophique contre la représentation et à celle, dialectique, contre la positivité, avec lesquelles la mystique s'est souvent confondue, nous substituons la lutte hérétique contre le Monde et ajoutons ce levain aux moyens de la mystique-monde elle-même. Nous obtiendrons ainsi la combinaison cherchée, *la lutte au cœur de l'unition avec le Monde*. S'agit-il de purger la mystique traditionnelle engendrée par la philosophie ? de procéder à une greffe ou une suture, une nouvelle combinaison historico-mondaine ? L'hérésie la plus élaborée, la plus simple aussi, la moins dialectique, est capable d'engendrer non pas tant une nouvelle mystique qu'un nouvel usage de la mystique constituée en Tradition ou en Monde universel. Mais le recours à l'hérésie est par définition délicat. Nous devons éviter l'illusion de la jouissance absolue de l'Autre dans l'unification de la théorie et du non-savoir. *La vision-en-Un comprise comme « savoir indocte », savoir non-intellectuel mais qui détermine une théorie, résoudra ce problème et rendra possible le concept d'une mystique hérétique sans être « une » hérésie.* De ce point de vue, il n'y a d'esprit qu'hérétique, l'hérésie est l'esprit-sans-les-choses-spirituelles.

La naissance de la mystique-fiction dans l'esprit de l'hérésie

Le clonage, plutôt que la répétition, de la mystique-monde sous les conditions hérétiques de-dernière-Humanéité ou du Réel impossible est la mystique-fiction.

La première signification grecque de « mystique » (caché, secret) n'est pas sans affinité avec la gnose, mais l'identité du mystique et du gnostique (ou de l'hérétique) était encore à venir et supposait une refonte théorique impensable dans l'horizon philosophique. Par exemple le traditionnel troisième terme dialectique qui médiatisait les contraires, devenu un néant, fait sa force mystique, mais il intervient trop tard, après la dyade qui représente toute la positivité possible et qu'il ne peut qu'intérioriser et conserver. Au contraire c'est la non-consistance de l'Un séparé-sans-séparation, encore autre chose que le néant, l'identité d'un Impossible, qui est non pas au départ mais à la tête de la mystique future. Ce n'est pas un mode de l'*épékeina* extatique, comme le néant, mais le contenu phénoménal réel de celui-ci. Au *retrait* ou bien au soustractif philosophiques comme cette extase de l'*épékeina*, s'oppose l'être-séparé axiomatique et plus radicalement hérétique, l'être-forclos ou l'unilatéralité propre à une hérésie immanente et non-religieuse. L'hérésie est alors le caractère intrinsèque du Réel, le fait pour l'Un d'être sans essence plutôt qu'une solitude de situation, qu'une séparation doctrinale et institutionnelle. L'Homme n'est pas séparé, au sens banal, du Monde, il en est séparé de manière immanente, sans acte de séparation. Lorsqu'il est séparé par un tel acte, par exemple celui de création, c'est le signe qu'il est encore inclus dans le Monde « élargi », encore une objectivation ontologique de l'Un (à la manière grecque), ou une intuition aveuglée de l'Un (à la manière par exemple de la philosophie de la Vie comme auto-affection). L'hérésie n'est pas le résultat d'un détachement « du » Monde et d'une unition avec Dieu mais coïncide exactement avec l'être-performé de l'Un. Une séparation de l'Un et que l'Un survolerait, c'est au contraire l'unition qui l'emporte sur l'Un. Cette coupure de l'hérésie par rapport à la philosophie et à la mystique gréco-chrétienne trouve son plein usage lorsque les conditions d'immanence font l'objet d'un acte axiomatique d'ultimation plutôt que d'une abstraction transcendante. De ce point de vue, le rétractif et le soustractif sont des expériences extatiques encore du vide, non sa radicale immanence. L'Un-en-Un est précisément ce qui ne *se* connaît ni ne *se* pense, sans être pour cela indicible ou ineffable – sa non-essence n'a pas besoin du Logos ou du Verbe, il est d'abord *donné sur le mode de l'être-Performé* plutôt que *pensé* et n'est pensé que comme formalisme ou « symbolisme » immanent. Seuls les mystiques plutôt que les philosophes, et les hérétiques dans la mystique plutôt que les théologiens, peuvent nous apprendre la réalité et la logique du donné-sans-donation ou du présupposé réel, sa position dans un acte d'« ultimation » déterminé-en-dernière-Humanéité par son objet. Proches de Hegel (Eckhart) ou éloignés de lui (M. Henry parmi les Contemporains), les théologiens veulent encore penser l'Un, ou le vivre, mais quelle différence réelle s'il s'agit seulement de ne pas le « représenter » tout en objectivant une dernière fois cette non représentation comme projet de la pensée ? *La critique moderne de la représentation reste un objectif dogmatique dans l'idéalisme tant que c'est la pensée qui en décide et elle seule plutôt que le Réel qui l'impossibilise.*

L'Identité radicale est hérésie parce qu'indéfinissable, irreprésentable, indémontrable non seulement dans la philosophie et la théologie, qu'elles soient affirmatives ou négatives, mais intrinsèquement et donc aussi à demi-présentable. Ce n'est pas une simple déviation du dogme ou la tentative de constitution d'une nouvelle Église mais, si l'on peut le dire de cette manière que tout un chacun comprendra, *ce qui seul peut toujours être normalisé unitairement par une religion ou une philosophie, une Église ou une tradition de pensée.* Elle cesse de renverser la mystique religieuse au profit de l'homme comme surhumain. Mais parce que l'être-séparé de l'Homme est indéfinissable dans les termes des anciennes mystiques, il est capable d'en déterminer un nouvel usage théorique qui est aussi, en-dernière-Identité, une pratique humaine. Ce qu'elle réalise pragmatiquement et explique théoriquement, on le redira, ce n'est plus en effet l'unition de l'homme et de Dieu, dialectique ou non. C'est l'unition non-unitionnelle(de) soi de deux sujets-séparés ou de deux Étrangers, d'un humain et d'une humaine, de deux humains, de deux humaines. C'est que le Simple par immanence, l'Un qui n'est pas un double de lui-même, simplifie les doublets anthropo-théo-logiques en les déterminant en-dernière-Humanéité tels que des identités séparées.

Sans être la simple reconquête de l'identité hérétique supposée perdue, la mystique-fiction est plutôt l'explication et l'usage, en faveur du sujet-Christ, de ces normalisations qui font sa vie mondaine. C'est une tentation vaine de dire que le noyau mystique a été présenté une première fois sous une forme imparfaite et transcendante, mêlé à la figure du Monde, et qu'il faut le dégager de cette gangue d'oubli. C'est plutôt un symptôme à transformer en fonction de l'Homme qui, lui, est impossible à perdre. Répétition et imitation doivent elles aussi libérer leur élément réel sous la forme du *clonage* du sujet comme *répétition unilatérale.* Plutôt la naissance de la mystique, son clonage dans l'esprit de l'hérésie, que sa re-naissance ou son re-commencement. On distingue ainsi, hors de toute analogie sinon de matériau, ou de toute univocité sinon de dernière-Humanéité, une mystique-*monde* et une mystique *pour le Monde.* On n'oppose pas immédiatement le Christ à Platon, mais l'hérésie abstraite de la venue messianique de l'Identité humaine aux mélanges mystico-philosophiques. Ce n'est pas une hérésie *dans* la philosophie ou contre celle-ci, mais en réalité *pour* elle et pour la mystique déjà entrelacée avec la philosophie.

La conjonction théorique de l'hérésie et de la mystique, tant redoutée par les Églises et les sectes comme sous-églises, met entre parenthèses l'appareil philosophique tout en enregistrant sa nécessité de matériau « culturel ». La mystique future ne s'adresse aux âmes simples qu'*au concept près*, par le moyen des vocabulaires disponibles mais traités au préalable tels que des *concepts-sans-logos.* Elle ne peut les *interpeller sinon comme sujets*, elles sont comme Humaines forcloses à la pensée et, de ce fait même, déterminent *comme âmes indoctes déjà données* une théorie et un usage des mélanges mystiques et philosophiques. L'anéantissement des simples dans l'humilité *donnait* des Beghards et des Béguines, mais l'« anéantissement » de la suffisance philosophique dans la non-suffisance de l'Un suppose l'Homme hérétique déjà *donné* a priori, *l'hérésie comme a priori humain.* On imagine le procès philosophique « en hérésie » dont est passible la mystique future et *que peut-être elle admet de telle manière que ce procès soit identiquement la preuve de sa vérité c'est-à-dire de son témoignage en faveur du Vrai-sans-vérité.* Elle ne peut qu'égarer ses censeurs par son matériau, sa référence continue à la tradition, égarer par sa propre indifférence la censure-par-indifférence.

Décision et Dualité

L'hérésie fondée sur l'Identité séparée-sans-séparation implique une dualité unilatérale avec le Monde et refuse le dualisme transcendant de l'hérésie religieuse.

La philosophie, et la mystique à sa suite mais de manière plus unitive, répètent unitairement dans une nouvelle articulation les dyades que leur fournissent la perception et le langage où se prédessine la forme-monde. De là leur concept le plus haut, l'Un comme Unité (Un-Être, Un réel sur soubassement de transcendance idéelle, Un-Autre). La non-philosophie répète mais unilatéralement ces mêmes concepts ou en produit le clonage. La vision-en-Un n'est pas un attribut ou un critère par lequel on distinguerait entre les étants, entre ceux-ci et l'Être, entre l'Être et l'Un avec lequel il serait convertible. Ni attribut ni essence ou verbe, mais Sans-essence qui a pouvoir de les déterminer « négativement » et par « mission », à une occasion près, voilà l'hérésie en son identité, telle qu'elle abandonne sa forme ultra-religieuse. L'hérésie refuse la convertibilité de l'Un et de l'Être et affirme leur Identité, sans différence mais non sans extériorité d'uni-latéralité. L'hérésie est *telle quelle* plutôt qu'elle n'*est*, sans assise ontologique et n'exerçant aucune des causalités connues dans l'horizon de l'Être. L'hérétique fait table rase, si ce n'est comme matériau, de la finalité, de l'efficience, de la formalité et de la matérialité, qui supposent toutes la transcendance du Monde.

Séparées de cette manière, sans opération de partage, y a-t-il encore un choix entre cette mystique-fiction et la mystique-monde ? Hérésie *ou* philosophie (ou dialectique), c'est plus qu'un choix. Il n'y a pas à choisir entre la décision philosophique qui se veut réelle et déterminante par elle-même et la décision théorique pauvre de la philo-fiction, qui n'est pas réelle sinon par clonage et se sait déterminée-en-dernière-identité. Il ne peut être question d'une décision *entre* deux types de décision, mais de la mystique future comme non-choix, comme ultimation première ou position-en-pensée d'un savoir indocte. Si une décision est encore possible, elle est axiomatique-transcendantale, déterminée par l'Un forclos à tout choix, donc non-décisionnelle (de) soi. L'hérésie n'a jamais été une injonction, une éthique dans la religion, ni même un appel provoquant un sujet ou l'« interloquant ». Il n'y a pas d'injonction hérétique comme il y a une injonction ontologique de l'Être de l'étant, ou une injonction judaïque de l'un-pour-l'autre, un appel capable de susciter un sujet. L'hérésie est plutôt le donné sans la visibilité ou la présence de la donation, c'est son entêtement, son universalité non-catholique.

Les formes anciennes de l'hérésie, classiques ou manichéennes, sont comme un intermédiaire entre la philosophie dont la logique de l'Unité rend contradictoire un mal total et même un mal autonome, consistant et réel, et la non-philosophie fondée sur un tout autre Un qui n'est plus principe, trop pauvre pour excéder encore de l'unité sa simple Identité. Le formalisme de la mystique-fiction exclut le monisme comme le dualisme, il n'y a qu'un « principe », c'est l'Identité radicale, mais accompagné d'une fonction supplémentaire qu'il soustrait, comme sa simplicité ou son être-impossible, à la représentation, soustraction qui est une manière de donner et non pas de retirer. Si bien que l'unicité du principe ne donne pas lieu à un Tout duplice mais à une *dualité unilatérale*. Une hérésie qui ne soit plus contradictoire parce que hors des mélanges de la philosophie, ni manichéenne parce que hors de tout dualisme de type arithmético-religieux, une telle hérésie n'est rigoureuse que si elle est *devenue immanente et délivrée de ses masques religieux et philosophiques*. Bien et Mal sont dans leur ordre des transcendantaux mais qui supposent la logique « principielle » de l'appareil philosophique de l'Un et du Deux, la convertibilité. Cette logique seule peut expliquer que le Mal diabolique soit réputé un principe impossible, conduit à s'auto-détruire, à nier sa propre position. La mystique dominante est prisonnière de ces apories et ne peut penser – expliquer – le mal, condamnée à poser sa convertibilité finale avec le bien comme celle du Monde avec Dieu. Une mystique dans l'esprit de l'hérésie se donne de manière non-positionnelle pour symptôme le Monde, initialement auto-positionnel et suffisant, soit l'Enfer.

L'hérésie comme radicalisation de la psychanalyse

L'hérésie est le Vécu (de) de l'être-forclos, le Vécu (de) forclusion. Radicalisant le Réel de la psychanalyse, elle la purge de son psychologisme résiduel et la porte à son immanence.

De manière ultime, qu'est-ce que l'hérésie, quelle est son identité ? l'hérésie qui ne serait plus une déviance, une marge ou une partie exclue de la totalité, ni un Autre extérieur et intérieur à celle-ci, en plus ou en moins, et sans doute les deux à la fois ? C'est l'hypothèse, plutôt que le dogme psychanalytique, que le Réel est non pas seulement l'impossible ou le forclos à la pensée mais *le Vécu(d')impossibilité ou (de)forclusion.* Par définition, moins encore que Dieu, l'hérésie est passible de définition. Tout au plus supporte-t-elle celle-ci, indirecte mais rigoureuse, l'hérésie est *la seule posture qui puisse être l'objet en-dernière-identité d'une normalisation philosophique hallucinatoire.* Ou encore *la seule théorie qui ne puisse recevoir un sens philosophique, même après explication.* Ainsi la situation est claire, plus encore qu'avec la psychanalyse toujours tentée malgré tout par les compromis culturalistes, psychologiques ou linguistico-mathématiques. La mystique-fiction est la défense a priori de l'Homme contre l'Homme, du moins contre celui qui est en-Monde. La « thèse » du Réel comme Vécu (de)forclusion est universelle pour toute théorie possible comme (re-)jet a priori transfigurant de toute pensée et de tout langage. L'être-forclos n'a plus l'abstraction transcendante qu'il a dans la psychanalyse, entre imaginaire et symbolique, il reçoit à une extrémité sa condition de non-consistance ou de non-suffisance, l'immanence radicale, et à l'autre extrémité la complexité de son effet ou de son agir, non pas le simple rejet sans suite mais la transfiguration du donné qui accompagne le suspens de sa suffisance.

De Dieu comme symptôme

La mystique-monde est parfois voisine de l'hérésie radicale mais n'en donne que des indications ou des symptômes, la Déité par exemple.

Plus encore que dans la philosophie ou dans sa mystique où nous expérimentons seulement le désir de l'Un, nous *sommes*, tout-un-chacun, l'Un-en-Un. Nous le sommes même sans-l'être-ni-l'avoir, même sans l'éprouver comme donné en transcendance. C'est un blanc non pas absolu mais radical, un Fond blanc déterminé, même s'il ne l'est pas par attributs et prédicats, et déterminant. Nous sommes l'Un dépourvu de la suffisance de l'Être, de son pouvoir de briller et de se poser, de se nommer et de s'éclairer lui-même. C'est pourquoi nous pouvons d'emblée traiter les données mystiques d'abord comme de simples symptômes, ensuite comme de simples modèles d'une axiomatique. Certains mystiques donnent de l'Un des descriptions plus facilement réductibles axiomatiquement que ses descriptions philosophiques. Dans la mesure où il se veut « spirituel » autant sinon plus que philosophe, Eckhart fournit par exemple à travers la « Déité » trois indications qui demandent de toute façon un traitement très hétérogène de Dernière-Identité. L'Un y a trois caractères avec l'aide occasionnale desquels on décrira la structure hérétique, non-eckhartienne, de l'indocte vision-en-Un. Il s'agira d'une répétition de motifs déjà examinés.

1. La distinction encore transcendante de la positivité onto-théologique de Dieu et du retrait sur-essentiel de la Déité hors de cette positivité, nous en faisons maintenant le symptôme d'un trait de la structure immanente de l'Un hérétique et de ce qui la distingue des conceptions philosophiques. Symptôme à traiter en vue de formuler l'unilatéralité immanente de l'Un, soit encore un (non-)Un ou un Autre-que... (réel-transcendantal). La vision-en-Un n'est pas séparée du Monde par une opération transcendante et précisément mondaine. Elle est séparée (du) Monde par la seule « force » de l'immanence radicale qui sépare ainsi le Monde en-Un du Monde en-soi. L'Un n'est donc pas non plus simplement homogène ou présent (à) soi, induisant une division intérieure et extérieure par un Autre qui l'affecterait. Elle est d'emblée introuvable dans les horizons et les expériences de la mystique, indémontrable par ses procédés, intraitable par ses techniques et sa stratégie spirituelles.

2. La Déité, on le sait, est *causa sui* ou s'auto-engendre comme Dieu dans le geste par lequel elle engendre les créatures. La différence évanouissante par laquelle elle s'*auto*-engendre non comme simple Déité mais comme Dieu, non comme sur-essentielle mais comme essence ou être en compagnie des étants, est la différence interne de la *causa sui*. Cette différence qui se résorbe dans l'identité est maintenant le symptôme, à traiter de manière axiomatique mais transcendantale, du trait d'*Un-identité*, donné sans-production-ni-réception et qui contribue à définir la structure d'immanence radicale de l'hérésie. La *causa sui* est une interprétation restreinte ou symptomale de l'Un-en-personne et peut servir la cause de mystiques qui ne s'arrachent du Monde qu'à l'intérieur du Monde. Elle concentre la suffisance de l'auto-position, du survol de

soi ou de l'immanence *à* soi qui fait toute la philosophie. Mais l'Un-en-personne, par son immanence réelle ou sa pauvreté « en » Être, son uni-latéralité ou son être-séparé, est la cause d'une posture non-mondaine dans la mystique.

3. La Déité enfin est engendrement de soi en tant qu'engendrement des créatures. Comme *causa sui*, elle procède par flux et retour, c'est son type d'universalité, par négation de négation ou intériorisation dialectique, par plan topologique aussi. Cette universalité toutefois reste formelle ou pure et ne se comprend que dans un rapport ultime aux créatures et au Dieu positif. C'est le type le plus élevé d'universalité auquel peut atteindre la philosophie. Mais cet Un capable d'engendrer, de donner naissance et devenir à partir de lui-même, de s'y impliquer, si universel soit-il, n'est que le symptôme d'une uni-versalité plus radicale. L'« extension » de l'effet de l'Un à l'étant *via* l'Être se fait sous la forme, directe et indirecte, de la détermination-en-dernière-identité ou du clonage. C'est donc la seule uni-versalité immanente. *Uni-versalité hérétique de la simple Identité ou du Réel*, encore hétérogène à l'universalité de l'Un-Être qui n'est qu'une exigence de la pensée désirant l'universalité.

Exercice de diction hérétique sur le nom de « Dieu »

« Dieu » est un vocable susceptible d'un traitement de type axiomatique qui l'identifie à chacune des trois instances de la mystique-fiction. C'est son côté le plus apparemment hérétique, ce n'est toutefois pas le Réel de l'hérésie, sauf justement pour la croyance religieuse. Toutefois l'hérésie-fiction n'étant pas un terrorisme anti-divin, elle peut sauver Dieu du Dieu-monde.

Étant donné la plasticité et la liberté réglées de l'axiomatisation des noms premiers, nous avons proposé plusieurs usages du vocable « Dieu », comme Dieu-Monde ou encore, ce n'est pas tout à fait la même chose, c'est pire, comme Dieu-l'Enfer. Il serait possible, quoique moins efficace de notre point de vue, de le traiter comme autre nom premier non pas de l'Un en général mais de l'Un-en-Un. Nous pourrions désigner l'Un-en-personne non certes comme Dieu mais comme Dieu-en-Dieu, admettant que l'immanence supposée alors radicale de Dieu exclut qu'il soit encore cette entité onto-théo-logique positive, et même la Déité mystique. Dans ce cas extrême de nomination, Dieu est juste une modélisation de l'Homme-en-personne. L'authentique « Dieu humain » serait cette non-suffisance d'une Déité plus pauvre que tout Dieu créateur. Il nous appartient de toute façon d'appauvrir Dieu de ses attributs ontologiques, de le rendre à la simplicité d'esprit et à la béatitude humaines.

Mais Dieu pourrait être aussi et à son tour sujet mystique, une autre manière moins historique et transcendante de se faire Christ. L'axiome onto-théo-logique fondateur de la mystique, et pas seulement de sa forme « allemande » comme on dit, est celui-ci, *Dieu aurait besoin de l'homme, l'homme aiderait Dieu à devenir et à se réaliser, l'un et l'autre assumant l'unique suffisance, se partageant la convertibilité qui les unit.* Cet axiome ne serait de toute façon ici vrai, vrai-sans-vérité, que si Dieu, cloné tel que sujet, était déterminé en-dernière-Identité par l'Homme comme le Vrai-en-personne. Ou encore si le sujet mystique postulait Dieu mais tel qu'« en-Dieu » ou comme dernière-identité. Homme divinisé ou Dieu humanisé, peu importe, n'importe que la dualité unilatérale du Réel immanent et du sujet qu'il clone à partir du Monde. Quant à la pauvreté d'esprit, rien n'interdit de l'attribuer à un Dieu-sans-être et sans-créature, un Dieu qui enfin « n'aurait plus les moyens » ou la richesse de ses perfections qui, si l'on y regarde bien, ne sont que les moyens d'une survie misérable parallèle à celles des humains. Imaginer un Dieu si humble qu'il ait renoncé à toute création et au projet absurde de « sauver » l'humanité, si pauvre qu'il ait abandonné la dialectique, si démuni qu'il soit sans-monde, pourquoi pas ? Il y faut un Dieu radicalement immanent, défini par les axiomes de sa non-essence plutôt que par ses attributs, ses « propres » et ses perfections. Ou à la rigueur un Dieu-sujet, né-sans-naissance ou cloné du Monde – tel est le contenu phénoménal de la théologie mystique mais que l'appareil philosophique aura investi dans le Monde.

Toutefois si la générosité de la mystique-fiction doit aller jusqu'à sauver Dieu de lui-même, nous ne pouvons oublier que c'est un Dieu théoriquement décevant et éthiquement méchant. L'hérésie radicale est plus exigeante que la religieuse, elle incrimine aussi l'impotence intellectuelle de Dieu. Un explorateur non prévenu de l'entendement divin serait sans doute déçu, il y trouverait des fulgurations leibniziennes éteintes, un bric-à-brac de tous les vieux moyens théoriques, obsolètes et figés, usés d'avoir trop servi, de la philosophie. Mais surtout nous-les hérétiques-sans-religion, nous le considérons comme un Dieu méchant. Sa « bonté » dissimule trop de jalousie, de souci de sa gloire et d'amour de soi, *trop d'indifférence qui est supposée se connaître elle-même*, qui n'a donc pas su donner contester l'oracle de Delphes. Il manque à Dieu, étouffé par ses perfections et qui n'a pas le souci de l'Homme, un moyen théorique capable de le respecter au moins à égalité, en quelque sorte démocratiquement, un formalisme transcendantal qui poserait que l'Homme n'a jamais été cette créature plaintive et quémandeuse, obséquieuse et pas toujours nette.

Si l'un des termes premiers qui valent de l'Un peut être celui de « Dieu », ce n'est donc plus au sens des mystiques chrétiens qui en font un usage de concept transcendant(al). Puisque Dieu relève lui aussi de la guerre et des crimes commis *en son nom*, pourquoi ne supporterait-il pas un usage théorique plus paisible, une symbolisation et une formalisation ? Plutôt qu'un sens catégorial et onto-théo-logique nouveau, une pratique vécue en-dernière-Identité ? La condition pour ne plus simplement « croire » ou non en Dieu – le vrai problème du sujet-Christ est plutôt d'éviter cette alternative –, c'est de substituer à son usage mystico-philosophique un simple usage théorico-fictionnel. Nous usons de Dieu sans y croire ou n'y pas croire, la croyance ou la « foi » comme on dit trop vite n'étant pour nous qu'un donné supplémentaire, qu'un symptôme dont il s'agit de trouver le bon usage humain sans prétendre le détruire simplement. « Dieu » est un donné-par-donation et la mystique future n'est pas sa réduction positiviste mais l'explication théorique qu'un tel symptôme exige. Nous « parlons » Dieu, il fait partie de notre Verbe, sans partager la foi unitaire des chrétiens et pas davantage l'anti-foi tout aussi unitaire des athées. L'existence de Dieu est une question que la philosophie et la foi réunies rendent insoluble au lieu de la rendre « impossible », que la mystique future transforme en problème susceptible d'une solution.

De là d'autres jeux d'axiomes non-eckhartiens précisant celui-ci dans le sens d'une théologie-fiction. Encore faut-il justement être dépris de toute foi philosophique et chrétienne pour entendre ces jeux sans méprise, ne pas y entendre autre chose qu'une pratique de diction hérétique, non-théologique, de « Dieu ».

1. la Déité est Dieu-en-Dieu, immanence radicale ou non-absolue de l'en-Dieu, ce n'est définitivement plus le Dieu des philosophes ou des mystiques,

2. l'« en-Dieu » est forclos à Dieu,

3. l'immanence de la Déité n'est pas une intériorité dialectique, ni les espèces ou les moyens de celle-ci (entendement, volonté, amour), elle est dépourvue d'essence ou d'être, plus que superessentielle,

4. la Déité est le « fond-sans-fond », ou plus précisément le « fond-sans-le-mélange-du-fond-et-de-l'être », l'identité réelle du fond sans le repli du fond,

5. la Déité est le donné-sans-donation, sans réflexion ni dialectique (négation de négation), ni inconscient ni sur-conscience, mais ce qui détermine ces attributs par clonage ou en-dernière-identité,

6. la Déité est l'Ego immanent (de, pour) Dieu ou détermine celui-ci comme sujet-Christ pour lequel il se fait « mission »,

7. *Deus sive homo* ? Cet axiome a une couleur trop spinoziste et se fonde sur une convertibilité. Nous cherchons plutôt entre eux une équation unilatérale, philosophiquement et chrétiennement impossible, que les mystiques ont tenté de rendre possible et de monnayer par un dernier mécanisme philosophique de convertibilité qui est le symptôme mondain de l'Identité unilatérale.

Court-traité non-théologique. 1. De la Trinité comme symptôme

La Trinité est une forme symptomale, le cercle, étalé dans la transcendance, de l'Un-en-Un ou de l'Humanéité (un-identité/ latéralité/ versalité).

La mystique future ne fait pas *usage* à proprement parler de l'Un ou du Réel, contrairement aux mystiques) et aux philosophes qui s'en servent pour dépasser et critiquer la métaphysique (surtout le Multiple) en prenant appui toujours sur les distinctions initiales, par exemple de l'Être et de l'étant. Le sujet-Christ ne dépasse pas la métaphysique pour la dépasser mais il l'a d'emblée dépassée à cause de l'Homme, il est tourné vers elle uni-latéralement pour l'expliquer et la déterminer. Si la philosophie se complaît dans l'Être et le Multiple, réservant un sort finalement secondaire à l'Un, si la mystique dominante tente plutôt de mettre l'Un au centre de son dispositif sans abandonner l'armature ontologique, la mystique future s'installe à même l'en-Un, sans identification, tel qu'il n'est plus au centre du cercle philosophique mais qu'il se rapporte à celui-ci dans un rapport-sans-cercle ou unilatéral. Elle peut ainsi faire apparaître la Trinité-monde comme possédée *d'une hallucination réelle et d'une illusion transcendantale* qui supposent que l'Un est pour ainsi dire tombé dans la sphère de l'Être et qu'il est convertible avec lui.

La déchéance métaphysique de l'Un appartient à la philosophie – il n'y a là rien de nouveau, toute philosophie doit prononcer la déchéance de l'Un et même sa déchéance comme Unité de compte – et ce *déclin* nécessaire du vieil Un se fait sentir jusque dans la mystique-monde malgré ses efforts contraires. Quant à Heidegger, il n'a réactivé le sens et le souci de l'Être que dans sa corrélation avec l'étant *particulier*, s'efforçant d'autant plus de le penser hors de la réflexion de l'étant en lui. Ce geste combine le style aristotélicien de la facticité avec le style plus idéel du dépassement platonicien, avec l'*épékeina,* dans le but de couvrir tout l'espace philosophique et de l'ouvrir à ses limites. Même s'il l'ouvre aussi vers l'Un, il ne résout toutefois en rien le problème d'une « épreuve » spécifique de l'Un, l'ambition la plus neuve pourtant de la mystique, qu'il se contente comme tous les philosophes d'effleurer ou d'apercevoir comme une terre promise à jamais infoulée. Avant et après Heidegger, une certaine « coupure moderne » s'est faite au profit de l'Être et du Multiple contre l'Un. Elle inverse la transcendance heideggérienne (vers l'Un réel comme Autre) au profit de l'immanence du Multiple-sans-Un et déplace la démarcation entre l'Être et l'Un. Les philosophes s'occupent à remplir l'instance de l'Être avec le Temps, l'Idée, le Multiple, la « Vie immanente » ou l'Affectivité, etc., mais ils continuent et renforcent l'oubli de l'Un jusqu'à vouloir, pour certains, le tuer enfin comme un vieux dieu grec. C'est se battre contre un vent que moulinent les appareils ontologiques, une manière éolienne de remplir le tonneau des Danaïdes…

Quant à la thèse d'un « lien substantiel » (relationnel mais « réel ») de la Trinité – comme d'ailleurs de la Décision philosophico-mystique – il ne sert qu'à écraser sur soi l'appareil philosophique plutôt qu'à le rejeter ou le suspendre réellement et fait du mystique un philosophe honteux. Lorsqu'il est réellement détaché du Dieu-monde lui-même, le sujet ne peut « faire fond(s) » sur la vision-en-Un comme sur Dieu, sur l'essence et la sur-essence, pas davantage, car c'est toujours la même logique, sur l'homme-animal et le sur-homme. Loin de chercher au fond de lui-même une « nature » qui l'insérerait a priori dans la transcendance et les fins onto-théo-logiques, son humilité et sa solitude se contentent de le faire exister *selon* cette non-essence.

Seule donc la mystique résolument humaine peut sauver l'Un de ce « déclin » symptomal, à condition de lui faire abandonner le Monde et la philosophie, de modifier en profondeur son concept et son statut. Le sujet mystique cesse de décider, de choisir, de vouloir – mais seule l'indocte vision-en-Un peut abandonner la volonté de renoncement sans jeter un regard en arrière (il n'y a pas d'arrière-temps à ce « sous-venir » radical qu'est l'Homme). Si les mystiques traditionnels occupent encore l'entre-deux de la Différence héno-logique, lui, sans faire le moindre saut supplémentaire, a franchi la forclusion ontologique de l'Un et l'a franchie *selon* l'être-forclos de celui-ci.

La « Trinité » est l'objet ultime de la théologie mystique, nous pouvons la traiter maintenant comme l'économie théologique absolue de la mystique-monde. La Trinité est par excellence la ligne de faîte où la pensée peut basculer de la théologie à nouveau dans la philosophie, ou bien être réduite à son contenu d'expérience humaine, réelle et donc transcendantale, et servir à celle-ci de modélisation. Si la Déité, super-transcendante plus encore que Dieu, se diffracte de manière trinitaire, l'Humanéité toute immanente ne se diffracte pas par définition de cette manière mais se diversifie de manière transcendantale en trois aspects qu'elle « est » immédiatement si le Monde est donné, *l'un-identité, l'uni-latéralité et l'uni-versalité*. Bien entendu ces aspects ont leur forme symptomale respective, dont ils sont le contenu phénoménal réel, dans la Trinité mais selon une tout autre organisation. *L'un-identité trouve dans le Père son symptôme, l'unilatéralité du sujet trouve le sien dans le Fils, l'uni-versalité trouve le sien dans l'Esprit Saint.* Autrement dit dans la théologie, dans la philosophie, dans la science ? L'uni-latéralité est l'aspect transcendantal par lequel le sujet-Christ est distingué de l'Un (il correspond à l'autonomie du Fils en tant qu'envoyé par le Père). L'uni-versalité transcendantale, qui est réelle comme l'Un, se dit du sujet en tant qu'il est *pour* le Monde et que l'Un par sa médiation vaut pour le Monde, elle correspond au Saint-Esprit, à l'esprit ou à l'universalité de Dieu que transmet le Fils. Bien entendu il n'y a pas de correspondance bi-univoque entre la Trinité et la dualité uni-latérale. L'économie trinitaire est une répétition de la structure de la Décision philosophique, une variation sur un invariant transcendant à plusieurs titres. La Détermination-en-dernière-humanéité est un schème immanent et unilatéral – nullement trinitaire – sans économie mais capable d'expliquer sa forme théologique. Père, Fils, Saint-Esprit sont des extensions religieuses, en partie mythologiques, d'une structure philosophique absolue, et c'est seulement le schème de la dualité uni-latérale qui peut faire apparaître après coup cet ensemble, la Trinité comme symptôme mondain de l'Humanéité, les trois personnes comme modélisations de l'en-Personne. Loin de toute réduction et réappropriation par exemple feuerbachiennes, le christianisme n'est plus ici que le symptôme et le matériau non pas de l'essence de l'« homme » en général mais de l'Humanéité comme non-essence qui détermine un sujet comme Christ.

Court-traité 2. De la Trinité comme circumincession

L'Unité, sa division et leur dialectique de circumincession forment un système homologue à la structure de la Décision philosophique absolue.

Des instances de la Trinité, qui renvoient circulairement les unes aux autres malgré les fameuses « distinctions » de personnes, certains théologiens disent qu'elles sont animées d'une *circumincession* par où elles sont et fluent les unes dans les autres. Mais qu'elles renvoient l'une à l'autre n'exclut pas, au contraire, que l'une d'elles se distingue des autres et soit le facteur d'un transcender réel, positif ou bien de retrait, qui donne sa supposée réalité à l'ensemble comme Trinité. Aussi la circumincession, pensée un peu rigoureusement, sans les restrictions et le fétichisme théologiens, doit-elle être dite aussi bien une *circumexcession (du Fils par rapport au Père)*. La Trinité est en réalité la synthèse des deux situations. Des mystiques et des théologiens, surtout de l'Église d'Orient, ont tenté de faire basculer cet appareil vers un fonctionnement plus immanent et de modifier son régime pour le rabattre sur celui de la philosophie la plus spéculative et absolue. Il est manifeste que la circularité partiellement déhiscente ou différée que tolère cette structure philosophique par excellence, qui conjugue *meta* et *épékeina*, unité et distinction égales, est destinée à l'ancrer dans un réel et à lui donner une consistance de type philosophique, consistance de mélange de la réalité et de l'idéalité. Mesurée maintenant à l'hypothèse de l'autonomie radicale du Réel et à l'unilatéralité de la dernière-identité du sujet mystique, il est évident que l'articulation dialectique de cette circumincession entre les moments non-séparables de l'unité et de la différence, voire de la négation de négation, ou sa compréhension comme « somme négative » du recouvrement des trois « personnes » de la Trinité, ne fait pas un pas de plus dans le Réel. Si la Trinité est une version un peu modifiée théologiquement du ternaire de la Décision philosophique, si elle le répète et le redouble de manière apparemment plus concrète, elle ne change pas réellement de terrain, c'est-à-dire de « réel », par rapport à la triade philosophique la plus formelle, et les philosophes n'ont pas manqué d'abuser de cette congénialité (Hegel).

La situation ne change que lorsque le sujet mystique ne se présuppose plus lui-même comme incession et excession circulaires mais comme le *Cédé-sans-cession* par l'Homme qui le détermine et le clone. Jamais concédé, ex-cédé ou in-cédé par sa cause, le sujet-Christ est *l'Archi-cédé* pour le Monde. L'Un-en-Un nous est en quelque sorte cédé comme sujet-Christ sans excès, incès ou recès possible, qui reformeraient un cercle de cession ou de don. Archi-cédé selon la primauté ou le pouvoir de détermination que nous posons dans l'ultimation première, génératrice d'axiomes.

Toute distinction est étrangère à l'Un, nous assure-t-on. Encore faudrait-il préciser qu'il s'agit de toute distinction transcendante et donc bilatérale. Car l'immanence radicale, non-unitionnelle (de) soi, « contient » une uni-latéralité qui n'est pas une telle distinction ou division simplement intériorisée. « Plus » l'immanence est une simple Identité, « plus » elle est séparée d'emblée, sans opération, du Monde, « plus » aussi elle sépare le Monde en-immanence du Monde spontanément auto-positionnel. De l'Un-en-Un on ne peut dire par exemple qu'il est « infiniment au-dessus du nombre » (Eckhart), mais en revanche qu'il est, par sa pauvreté intrinsèque, incommensurable au nombre, à l'Unité comme au multiple parce qu'il est capable de les déterminer négativement ou par sa propre insuffisance non-nombrable. Il ne l'est pas comme la Déité, parce qu'il serait intérieur et extérieur, immanent et transcendant à la Trinité des personnes, comme dans la plus pure fidélité à la Décision philosophique. L'Un-en-personne est plutôt ce qui ne fait jamais terme et/ou relation, nombre ou qualité, *non par théologie négative mais parce qu'il est pratique déterminante en-dernière-Identité.* Si le sujet ou le Verbe futur existe à l'état de multitude, cette multitude ne s'ajoute pas à l'Un ni ne le disperse. Si l'Un n'est ni un ni plusieurs, c'est uniquement parce qu'il est en-Un plutôt qu'en-nombre. S'il y a apparemment une multiplicité arithmétique des instances mystiques (la vision-en-Un, le sujet-existant-Christ, le Monde comme Enfer, la mystique-fiction comme « esprit saint »), elle n'en est une que pour la représentation qui la morcelle et la divise en « natures » isolées, réunies dialectiquement au lieu qu'elles s'articulent en-Identité ou par clonage et s'opposent directement à la logique trine ou trinitaire. Il n'y a en réalité qu'une dualité (de l'Un et du Monde ou plutôt du Monde réduit en-Un et du Monde en soi) et un être-missionné par l'Un à partir du Monde, le sujet-Christ qui n'est plus une synthèse mais lui aussi une dualité unilatérale. La mystique future se libère de l'arithmétique, elle n'est ni trois ni deux ou un ensemble, c'est une dualité-sans-nombre. Elle est comme la « simplification » radicale de la Trinité, son noyau réel, que le mystique retrouve à force d'humilité et de « paupérité ».

La non-séparabilité que signifie la circumcession, surtout lorsqu'elle devient intercession ou encore « circonfession », est une modélisation transcendante de l'Identité la plus immanente qui, précisément, se définit aussi par l'être-séparé-sans-séparation (du Monde). Un-identité et uni-latéralité semblent simuler sous des formes immanentes le principe de continuité et celui d'altérité. Toutefois sans qu'il s'agisse simplement d'une inversion, ce sont ces derniers principes métaphysiques qui sont des modèles de l'Un, restreints au Monde et à ses conditions. L'hérésie telle que nous en usons peut toujours passer pour une réduction à l'immanence de principes métaphysiques. Mais ces derniers sont des données symptomales et des interprétations particulières, des modélisations aux conditions du Monde. *Henôsis*... l'unition des Trois cesse d'être l'alpha et l'omega, l'unition est non-unitionnelle (de) soi parce qu'elle est unition en-dernière-Identité. La dualité non-chrétienne contre la Trinité théologique, c'est le rasoir du christianisme futur.

Comme la Trinité, le clonage détermine la transsubstantiation. L'Homme-en-personne investit, quoique inaliénable, la pensée-monde, ici et maintenant le Christ historique, et le métamorphose en Christ Futur. C'est une dé-substantiation et une uni-substantiation. Une dé-substantiation parce que la vieille métaphysique de la substance, *ousia* ou hypostase, n'a plus aucune pertinence sinon de matériau. Une uni-substantiation parce que le Réel clone de manière par définition uni-originaire un sujet déterminé en-dernière-Humanéité, lui-même archi-originaire, le Christ Futur. La question insoluble des métamorphoses de la substance trouve sa solution dans l'uni- et l'archi-Humanéité du Christ, qui valent des « personnes-en-personne » de la mystique future telles qu'elles sont désormais sans suppôt transcendant mais non sans matériau, l'Humanéité n'étant plus un tel suppôt ou substance. Toute la mythologie métaphysique des personnes de la Trinité est réduite à l'état de symptômes et de modèles transcendants. La mystique-fiction commence avec le suspens des perfections et de la positivité métaphysiques qui entravent les possibilités de la pensée, se continue avec la dualyse de la Trinité et des personnes qu'elle agence, enfin se termine comme mystique *pour* le Monde (et non *du* Monde).

La mystique contre le mysticisme

Lorsque le Tout philosophique est fondement de la mystique, il tourne celle-ci en mysticisme et fait du sujet une partie expressive d'un Tout. Lorsque le sujet est cloné par l'Homme impossible au mysticisme et même à la mystique, c'est le Dieu de la mystique qui est voué au mysticisme du Monde, mysticisme propre à l'Enfer.

La mystique future trouve les symptômes dont elle a besoin dans la théologie, en particulier dans un axiome comme celui-ci, « Tout ce qui est en Dieu est Dieu » (Angelus Silesius). En l'Un, en-Un, tout est-il Un ? Le « tout » cependant, avec ses références ontiques et ontologiques, avec sa structure de duplicité, n'est admissible que dans la philosophie, pas dans la vision-en-Un, sinon comme hallucination. Le Tout ne peut être (reçu-) donné en-Un plutôt qu'en Dieu, que s'il y est donné non comme Tout, mais comme Identité (du) Tout. L'Un ne vaut comme immanence divine que sous la forme d'une totalité expressive ou bien dialectique, mais l'Un-en-Un exclut l'expression du Tout. Le Monde n'est jamais une partie *réelle* expressive, une partie abstraite et/ou concrète de l'Un, et l'Un n'est jamais un Tout. Loin d'obéir à la logique du tout et des parties, que cette logique soit herméneutique, dialectique ou phénoménologique, l'Un-en-Un se dit comme a priori de l'impossibilité *pour* le Monde mais n'exprime jamais celui-ci, l'expression supposant un reste de transcendance ici exclu. Le retrait dialectique, le transcender réel supposé constituer la Déité, est une forme d'inconscient par excès philosophique et déficience psychanalytique, tandis que l'Identité intrinsèquement appauvrie ou privée (du) Monde, sans être un inconscient analytique, répond à un tout autre type d'abstraction, identiquement scientifique et philosophique, en quelque sorte un inconscient transfiguré.

Le plan unique, l'anneau topologique qui relève l'échelle philosophique, donne un air de famille à tout ce qui est et conduit sûrement le sujet mystique dans les parages du mysticisme. Or il n'y a pas d'adversaire plus résolu du mysticisme que le sujet de la mystique-fiction tel qu'il se sait de manière indocte déterminé par le Réel déjà forclos précisément à toute mystique. La vision-en-Un est le Vécu (d')impossibilité aussi au sens où elle rend le Tout impossible comme Réel. Ce ne serait sinon que la normalisation philosophique du sujet, la tentative de sa fusion avec le Monde en vue de sa planification et de son exploitation par des forces sublimes et obscures. Lorsque l'Un n'est plus l'Immanent-en-personne, appauvri de soi-même, lorsqu'il se multiplie par double négation avec laquelle il s'identifie, il avoue son désir d'être totalité, que les créatures en soient des parties expressives, que la Déité ait primauté-et-priorité sur elles. Sans du tout renverser simplement cette hiérarchie – ce n'est pas son problème, qui n'est pas topologique, qui est de changer plutôt l'usage théorique de cet appareil et d'en faire un formalisme –, la mystique-fiction préfère poser (c'est son hypothèse, pas son dogme) non pas que l'homme est en la Déité comme l'une des parties expressives de ce plérôme, mais que la Déité elle-même est en-Homme en-dernière-identité et, pour le reste, est en-Enfer ou même identique à l'enfer (du) Monde.

Si Dieu brûle en Enfer ? Il n'y a pas de métaphores mystiques

Si Dieu ne brûle pas en Enfer, c'est l'homme qui y brûlera, définitivement perdu.

Les théologiens acceptent le discours des mystiques à condition de l'interpréter, de le prendre en un sens métaphorique et littéraire. Mais il n'est pas sûr que pour ces expérimentateurs de Dieu, qui ne sont pas de simples croyants, il y ait encore des métaphores ou des figures de style pour adoucir et normer leur vie. Cette petite ruse traditionnellement philosophique de la métaphore permet la remise en ordre du concept et la ré-insertion des Égarés dans le sein de l'Église. C'est une tâche de la mystique-fiction de jeter les métaphores dans l'Enfer tout en généralisant apparemment leur usage, en réalité leur détermination réelle comme symboles unilatéraux. Il n'y a pas de méta-phores en soi et pour soi, la pensée en-Christ est non-phorique, elle ne transporte pas l'Homme, elle déplace et emplace juste les « montagnes ». Le pari de la mystique future est par exemple de transfigurer d'une nouvelle réponse une vieille question des mystiques : *qu'est-ce qui brûle en enfer ?* la superbe de l'Être, le pouvoir du « même » ? le moi narcissique de l'homme, son propre néant qui s'y anéantit ? Une fois admis que l'Enfer est l'autre nom, le nom archaïque et futur de la suffisance du Monde, un hérétique ne peut faire qu'une seule réponse rigoureuse, *ce n'est pas l'Homme-en-personne qui brûle en Enfer, c'est Dieu, le néant et le surnéant de Dieu, c'est la prétention divine ou surhumaine du Monde qui habite le sujet suraliéné.* L'hérétique connaît trop bien les bûchers pour ne pas y jeter Dieu à son tour *mais cette fois par un geste humain et rigoureux, sans rétorsion, de décision unilatérale et finalement salvateur.* Et si Dieu va en Enfer, ce n'est pas, comme le suggère Eckhart, pour y suivre l'homme pécheur et l'y transformer, ni comme Catherine de Sienne parce que l'Enfer est intérieur à Dieu. Nous croyons tout autant que Dieu est intérieur à l'Enfer, que l'un et l'autre sont les éternels co-géniteurs des dominations qui font le Monde. La bêtise moderne a cessé, honteusement et officiellement – Églises évidemment en tête – de « croire à l'Enfer » au moment où les vrais athées, les athées par hérésie, après avoir été convaincus de son existence par l'Histoire et par quelques méfaits de Dieu lui-même, ont su trouver le formalisme dont il est digne. Beaucoup auront eu peur de reconnaître l'Enfer lorsqu'il monte et ne cesse de monter à la surface de la Terre et s'y répand. Plus profonds, certains mystiques ont compris que Dieu et l'Enfer, les ténèbres intérieures et les ténèbres extérieures, se réciproquaient à quelques nuances près faites pour agiter les théologies. Mais ils n'ont pu élaborer qu'un concept dialectique, une solution elle-même vicieuse de l'unition de Dieu et de l'Enfer. La mystique future accepte et reformule cette hypothèse pour le Monde, justement parce qu'elle la refuse pour l'Homme, lequel pose de lui-même sa non-convertibilité transcendantale avec l'Enfer où il doit en toute rigueur *théorique,* sans esprit de revanche, abandonner Dieu. Les hommes qui se croient abandonnés de Dieu ne savent pas encore qu'eux seuls peuvent à bon droit l'abandonner, qu'ils en ont les moyens et le droit.

CHAPITRE III

LA VISION-EN-UN OU LE SAVOIR INDOCTE

Primauté du Réel ou de l'Homme

Le Réel est une immanence radicale sans-rapport avec le langage et la pensée, un Fond « sans-rapport » avec le Monde, mais qui devient « non-rapport » à eux lorsqu'il est entrepris de le penser d'une manière quelconque. La même chose peut se dire de l'Homme. Le Réel comme l'Homme ne sont pas des problèmes mais peuvent être des solutions, ils n'ont pas de priorité mais une primauté.

L'« homme » est une généralité grégaire qui peut être affectée des puissances du multiple. Mais même sous cette forme c'est une généralité unitaire, un mélange de transcendance et d'immanence. Critiquer la grégarité, la fétichisation ou la réification, en général la « représentation » comme font les philosophes, c'est une entreprise limitée, en réalité un « oubli » hallucinatoire du style suffisant qui fait toute la prétention de la philosophie. L'Un philosophique est une amphibologie arithmético-transcendantale. Il fait encore quelque peu nombre avec l'Être et ses composants. Sa solitude est extrinsèque et limitée, prélevée sur la généralité du Monde, c'est une entité *d'exception.* La vision-en-Un semble s'acquérir alors par une abstraction supplémentaire qui expulse le côté arithmétique et numérique. Mais c'est garder un Un transcendantal sans atteindre le Réel qui, par définition, ne s'acquiert pas. Bien que comme Vécu il se dise de l'Homme et de lui seul, l'Un-en-Un réel ne peut se comprendre, nous l'avons déjà dit, comme intériorité soit psychologique (Augustin) soit transcendantale (Husserl), soit ontologiquement auto-affective (Henry), intériorité donnée vers laquelle il faudrait faire retour, inséparable d'une réflexion, échelle ou cheminement. Nous avons découvert une épreuve si radicale de l'Un ou du Fond qu'il n'est *même pas donné à l'intérieur de soi*, ce qui serait de nouveau le dissoudre dans une altérité et une forme transcendante d'ipséité, en réalité anonyme ou conceptuelle, mais ne se trouve que-sur le mode de l'en-Un. Il faut inverser, le Réel n'est pas donné sur un mode a priori ou comme transcendantal, mais c'est lui qui déploie son immanence par un bord (unilatéral) d'a priori. L'Homme comme Vécu (de) la Venue n'est pas intérieur à soi ni même (à) soi, comme une matière dans une forme, mais donné sur le mode de l'en-Homme. Ceci dit, l'Homme vaut bien la Vérité comme objet de l'amour de la philosophie qui anime encore l'ancienne mystique, c'est lui qui déplie son immanence tel le dehors d'un amour ou d'une grâce.

Pour distinguer l'Homme-en-Homme et l'anthropologie, le Réel « négatif » et la réalité positive, on dit parfois l'« Humanéité » plutôt que l'« humanité », l'Unéité plutôt que l'Un, imitant en cela Eckhart dans sa distinction, très différente conceptuellement, de la Déité superessentielle et du Dieu positif. Ces formulations risquent toujours d'être comprises dialectiquement de manière idéalisante, Dieu étant Dieu dans les créatures et dans la théologie, mais Déité lorsqu'il fait retour, et les créatures avec lui, en son immanence. L'Homme n'a pas à faire retour en lui-même ou encore en Dieu parce qu'il est Réel forclos ou sans-consistance, l'Immanent-en-personne, nullement comme Dieu un processus ou un devenir-immanent, par exemple de la Vie qui se jette en soi (M. Henry). L'Humanéité n'est pas une propriété ou un attribut de l'homme mais le Réel qui détermine sa biographie de messie pour le Monde. La mystique future n'a rien d'une anthropologie positive, l'homme est « homme » dans le Monde et au milieu des autres hommes, dans des relations de réciprocité et de guerre de toute nature, mais il est Humanéité hors du Monde et pour lui, déterminant alors des relations de dualité unilatérale avec cette économie de guerre généralisée. Pas un *quelque chose* super- ou hyper-essentiel, mais un non-essentiel ou un non-consistant, le « non » signifiant ici l'Un réel dans sa fonction ou sa dimension de (non-)Un, a priori puis transcendantal. Il y a moins encore qu'un *quelque chose* – une non-consistance ou une non-essence qui fait du mystique un rebelle inconsolé et paisible, paisible et intraitable ou dont la destination est de venir. L'Un-*en*-Un est une solitude intrinsèque, un Seul qui détermine autour de lui une solitude a priori et transcendantale par laquelle il va donner au Monde et à Dieu lui-même le pouvoir de ne pas faire nombre *avec soi* c'est-à-dire avec l'Enfer. Finalement nous disposons selon le contexte mystique donné d'un spectre de noms humains avec chaque fois leurs variantes. Et d'autre part d'un spectre de noms pour le sujet, Étranger, Christ, Messie, et leurs combinaisons. Mais l'essentiel est de faire passer une *dualité indivise-en-dernière-identité* entre le « côté » réel de la cause humaine et le côté qu'elle clone ou missionne du sujet. Cette dualité unilatérale est le roc théorique de la mystique-fiction.

Ultimation première

La mystique-fiction s'inaugure d'un acte de position première de l'Homme-en-personne mais qui n'est pas une auto-position, étant lui-même déterminé en-dernière-instance par le « posé » radical, insubstituable par sa position.

Par quelle opération acquérir le nom de l'Homme-en-personne puisque lui-même ne peut être acquis ou conquis ? Plutôt que de diviser l'« homme » selon des clivages métaphysiques – l'âme et le corps, avec ses modes dérivés, ou le conscient et l'inconscient avec ses modes leibnizien, freudien et nietzschéen – on *dualysera unilatéralement* cette entité fantasmatique. La dualyse contient deux actes de pensée, nous les rappelons. *L'acte d'ultimation première consiste à poser la primauté de la dernière Identité ou du Réel, de l'Homme-en-personne comme ultimatum, primauté sur tout sujet.* L'Homme-en-personne n'est ni sujet ni transcendantal, mais être-séparé-par-immanence du Monde. Ce Vécu (de) forclusion se manifeste par une onde d'altérité ou d'unilatérité qu'elle soutire à la représentation comme une demi-forclusion. Ensuite *l'acte « missionnaire » de clonage* consiste à poser le sujet qui, lui, est cloné de l'homme mondain par l'Homme-en-personne et possède la priorité. C'est donc uni-latéralement, sans division ou acte de séparation, que sont distingués l'Homme-en-Homme inconstitué et le sujet qu'il fait émerger non pas en doublant mais en simplifiant radicalement le sujet de type philosophique. Aucune division dans ces distinctions, aucune négation. Mais justement pour cette raison de l'absence du Néant et donc de l'Être, l'Homme-en-Homme, la primauté, est posé comme un terme premier par rétroaction, et comme nécessaire mais non suffisant, négatif comme l'est une « condition négative » pour… ou de... une pensée non-hallucinatoire.

Pourquoi cette opération d'ultimation première pose-t-elle mais comme déterminés-en-dernière-identité par leur objet, le vocable ou le verbe « de » cet « objet » qu'est leur cause ? Celle-ci, le Réel, se déploie comme un a priori concret ou matérial qui ne s'acquiert pas comme une forme vide, si bien que son propre vocable est donné rétroactivement sur son propre mode a priori immanent. La mystique future ne commence pas par une opération classique d'abstraction mais par une performation opérée par le sujet et qui constitue le *cogito* rétroactif du mystique futur, inversant et faisant plus qu'inverser l'idéalisme malgré tout présent dans sa forme cartésienne. *Je (suis) Un-en-dernière-instance, donc Je pense en-dernière-Identité le Monde. Je (suis) Homme, donc l'Homme comme je ou sujet pense le Monde en-dernière-Humanéité*. C'est plus qu'une substitution ou une réversibilité du *Cogito* et de *Sum*, l'ultimation première est une opération impossible, plus que paradoxale, pour la philosophie, elle pose dans un *acte premier* l'Homme-Un comme « sa » cause en forme d'*ultimatum,* comme un présupposé réel pour toute pensée qui justement le pose sans former par là un cercle avec lui. Seul un tel acte convient à la non-suffisance ou à la non-consistance de l'Homme.

Le « Nom-de-l'Homme »

Le nom premier ou propre du Réel comme « Homme-en-personne » est un acte de symbolisation et de formalisation transcendantales accomplies sur l'ancienne mystique par le sujet-Christ, mais il est performation non-performationnelle (de) soi ou encore performé-sans-performation, et il révèle sous cette forme aux yeux du Monde le royaume de la mystique future dont le Nom-de-l'Homme est la clé.

Sur cette non-consistance de la vision-en-Un, on reviendra au titre du « savoir indocte ». Mais elle implique la manière de nommer et de penser non-conceptuelle des noms premiers. De tels noms propres, qui forment les éléments, corpuscules et ondes, de la mystique-fiction, ne peuvent pas signifier une thèse de plus sur l'homme en général, une prise de position anthropologique et métaphysique opposée à tant d'autres et qu'ils ne contestent d'ailleurs pas, n'étant pas de même niveau théorique. D'ailleurs le caractère de cette mystique est si hautement paradoxal et « fictionnal » mesuré à la philosophie qu'ils seraient, comme concepts, contradictoires et sans pertinence. Ce ne sont même pas des tautologies ramassées, le principe d'identité appliqué à des concepts. Nous faisons du langage de la doxa philosophique un usage de langage-fiction plutôt que de métaphore et/ou de concept.

La nomination de l'Homme par son nom propre est « impossible » comme toutes les autres et, comme elles, se fait au travers d'un a priori unilatéral qui accompagne ce Réel comme son bord, et ensuite d'un clonage qui enveloppe rétroactivement quoique de manière immanente ce Réel. Cela signifie aussi bien, si l'Homme est le Performé-en-personne ou sans-performation, que son nom est lui aussi performé sous ces conditions, même si son symbole est l'objet par ailleurs d'une donation philosophique.

Qu'est-ce alors que cette formule d'« Homme-en-Homme » ou d'« Un-en-Un » comme noms propres pour un Performé-sans-performation ? Déjà l'Un des anciens mystiques exigeait un style qui n'était plus celui de la métaphore, contrairement à ce que l'on croit, mais celui de l'épékeinaphore, du haussement du sensible et du langage au plan de l'Un, c'est-à-dire d'un usage de noms uniques et irréductibles à la chaîne horizontale du discours. Certains mystiques ont su que le cri, la jaculation brève et répétée (« Jésus ! ») était la parole épékeinaphorique et qu'elle devait ravir le discours théologique conceptuel dans une extase de non-sens. Si un autre pas est nécessaire pour invalider le discours théologique, il ne peut consister en une transcendance supplémentaire de la parole, mais en un appauvrissement radical du Logos, quelque chose comme le cri axiomatique vide, le cri symbolisé et formalisé qui ne s'ajoute plus au cri pour en faire un Logos. « Dieu », « Monde », « Homme », « Christ » sont tels des p, q, r ou des x, y, z, les cris d'un formalisme transcendantal. Et des théorèmes comme des jets de pensée. Si l'épékeinaphorique tourne à l'hénologie négative, la pauvreté de l'Un-en-Un détermine une axiomatique qui n'est plus mesurable au Logos qu'elle mobilise et n'est donc plus « négative » ni même « soustractive ». Mais, c'est très différent, elle est une « condition négative », nécessaire et non suffisante, de la science mystique qu'elle institue sans avoir les moyens de la réaliser par soi seule. Il lui faut le travail des mystiques mais elle ne l'exploite plus au profit du capital théologique et philosophique qui se condense dans le nom de « Dieu » et dans le trésor des noms divins.

Une nouvelle fois, l'axiomatique acquise comme ultimation première, qu'est-ce que présuppose cette formule d'« Homme-en-Homme » ? *Comme symbole* donné dans cet usage qui est de « dualyse », c'est aussi l'identité transcendantale du nom du Réel, de l'Homme, le clone d'un symbole « missionné » en-dernière-Humanéité. Les noms premiers sont constitués à partir d'un matériau philosophique existant ou d'une occasion, mais ils relèvent d'un tout autre usage, dit de clonage. Usage transcendantal irréductible au sens empirique d'origine parce qu'il donne ou missionne, à cette transcendance habituellement linguistique du nom, le Vécu de l'Identité radicale. Ces noms sont donc clonés par le Réel humain à partir de leur état philosophique ainsi transfiguré. On peut dire encore qu'ils sont en-dernière-Identité performés-sans-performation comme l'est l'en-Homme lui-même. Ce sont des symboles issus du vieux langage mystique, mais cette fois à l'état de clones produits par leur « propre » objet, des symboles non plus théologiques mais radicalement « performatifs », plus encore par exemple que le *Cogito*. Ils performent la position discursive (du) Réel en le disant tel qu'il (est) c'est-à-dire sans s'y référer, le décrire, le représenter, disant juste par l'apparence des effets de fictionnalité son impossibilité intrinsèque de Réel.

Le Performé est forclos à la performation qu'il détermine de manière ultime. Ce n'est plus cet acte unitaire, métaphysique et convertible avec soi dont la philosophie fait principe sous le nom d'auto-position. La non-philosophie et la mystique future semblent commencer de manière cartésienne ou fichtéenne mais elles commencent en dehors de l'autorité linguistique et philosophique qui n'est qu'occasionnale. C'est pourquoi ce qui est ici performé, même si déterminé en mode de position axiomatique, ne donne pas lieu à une performativité langagière et philosophique qui se comprend comme auto-position du Logos, mais à un Performé ou à un Vécu radical, il est vrai en-dernière-instance seulement. Il ne s'épuise pas dans le matériel de son, de concept et finalement de sens philosophique complexe. Bien entendu la différence entre le Performé-sans-performation qui détermine transcendantalement le nom premier d'« Homme », et par ailleurs son matériel de langage, doit être comprise et sa loi exposée comme *dualité unilatérale*. Dire l'Un ou l'Homme n'est plus une énonciation métaphysique parce que ce dire est « dualysé », mis sous forme de dualité unilatérale entre le Performé et l'acte langagier qu'il détermine en-dernière-Identité c'est-à-dire sans que cet acte le détermine réciproquement. Le dire-l'Un est dans sa possibilité réelle, dans sa teneur en Réel, un dire-selon-l'Un. Le nom premier est identiquement le Performé-sans-performation ou, si l'on veut, la « chose même » de la mystique-fiction mais comme symbole offert occasionnellement il l'est de manière ultime seulement. Il n'est pas Logos ou auto-position (différée ou non) du vocable pour autant puisque c'est en réalité l'Un-en-personne qui est son être-performé réel et non la « chose-Même » comme disent et veulent les philosophes.

Docte ignorance et Savoir indocte

Le terme premier de « savoir indocte » (plutôt que de connaissance indocte, gnosis) pour la vision-en-Un n'est pas, sinon dans l'apparence langagière, le renversement de la philosophique « docte ignorance » toujours marquée du repère du savoir transcendant. C'est son Envers, un « savoir », comme la gnose, qui a le primat, non la priorité, sur langage et pensée tels que mobilisés par la philosophie. De là le primat de l'Homme sur les Docteurs et les Savants auxquels toutefois il ne peut se substituer, et son type particulier d'hérésie.

Nous philosophes ? Nous les sans-philosophie, Humains indoctes, nous les Enseignés inenseignables, pour qui la philosophie fait symptôme... La suffisance et l'héroïsme de la pensée, qu'elle s'annonce comme « faible » ou comme « forte », voilà bien ce que dans la philosophie nous ne voulons plus. D'abord la « libre vacuité » de la pensée pour cause d'inenseignement, l'indifférence réelle-transcendantale pour toute doctrine particulière, partiale et vindicative. Dévêtir l'en-Homme de la suffisance de la « science philosophique et théologique », en dévêtir l'homme qui est en-Homme. Nous ne faisons plus confiance aux doctrines et aux systèmes mais à un autre type de « savoir » aussi radicalement universel qu'il est radicalement insuffisant, « savoir indocte », celui probablement de la gnose. L'Homme est un « savoir inenseigné », l'a priori matérial pour tout savoir de type spirituel plus élevé que le savoir religieux enseigné. Si les mystiques et platoniciens revendiquaient une « hypersagesse » fondée sur une ignorance, nous faisons état de notre savoir tout d'ignorance, d'un Vécu inenseignable mais d'autant plus capable d'être occasionnellement enseigné de nos rapports avec Dieu et l'Enfer.

La *docte ignorance* témoigne de la fausse modestie de la philosophie et de son goût du néant fondateur, elle fonde un savoir dérivé et tout d'enseignement sur l'absence de tout savoir réel ou immanent. Le savoir indocte évite de renverser ce rapport sous peine de le prolonger, il dispose autrement ce qui est maintenant leur non-rapport. Il donne le primat à un savoir certes vide de connaissances mais pas au néant de savoir, et qui « fonde » ou détermine a priori toute autre connaissance adéquate (*selon*) à l'Homme. Quant à être inenseigné, c'est son être-forclos à toute connaissance. C'est pourquoi toute connaissance n'est plus que d'enseignement et nullement substance de l'Homme. De même que les Humains ne sont pas au-delà de l'Être mais que l'Être est au-delà des Humains quoique en-Homme, ce savoir indocte détermine le *nous* ou l'intelligence qui est au-delà de lui et relativement autonome. La mystique ancienne est surtout celle de l'intelligence et met en celle-ci l'*abditum mentis*, de là ses apories qui confondent le Vécu intime de la vie et la *mens*. Si le Vécu est Nouveau, il l'est par rapport à l'intelligence aussi, impossible à conclure de cette dernière comme savoir d'essence et se supposant réel. Les mystiques concluaient de l'intellect (agent) à la vie et au Réel comme les philosophes ont toujours plus ou moins conclu de la pensée ou du transcendantal au Réel. Conclusion contre la suffisance de laquelle nous faisons valoir le Vécu performé comme forclos en son essence à la connaissance et à la pensée.

En-nuage d'inconnaissance

La vision-en-Un n'est pas le contraire de la connaissance, sa déficience ou son manque, mais la nécessité et la non-suffisance d'un savoir indocte (ou d'une gnôsis-sans-théoricisme), d'une connaissance qui n'a pas eu besoin d'être appelée à la lumière de la connaissance de soi et qui est non-connaissance ou encore « inconnaissance ».

La connaissance mystique future s'enracine dans un savoir de type gnostique qui n'est pas de la pensée et encore moins de la connaissance mais peut en déterminer une. La gnôsis grecque est encore trop théoriciste pour l'Homme. Nous distinguons le *savoir indocte ou* l'*inconnaissance,* caractéristique de la vision-en-Un, la *pensée axiomatisée* selon cet Un, la *connaissance théorématique* à quoi elle donne lieu, enfin la *connaissance-monde* ou philosophico-mystique.

Qu'est-ce que la vision-en-Un d'un point de vue extérieur, comme vue et vision ? Pour cause de néo platonisme impénitent, certains mystiques ont développé, concurremment avec celles de l'amour et de l'affectivité, des théories de l'intellect multiple et hiérarchisé. Lumière « intellective » saisissant Dieu en soi, dans sa nudité, sans attribut – c'est leur théoricisme grec. D'autres réponses, toujours approximatives, peuvent être esquissées, symbolisées et formalisées *à titre justement d'exercice mystique.* À supposer que ce soit une lumière, elle ne vient pas du fond d'une faculté, intellect ou intuition, comme d'une source ou d'un horizon, elle n'est pas fond ou écran pour elle-même. Hyperconcentrée, rassemblée « en » son identité, comme un laser hors des lois de l'optique élémentaire, sans opération pour l'émettre ou la recevoir. Sa substance est d'invisibilité immanente, non relative à une visibilité. Lumière forclose à la réflexion, et au miroir, noire mais sans que ce noir soit déficience de la lumière horizontale du *meta*, ou de la lumière verticale de l'*épékeina.* C'est le noir intrinsèque à sa radicalité de lumière, la Ténèbre qui l'a de toujours fermée à la parousie forcenée du Monde. Ce que la lumière, s'il y en a encore une, peut donner dans la vision-en-Un, c'est sa ténèbre d'immanence dont d'autres mystiques ont appréhendé le symptôme sous une forme transcendante. Ce n'est ni un étant ni même l'Être ou Dieu supposés saisis dans leur nudité et qui restent des objets pour une intuition – c'est l'invisibilité intrinsèque de la nudité-en-personne, n'y ayant plus d'arrière-plan ou d'arrière-fond au Réel.

Eckhart a su parfois « dépasser » les facultés et les ordres, l'intuition et l'objet, pour saisir Dieu « lui-même ». Mais c'était toujours dans l'acte de sa naissance, dans le processus de son engendrement, certes plus subtils que ceux de l'objet. Il approche une distinction non-philosophique fondamentale, « vision de Dieu » et « vision-en-Dieu ». Mais pour n'être vraiment plus une vision *de* Dieu ou de l'Un, elle doit être « vision-*en*-Un » au sens d'une immanence séparée par soi-même de toute transcendance et dialectique. Une lumière non soumise aux lois de l'optique ontologique ou spéculative, non *auto-illuminante,* ne peut être passible d'une naissance optique et spéculaire. Nous n'avons pas de raison de distinguer entre le fétichisme de l'objet et le fétichisme « fluide » de la plasticité dialectique. Si le sujet peut être radicalement mystique, c'est bien parce qu'en sa cause il ne s'identifie plus à aucun objet transcendant et sublime. Et s'il est théorique, c'est sans une faculté intellectuelle déterminante, c'est un formalisme pour lequel il n'est qu'un symptôme ou un modèle, une simple techno-mystique opérant sur le divers du Monde plutôt que sur lui-même. Ou encore s'il est érotique, c'est sans soumettre l'amour à l'intention d'une conscience *de soi* objectivante sous quelque forme que ce soit. Aussi convient-il de traiter la thématique platonicienne et mystique de la lumière, jusque dans ses versions orientalisantes et gnostiques dites « principielles » (substantialistes et dialectiques), comme le symptôme d'un *vu-en-Un* forclos à la visibilité ontologique et à l'illumination hyperbolique que les mystiques ont recherchées et cru trouver dans les modèles restreints de l'optique spéculative et de l'optologie négative. Si quelque chose comme un *sujet-Un* doit être bien donné dans sa nudité, ce ne sera pas Dieu mais l'Aimé-e et le corps de l'Aimé-e comme corps érotique immanent, tel qu'offert dans une extase non-unitionnelle (de) soi.

Une autre thèse d'Eckhart est également pleine de sens comme symptôme. *L'homme doit connaître Dieu sans chercher à connaître qu'il le connaît.* Ce refus reste à l'intérieur des limites de la philosophie et ne va pas jusqu'à limiter son idéalisme. Il y a plutôt à connaître l'ancienne « connaissance » mystique – plus exactement à la performer sans la réfléchir ou la représenter, les initiales conditions indoctes l'interdisant.

Ces définitions et ces axiomes restent massivement négatifs, quoique justes, et doivent se comprendre comme l'envers vécu d'une formulation plus positive qui renonce à y voir des définitions empruntant exclusivement la voie apophatique classique. Que l'Un soit forclos à « sa » connaissance et même à « sa » pensée, qu'il soit séparé-sans-séparation, c'est identiquement la possibilité pour lui de les déterminer en-dernière-identité comme connaissance du Monde et non plus de l'Un. Ce théorème vaut de la mystique selon l'Un-en-Un, ou à la rigueur de Dieu comme symptôme et modèle interprétatif de la vision-en-Un. De là des formulations de ce type, qui sont les variantes du théorème en question, l'inconnaissance (l'invisible, l'invu, l'indicible, l'ineffable, etc.) n'est pas le contraire, absence ou manque, de la connaissance (du visible, du vu, du dicible, de l'effable, etc.), c'est l'Envers intrinsèque qui, avec ses matériaux philosophiques et mystiques, détermine en-dernière-Humanéité la personne du sujet-Christ. Malgré l'extrême de son effort, Eckhart par exemple n'a pu se détacher de la vision réflexive sans en appeler à son substitut concentré ou développé qu'est la dialectique. Il n'y a pas de connaissance dialectiquement inconnaissante, mais une connaissance *selon* l'in-connaissance.

La mystique-monde, dans ses revendications dionysiennes d'« in-connaissance », a donné à celle-ci la forme et le flottement transcendant d'un nuage indifférencié plutôt que la forme apparemment fermée de l'immanence radicale. La vision-en-Un cependant peut être « modélisée » par un « nuage d'inconnaissance » ou « nuage d'oubli », si son caractère radicalement manifeste, in-oubliable, est aussi son être-forclos ou le nuage de son *en*-ténébrement. Nous sommes au mieux le nuage lui-même, *en-nuage d'in-connaissance.* Pauvre de connaissance et de non-connaissance et pas seulement par méconnaissance ou par oubli *unitifs*. La mystique dominante a donc mal placé l'inconnaissance. Elle en affecte la pensée plutôt que Dieu ou n'en affecte Dieu que dans la mesure où il est co-déterminé par la pensée. Le savoir in-connaissant vaut de la vision-en-Un qui n'a jamais été un dégradé intuitif de la pensée, une forme trop-humaine et déficiente de l'entendement divin. La reconquête de l'in-connaissance radicale (de) l'Un permet de poser comme fiction la connaissance (de) soi de la mystique, à sa détermination près en-dernière-identité, sans réflexion ou sans la moindre parcelle d'idéalisme. La connaissance de la mystique est fondée sur le savoir indocte de l'Homme-en-personne et sur la limitation de l'impératif grec du « connais-toi toi-même ».

Le miroir des âmes-sans-miroir

La mystique future est le miroir des âmes-sans-miroir, un miroir non-spéculaire ou sans-reflet.

« Vision-en-Un », comme n'importe quelle formule première, peut facilement être sujette aux malentendus philosophiques. Comme autre nom de l'Un-en-Un, elle exclut évidemment la *visio reflexa*. L'in-connaissance est béatitude mais le contenu réel de la béatitude est le

Joui-sans-jouissance et ne peut consister dans une forme ultime de connaissance ou de pensée de l'Un comme d'un ob-jet. *Il y a de l'Un,* dirait volontiers la philosophie, de l'Un comme essence ou comme fait, comme savoir du savoir, etc. Mais il y a déjà longtemps que la philosophie elle-même a tenté de détacher son instance la plus haute de toute réflexion, représentation, connaissance ou pensée. Mais c'était pour *la mettre à la marge du Logos* dont les termes forment un *continuum* indivisible de transcendance, connaissance ou représentation. Notre problème est de ne pas éliminer l'un d'eux tout en conservant de fait les autres, encore la transcendance, au sein de la vision-en-Un. Ce serait fonder une mystique boiteuse ou amputée, particulière et sans universalité, de l'intellect plutôt que de l'amour ou inversement, de l'irréfléchi plutôt que de la réflexion ou inversement.

La vision-en-Homme est sans essence mais elle est aussi sans technique. Elle est un Vécu ou un Performé, elle n'excède ni n'incède l'intime inconsistance sans se trouver sous la forme d'un soi anonyme à la manière d'une conscience de soi. Séparée de la conscience parce que non séparée (de) soi, un dispositif technique ne peut lui appartenir et ne trouve aucune place en son intimité. Le miroir est le dispositif technique le plus élémentaire et le plus universel de la philosophie et, rapportant conscience ou représentation à elles-mêmes à une torsion près, produit de l'image en guise de connaissance, soit sous sa forme inférieure et métaphorique, soit sous sa forme supérieure et épékeinaphorique. Mais l'Homme-en-Homme supporte des formules de type axiomatique comme le *su-sans-savoir*, le *vu-sans-vision*, tel que lui-même ne tombe pas dans une opération spéculaire mais la détermine-en-dernière-Identité.

On appellera alors « âme » non pas le sujet-Christ en totalité mais son essence de clone ou son Identité transcendantale. Le sujet peut donc être dit une âme-sans-miroir ou encore uni-faciale. Il n'est plus à double face comme le janus mystique et philosophique, une face-objet et une face transcendantale ou supposée réelle, les deux mélangées devant ou parfois dans la face glorieuse de Dieu. Ames simples ou ordinaires, d'emblée étrangères au miroir vire-voltant du Monde. Les efforts de la philosophie récente pour dépareiller ce dispositif bifacial ont simplement tordu un peu plus cette topologie, parfois inhibé les échanges de l'intérieur et de l'extérieur dans l'âme, mais ils n'ont pas éliminé le biface de l'image comme médiation de l'unition avec Dieu.

Dieu tiendrait son image de lui-même et se connaîtrait sans se connaître comme un autre. L'ancienne mystique religieuse distingue ainsi au mieux l'image et la représentation comme image projetée par un autre. Opposition superficielle, la ressemblance même intériorisée reste une transcendance et une extase Le Réel est donné-sans-image, il est non imaginationnel (de) soi et l'Un-en-Un ne ressemble pas à l'« Un ». Le dissemblable radical, c'est-à-dire, si l'on a bien compris, l'Identité-sans-Être, ne connaît le semblable ou le Semblant du Monde qu'en le déterminant, lui qui ne tombe pas dans ces catégories grecques trop simples et qui, d'être pensé dans des axiomes, ne ressemble et ne dissemble à rien de la philosophie. L'image a toujours été un condensé d'échelle et la ressemblance le moyen le plus sûr de désirer et de trouver Dieu, comme si la jouissance d'une image, fût-elle par impossible « sans miroir », nous assurait du Réel. Du Réel le sujet-Christ ne jouit pas mais seulement de son âme qui peut être désormais réellement sans-miroir. À tout prendre le sujet-clone est une image-sans-miroir du Monde, elle est non-unitionnelle (de) soi.

L'âme n'est donc pas dans le Monde mais est effectuée par le Monde. Les âmes-sans-miroir démontrent une précession ou priorité sur le miroir et la représentation, et qui leur vient précisément de l'Un. Les anciens traités de mystique se présentent évidemment comme le miroir d'âmes structurées comme des miroirs. La théologie les réduit à l'état de reflets et Dieu lui-même à l'état de Grand Miroir ou de Machine Spéculaire, si bien que l'âme et Dieu se mirent dialectiquement l'un dans l'autre pour un jeu infini. Mais les âmes non-spéculaires de la mystique-fiction peuvent très bien user des miroirs sans s'y mirer elles-mêmes et de la représentation sans s'y représenter à leur tour. C'est justement lorsqu'elles sont forcloses ultimement au miroir qu'elles peuvent enfin user de tout reflet. La mystique-fiction est un clonage non-spéculaire à partir du matériel du miroir où les âmes se sont aliénées à leur reflet. La vision-en-Un est le seul savoir inconstitué et qui, sans être à notre disposition, trop proche en-Homme pour cela, ne peut pas être visé, désiré ou réfléchi. Si bien que le mystique futur procède comme s'il mettait son « Dieu », l'Homme-en-personne, entre parenthèses sans plus se préoccuper de lui. Ne vous préoccupez pas de l'Homme, soyez indifférent à lui puisque c'est en-lui que de toute façon vous parlez, mais respectez les règles qui sont de déduction à partir de cette indifférence. Cessez de vous vouloir indifférent mais exercez l'indifférence par les règles qui s'en déduisent.

La non-essence de la manifestation. La Dernière Ténèbre et le photo-logos

L'Homme-en-personne, en lequel nous voyons sans miroir, de manière non-réfléchie, toutes choses et le miroir lui-même, détermine, telle une Ténèbre Dernière, l'essence photologique de la manifestation philosophique. Cette détermination signifie que la Ténèbre est l'Envers-en-personne de la Lumière. La dernière lutte est entre la Ténèbre Ultime de l'Homme et les « Ténèbres ».

Le sujet-Christ contient l'intelligence et la théorie du Christo-logo-photo-phore des mystiques orientaux, il est le formalisme qui transfigure son onto-phanie. La sobriété future n'est donc pas à l'orientale dans « un œil perpétuellement ouvert » (Philothée), ni même à l'occidentale dans un œil mi-clos mi-ouvert, mais dans l'Œil immanent, séparé « de » la lumière et la déterminant transcendantalement dans cette mesure. L'essence de la manifestation est au mieux un logos qui advient « les yeux fermés » (M. Henry) ou « en aveugle », mais plus profondément le sujet-Fils n'a nul besoin qu'un second sujet, philosophe ex machina, vienne lui fermer les yeux comme à un mort. L'Homme-en-Homme est encore autre chose qu'un être aveuglé ou qu'un voyant, il est l'être-manifesté-sans-manifestation qui détermine sa manifestation mais cette fois comme semi-visibilité ou unifacialité. C'est donc lui et non Dieu qui sépare aux origines la lumière et les ténèbres, donnant à chacune la chance de sa dernière Identité. La co-habitation de la lumière et de la ténèbre, du flash et de l'assombrissement, des spots et de la nuit noire, s'appelle « Enfer », tantôt excès de lumières, tantôt excès de ténèbres. Si le philosophe tente d'« éclaircir » leurs rapports, le sujet-Christ les sépare, non pas comme Dieu mais unilatéralement, les inversant, faisant apparaître la Ténèbre comme l'Envers-en-personne de la Lumière.

La structure spéculaire de la mystique ancienne a donné lieu à la métaphore « photographique » d'une écriture lumineuse qui, très naturellement, s'est déniée comme écriture et donnée pour lumière réelle. Métaphore, avant la lettre de celle-ci, et qui justement porte sur la lettre abîmée dans la lumière. Certains chrétiens orientaux identifient dans le Logos une écriture et une gravure de lumière à même l'âme. Le miroir de l'âme contient le reflet ou la manifestation de Dieu par ailleurs invisible, impression ou empreinte de Jésus. Pour qu'une telle photo-graphie spirituelle, concrète jusqu'à se donner comme en deçà de la métaphore, puisse être possible, il faut que le mystique, loin de la subir sans le savoir et de simplement penser en elle, puisse lui-même la lire dans la prière comme une forme commune à Dieu et au miroir de l'intellect, comme icône. Écriture supposée simple, non chiffonnée, elle devrait lisser l'âme et débarrasser la mémoire du palimpseste de la vie mais, étant en réalité duplice, elle est elle-même représentée et reste pour moitié une écriture-objet. Le Christ historique ne révèle jamais autant son appartenance au Monde que par son essence photophanique qui engage une primauté de la manifestation sur le manifesté et donc paradoxalement de la lettre sur la lumière, racine du « tout-photologos ».

Cette photographie spirituelle doit être traitée conformément aux règles de la dualyse. Celle-ci suspend la manifestation ou la détermine, la *donne* sans la prétention ou la folie de sa constitution sinon occasionnelle par la lumière. L'hénophanie, pour user de ces symboles, maintenant intrinsèque qui fait l'Homme, ne lui est pas extérieure et rapportée par une conversion dans un autre comme dans un miroir, pas plus qu'elle ne se diffuse hors de lui vers le sujet, elle se missionne plutôt en lui ou pour lui. Mais tout en restant (en) elle-même, c'est *à elle parce que c'est en-elle* que le sujet est immédiatement apporté ou constitué sans rapport ni relation, juste par uni-lation.

Le clonage n'est pas une impression, une image imprimée dans l'âme supposée préexistante. L'Homme n'étant pas une machine ou un outil, tout de son sujet peut être dit en l'occurrence imprimé-sans-acte-d'impression. Le Fils de l'Homme n'est donc pas un sujet photo-logique, toutefois, comme Identité transcendantale, il peut tout à fait user occasionnellement du photo-logos pour décrire de manière fictionnale son être-manifesté. Le sujet-Christ est sans essence lumineuse, son identité est toute de Ténèbre. Quant à l'écriture spirituelle, qu'elle soit en miroir d'âme ou dans l'âme du miroir, c'est maintenant un « argument-monde » variable avec lequel le sujet constitue son côté de naissance et de manifestation et lutte avec lui. De là une écriture-sujet et un miroir-sujet irreprésentables eux aussi dans une seconde écriture ou un second miroir, juste semi-visibles et qui sont les contenus du nouveau Christ, celui dans lequel nous ne voyons plus Dieu ni la vie future comme dans un miroir mais que nous sommes.

« Nous voyons toutes choses comme en un miroir », cela peut s'entendre encore à la platonicienne, comme le reflet de réalités promises dans le ciel de la philosophie. Mais à nous les Humains, qui ne sommes jamais seulement visibles comme une chose, ce Monde qui se donne à soi comme tout-spéculaire, aussi bien comme réalité absolue ou en soi, ne peut être donné comme le « tout » de la spécularité. Il se donne d'abord en-Identité, non pas absolument sans miroir mais comme semi-visible ou comme une onde de Monde soustraite à l'Enfer. Nous « voyons » alors le

Monde comme un (re-) flet non-réfléchi (uni-flet, uni-flexion, demi-flexion), unifacial ou encore ondulatoire. Dans ce Monde, *nous ne nous réfléchissons pas de manière constitutive comme dans une conscience ou un miroir, comme dans l'Enfer justement* puisque c'est nous qui le déterminons ou qu'il accompagne seulement comme un tel (re-)flet. C'est tout ce qu'il donne de nous et qui est « visible » ou « objet » d'une présentation plutôt que d'une représentation. Cette présentation fictionnale est le contenu de la mystique-fiction.

Béatitude, Jouissance, Joui-sans-jouissance

La béatitude, autre nom premier de la vision-en-Un, est plus « ancienne » que la jouissance elle-même. C'est le Joui-sans-jouissance, tel qu'il détermine ultimement celle-ci.

La liberté axiomatique de nomination permet de faire de la béatitude, à côté du savoir indocte, de la vision-en-Un ou de l'humilité, un autre nom premier du Réel. Comme tant d'autres l'expérience de la « béatitude » doit alors être dualysée unilatéralement. Réduite à son noyau réel, le *Joui-sans-jouissance*, autre nom premier de l'Homme-en-personne, elle « rayonne » ou émet un sujet comme extase amoureuse unilatérale. En rapport aux fins humaines de la mystique, elle peut être pensée en fonction de la structure érotique du sujet. Mais en rapport avec la vision-en-Un, elle doit plutôt être traitée comme autre nom-symptôme du Joui-sans-jouissance.

L'unition avec Dieu est traditionnellement posée comme jouissance jusque dans ses dimensions intellective et amoureuse. Mais la jouissance reste une dernière positivité même lorsqu'elle est rapportée à la mort et à l'impossible, à la négation de négation, à l'Un *au-delà* de l'essence. Elle n'est pas assez pauvre pour la pauvreté elle-même que seul supporte ce que nous appelons le Joui-sans-jouissance. Le sujet ne jouit pas de l'Un mais il est jouissance de part en part pour autant que clo-né par l'Un, il jouit (de) soi selon le Joui et transfigure sa jouissance. Un simple appauvrissement en déterminations et en attributs (le « quelque chose », la Déité ou l'étincelle dans l'âme, qui n'est ni ceci ni cela) ne suffirait pas pour faire de la « paupérité » du Joui ce qu'elle est, un Vécu immanent.

Il n'est pas possible de faire droit à une béatitude radicale, délectée-sans-délectation, tant qu'il n'est pas admis qu'elle est le *donné-en-personne* qui n'a pas à faire l'objet d'une donation, à être amorcé par une connaissance, une réflexivité, fût-elle de la « vision » alors comprise comme l'intuition de l'Un ou de Dieu (une hénoptie). Le sujet de toute façon n'est humain « d'origine » plutôt qu'une créature en proie au Monde, à l'Être et au Néant, que si c'est la béatitude même de la vision-en-Un qui dépouille le voile unitaire de suffisance qui enveloppe le Monde. La pauvreté, chair et os, signifie que cette béatitude n'a aucun besoin d'être connue, qu'elle est forclose à toute présence (à) soi, à la différence de la jouissance qui est semi-manifestée et fait « onde ». Le mystique authentique, celui qui ne l'est plus qu'en-dernière-Humanéité et qui a abandonné le mysticisme lui-même, est dépouillé de plus loin que de lui-même des puissances supérieures qui font de l'âme une image de Dieu. À tout prendre la formule d'une *visio simplex et nuda* conviendrait mieux surtout si elle est supposée être sans le complément d'une vision réfléchie pour la parachever. La béatitude est le fond de radicalité de l'Un et ne sait rien par elle-même de l'intellect ou de l'amour, de la réflexion ou de l'éros. Entre la « félicité intellectuelle » spécifiquement philosophique et la « félicité réflexive » plus spécifiquement théologienne mais relevant des mêmes invariants ontologiques, la vision-en-Un n'est pas un choix et ne répète pas ce type de décision. Eckhart évoque une connaissance « uni-forme » qui s'oppose à ces deux conceptions et qui pour nous résonne avec l'un-identité, l'uni-latéralité et l'uni-versalité qui sont des modes ou des a priori immanents du Joui plutôt que des essences.

À la différence du plan de l'Un comme Déité, plan de l'*épékeina*, il n'y a donc pas la moindre parcelle de vie, ou de jouissance à la vie à la mort, de philosophique survie, qui soit maintenue telle une positivité dans la vision-en-Un. Le mystique mondain confond l'en-Un avec un affect de plénitude, un sentiment de réplétion océanique, c'est toujours l'hallucination de l'identification à l'Autre, sa jouissance. Mais si l'immanence radicale du Joui peut être simulée ou captée par le Monde sous la forme d'une *plerophoria*, elle n'est plus de l'ordre d'une habitation de l'Esprit Saint dans l'âme. Seul l'Homme habite encore l'Homme et il en a chassé Dieu mais il l'habite « pleinement », sans l'excéder ni créer en lui un manque. C'est pourquoi nous avons été obligés, suivant notre formalisme, de le désigner comme un Vécu-sans-vie, déterminant en-dernière-Humanéité la transcendance de la vie. Les mystiques ont été trompés par le Monde et ont aspiré au Monde en aspirant à la vie qu'ils ont cru trouver en Dieu. En réalité et en rigueur, il n'est possible d'aspirer à la vie que pour un vécu égaré dans le Monde et s'en détachant par transcendance (M. Henry). La vie est une généralité unitaire co-extensive à tous les échelons de l'appareil philosophique, de l'étant biologique jusqu'à la vie réflexive de la Déité. Elle n'est que le symptôme de la recherche philosophique de l'immanence, nullement l'essence de celle-ci, surtout lorsqu'elle se veut une vie « auto-générative » et « absolue ». Le sujet mystique fera plutôt valoir sa « paupérité » en vie, lui qui n'est qu'un vécu, qu'un *en-vécu*, et se détache autant de la « vie » que du Monde, mais sans la haine de la vie et l'amour de la mort.

Unitionnel et non-unitionnel (de) soi

À la différence de l'Un-Dieu, l'Un-en-Un est sans-essence, non-unitif ou non-unitionnel (de) soi. Et bien qu'a priori pour le Monde, il ne s'unit pas avec soi ou avec ce qui s'unit à lui.

Comme certains gestes ou discours religieux sont dits théo- ou christo-phoriques, la philosophie en général peut être dite hénophorique. Par sa base elle est méta-phore, par la superstructure qui la couronne elle est épékeina-phore. Mais justement peut-être vaudrait-il mieux dire hénophore puisqu'elle prétend porter, supporter et apporter l'Un par le moyen de l'Autre et du Même, par l'extrême transcendance plutôt que de *le confier à lui-même c'est-à-dire à l'en-Un.* La vision-en-Un signifie que l'Un ne se porte, ne se supporte et ne s'apporte de rien, même pas de « lui », étant déjà à découvert et inoubliable dans une forme métaphysique. En revanche, mais c'est la même chose, il apporte le Monde sans davantage d'ailleurs le supporter, par une unilation sans relation ni substance (a priori et clonage).

Dans la mystique mondaine, la vieille problématique de l'Un-et-du-Multiple est comme écrasée et concentrée, les termes ne sont plus synthétisés platoniciennement par la médiation de l'attribution, ils sont dans le meilleur des cas (Eckhart) unifiés comme « égaux », mais ils se présupposent encore circulairement l'un l'autre. Cette constitution d'un unique plan de l'Un et du Multiple « horizontalise » les hiérarchies, égalise apparemment les créatures en Un-Dieu et avec l'Un-Dieu. Avec l'autoposition de l'Un non plus comme Dieu mais comme Déité, l'Un devient mesure, l'Être cesse d'être le pivot de l'expérience. Mais il s'agit encore d'un plan ou d'un être de l'Un, d'un nouveau mélange plus subtil qui peut donner l'illusion d'une pensée enfin *selon* l'Un. Toutefois la mystique des Anciens, puisqu'il n'y en a guère de Modernes, n'est jamais *selon l'Un-en-Un*, tout au plus *de* l'Un et *par* l'Être ou selon l'Être. Il reste cependant que nous instituons une querelle mystique des Modernes et des Futurs.

L'Un-en-Un est dépourvu de l'appui de l'Être et ne forme jamais un *plan mystique*, plan pour un flux et un retour des créatures. L'humilité, on l'a compris, n'est plus une posture psychologique ou même éthique, c'est l'état de sans-être, le hors-être de l'Homme avant sa capture onto-théo-logique par la coalition de l'Être et de Dieu. « Avant » est ici le symptôme d'une discontinuité de l'Un-en-Un à l'Un-en-Être, même si celui-ci projette sa continuité jusqu'à celui-là. Si l'humilité a un « être », c'est l'en-Un, la pauvreté, intrinsèquement vécue et performée, d'un donné-sans-donation ou d'un a priori qui met à découvert le Monde parce qu'il est lui-même *à découvert dans son invisibilité*. On ne les opposera pas, on transformera le donné symptomal de la sur-essentialité ou de la super-essentialité du Dieu-Un en une non-essentialité, une non-suffisance de l'Un-sans-Dieu, un trait de « désert » qui annule toute essence positive mais ne verse pas pour cette raison dans l'hyper-transcendance des ténèbres divines.

En rapport à cette problématique deux axiomes d'Eckhart font symptôme et peuvent être pensés en rigueur non-philosophique pour se dire du seul Réel et pour pouvoir être dits ensuite du sujet-Christ. « Un et non uni » d'une part, « le non uni n'a rien de commun avec rien » d'autre part. Ce sont sa non-consistance et son être-forclos, les deux piliers que le formalisme non-eckhartien conserve et renforce des ruines de la mystique ancienne. Plutôt qu'unité unitive et fondatrice, l'Un de la mystique-fiction unifie-en-dernière-identité mais sans unifier les choses avec lui ou soi avec soi. En termes symbolisés, l'Un est non-unitionnel (de) soi, Un-sans-unité ou, mieux encore, *Uni-sans-unition*, libre de toute opération de synthèse ou de système, libre même de tout détachement *opéré* à l'égard du Monde. Ces formules n'ont pas le sens métaphysique ou descriptif d'une réalité – peut-être pas de sens du tout –, mais une validité axiomatique qui exige de reformuler le Verbe en fonction de ce formalisme. En revanche, précisément parce qu'il est appauvri au point, dans son humilité, de pouvoir *unir-sans-s'unir à ce qu'il unit*, il rend possible une simple *théorie, ou formalisme*, que l'on appellera *unifiée,* de la mystique et de la philosophie, telle qu'elle soit fondamentalement distincte de leur état de mélange unitaire à dominante « macro »-philosophique. La vision-en-Un ne relève évidemment pas pour elle-même d'une opération d'unification. En revanche, lorsqu'il se résorbe dans le plan de l'Un, comme dans la mystique-monde, le Multiple est seulement intériorisé, dans le meilleur des cas nié-et-conservé sous la forme inattendue de deux Un, de l'Un *avec* l'Un (Dieu et l'Ame, l'un avec l'autre, l'un par l'autre). Un tel plan unitaire est susceptible de plusieurs interprétations. Hégélienne, comme totalité de la négation de négation (Eckhart), nietzschéenne comme anneau mystique réversible de l'Éternel Retour, l'*avec* est alors simultanéité de l'Un se posant ou se survolant à la manière d'une *causa sui*. Comme négation de négation où les deux côtés, les deux Un(s) se mirent l'un dans l'autre, ou comme unité infinie de la divergence d'un recto humain et d'un verso divin. C'est l'Un constitué de manière suffisante, globalement dialectique par négation ou réflexion, se redoublant pour s'unir avec soi, toujours subrepticement Deux plutôt que rien-qu'Un. C'est alors l'Un donné dans son effectivité par un procès-de-donation ou de constitution.

Quel est maintenant le fondement phénoménologique de la mystique ancienne du point de vue des touts et des parties ? de la thèse platonicienne qui dit que Dieu et l'âme sont inséparables comme feu et chaleur, flux et reflux, lumière et lumière ? Ce sont des parties abstraites ou dépendantes d'un Tout qui sera la Déité. Toute la philosophie dès ses origines est fondée sur cette conception, toutefois compliquée de la manière suivante, Dieu est aussi une partie indépendante du point de vue de la réalité et l'âme aussi une partie indépendante du point de vue en général de la connaissance ou de la pensée. Le Tout abrite une dyade par quoi il commence, mais qui est une triade par quoi il finit et s'accomplit comme effectivité. C'est à cette phénoménologie des parties et des touts qui est au cœur de la philosophie puis de la mystique chrétienne que le formalisme nous permet de « renoncer » autant qu'au Monde mais qu'il est impossible de ne pas maintenir intégralement comme matériau de la pragmatique et objet de la théorie.

Dieu et l'âme forment un doublet ou même un ternaire transcendantal (2/3 ou 3/4 termes) simplement susceptible d'effets pathétiques qui donnent de la chair à la philosophie sans la transformer en profondeur. Mais la Dernière Bonne Nouvelle, instauratrice de la mystique-fiction, est celle de la non-pertinence de l'*homo divinus*, comble de l'hallucination. La mystique-monde se donnait la dyade de Dieu et de l'âme, deux modes de l'Unité, et devait ensuite poser leur indifférenciation en Dieu, faisant de celui-ci un juge et une partie, à la fois terme et synthèse ou même système des deux, selon le plus vieux schème de fond de la philosophie. La mystique future se donne, comme donné en mode radical, l'« unique Un » (*einic ein,* Eckhart) mais sans le diviser et le redoubler de la corrélation du sujet et de l'attribut.

D'un château for(t)clos

L'Un-en-Un est un « château fort », moins fortifié que for(t)clos c'est-à-dire unilatéralement ouvert en immanence.

Y a-t-il « quelque chose dans l'âme » comme disent les mystiques égarés par l'ontologie anonyme des philosophes, ou bien y a-t-il simplement l'« en-Homme » ? Y a-t-il dans l'âme un « château intérieur » ou bien l'Homme qui donne le Monde « en-Homme » et ne fait que le donner ? Y a-t-il un Dieu qui s'engendre de moi en moi, un moi qui s'engendre de Dieu en Dieu, ou bien un sujet-Christ qui, d'être-né-sans-naissance, rompt avec la génération ? d'être-cloné rompt avec le processus du Monde ? Y a-t-il dans l'âme une histoire mauvaise qui la roule sur elle-même, ou bien un futur radical ou hérétique qui refuse de se re-nouveler et qui, pour cette raison, ne cesse de faire émerger la pensée ? Comment combiner l'intériorité mystique et le tranchant de l'hérésie ?

L'Un le plus pauvre et le plus solitaire, le Seul avant toute solitude, trouve dans la diction mystique traditionnelle un symptôme particulièrement suggestif. C'est le « petit château fort » (Eckhart et d'autres) dans l'âme, cet unique Un incréé et incréable, ce refuge ultime de la déité dans l'homme et en Dieu, étincelle ou syndérèse où Dieu lui-même ne peut pénétrer. De cette métaphore, de cette épékeina-phore peut-être, le Verbe futur fait deux usages et la dualyse. D'une part le « château fort » de l'âme est si violemment et si négativement distingué du Monde par la mystique-monde qu'il n'en est pas vraiment séparé-sans-séparation ou de manière hérétique. Ce château est de l'âme mais reforme un Monde par lequel l'âme est enfermée en elle-même, libre seulement de lui être co-extensive, d'occuper toute l'étendue de sa prison. Château de l'autoposition (de la *causa sui*) ou de Dieu, boîte noire de la Déité impénétrable à Dieu autant qu'à l'homme. Qu'on divise ces entités en for intérieur ou for extérieur, par exemple en « homme intérieur » et « homme extérieur », peu importe pour le mystique-en-hérésie, libéré de ce type de division qui assure le règne ultime du Monde.

D'autre part un tel « château fort de l'âme » peut valoir comme symptôme, justement, pour un autre type d'axiome, plus rigoureux, non-intuitif et radicalement uni-versel. L'Un, et non plus Dieu, l'Ego et non plus le sujet-âme, est un *château for(t)clos*. D'être séparé-sans-séparation, son immanence ne peut plus être celle d'un « château » ou d'une « boîte noire » où subsistent les ombres lumineuses du Monde. Noire, elle ne l'est que parce qu'elle est donnée comme performée et qu'aucune pensée, née ou clonée d'elle, ne peut la pénétrer. La pensée, la représentation à plus forte raison, n'échouent pas à la pénétrer comme elles échouent devant un for intérieur. La structure hérético-mystique est telle que le problème de désirer y pénétrer et de l'éprouver impénétrable ne se pose plus que comme hallucinatoire. Et l'hallucination qui ne se sait pas encore est l'Enfer, l'hérétique seul le découvrant comme Enfer-en-personne. C'est ce for(t)clos qu'habite l'hérétique de toute l'éternité du Sans--temps. Si le Verbe futur paraît violer si résolument les codes de la recevabilité philosophique, donc ceux de la réception par la pensée commune, s'il est *uni-versel et non pas commun*, c'est qu'il est en-dernière-identité ce for(t)clos. Qu'il s'agisse de l'Être, de l'Essence, de la Nature, de l'Appareil philosophique lui-même, rien de cela ne peut le pénétrer par l'intelligence ou par l'amour qui *désirent* le pénétrer. Mais la vision-en-Un est for(t)close à la pensée non pas parce qu'elle serait donnée ou bien refusée – peu importe – à celle-ci, mais parce qu'elle est d'abord donnée-sans-donation, comme par une demi-connaissance et ensuite donnée sous la forme de son être-cloné.

Rien, aucune parcelle du Monde, ne pénètre donc dans le Réel qui fait le fonds de nudité des Humains, parce que le Monde est *déjà donné selon lui sans y être comme Monde suffisant*, y étant seulement sur le mode de cette onde qui accompagne le Réel. L'Homme-en-personne réside seul « en » lui-même, c'est pourquoi toutes choses y sont « à demeure » sans y avoir leur résidence. Du château où s'enfermaient les mystiques anciens, ne subsiste que l'intimité inhabitée et dépourvue des « sept chambres » (Thérèse d'Avila). Mais parce que le mystique est fermé à la suffisance du Monde comme Enfer, il est d'autant plus ouvert au Monde lui-même. L'Ego est imperméable à toute consistance, nu d'essence et dévêtu d'être. C'est l'*impermixtio* lorsqu'elle se dit de l'Ego ou du savoir indocte et non plus de l'intellect. L'Homme est un Inenseigné qui refuse les *mixtes* et les *mélanges* de la pensée pour mieux l'approprier au Propre. D'où savons-nous que « rien de caché qui ne doive être dévoilé », sinon du Sans-voile, d'un Dévoilé-sans-dévoilement ? Et comme l'Ego est sans-mélange, l'Inenseigné est impassible et n'a rien de commun, aucune forme commune avec autre chose, c'est pourquoi il peut déterminer non pas ces choses mais leur connaissance nouvelle.

Sans cesse Eckhart semble approcher l'être-forclos de l'Un. Dieu lui-même ne peut jeter un regard, apercevoir ce qui se passe dans le réduit de l'âme. Cependant ils sont deux – Dieu et l'âme – à se partager la secrète étincelle. La création, dualité unitaire de Dieu et de l'homme, reste malgré tout la faille ultime affectant le « château fort ». Eckhart cherche encore une immanence par immédiation des contraires, suspens des médiations.

La dialectique reste ainsi l'ultime trace du rôle constitutif de la philosophie, le symptôme du Monde et peut-être l'Enfer en Dieu lui-même. Dans son usage philosophique ou bien mystique, elle suppose l'Un comme boîte noire, identité dissimulée de la négation *de* négation ou de la ré-flexion objective. Elle ne veut pas avec raison la rabattre sur le Deux, le divers de l'expérience, mais elle ne parvient pas à l'abstraire de manière unilatérale, elle continue à la co-déterminer par le Logos. Aussi confond-elle son opacité d'opération, de double négation, voire de nuage d'inconnaissance couplé avec un nuage d'oubli à son autre extrémité, avec l'être-forclos de l'Identité la plus simple et la plus immanente. *Cette simulation est le mysticisme comme tendance de toute mystique-monde.* Mais pas plus qu'une double négation, un oubli à deux têtes ou un nuage à deux faces ne peuvent donner la vision-en-Un mais se contentent de répandre les prestiges mystérieux du Monde.

Dieu, le Christ ni les philosophes ne peuvent donc s'introduire dans la vision-en-Un, la partager et l'étaler sur la surface annelée du Monde. C'est un secret indérobable car trop pauvre de part en part. Mais la pauvreté en esprit ou en concept n'est pas la pauvreté en vocables. Du secret de l'Un il peut et doit être témoigné par le Monde avec l'aide de son langage. D'une part l'indiscrète pensée philosophique ne peut jeter le moindre regard, projeter la moindre distinction dans la vision-en-Un. Ne connaissant ni mode ni attribut, celle-ci ne peut que cloner, faire valoir son identité au travers des doublets que lui offre l'ancienne mystique, sans la totaliser ou la différencier davantage. D'autre part s'il y a l'équivalent d'une opération non pas secrète mais du secret dans le sujet-Christ, c'est son être-cloné par l'Un plutôt que l'engendrement réciproque des intériorités de Dieu et de l'âme. La vision-en-Un n'opère rien, elle est un secret radical qui n'a pas besoin d'être connu ou reconnu mais qui engendre le sujet-Christ sans processus de parturition spirituelle. Si donc le sujet lui-même ne sait pas que l'être-cloné est opéré en lui et tel que lui, ce n'est pas à la manière dont l'âme ne connaît pas ce que Dieu opère en elle, c'est à la manière de l'être-donné-sans-donation qui rend inutiles pour lui-même la connaissance et sa réflexion, et qui « opère » sans transcendance l'être-cloné émergent du nouveau sujet. L'Un-en-Un n'a pas besoin de la jouissance et de l'ignorance qu'elle véhicule, il est positivement non-connaissance ou savoir indocte parce qu'il est donné et seulement donné à la manière d'une grâce immanente. Ainsi le clonage n'est pas l'opération la plus cachée – au contraire, c'est la plus secrète et la plus manifeste comme secrète qui soit faite « en » nous. Loin d'être fait dans le secret de l'âme, il produit le secret ou l'essence du sujet en même temps qu'il assume son unition avec le Monde.

D'un réduit-sans-réduction

L'Un-en-Un est un « réduit » qui n'a pas été l'effet d'une réduction préalable mais qui détermine celle du Monde.

Le mot par lequel on traduit *abditum*, le *réduit* de l'âme, est philosophiquement parfait par son caractère symptomal. À condition cependant d'entendre que ce « réduit », le Vécu (de) forclusion, est réel et non transcendantal, un réduit-sans-opération de réduction, pour lequel *par conséquent* le Monde est lui aussi déjà donné-comme-réduit. Si l'Homme est l'Immanent-en-personne, alors il y a un point de lui où il ne peut accueillir un contenu empirique quelconque, même une affectivité et une vie. C'est un Vécu-sans-vie. Les mystiques auront été plus radicaux que les philosophes dans l'*a-patheia*, seul contenu de Dieu c'est-à-dire, après dualyse, du Réel. Les philosophes, eux, remontent ou reculent jusqu'à l'intériorité de l'affect, voire de l'auto-affection transcendantale (M. Henry), ils ont la nostalgie transcendantale de leur empirisme natal et resté natif. Mais aucun contenu pathétique ne peut troubler ou colorer l'Immanent-en-personne mais appartient d'autant plus au sujet. L'Identité du pathos n'est pas elle-même pathétique, voilà un théorème de limitation à l'encontre de l'enthousiasme mystico-philosophique. Et l'Identité de la réduction, soit le Réduit-en-personne, n'est pas elle-même réduite effectivement. S'il est permis de parler rapidement de réduction, de suspens, de mise entre parenthèses du Monde, il ne peut plus s'agir de ces gestes par lesquels la philosophie et la phénoménologie qui la soutient prétendaient faire abstraction provisoire du Monde. L'axiomatisation transcendantale n'a plus pour élément *le vide parfois matérialiste (*de Lucrèce à Badiou*) propre à l'Être mais le (non-)Un, le vide propre à l'Un, unilatéralité ou identité (de) la réduction* en général. Pas de retour du Monde vers un sujet transcendantal, le sujet transcendantal est cloné comme Identité (de) la réduction, en tant que celle-ci *est* le Monde en personne plutôt qu'une simple opération jouant avec la conscience dans le Monde. Tous les efforts pathétiques de la phénoménologie de conscience sont renvoyés au matériel mystique propre à la philosophie.

L'une des grandes opérations de l'imagerie mystique est celle du flux et de l'effusion. Mais importe celle aussi de la percée, qu'elle soit apparemment descendante dans le fond qui est sans fond ou ascendante à travers l'Être et le Temps. Fluer et percer sont les deux faces d'un unique processus, d'une opérativité dynamique qui traverse tous les échelons philosophiques. Le mystique ne peut y mettre fin qu'en refermant le mouvement sur lui-même, réversion équivalente d'un abandon positif ou d'une fin infinie. L'Un-en-Un donne son être-donné et semble le faire fluer et percer le mur du Monde, apparence objective contre quoi la pensée ne peut rien si ce n'est de pratiquer la dualyse des énoncés vieux-mystiques. Opération qui présuppose un « réduit » mais sans réduction préalable, déterminant toute réduction des énoncés transmis par la tradition. Voilà la Bonne Dernière Nouvelle, l'axiome de la primauté, non de la priorité, du réduit sur la réduction, que l'Homme-en-personne apporte avec lui, et qui annonce à son tour le théorème nouveau-né du salut-Christ apporté au Monde.

L'homme n'est donc pas hors-soi par quelque décision philosophique ou altérité le scindant et le disposant à côté de lui-même. Il n'est hors soi que parce qu'il est en-Homme sa propre intimité, ce qui justement n'est pas être en-soi, car l'« être en soi » des choses est la marque de leur inhumanité et de leur consistance ontique. C'est la pauvreté de l'Homme d'être sans consistance aucune, même sans la consistance du néant. Le Sans-consistance est un type positif, intrinsèque à sa manière. Toutes choses ont le goût de l'Un, et l'Un, parce qu'il est en-Un, est partout sans que rien perde sa consistance propre à cause de lui, juste la suffisance de cette consistance. Il n'est pas ici ou là, au-delà ou en deçà de l'Être, dans ou hors de la pensée ou de Dieu, même pas *dans* l'homme – il n'y a pas de *Da-(s)eins* – et réciproquement le Monde n'est pas dans l'Un mais a priori en-Un ou sur son mode. Et l'homme n'est pas plus dans l'Un que celui-ci dans l'homme. L'Un est l'en-Homme.

L'a priori matérial du (non-) Un ou du vide propre à l'Un

L'Homme agit comme a priori unilatéral vide de Dieu et libre du Monde, même du Rien, mais pour eux, c'est sa non-consistance ou son (non-)Un.

La philosophie a toujours rempli l'entendement divin d'images, d'idées, d'essences. La mystique a donc tenté de le vider et de le « nettoyer » de ces représentations, postulant indirectement la pertinence de la philosophie et de la religion. La Déité est le retrait, devant la positivité de Dieu, de son auto-position tentant de se penser elle-même dans son abstraction et par le moyen de celle-ci. La mystique ouvre ainsi une dimension spirituelle aux limites de l'imagination philosophique, une vision en Esprit au-delà de la vision en Être, une superessence au-delà de l'essence. Mais cette abstraction est toujours métaphysique et toujours aussi peu axiomatique. Si bien que le « retrait » de la sur-essence par rapport à l'essence voue le sujet mystique une fois de plus à une sorte d'inconscient. Autre manière de le réduire au peu de réalité du symptôme, de dissoudre sa consistance et sa réalité dans la transcendance supposée « réelle » de l'Un, en fait toujours irréelle comme transcendance. Si la Déité est un arrière-Dieu, une essence dédoublée et décalée, sans doute unilatéralement, en sur-essence (comme le veut l'*épékeina),* ce retrait du fond-sans-fond appartient ultimement à l'esprit de hiérarchie et d'exception de la philosophie. Ce n'est plus le Logos, mais c'est la logicité du Logos, son universalité par rapport à la représentation, une dernière fois mesurée à celle-ci. Mais elle n'est qu'une image auto-anéantie, plus idéalisée que spirituelle. C'est le Logos ruisselant de la Déité au-delà de Dieu. Comment ne pas voir dans la Déité un vain effort pour sauver Dieu lui-même du Monde où il n'est que trop déjà et où *nous* allons le laisser sans regrets ?

La vision-en-Un est le ciel que nulle promesse ne nous aura donné. L'échec à vider le Réel de ses représentations ne peut motiver la mystique-fiction sauf à *indiquer* un certain type possible d'explication. Elle poursuit mais plus radicalement la même tâche, libérer l'Un de Dieu, de l'Unité, de l'essence et de l'appareil ontologique qui le rabat avec l'Homme-en-personne sur le Monde et l'assujettit à sa Loi. Elle interrompt la grossesse fantasmatique du Réel et voue Dieu aux ténèbres mélangées du Monde et aux ténèbres de lumière de l'Enfer. Un tel appauvrissement, renoncement à Dieu même, se poursuit par celui du sujet qui élimine de lui la créature, l'homme de l'humanisme, l'inhumain et le surhumain, et le tourne vers le Monde mais cette fois-ci de plus loin et d'ailleurs que du Monde.

Sous le terme de vision-en-Un, on ne mettra donc plus l'Un transcendant voué à la théologie, ni même l'Un transcendantal plus approprié à la philosophie, ni leurs formes particulières et bien connues (immanence de la cause de soi, Un-Être parménidien, unité du sujet, ego transcendantal, identité dialectique). Tout cela n'est plus que symptôme pour le clonage déterminé en-dernière-Humanéité d'un Christ, sujet glorieux en chair et en os, incapable de se perdre ou de se redoubler dans le Monde, dépourvu d'image de soi mais dont l'être-donné sous ces conditions minimales de pauvreté suffit à déterminer toute opération possible. La « pauvreté d'esprit » doit être dualysée. Sans être immédiatement la vacance abyssale ou la vacuité et aboutir au fond-sans-fond de la Déité, elle est du moins l'un des noms premiers de l'Immanent qui n'a pas été obtenu par l'expulsion de la transcendance et de la représentation comme le veulent les mystiques mondains. Cependant lorsqu'elle se dit du sujet-existant-Christ plutôt que de l'Un-de-dernière-Humanéité, elle désigne davantage une opération de vacuité et de libération mais clonée, non-décisionnelle et non-positionnelle (de) soi.

Plutôt que dans l'Être ou dans l'Existence, le sujet-Christ prend ainsi « racine » dans ce moins-que-fond, moins-qu'essence qui n'a jamais été un « presque-rien ». La posture mystique réellement universelle commence avec ce Sans-rien, immanente sans jamais entrer dans une prétendue intériorité. Lorsqu'il est arasé de toute philosophie et qu'il a perdu son capital égologique, l'Ego réel est solitaire « de » l'Être et « du » Néant. Même « du » Néant ou « du » Rien, où les mystiques unitaires cherchaient un dernier refuge. La mystique d'hérésie est sans-refuge, privée absolument d'asile et d'exil, de lieu et de non-lieu, elle ne se définit pas hyperboliquement par un excès au-dessus de l'Être, excès de néant, voire double négation, ou soustraction du néant au néant. Mais elle connaît beaucoup des jeux et des tentations méta-boliques ou épékeina-boliques (hyper-boliques) de la philosophie, des déplacements et arcanes de la limite, et c'est avec eux qu'elle élabore son expérience. Le Sans-rien comme non-rien a priori échappe aux échelles philosophiques mais c'est pour cette raison qu'il rend possibles l'axiomatisation et d'autres opérations qui ne se font plus, comme la métaphysique, dans le Monde, mais *pour* le Monde même.

Le cogito du sujet-Christ et celui du philosophe

Le cogito mystique dans laquel se formule le sujet-Christ est un théorème transcendantal ou performé, obtenu par clonage et qui exprime le sujet cloné.

En toute rigueur le cogito du mystique futur par lequel est posé le sujet-Christ, semble l'inversion du cogito classique mais déterminée par le Vécu radical ou le Réel plutôt que par la pensée ou bien que par l'être. Il est par conséquent secondaire comme opération d'inversion, c'est une apparence de la philosophie ou du Monde (« Je suis donc Je pense » ou encore, « Je pense : “donc je suis” », Lacan). Mais *J'été, donc en-dernière-identité Je pense le Monde en fonction de l'Enfer*. Les deux « Je » sont identiques, l'un est réel(-transcendantal) et clone l'autre qui est (réel-) transcendantal. « J'été » nomme le Réel comme inconsistant, « pense » désigne le sujet, ici le sujet-Christ tel que cloné, « Monde » désigne l'objet dont le Réel insuffisant a besoin s'il veut déterminer et cloner la pensée. Enfin « donc-en-dernière-identité » désigne l'inférence spéciale ou plutôt le clonage qui lie le Réel au Monde à travers le sujet-Christ, sans les re-lier, les dé-liant plutôt, ou leur imposer un lien soit rationnel soit religieux-positif. Le Cogito est un axiome commun ou pré-cartésien auquel

Descartes a su donner une valeur de fondement par le moyen d'une opération d'intuition intellectuelle (Hegel), ou bien d'auto-réflexion (Heidegger), ou peut-être encore d'auto-affection (M. Henry, je sens que je suis), c'est selon ses interprétations. Mais le sujet-Christ, comme Étranger, est performé-en-dernière-identité par l'Homme-en-personne dans un théorème transcendantal qui articule par clonage, sans rapport, les instances en jeu. La base sur laquelle il est cloné est donc l'indocte vision-en-Un qui n'est pas intellectuelle ni sensible ni même affective mais qui détermine tous ces matériaux. On distinguera l'intuition intellectuelle, l'auto-réflexion, l'auto-affection d'une part, qui fondent le cogito diversement mais toujours philosophiquement, et le savoir indocte qui est vide de ces opérations et procède par mission plutôt que par fondation. Il est l'Envers du cogito, le Verbe transcendantal du Christ parlant par théorèmes, effectuant le formalisme de la mystique-fiction.

Oblicité, immédiateté, unilatéralité

L'unilatéralité, propre à l'Identité radicale ou au Réel, est l'Envers de l'opposition de l'oblicité (transversalité, diagonalité, torsion) philosophique et de l'immédiateté mystique.

Impossible de comprendre le formalisme et le style discursif de la mystique future, par exemple les quasi définitions de l'Un-en-personne, sans préciser le type de causalité de l'Un dite « détermination en-dernière-Identité ». On ne peut dire de l'essence de l'Homme qu'elle est connaissable ou bien inconnaissable car étant sans-essence il tombe hors de cette antinomie. En revanche il est pensable sur un autre mode par les axiomes d'un formalisme dont il rend possible un fonctionnement intuitivement vide, renvoyant leur intuitivité ontologique à un état périphérique de support. C'est dire que des « énergies » ou des attributs ne peuvent se dire de lui comme ils sont dits de Dieu ou d'une essence. Homme-en-Homme, il ne peut sortir de lui-même, agir directement par contact ou à distance, seulement par mission ou clonage excluant de toute façon la distance phénoménologique. Le pouvoir de détermination de l'en-Homme est d'une autre nature, n'y ayant pas d'emblée deux mondes en soi, Dieu et le Monde, si ce n'est par hallucination, mais l'en-Homme qui n'est pas un monde ou un en soi, et le-Monde qui est déjà donné-en-Homme et dont la réalité est relative.

La face de la causalité en est changée et ne peut plus être celle de Dieu ou celle de la métaphysique trivialement décalquées de la causalité naturelle, physique et mécaniste, à peine transformée et idéalisée. Il est évident que le formalisme par quoi nous la remplaçons ne fait appel à la mécanique quantique que comme à un modèle d'interprétation et ne se prête pas à un décalque, le formalisme et ses modèles étant hétérogènes. L'ancienne distinction de l'essence et des énergies (ousia et energeia), de l'essence et de la causalité, destinée à sauver la transcendance de Dieu, est ici remplacée par une dualité d'un autre type, unilatéral. Causalité identiquement directe ou immédiate de la vision-en-Un « à même » le Monde, et indirecte ou non réciproque, une forme non-réflexe, unilatérale de clonage qui transforme, les inversant, les rapports de l'Homme et de Dieu. L'une des intuitions les plus simples et les plus profondes de la mystique est celle du cheminement oblique du philosophe, oblique et même transversal, mais à quoi elle n'a su opposer que l'unition et la conversion réciproques, reportant l'oblicité dans l'expérience du Tout. Comme détermination-en-dernière-identité, le clonage n'est ni oblique ni direct mais dual sous forme unilatérale – c'est un chemin-sans-cheminement, l'Envers du chemin ou de la méthode.

De la grâce comme don-sans-réception

L'Homme-en-personne est la grâce comme a priori réel, grâce non substantielle ou absolue mais radicale et matériale. Non-conditionné, il donne ainsi le Monde qu'il n'a pas d'abord reçu, devant l'affronter occasionnellement juste pour le donner transfiguré.

Les raisons de la grâce se confondent avec la grâce elle-même, mais sans être grâce de soi ou auto-donation, c'est pourquoi elle ne peut être qu'humaine ou immanente. Elle ne peut venir d'un être transcendant qui devrait se fonder lui-même, confondre son essence et son existence, la réception et le don, dans un argument *ex machina* manipulé par un théologien. Le fonds phénoménologique de la philosophie et de la mystique est venu à maturité avec la théorie de la réception et de la donation, diversement modulées, mais elle n'a fait qu'avouer le cercle vicieux de la philosophie.

Selon la phénoménologie le délaissement et le dénuement recevraient autant qu'ils recevraient dans la possession et autant qu'ils donneraient dans le don. Le Vécu Futur ne peut résider dans cette économie, dans cette équivalence de la donation et de la réception. Son principe n'est plus l'échange et pour tout dire le marché mystique des extases, mais le don-sans-réception préalable, le don-sans-possession. La logique philosophique ne peut qu'exclure cette non-économie impensable. C'est qu'elle pense selon le Monde pour qui donner et recevoir sont de manière approchée des symétriques ou selon la phénoménologie pour laquelle il faut recevoir pour donner le reçu sous une autre forme ou le constituer. Le mystique libéré du Monde défait cette logique à sa racine en identifiant le dénuement et le pouvoir d'un don-sans-retrait ou sans-soustraction. Délaissement et solitude sans doute ne donnent d'eux-mêmes ou plutôt ne produisent rien du Monde, ils en seraient bien incapables et ce n'est pas au Monde qu'il faut les mesurer mais à eux-mêmes. Ils « se » donnent ou donnent le Réel *pour* le Monde. Selon les modèles utilisés, la grâce est missionnaire, clonante ou encore émise comme une onde. Elle donne le phénomène de l'expérience (autre qu'elle) sans la recevoir. En réalité c'est elle qui est Autre-que...le Monde, une altérité transcendantale pour autant qu'elle la possède *sur son mode immanent propre.* Elle transmet ou missionne au Monde la totalité de sa non-essence que pourtant elle n'aliène pas dans cette offre (de) soi. Peut-être peut-on parler d'un don non-donationnel et qui possède un primat déterminant sur toute décision de donation. En se donnant ainsi, l'Un ne devient pas autre que soi ni même l'Autre *du* Monde. C'est d'ailleurs parce qu'il se donne ainsi, comme séparé réellement, qu'il peut se donner en son identité comme Autre que... le Monde. La solitude et l'indifférence ne peuvent signifier le retrait et l'isolement, le refus du Monde, mais seulement l'être-forclos. Et par conséquent le don de l'être-forclos au Monde sous la forme du sujet-Fils.

Pour approfondir l'argument, comment une immanence qui ne serait pas forclose, dont le Monde paraîtrait un attribut ou une propriété, pourrait-elle (recevoir-) donner en-immanence le Monde même ? Si la vision-en-Un contenait ou était, fût-ce seulement un acte relatif à sa propre vision, une vision d'ailleurs plutôt qu'une simple vue, elle serait incapable non certes de recevoir le Monde ou le visible mais de le *donner* de manière radicale et sans le transformer. La vision-en-Un n'est donc pas le néant du Monde mais ce qui clone pour lui son identité Le néant de l'étant peut recevoir l'étant, mais il ne peut réellement le *donner* sans plus et sans moins. Le néant n'est plus, comme dans certaines mystiques qui entendent dépasser l'Être sur son envers, la condition de la connaissance. La connaissance mystique se déploie dans l'élément de l'immanence déjà-donnée plutôt qu'au terme-néant de l'Être ou d'un procès dialectique. En un sens encore plus radical que ne le pensait une certaine mystique dans sa théorie de l'intellect qui affirmait que la pauvreté et le néant étaient les conditions d'une connaissance passive de l'objet en son être sans attributs, la vision-en-Un – sans la transcendance du néant qui change l'être donné de l'objet dès qu'il le reçoit – donne l'être nu du Monde parce qu'il le donne sans être soumis à la condition préalable de sa réception transcendante. Le don-sans-réception, la grâce n'est pas davantage une activité ou une passivité – antinomie où hésitent la philosophie et sa mystique. La non-suffisance de la vision-en-Un fait l'économie de ces hésitations phénoménologiques. Elle donne et ne fait que donner sans recevoir au sens philosophique et phénoménologique du terme, ne « recevant » le Monde que sous la condition stricte de l'avoir donné, condition de l'immanence de son primat.

Étant le Vrai-sans-vérité qui détermine la vérité effective, la vision-en-Un exclut plus généralement la problématique du sens de l'Un, même de sa vérité. Elle impliquerait une pensée par dyade ou qu'il y ait un *étant* qui ait le sens de l'Un comme il y a un étant qui a le sens de l'Être ou qui dit l'Être (l'étant que je suis, le *Dasein*). On ne dira donc pas que l'Homme-en-personne est le seul étant qui ait le sens de l'Un. L'Un-en-Un est une expérience performée, identique (à) soi et qui n'a pas par définition de lieu, d'agent, de sujet autre que lui-même. Heidegger pose malgré tout la convertibilité de l'Être et de l'étant (que je suis) à un « tournant » près qui reste une convertibilité confuse. Le donné-sans-donation ne peut pas être le sens ou la vérité (comme dans la philosophie moderne antidogmatique et subjectiviste). Le seul « lieu » de l'Un est atopique, c'est l'Un lui-même. Le sujet se déduira de lui au travers du clonage, il ne lui apporte pas le sens comme le mystique philosophe le fait malgré tout à l'Un ou à Dieu. Il ne sert à rien d'opposer un sujet extatique au sujet moderne et métaphysique plus ou moins fermé sur soi, si c'est pour maintenir un résidu de convertibilité entre le sujet et l'Être.

La grâce comme Envers de la phénoménologie

L'Homme-en-personne, le don-sans-réception, l'Envers de l'être-reçu à jamais irrecevable même par soi, (reçoit-)donne a priori le Monde, il y a un primat du don et du donné et non de la donation sur le mélange du reçu et de la réception. Au-delà de l'inversion de la phénoménologie, le Réel est l'Impossible de la conscience de soi transcendantale. C'est de cette manière que le Monde est donné dans sa nudité par l'Homme mais non pour lui qui aurait d'abord à le recevoir. La vision-en-Un donne ainsi Dieu sans le recevoir, juste comme (reçu-)donné. Le mystique met Dieu lui-même à nu, le prive de son existence duplice ou de son auto-fondation et fait de la divinité une onde unifaciale qui accompagne l'Homme lui-même.

Nous reprenons avec quelques variations le problème du don et de la réception. La mystique chrétienne tolère, on s'en doute, une phénoménologie, elle est *réception et donation selon des équilibres nuancés* de Dieu dans l'âme. Le judaïsme l'excède ou la déséquilibre d'une affection sans réception – Dieu comme irrecevable et irrécusable (Levinas)–, l'ontologie de la Vie comme auto-affection réduit l'homme à un être de pure passivité (M. Henry). Mais une mystique non-mondaine déplace la donation, la réception et l'affection hors de l'en-Homme au profit du Réel comme don(né)-sans-donation ou comme Venue-sans-venir. Elle donne, mais sur le mode du sans-donation, la donation et la réception elles-mêmes devenues phénomènes unilatéraux. « Donné » est en général compris de manière fétichisée, nous lui préférons « donné-sans-donation » ou encore « don-sans-donation ». Le Vécu-sans-vie unilatéralise la phénoménologie comme l'une des logiques possibles du Monde. Et nous faisons en général de la mystique la science expérimentale des logiques du Monde, et de la libération de l'Enfer notre « salut ».

Si le néant donnait le Monde sur le mode à peine différé du Monde, la vision-en-Un le donne en son identité séparée, sans les conditions préalables du sens et de la vérité mais sous la condition du Vrai-sans-vérité. Elle est susceptible de « donner » a priori ce qu'elle ne reçoit pas, ce qui ne veut pas du tout qu'elle est condamnée à le créer car si elle le donne, elle qui est non-suffisante, c'est qu'elle l'a reçu d'une certaine manière mais de toute façon comme une apriorité ordonnée à la primauté du Réel qui, lui, n'est jamais reçu ou donné *à* l'Homme.

Qu'est-ce alors que la vision-en-Un comme pouvoir de don puis de donation ? L'Un ne peut donner moins ou plus qu'il n'est, son être-donné immanent n'est pas mesuré par une essence susceptible de plus ou de moins, ou par un sujet et son opération. Dans le monde spirituel, sans doute, « ce qui reçoit est [identique] à ce qui est reçu car il ne reçoit rien que lui-même ». Cet axiome d'Eckhart est typiquement grec et philosophique par la convertibilité qu'il suppose, même s'il a déjà quelque mal à recevoir un sens phénoménologique. Ou bien ce qui reçoit n'est précisément pas identique à ce qui est reçu mais lui est hétérogène au point de lui être forclos comme l'Un-en-personne au Monde. Ou bien ce qui reçoit ne se reçoit pas lui-même et en général ne se définit pas par la réception ou la réceptivité phénoménologique, ni par son contraire, la donation, mais par le don-sans-donation qui précisément, à son tour, peut donner sans qu'il y ait là une nouvelle donation redoublant une première, mais une donation unilatérale ou a priori et un clonage. Si Dieu se donne à lui-même, si l'âme donne Dieu à Dieu, et si Dieu donne l'âme à l'âme, ces donations supposent des réceptions avec lesquelles elles sont couplées, si bien que le *don radical* finit par se dissoudre dans la donation et dans le don. Le don, lui aussi, indique trop vite un sujet donataire ou une instance donatrice. Mais lorsqu'il n'est plus que sujet-Christ, le mystique déjoue l'alternative de donner ou de recevoir Dieu, il est juste cloné par le donné-Homme à partir de la donation de Dieu ou du Monde.

La mise à nu du Monde plutôt que de Dieu, ou de Dieu en tant qu'il appartient au Monde, voilà l'un des objectifs les plus secrets du mystique, son éros immanent. Il ne transforme pas le Monde de l'intérieur, n'y intervient pas mais peut tout au plus l'assumer en le clonant sous la forme de sujet-Christ ou de force (de) pensée, vide de pensées « particulières » puisqu'elle a le Monde lui-même pour objet. Le Verbe, fils de la vision-en-Un, donne le Monde sans l'opération idéaliste de le produire dans cette manifestation. L'Un et plus encore le Verbe-selon-l'Un ont aimé le Monde les premiers. « Plus » l'Homme connaît l'Un comme forclos à la connaissance, plus il connaît non pas « toutes choses » mais la forme même du Monde. C'est dire que la vision-en-Un n'est pas elle-même dotée, tel le Père, d'un intellect susceptible de recevoir Dieu, d'un Verbe capable dans le principe de la réception nue de la transcendance. C'est qu'elle est donnée sans auto-réception ou auto-affection, et qu'elle donne sur ce mode ce qu'elle paraît, dans l'ordre mondain, devoir recevoir. Si le donné « précède » ou plutôt détermine le reçu, c'est que l'Un n'est pas un intellect, même le plus pur et divin. Toutefois que la vision-en-Un n'ait rien d'un intellect n'implique aucun dépassement de la théorie, seulement de la *theoria philosophique*, aucune transcendance ou contemplation supra-intellectuelle. Au contraire seul un formalisme au sens déjà défini peut « dépasser » le théoricisme. L'Un est à la rigueur un contemplé-sans-contemplation et détermine une théorie, un formalisme plutôt qu'une *theoria*, si celle-ci lui est fournie comme symptôme et modèle par le Monde.

CHAPITRE IV
DU VERBE FUTUR

« J'été qui j'été »

« J'(ai) été qui j'(ai) été » est une formulation possible pour l'acte d'ultimation première posant rétroactivement l'Homme-en-personne.

L'Humanéité et la non-suffisance peuvent se dire à la rigueur, comme le suggérait Eckhart de la Déité, à l'imparfait. Mais, étant donné le contexte, elles se disent encore mieux au participe passé utilisé comme « passé radical » par un acte de rétroaction. L'immanence du passé est si radicale qu'elle se soustrait au passé et s'inverse en Futur ou en Venue. C'est un « temps » qui n'existe pas dans la langue-Monde et encore moins dans l'Enfer, mais seulement dans une mystique-fiction rigoureuse. C'est un nom premier pour le temps propre à la cause humaine, un temps de messianité éternelle et qui peut déterminer un sujet comme Christ Futur. Si la Déité *était* ce qu'elle *était* avant d'être ou d'exister comme Dieu, *l'Un-en-Un (a) été celui qui (a) été*. Avant que d'*être* – qui se dit de toute façon de Dieu ou de l'âme –, il y a ce qu'ils *étaient*. Mais tout autre que le futur antérieur de l'Être, il y a celui de l'Homme-Un comme passé radicalement immanent, soit comme futur ou Venue, qui peut se dire ainsi, *J'été qui j'été*.

C'est un exemple de symbolisation et de formalisation d'une ancienne formule religieuse. Le présent est par excellence, dans la philosophie ou la métaphysique, le temps de l'Être qui s'y mesure ou s'y soustrait comme dans une dernière mesure. L'imparfait est l'un des moyens que les mystiques anciens avaient trouvé pour dire le caractère limitrophiquement ontologique de l'Un-Être ou de l'Un-Dieu, partiellement privé de la superbe du présent et de sa suffisance. Mais le passé le plus radical – désignation possible de l'immanence de l'Un qui reste en-Un plutôt qu'en soi –, est encore plus humble que l'imparfait et convient mieux que le retrait et sa continuité propre. L'auto-position du présent dissimule, du poids de la métaphysique, le noyau réel de la formule de l'Exode – Je suis celui qui suis. *J'été (celui qui j'été* – avec une seule parenthèse pour indiquer l'unilatéralité – est le véritable « cogito » de l'hérésie, la formule non-égologique du sujet cloné par l'Un-en-Un. Il est irréductible aux aspects du présent, temps du rassemblement et de la simultanéité que sont la *causa sui* ou l'*autoposition*, voire l'auto-nomination dans laquelle donne finalement la formule de l'Exode. L'Ego ou le sujet radical tel qu'Un-en-Un, sans autoposition, n'est même pas comme disaient les phénoménologues, « présent (à) soi » mais tout au plus passé radical qui reste « en-Passé » sans être jamais en-soi ou saisi dans le carcan d'une simultanéité. Un tel passé-sans-présence (à) soi, venant comme messianité, voilà l'Irreprésentable radical, le Réel plus inconscient que l'« Inconscient », l'Autre plus autre que l'« Autrui », précisément parce qu'il n'a pas plus *été* un Autre qu'une présence. L'*été* est l'aspect qui cesse d'être aspect ontologique ou manière de l'Être pour nommer humainement le Réel au service duquel il est requis occasionnellement. L'*été* ni n'*est* été, tel un passé renfermé dans le présent de l'Être, ni n'*a* été tel un passé possédé par un sujet plus ancien encore que lui. Le Réel n'a pas besoin d'auxiliaire, à cause même de sa non-suffisance, il est dit par un verbe inconjugable, un verbe-sans-temps parce qu'il est le non-temps de la messianité dite rétroactivement comme un passé radical. Si celui-ci n'entre pas dans l'opération du Logos, cette pauvreté qui est sans excès de pauvreté déterminera un nouveau Verbe, futur d'avoir une cause radicalement « ancienne » et déjà-en-Venue – la Dernière Instance ou l'Ultimatum.

Le Futur comme en-Temps-réel ou Envers du temps

Le temps qui appartient à l'Homme de manière immanente est un tournant-du-temps, plus exactement un temps tourné-sans-tournant, contenu réel du « tournant » (Kehre, Heidegger). C'est l'Envers ou le Vécu (d') impossibilité du temps, encore moins qu'un re-tournement de la flèche du temps. Cet en-Temps-réel n'est soumis ni à l'actualité ni à la mémoire mais est la force capable de les transfigurer.

La liberté créatrice-sous-conditions du formalisme non-philosophique permet de formuler un nouveau théorème combinant plusieurs vocables, l'immanence de l'Homme-en-personne ne se dit pas au présent de l'actualité ni en mémoire du passé, pas davantage celle du clonage qui est la forme humaine de la grâce missionnaire. Il faut donc que le sujet soit lui aussi un *Venu-sans-venir* messianique, *un Venu qui n'est pas l'objet ou le résultat d'une opération de venue.* On ne confondra plus le Performé avec l'actuel, ni la performation du sujet avec l'actualité qui n'est plus que l'un de ses côtés, le côté-monde du temps ou le présent. Plus précisément, le Venu est sans-venir qui l'opère, il n'est pas plus acte du verbe que nom-chose réifié, l'être et l'opération suivent peut-être l'un de l'autre mais ce n'est pas de cela qu'il s'agit. Le non-venir (au sens de devenir) comme le non-agir a un aspect de venir mais unilatéral, soit *à rebours contre toute venue d'un événement historique ou d'un messie attendu.* L'Homme-en-personne n'est jamais une chose faite ou donnée, ou bien se faisant, attendue et qui vient, ce serait dans les deux cas une forme de substance et un retour à une compréhension de l'en-Temps-réel comme une simultanéité ou un rassemblement, alors qu'elle n'est même pas une dia-chronie mais bien une « non-chronie », l'u-chronie performée.

L'agir du Futur ou de la grâce risque toujours de donner lieu au malentendu d'une coïncidence des opposés, d'un resserrement et d'un écrasement l'une sur l'autre d'une extase humaine et d'une instase divine. Mais pour le Justifié-sans-justification dont nous parlons, l'Homme, vivre c'est être-performé comme Vécu radical et c'est agir *en-Temps-réel* jusque dans son côté d'action pragmatique et de Monde. L'unité des opposés dans le cercle métaphysique tel qu'il se reproduisait et se condensait dans l'œuvre de la grâce théologique, est brisée unilatéralement, selon l'Identité. Cause, matériau, opération et opéré ne se recouvrent plus, l'œuvre de salut est faite en-Homme mais pour le Monde et par le sujet-Fils.

La vision-en-Un se dit en effet (axiomatiquement) au futur radical, or ce « temps » n'existe pas dans le *langage* ni même *dans* le temps mais il est l'« en-Temps-réel ». Cet ultime du temps affecte le sujet mystique et l'empêche de coïncider unitairement avec soi. Sans doute le sujet est-il affecté aussi par le présent du Monde mais cet affect est (reçu-) *donné en-dernière-Identité* par l'Homme-en-personne comme en-Futur. Si l'éternité est circumincession ou trinité du temps, co-présence qui traverse ses dimensions et les rassemble, l'Homme-en-personne, lui, est structurellement futur « éternel » d'être déterminé-en-dernier-temps ou par les Derniers Temps qui sont justement l'en-Temps-réel. L'hérésie, pensée de la « fin des Temps » plutôt que de la « fin de la philosophie », oblige à défaire les amphibologies les plus profondes du temps et à libérer ses trois ordres à leur être manifeste.

C'est seulement comme sujet que l'Homme existe ou est surdéterminé d'une auto-position qui n'est plus qu'apparence. S'il est alors apparemment en extase, c'est une extase en-immanence, sans repli sur soi, comme si l'existence émergeait d'un bloc unilatéral, dans son identité de future, sans devoir s'arracher par lambeaux au Monde où pourtant elle est spontanément engluée. Comme sujet il doit renoncer aussi à l'imparfait et se comprendre rétroactivement comme l'émergence du sujet-Christ futur. Ce futur n'est pas qu'une attente à rebours, elle est performée, c'est à la rigueur une identité (de) l'attente plutôt que l'attente de l'identité qui est un geste philosophique. Cette dimension est d'invention, c'est le sujet-Christ lorsqu'il n'est plus seulement voué à la passivité de l'histoire et à l'attente d'un objet.

Le passé transfiguré comme temps de salut

L'Homme-en-personne est aussi formulable comme le Sans-temps, l'Identité (du) temps radicalement immanente ou hors-mémoire, l'Envers ultime du tout-passé. Comme Messie, il a déjà agi a priori sur le temps-monde et travaille avec ce passé transfiguré comme avec un moyen de salut de l'histoire. Il ne produit évidemment pas le temps comme « passé », « histoire » et « avenir » pour lequel il est l'Étranger, mais les transfigure et fait de la Promesse une modélisation du sujet-Messie.

Dans la mystique dominante, la Déité se dit à l'imparfait, son opération sur l'homme se dit plutôt au présent, parfois au passé. Mais dans l'hérésie le tout du temps comme Grand Passé ou Éternité-monde acquiert une importance spéciale en fonction du Futur. « J'été-sans-être », cet axiome, sans constituer sa réalité elle-même, peut nommer l'Homme hors de toute suffisance de Logos. La vision-en-Un n'est pas un acte situable dans le temps ontique ou bien ontologique, mais ce qui détermine comme Identité le temps mondain ou sa représentation mémorielle. Le Futur immanent, sans présence à soi ni aliénation dans un avenir préformé, n'est surtout pas une nouvelle nuance dans la thématique générale de la convertibilité de « Être et Temps » et d'un « tournant » éventuel de l'un à l'autre. La vision-en-Un est étrangère à tout *sens* temporal. Elle ne le nie pas mais déplace la radicalité de ce temps intrinsèque hors du sens, de la vérité et même du lieu comme modes différés de l'horizon de la présence, le Futur éternel est un symbole premier possible du Réel et, sous cette réserve de non-suffisance mais de rigueur théorique, il unilatéralise le doublet Être-et-Temps où se meuvent encore ultimement l'herméneutique heideggérienne, et en général les doublets en « Être et X ». Le temps est sans doute en général le sens lui-même, ce qui pose et diffère le présent, mais le Futur, cessant d'être une partie abstraite du temps constitué et constituant, participant de la non-extase ou du venir-sans-venue, est un symptôme de temps performé et transfiguré. Comme tel il entre dans la formulation des axiomes du sujet-Christ et contribue à défaire la superbe, le peu de pauvreté, le capital du présent. *J'été qui j'été,* c'est sa manière de refuser la coïncidence de l'être et du devenir, la présence à soi du telos ou de la *causa sui.* Symbole relativement autonome dans son ordre, il n'exprime pas de manière spéculaire la non-essence (de) l'Un au risque de lui redonner une essence ou un être, de glorifier le passé ou la mémoire religieuse. Ce n'est qu'un axiome transcendantal, lui-même mobilisant les termes d'être ou de temps, donc de passé. Il n'y a pas de langage philosophique sans cette référence à l'être, mais il est ici moins l'image ou l'essence *de* l'Un que ce que l'Un détermine en-dernière-Identité, le clonant, du langage philosophique.

Le Souvenu-sans-souvenir comme onde de mémoire

Le Futur comme Envers du temps s'accomplit comme onde de mémoire que l'Homme (re-)tient, un temps a priori ou une mémoire « ondulatoire » qu'il sou-tire à la mémoire-chose.

« Mystique futur » se dit de qui cesse de re-venir en arrière, de chercher Dieu ou son image humaine, tel un double-fond du Monde pour aller au Monde et au temps pour la première fois, ne pas y revenir mais y être-venu de Nulle Part du temps. Mais alors quel « rapport » l'Homme, qui est le Sans-rapport, peut-il établir avec lui-même comme il semble qu'il doive le faire à travers la mémoire, mais quelle mémoire ?

La vision-en-Un, avant de cloner un temps-sujet spécifique de la mémoire proprement humaine, donne une présentation a priori, qui lui est adéquate, du temps-monde. Cette présentation infiniment mince ou réduite du temps de mémoire suit l'Homme comme son ombre simplifiée, une onde unilatérale de temps qui fait la messianité. Les mystiques russes qui ont évoqué ce « Souvenu » pensaient évidemment à Dieu et l'attribuaient encore à une mémoire métaphysique et platonicienne. Elle se distingue pourtant du temps-en-mémoire dont le passé est certes rétentionnel dans le meilleur des cas mais encore étalé et recueilli dans la transcendance de l'âme. Cette *ombre réelle de la réalité du temps* est à demi (unilatéralement) visible et divisible, à demi-rétentionnelle (unilationnelle). Comme si l'Homme, qui de lui-même n'est ni intentionnel ni rétentionnel, invisible intrinsèquement, retenait sans la moindre distance cet être simple du temps. L'Homme ne peut monter ou remonter dans sa propre mémoire, se remémorer ou se connaître en général, si ce n'est pour s'y aliéner avec de bonnes raisons (c'est l'*aliénation bien fondée* par la philosophie), il peut seulement s'exercer comme Performé-sans-performation, rejetant les règles de la performation hors de lui, parmi les actes du sujet. Cette onde de temps que le Réel dé-duit de lui et qu'il in-duit de l'histoire-monde où il vit, c'est le Souvenu-sans-souvenir, ce qu'il reste du temps ou de la mémoire du Monde lorsqu'il a été filtré ou « impossibilisé » par l'Homme-en-personne qui le manifeste hors de sa duplicité ou le transfigure hors de son redoublement. La mémoire n'est que le Souvenu dédoublé et multiplié, devenu suffisant, en soi et pour soi comme l'Enfer, la mémoire « passe son temps » à dénier l'Homme. Si le Futur peut être aussi nommé, selon notre formalisme, le (Re-)tenu-sans-rétention autant que le Souvenu, le Christ futur œuvre avec le (Re-)tenu transcendantal par quoi les Humains sont en lutte avec le Monde. Ainsi le sujet « retient-sans-rétention », d'une rétention elle-même non-rétentionnelle (de) soi, son passage-sur-terre, l'ombre de son séjour dans la présence de l'Enfer.

L'Homme-en-personne est le Souvenu que contemple le Messie

Le contenu de la mystique-fiction comme Sou(s)venu que contemple le sujet-Messie, est l'Homme-en-personne plutôt que Dieu.

De qui ou de quoi se souvient-on, demandaient certains mystiques russes, dans l'opération du Verbe ? Qu'a-t-on oublié et quel souvenir fait la réalité de l'expérience mystique ? La simplicité de la prière a toujours été l'enjeu d'une lutte plus-que-métaphysique de l'Homme avec la suffisance du Monde. La mystique orthodoxe nous apprend la mémoire, et la prière comme mémoire lorsqu'elle n'est plus mémoire (de) soi mais de Dieu. Mais la mémoire transcendante de Dieu, comme en général sa transcendance dans une immanence d'auto-affection (M. Henry) risquent toujours à nouveau de faire de la prière une parole creuse et abstraite, un souffle vide et sans identité. Une ou éclatée, peu importe, la mémoire n'est souvent que le plus vieux souvenir mondain de Dieu et ne nous donne pas d'elle-même l'être pur du Souvenu, juste la « mémoire absolue » (Bergson) mais pas le contenu réel de la mémoire que contemple le Messie et qu'articule son Verbe.

L'impératif ancien, « souviens-toi de Dieu », le mystique le plus libéré ne peut le reconnaître que transformé de cette manière, « exerce dans ton langage le Sou-venu, l'Homme-sans-mémoire ou sans-monde, sans religion ni philosophie ». L'immanence du Souvenu mystique exclut qu'il soit extatique dans son essence, sinon unilatéralement comme altérité à rebours ou Envers de la mémoire. L'Homme est l'Envers de l'histoire dont toute pratique se souvient par la contemplation du Souvenu-sans-souvenir dont le sujet-Messie est rempli. Le sujet ne peut se souvenir de soi, du Monde et du temps-monde, mais seulement les manifester en les *simplifiant* comme des *souvenus* s'ils sont donnés par ailleurs. Le Futur peut se dire a priori du passé qui reste alors en-passé plutôt qu'en soi et qui n'est donc jamais dé-passé d'un retard et d'une anticipation, d'une rétention et d'une protention. De là l'inversion de l'ancien Verbe en celui-ci, « souviens-toi du Monde selon-le-Souvenu-qui-n'est-pas-de-ce-Monde ». Cloné par l'Homme, le sujet-Christ ne peut pas « se » souvenir mais expérimenter comme Souvenu la non-essence plus profonde en lui que toute essence. Soyez un sujet, le Souvenu de l'Homme-en-personne et, pour le reste, laissez-vous guider par le Monde. Que le souvenu (de) l'Homme-en-Homme ne fasse plus qu'Un avec ton corps et ton souffle et qu'il sauve ta respiration, alors tu connaîtras le pouvoir de l'*hésychia* telle qu'elle est descendue en toi...

Irrecevabilité du Verbe-sans-Logos

Le Logos est irrecevable ou n'a plus de sens pour l'Homme-sans-Logos qui le détermine en-dernière-Identité.

Mystique philosophique et mystique-fiction usent à peu près des « mêmes » termes, à un travail d'écriture près, travail toujours théorique et marqué de la turbulence mystique. Le même terme n'a pas ici plusieurs significations – comme dans la philosophie, par exemple pour l'Être –, ni plusieurs usages, ontiques et ontologiques ou transcendantaux et qui resteraient unitaires, mais deux usages hétérogènes comme le théorique-unifié et le philosophique-unitaire (qui inclut la multiplicité des significations, équivocité ou polysémie). Et d'autre part encore une autre hétérogénéité, plus radicale, une dualité uni-latérale, celle du Réel et de l'usage axiomatique-transcendantal que précisément il détermine par son être-forclos. Qu'il s'agisse de l'Un ou de n'importe quel terme-symptôme de la philosophie, la multiplicité des significations n'est plus *le* problème, ni même la multiplicité des usages. C'est la dualité unilatérale ou indivise de l'Homme et du Verbe-fiction comme théorie mystique qui est décisive. Elle est elle-même hétérogène aux dualités philosophiques, par exemple à celle des usages empirique et *méta*-empirique d'un même terme.

Le statut du discours futur est irrecevable – au matériau près – par celui de la mystique unitaire. Il revendique expressément sa dualité, la manifeste en son Identité-sans-synthèse plutôt qu'il ne la dissimule dans une oscillation différentielle ou dialectique. Malgré ses efforts pour réaliser et dépasser la philosophie, la mystique unitaire est condamnée aux décisions des antinomies et aux hésitations des amphibologies. Là où la philosophie fait usage de l'ambiguïté et de l'empiètement des contraires pour créer un effet de sens qu'elle suppose au Réel à la fois manifeste et non-manifeste, dévoilé et voilé, la mystique-fiction la dénonce et la dissout mais en-dernière-identité, pas à l'intérieur d'elle-même. Elle pose définitivement le Réel comme un manifesté forclos à toute manifestation discursive et phénoménologique, et le Verbe comme ce que le Réel détermine de manière univoque et ultime, lui donnant son trait de fiction. Si la mystique mondaine cultive le secret et le mystère comme donné/caché, comme ambiguïté du manifeste-par-manifestation, sa forme future est manifeste ou publique, démocratique pour tout dire, mais forclose, pouvant user de l'ambiguïté au titre de simple symptôme. Elle ne se renferme pas dans sa propre lumière de Verbe comme sur un secret supérieur, elle se déploie telle une dualité unilatérale, toujours ouverte, par exemple du Révélé et de la révélation.

Toute la difficulté théorique de l'appropriation de la mystique par le moyen d'un formalisme que détermine (met en impasse) son caractère strictement humain, est la pauvreté de pensée, la solitude sans propriétés ni essence, l'humilité de la non-suffisance. Une Identité dépourvue de voisinage, d'échange et de communication, sans miroir à la différence de Dieu pour la manifester et l'accompagner d'un reflet, implique quelque nouvel usage des moyens de la rationalité classique. Si elle ne divise plus le donné comme dans la tradition, si elle ne tranche plus en particulier entre l'Un comme arithmético-transcendantal (les mystiques) et l'Un comme unité quantitative de compte, c'est qu'elle se contente de l'être-posé axiomatique (sans position effective ou mondaine) de son Identité Dernière, de l'Un-en-personne dans un acte d'ultimation première, première en tant qu'acte, d'ultimation en tant qu'elle pose l'instance ultime. Si l'on se contente de supposer que la Déité n'a pas de nom, si c'est un innommé, tout nom à elle attribué malgré tout selon l'autorité du jugement prédicatif n'est qu'un arrière-nom et le Verbe un arrière-Logos, ce qui résout de toute façon comme d'habitude ce que les philosophes appelleraient une contradiction performative. En revanche une posture axiomatisée de manière (réelle-) transcendantale manifeste sans reste le Logos, sans choisir ou décider en lui ce qui est mystique et ce qui ne l'est pas, ce qui est divin et ce qui est néant de créature, tout étant « fictionnal ». Le Verbe futur est l'être-performé-en-dernière-Humanéité *pour* cette auto-donation qu'est en réalité le Logos, qu'il soit ancien ou moderne. Résumons toutes ces distinctions et leur nouvel usage. Si le mystique, selon Wittgenstein qui le puise dans une longue tradition, est l'expérience non de ce qui est mais de ce fait que c'est et que cela se montre, alors le sujet mystique, à la suite de la vision-en-Un, est l'expérience de l'être-donné ou vu-en-Un, autrement encore que *factuellement*, de (pour) ce qui est.

Diglossie de la fiction. De l'icône à l'« iclône »

L'être-cloné du langage, sa radicale subjectivation comme Verbe ou Fils de l'homme, est une uni-substantiation qui respecte et protège son autonomie relative contre la théologie négative. De là une diglossie unilatérale ou future.

La mystique-fiction s'exerce comme pratique théorique à effets pragmatiques prenant pour objet le langage. Mais il s'agit du langage-monde, de sa combinaison nécessaire avec la philosophie. Elle ne peut donc plus comme la théologie et la philosophie se prévaloir de formuler des hypothèses sur l'« en soi » du langage, c'est le sens entre autres du formalisme non pas ici de structure mais de pratique théorique. Elle considère plutôt ce type d'hypothèse dans sa généralité comme une forme de donation du langage, un *a priori-de-Monde ou une philosophabilité* puisque le Monde, *la* philosophie, est la forme de donation de tout phénomène. Aussi le Verbe futur se garde-t-il de se présenter comme une nouvelle interprétation onto-théo-linguistique par exemple sur l'origine en soi du Nom et prend-il plutôt ce genre d'hypothèses comme objet, symptôme et modèle. Le Verbe-Christ est l'être-cloné de l'onomato-théologie et de l'onto-théo-linguistique en général. N'importe quel nom ou verbe peut, après traitement selon les règles d'axiomatisation transcendantale, perdre sa logique conceptuelle, entrer dans des axiomes et des théorèmes où, déterminé en-dernière-Identité, il transfigure (ne décrit ni n'explique séparément) les vocables et les syntaxes supposés être ceux de la vision-en-Un et du sujet mystique, sous réserve de cet apport du langage-monde comme variable ou argument. Nom et verbe quelconques ne peuvent toutefois être eux-mêmes requis comme synonymes de « Réel », d'« Homme », de « sujet » ou de « Monde » dont la priorité est imposée évidemment par le Monde et la philosophie, le choix des termes ainsi clonés étant limité par les décisions philosophico-mystiques prises comme symptômes. Mais le Verbe, lorsqu'il est performé de manière immanente, détaché des tâches descriptives ou efficientes qu'il reçoit dans le Monde, trouve dans cette « uni-substantiation » comme on a dit, une nouvelle universalité.

La « subjectivité » ou l'« intériorité » en général du mot, celles par exemple qu'y appréhendent les Glorificateurs hésychastes du Nom ou d'autres mystiques, répondent à l'identité transcendante du sujet philosophique ou mystique, elle reste une généralité unitaire et ontologique tant que son auto-nomination n'est pas suspendue, dualysée unilatéralement. Le primat exclusif du nom ou du verbe, ces primats alternants et antinomiques que leur réserve l'onto-théo-linguistique sont ici suspendus. Le clonage du Verbe est une jouissance, la seule que s'autorise le sujet-Christ qui abandonne le délire des représentations religieuses. Comprise comme immanente et performée, non comme simple cri de désir ou de jouissance, comme appel à la transcendance, la parole est une force immanente plutôt qu'une énergie mondaine opposée et couplée à une énergie divine – dualité des énergies que se représentaient les mystiques traditionnels. Le problème du mystique futur n'est donc plus de parcourir l'intériorité herméneutique et polysémique ou bien paléonymique du mot, la « vie intérieure » où il se rassemble, le réseau de « forces textuelles » où il se dissémine. C'est un problème d'*usage* du langage plutôt que d'hypothèses linguistico-philosophiques sur son être « en soi » – et d'usage cloné à partir de son usage mondain qui lui sert de matériel.

C'est pourquoi le nom de l'Un ne peut être dit le plus riche, comme Dieu lui-même ou comme l'Un-Multiple des philosophes. À tout prendre, il vaudrait mieux dire que c'est le plus pauvre, l'autre nom de la pauvreté radicale. Mais le nom de pauvreté ne peut être dit lui-même « pauvre » sous peine de cercle vicieux, si ce n'est seulement en fonction de son matériau. La vision-en-Un rend possible un appauvrissement radical du langage qui cesse de se réfléchir en lui-même et de poursuivre son idéal onto-théo-linguistique et sa profusion auto-nominative. L'Un ne s'aliène pas au langage-monde comme Dieu qui est sensé se manifester par et en celui-ci. Il est manifesté avant toute manifestation langagière, expression et procession du mot – c'est sa non-suffisance, la nécessité où il est que le langage lui soit apporté *si* un sujet doit exister langagièrement tel le Verbe.

Ce Verbe toutefois réserve ou protège l'autonomie relative de la mystique-monde. Le corps psycho-linguistique du vocable, sa chair spirituelle aussi, plus rien dans l'« Ego » du mot, dans son Ego de symbole n'est « détruit », tout est « transfiguré ». Ce sont plus que de simples supports signifiants pour une intériorité spirituelle, ce sont les symptômes du Verbe et maintenant son modèle restreint aux conditions du Monde, mais dont l'autonomie est relative et assurée comme telle. Si la mystique-monde oscille entre une glorification du nom et une onomatoclastie voire une logoclastie terroriste, nihiliste ou simplement négative, la détermination-en-dernière-Identité du langage par la vision-en-Un contient un suspens de la suffisance du Logos mais certainement pas une destruction aveugle des symboles ni même une héno-logie négative. Déjà l'onomatoclastie était jugée parfois être une erreur par les philosophes. Mais c'est généralement une illusion des mystiques mondains de poser le nom et l'Un comme opposés et/ou identifiables, comme deux choses en soi finalement convertibles dans la transcendance. Illusion transcendantale qui oscille indécidablement entre logomisie et logophilie. Mais d'une part le Logos est on ne peut plus consistant et objectif et ne peut être nié ou différé que par lui-même et avec d'infinies précautions. Et d'autre part le problème est encore ailleurs, c'est celui de son clonage et de son occasionnalisation.

Si le Nom, celui d'« Un » par exemple, est lui-même Un ou Réel en-dernière-Identité, s'il est inséparable de l'Un séparé (de) lui (et non « se-séparant » de lui), il ne peut, comme cloné et en-Un, se nier lui-même fût-ce dans une hénologie doublement négative. Le mystique futur comme Christ confesse le Verbe qu'il est plutôt que la foi qu'il n'« a » pas, le nom de l'Un plutôt que l'Un lui-même forclos à toute confession. La confession est l'œuvre-sujet, une « auto-confession » *à un être-performé près*. Si philosophie et mystique-monde sont deux régimes de discours voisins, où la différence des expériences n'est pas décisive, une véritable diglossie unilatérale organise la mystique future. On ne confondra donc pas la double et unique articulation du logos mystico-philosophique et la diglossie des langues ou des usages de la même langue, l'un informé par le Monde, l'autre cloné de celui-ci. On appellera « iclônique » l'usage du nom-Dieu par exemple ou nom divinisé lorsqu'il est déterminé en-dernière-Identité et cloné comme nom de l'Un-en-Un, de l'Homme.

La mystique-monde comme épékeina-linguistique

Le Verbe de la mystique-monde approche, comme épékeina-phorique, d'une performativité réelle très différente du travail métaphysique de la métaphore.

S'il faut toujours un appareil de pensée pour accéder au Réel sans le violenter ou pour simplement le faire opérer auprès du Monde, celui de l'axiomatique est le seul adéquat à son immanence radicale, c'est ce que nous appelons un « formalisme transcendantal », tandis que l'appareil philosophique, même réduit à la dialectique et concentré sur soi, prétend *constituer* le sujet de l'extérieur et de l'intérieur et ainsi l'assujettir. Le premier est un appareil immanent, effectivement quoique en-dernière-Identité mystique, l'autre un appareil transcendant destiné à faire valoir le Monde au sein du sujet. Précisément parce que l'Homme n'est pas, dans son être de Vécu un vivant auto-affectif (M. Henry) ou bien au contraire une vie théorétique (Aristote), il peut déterminer, séparément et plus radicalement que la philosophie, une pratique théorique, cœur du Verbe-fiction. Cet appareil à doublets qu'est la philosophie divise et dissout le sujet. Si proche de l'Un-en-Un qu'ait été la mystique ancienne, elle n'a pas trouvé le moyen scientifique-et-philosophique unifié qu'est l'axiomatisation transcendantale qui respecte la primauté du Réel et la priorité du sujet sans les mélanger. Sa pratique des « noms divins » reste une opération liée à l'usage transcendant du langage, celle de ses « axiomes » reste ontologique, dogmatique et intuitive, sa théorie des « natures » et des « personnes » reste une philosophie circulaire et vicieuse, une doctrine, pas un simple formalisme. Le Verbe futur *jouit* d'une plasticité et d'une liberté qui contrastent avec la crispation du philosophe sur son vocabulaire dont il peut étendre le jeu tout au plus jusqu'à l'analogie des termes ou, c'est selon, jusqu'aux techniques de la paléonymie (déconstruction) ou de la polysémie (herméneutique), toutes opérations qui restent dans l'horizon unitaire de la philosophie. Il s'agit dans tous ces cas d'une liberté de mélange, de manque ou bien d'hyperbole et d'excès, dont la limitation s'expose particulièrement lorsqu'il est question de l'Un ou de Dieu.

De ce point de vue le langage concret des mystiques souffre en général d'une interprétation trop restrictive. Sa puissance créatrice, pourtant très apparente, est interprétée comme invention métaphorique et/ou – c'est la même chose – comme conceptuellement déficiente. Or la référence au concept et même à la métaphore est loin d'épuiser la philosophie et à plus forte raison la mystique, la métaphore en particulier est une prémisse sans conclusion ou une abstraction qui ne va pas au terme de sa logique. Dans sa notion complète, elle est sans doute un usage méta-phorique du langage (comme sens conceptuel ou catégorial). Mais elle est tout autant un dépassement à la fois immanent et transcendant de cet ordre *méta*-physique et *méta*-linguistique, un usage *épékeina-phorique* du langage. L'interprétation méta-phorisante de la mystique est triviale et dénigrante et aboutit trop souvent à une mystique négative. Il s'agit tout autant d'un usage spécial et nouveau du langage, usage non simplement méta-linguistique mais « au-delà du langage », épékeina-linguistique et destiné à exprimer performativement le désir d'unition à Dieu (par exemple par la double négation chez Eckhart). Le mystique philosophe s'installe dans l'entre-deux de l'essence et de l'Un, l'Un « au-dessus » de l'essence quoique non sans rapport à celle-ci. Il lui donne par exemple la forme supplémentaire de la distinction de l'essence et du « fond », du « fond sans fond ». C'est affirmer explicitement cette fois-ci le *retrait* de l'Un par rapport à l'essence, retrait pré-dessiné dans l'*épékeina* mais qui prend ici la forme de la constitution d'un plan dialectique et topologique qui jouit d'une autonomie relative-absolue par rapport aux formes inférieures (ontiques et ontologiques) de la représentation. De là un style de formulation et d'énonciation plus dialectique qu'axiomatique mais qui atteint déjà à une certaine performativité donatrice d'Un et dont la grandeur fait apparaître si ouvrier (et marchand) le travail post-moderne de la métaphore. Cet usage n'est sans doute pas celui du mystique futur mais c'est un premier pas, encore intérieur au Monde, qui oriente vers une pratique langagière de dépassement comme transformation, non plus cette fois-ci *en vue* de l'Un mais *selon* l'Un. Alors la distinction de Dieu et de la Déité comme suressence, celle aussi de la négation apophatique, peuvent être reprises mais comme simples symptômes de la distinction unilatérale de l'Un-en-Un et de l'Un positif. Cette dualité signifie que l'Un-en-Un n'est plus l'essence ou la super-essence, ni qu'il se dirait encore par analogie ou polysémie en passant de la philosophie à la mystique future, mais qu'il est définitivement dépourvu d'essence, ni transcendant ni transcendantal.

Égalité des axiomes, sérénité des théorèmes

La Dernière Bonne Nouvelle, l'ultimatum du Christ futur, est que l'Homme-en-personne suffit à déterminer les théorèmes du salut, sinon à fournir leur matériau.

L'Homme n'est plus un objet métaphysique et ne relève donc plus pour son compte de la logique de la position, de l'affirmation et de la négation, même si cette logique continue à gouverner le langage comme matériau et comme modélisation. Le grand mécanisme dialectique de la négation de négation (*negatio negationis*) n'a donc pas d'effectivité opératoire pour le penser. Du point de vue de sa réalité en particulier, il détermine, loin de les subir, les opérations de la position et de la négation, simples ou redoublées, le Verbe devient un langage de phrases qui sont des formules et des théorèmes, autre chose que des énoncés philosophiques (par exemple des phrases dialectiques). C'est une pratique de l'axiomatisation *pour* la théorie du Monde et de l'Enfer.

Tout au plus l'Homme-en-personne est-il pensable ou énonçable dans des axiomes par définition non intuitifs, il n'y a rien à se représenter par eux sinon sous la forme d'effets résiduels liés au champ intuitif du matériau de départ. Il y a une noblesse toute de pauvreté de l'axiome qui veille à laisser les anciennes apparences en l'état et à ne changer que cette pratique de « transfiguration » appelée « pensée ». L'équanimité axiomatique suppose non pas la maîtrise de ce Monde mais l'exercice de le penser et, le pensant, pour le sujet, de se-sauver-sans-fuir, c'est la sérénité des théorèmes. Il est sans commune mesure avec la torsion des hypothèses philosophiques, avec le labeur et l'économie de la mystique ancienne où la force humaine, la force-Christ est exploitée au profit de l'unition. Et l'unition, plus-value d'unité avec Dieu, est l'opération du capital mystique. L'axiomatique travaille, sans y participer, avec les opinions-Monde, dans la noble égalité d'une pensée in-née en-dernière-Identité.

Si le Vécu radical ne peut être donné « en pensée » que par le moyen d'axiomes, ceux-ci par ailleurs sont aussi par rapport à d'autres axiomes prélevés sur des théorèmes transcendantaux qui, *sans être davantage intuitifs quoique rapportés au Monde*, donnent à celui-ci, par leur sérénité, une vie déterminée comme sujet-Christ. En tant que posé dans la forme d'un théorème transcendantal, le salut est enlevé à l'Histoire et à la Politique parce qu'il est plus profondément et d'abord arraché à l'Enfer qui transit le Monde. Seule une vie « spirituelle » au sens imaginaire ou ancien peut être produite par le mécanisme dialectique du Monde. Le Vécu immanent ni ne s'auto-génère directement ni ne s'auto-produit par négation de soi et nouvelle négation. Il est cette force de théorème transcendantal qui s'empare des flux de la vie dans le Monde et du Monde comme flux. L'Homme-en-personne ne fait confiance ni à la concupiscence du voir, qui soutient l'intellect le plus pur, ni à la croyance qui en est l'ouverture. Car l'intuitivité de l'intellect qui voit sa propre lumière le laisse suspendu dans l'extériorité et ne le concentre que dans la transcendance. La vision-en-Un évite la réduction du voir au désir autant qu'à la croyance et toute réduction à la conscience ou à l'Être en général.

Dés-imaginer la Bonne Nouvelle

L'abstraction axiomatique, déterminée-en-dernière-humanéité, invalide les mélanges imaginaires quoique objectifs du Réel et du langage, le « semblant » de la mystique.

La philosophie connaît l'*aphairesis* comme abstraction usant de la négation, et la mystique l'*Entbildung,* comme dés-imagination. Ce sont des opérations mentales à la limite de la psychologie et d'une théorie des facultés, qui n'ont aucun accès à l'Homme-en-personne mais seulement à la demi-vérité demi-apparence de la philosophie, à la guerre des apparences. *Ent-* et *Über-bilden* sont les deux faces du traitement par défaut ou par excès des images et de l'imagination constitutive de l'homme-monde, ce sont les mouvements classiques de la transcendance et ils n'apportent aucune expérience nouvelle du Vécu intimé en-Christ.

L'abstraction axiomatique-transcendantale se distingue par son unilatéralité de la pensée métaphysique et plus largement théoriciste, de sa nature spéculaire et imaginative. Il s'agit moins de l'extraction d'un noyau de réel que du traitement unilatéral de symboles non-conceptuels. Il n'y a pas d'extraction d'une Identité inconstituée mais formulation et abstraction de règles de transformation du matériel mystique. L'Humain n'est jamais lui-même latent, caché, oublié par nature ou essence, son « noyau » le plus invisible est aussi mais n'est que semi-visible comme une onde. Ce n'est pas lui qui fait l'objet d'une abstraction, c'est un abstrait-sans-abstraction, *identiquement invisible et demi-visible, tel que ce demi-visible soit encore invisible*, c'est toute la nécessité d'un formalisme, mais par cela même déterminant ces opposés. Il clone une subjectivité sur le matériel expérimental, abstraction cette fois mais non-positionnelle (de) soi.

Comment confondre encore le Réel et l'idéalité ? Le Réel n'est pas logé dans l'homme comme les idées dans l'âme ou l'esprit, encore moins comme des statues dans le marbre, à peine, diraient les gnostiques, comme une perle dans la boue, l'identité de la dernière perle si l'on peut dire. Et l'immanence qui se transmet au Monde est aussi immanente, ni plus ni moins, que l'immanence dans le seul Immanent. À cause justement de sa radicalité qui exclut le retors et la duplicité philosophique, il n'y a pas d'état supérieur et premier de la vision-en-Un, elle n'est qu'en-Un, même pas dans l'Un comme dans une intériorité passible de dialectique. Dialectique, doublement négative, transie de duplicité, la mystique chrétienne risque de dissoudre trop vite dans une discursivité cette science expérimentale de la joie et de la souffrance qu'elle aurait dû être, et dans un sens neutralisant l'invention du Verbe toujours neuf. Par exemple de mélanger confusément la parole exprimée et son inexpression dans un *être*-parole que serait Dieu, de tourner ces impossibles rapports dans tous les sens de l'aporie. Une science expérimentale déterminée par le Vécu-sans-vie, surtout si elle commence par axiomatiser ses premières notions, use du langage mais ne verse pas dans un langage-sens, dans le Tout-sens comme la logicité philosophique s'y destine. La Bonne Nouvelle comme ultimatum est la symbolisation et la formalisation de ses formes symptomales que nous avons reçues d'un Christ historique et mondain. Elle n'est future que sous la forme-ultimatum, libérée de sa forme-testament.

Dés-intuitiver la mystique

L'Homme-en-personne peut seul dés-intuitiver les énoncés de la mystique et les appauvrir de leur charge philosophique en vue du Verbe-fiction.

Le plan philosophico-mystique est défini par les deux axes de l'Un et du Multiple, de l'Un et de l'Être. Les mystiques décident plutôt en faveur de l'Un dans les deux axes, mais sans du tout éliminer le Multiple – voué à la représentation et à son néant –, les philosophes plutôt en faveur de l'Être et du Multiple sans du tout éliminer l'Un, voué tantôt à l'*épékeina*, tantôt à l'inessentialité de l'unité de compte. Ces décisions opposées et corrélatives, voire globalement convertibles, la mystique-fiction entend les unifier-par-dualyse, les réduire à l'état de symptôme et de modèle. Si un philosophe comme Heidegger, décidant entre les significations de l'Être, privilégie l'être-vrai (plutôt que comme copule du jugement), elle traitera cette décision comme un simple modèle « naïf » et intuitif pour une décision axiomatique qui posera l'Un comme *Vrai-sans-vérité*. C'est son hérésie, elle prive l'Un de son intuitivité prise de l'Être, ses multiples significations sont symbolisées et formalisées comme termes premiers qui entrent dans de simples axiomes non-ontologiques. Sans doute sont-ils accompagnés d'une traîne de signification ontique et ontologique, d'une valeur apophantique maintenant secondaire, non constitutive. Si l'Être est devenu le centre de la philosophie contemporaine en accédant au statut d'intuition catégoriale et d'a priori, l'axiomatisation le dés-intuitive en-dernière-Identité avec les autres transcendantaux. Le dépassement kantien et heideggérien du concept vide et du jugement par l'intuition sensible pure et l'intuition catégoriale doit se prolonger jusqu'à ce seuil, cette décision d'un tout nouveau type qui formalise non pas l'Un mais la pensée selon l'Un et qui en quelque sorte le vide de toute détermination ontologique, même de la forme, donc sans le rendre formel. Tout au plus, si Heidegger a ramené l'Être vers la terre de l'intuition pure, nous devons ramener l'Un exilé périphériquement par la philosophie dans l'Humanéité matériale a priori, vers l'utopie et l'hérésie. La mystique née de la philosophie ne dépasse jamais l'intuition soit sensible soit intellectuelle, soit encore affective, mais celle qui naît de la non-philosophie, sans « dépasser » l'intuition, trouve dans l'l'Homme-en-personne un « siège » libéré de tout support intuitif. L'Un hérétique n'est ni la forme ni la matière pures où le Dieu des mystiques chrétiens risque toujours de sombrer dogmatiquement.

Encore importe-t-il de saisir correctement l'abstraction de type axiomatique et de la distinguer des abstractions métaphysique et dialectique. Une formule comme « la distinction *sans* nombre et sans multitude » de la Déité (Eckhart), ou même le type de formule dont nous usons souvent (manifesté-*sans*-manifestation, Un-*sans*-Dieu, etc.) sont encore trop tranchés et d'apparence bilatérale pour les nuances que nous recherchons avec le style axiomatique. Le « sans » porte non pas sur un terme opposé au terme premier choisi mais sur le *mélange* ou l'économie philosophique totale des termes. Il ne peut donc dire l'opposition de l'Identité et du mélange mais l'être-donné ou manifesté de ce dernier et suspend sa prétention *d'autonomie absolue* puis sa structure ternaire L'annulation dionysienne du sens des termes, qui peut aller jusqu'à une négation de cette négation, conservatrice et intériorisante, ne doit pas être confondue avec son uni-latéralisation par la vision-en-Un, et pas davantage avec son clonage par cette même Immanence-en-personne. Pas plus que l'hénologie et la mystique négatives avec le « sans-logos » – sans mélange du Réel et du Logos – qui définit le Verbe futur. L'usage des mêmes termes, d'abord inclus dans le plan de l'Un et formant des termes-anneaux pour un Verbe topologique, et leur usage comme noms premiers déterminés-en-dernière-identité par leur objet, créent des apparences égarantes pour la posture philosophique, nullement pour la vision-en-Un. Celle-ci ne « nie » pas plus qu'elle ne « conserve », les intériorisant, les termes offerts par la philosophie et la mystique qui la couronne, c'est la conséquence de sa nature pratique.

Jusqu'où va l'abstraction de l'axiome, la dés-intuitivation de la pensée ? Le Verbe n'a plus besoin d'être « exprimé » ou « ausculté », sinon par sa seule traîne de Logos, il est non seulement dé-logicisé mais la prédication est ordonnée au Réel et donc performée à son tour. La manducation du Verbe, l'eucharistie de et par la parole trouvent leur contenu réel dans son clonage qui le rend immanent comme sujet-Christ et le prive de la superbe du Logos. Faire de la parole une chair et manger le Verbe, ces actes qui relevaient de la performation transcendante de la bouche, de l'Un propre à la bouche, subissent une dés-incarnation de la Chair mondaine et une incarnation par le Vécu radical. Manducation de la parole qui ne se mange ni ne se parle elle-même, tel est le Verbe futur, une Bouche Glorieuse. Tandis que par son effet suspensif sur le Monde il est grâce de désincarnation, le Réel agit comme clonage, contenu réel de la grâce d'inhabitation immanente, qui rend le corps glorieux du Nom à lui-même.

Pauvreté du Verbe futur. (Non-) Un et Non (-Un)

Le Verbe futur jouit d'une pauvreté explicitée par les opérateurs du « sans » et du « non » qui lui donnent une plasticité et une liberté qui en font le traducteur uni-versel des idiomes mystiques particuliers.

La pauvreté n'est plus ici une injonction ascétique, un impératif du Monde contre le Monde, c'est la base hérétique pour l'existence du sujet ou du Verbe. Que la vision-en-Un soit forclose à tout Verbe, radicalement « pauvre » ou « détachée » de toute essence, voilà ce qui détermine ou « impossibilise » le Verbe comme univoque, universel-par-identité plutôt que général-par-analogie ou polysémie (la métaphore), ou encore qu'universel-par-exception ou hyperbole (l'épékeinaphore). La diction du Verbe-Christ a une rigueur de pauvreté qui traite les dogmes de la mystique-monde comme une discipline naïve. Le Verbe selon l'Un est pauvre de l'Un lui-même et pas seulement de Dieu. Il dispose d'un opérateur majeur, plus doux et universel que la négation, un opérateur qui est davantage un effet immanent d'impossibilisation qu'une technique première, c'est le « sans » (« sans-rapport ») propre à l'Homme et le « non » (« non-rapport ») propre au sujet, par lesquels s'écrivent cette axiomatique et cette théorématique. Dans le « sans pourquoi », le « sans connaissance » (l'« inconnaissance »), le « sans-agir », le mystique futur éprouve le « sans » comme immanence intrinsèque de l'unilatéralité, non plus comme être-redoublé puis nié, mais comme Identité ou encore *(non-)Un*. Le « sans » désigne si l'on veut l'Identité transcendantale (de) la suppression (de la finalité par exemple) plutôt que cette suppression même comme négation, mais il ne se laisse pas réellement déterminer par celle-ci et ses avatars philosophiques. La Déité et la rose étaient dits « sans pourquoi » par un *homo ex machina*, mais l'hérétique le sait de manière immanente sans avoir besoin de connaître le pourquoi de ce sans-pourquoi. Il se dit d'ailleurs par des « définis-sans-définition », par ces identités que sont le « sans pourquoi », le « sans instrument », « sans agent », le « sans-matière ». La pauvreté en finalité, en formalité, en efficience et en matérialité est une pauvreté de simplicité *en* logos mais non pas *propre au* logos. La mystique-fiction ne risque guère de s'égarer dans les voies de la finalité éthique, de l'instrumentalité technologique, de la positivité scientifique ou du matérialisme.

Qu'est-ce qu'un « non » d'humilité et de pauvreté, un (non-)Un comme refus du Monde comparé à la richesse de la double négation dialectique et mondaine, au capital-néant ou –être, capital du non (-Un) comme désir halluciné de l'Homme-en-personne ? Dans le Verbe, quel que soit son usage mystique, il y a toujours une négation du « non ». Mais si la négation est première ou auto-positionnelle comme dans la négation de négation, en revanche elle est réduite à un simple (non-)Un ou unilatéralité a priori dans le Verbe futur. Le (non-)Un est la force de détermination impossibilisante puis de mission ou de clonage par l'Un. « Déité » par exemple signifie dans la mystique dominante que Dieu n'a pas de nom mais que le nom de Dieu lui est cependant donné à l'auto-soustraction près d'un être ou d'une création, de là le style « abyssal » où les noms divins sont affectés d'une auto-négation première, tandis que dans son usage de fiction ils ne sont soumis qu'à l'Identité immanente d'un abstrait intrinsèque et à la semi-négation unilatérale qui lui est attachée. La mystique unitaire pratique la double exclusion (ni dans le Monde ni hors du Monde, etc.), l'opération se solde toujours par un *à la fois* de synthèse, de réconciliation ou simplement de différence. Le Verbe ne sera futur que s'il échappe définitivement à cette logique des opposés et de la contradiction et s'il parle au nom de l'Identité telle que, *dernière*, elle agit par une dualité sans opposition, simplement unilatérale. Les mystères de la double négation et de son identité de système sont dissous, le tout-négatif comme le tout-positif. La dualyse n'use pas d'une représentation positive de l'Un niée par une négation ontologique ou bien dialectique, ou bien sollicitée et déconstruite par un Autre en soi et suffisant, elle ne changerait pas fondamentalement de celles de l'Être ou de Dieu. L'axiomatisation transcendantale ne peut nier simplement l'existence empirique des noms, négation qui irait jusqu'à la négation de la négation. Elle l'affecte de non(-Un) plutôt que de né-ant (*ne-ens*), la « négation » cesse de se poser elle-même parce qu'elle est l'effet de l'être-forclos de l'Un à sa propre nomination. Dans le formalisme de la mystique-fiction, il y a un non-sans-négation, sans le mélange du non et de la négation.

Le Réel n'est donc pas affaire d'ontologie, d'analogie ou d'équivocité, qui rapportent les choses aux noms, à l'*unité* du nom et par conséquent à la force supposée constituante du langage. Les noms premiers de la mystique future sont plutôt comme des participes passés sans verbe parce que l'Homme ne tolère son nom propre d'« Homme » que pour autant qu'il n'a pas la consistance du Logos et exclut d'être nommable autant qu' innommable. On ne dira pas que le Réel est antérieur à la pensée et au langage, mais qu'il a le primat sur eux, un primat de-dernière-Identité (le Réel est futur de part en part, le sujet pense par rétroaction immanente). Si une certaine démarcation dessine le champ de la mystique future, c'est celle de l'Un philosophico-vulgaire – l'unité et ses modes arithmético-transcendantaux – et de l'Un-en-Un dépourvu de toute essence. Et entre l'Un et l'Unité comme entre l'Humanéité et l'homme, plutôt qu'une frontière il y a une dualité unilatérale.

Entre la vision-en-Un et le Monde, il n'y a jamais eu, si ce n'est par apparence justement mondaine, de troisième terme, de *forme commune* (la création, le flux/retour, etc.) comme il y en a une entre Dieu et la créature. La mystique la plus éthérée ou la plus sublime possède encore un *sens commun*, et c'est la philosophie comme grammaire, langage public ou consensus des mystiques. Mais ce n'est pas le cas du sujet-Christ qui, pour mieux agir le Monde par sa pauvreté même, s'est défait de l'idiome commun ou de la doxa de la philosophie et qui ne parle cet idiome que comme cloné – se donnant ainsi librement la multiplicité babélienne de ces langues particulières et entr'-incompréhensibles que sont les systèmes mystiques ou philosophiques. Le mystique en général retrouve, sur un nouveau plan, les tâches d'analogie ou d'univocité qui étaient celles du traducteur. Son Identité-en-personne fait valoir un Verbe-Christ universel qui vaut de toutes les mystiques particulières. Le conflit des mystiques traditionnelles a pour essence leur particularité, qu'elles dissimulent dans le discours apparemment univoque de Dieu comme Un. Toutefois elles ne « parlent » l'Un ou de l'Un que par idiomes particuliers, à la guerre desquels seul un parler selon l'Un, lui-même forclos à tout idiome, peut mettre un terme par son uni-versalité.

De la logicité au Verbe-sans-logos

Les nouvelles catégories du Verbe selon l'Humanéité sont dépourvues de logicité suffisante.

La logicité du Verbe théologique signifie au mieux une universalité du Logos ontico-ontologique qui se nie lui-même et nie cette négation (Eckhart). Mais du Logos philosophique à la logicité mystique traditionnelle, le premier se conserve dans la seconde. Le progrès de la mystique la plus spéculative sur la philosophie prise dans son architecture interne est de n'être plus, explicitement du moins, ordonnée aux représentations inférieures du Logos mais à la logicité de la pensée, à l'identité des termes et des relations, de la substance et de la différence. Toutefois cette ultime transcendance (*épékeina*) du Logos vers sa logicité implique que l'Un reste aux mains de cette transcendance supérieure (« réelle ») qui la consacre et manque définitivement l'immanence. Si la dialectique et sa nature spéculative ont l'avantage de faire un droit relatif à la théologie ou à la philosophie, de les intérioriser à la logicité d'un Verbe mystique, *l'abstraction métaphysique qui continue à trancher dans un mélange et à le reproduire de cette manière* est simplement niée à son tour dialectiquement et l'intériorisation redoublée. Or une double intériorisation ne fait pas la moindre immanence qui, elle, exclut toute mystique négative de ce type. L'Un-en-Un ne se dit pas ontologiquement ou catégorialement, il « missionne » un sujet à partir d'un matériau ontologique ou lui transmet son identité inaliénable. À la rigueur il se dit *pour* celui-ci plutôt que *de* lui, seul l'Être se dit *de*... Si l'Un se dit *pour*..., c'est qu'il est d'abord Un-en-Un, sans autre « essence » que son Identité telle qu'elle exclut l'Un arithmétique, ses avatars transcendantaux (supposés réels) et leur synthèse dans l'Être.

L'hérésie mystique n'est pas le refus de penser, c'est le refus des formes institutionnelles, narcissiques-et-grégaires, du Tout-penser dont la philosophie, comme penser-monde, est la forme. Qui est le Christ entre sa cause hérétique et sa destination pour le Monde ? Le Verbe futur est un verbe-sans-langage, un mot-sans-discours, le fils cloné de la vision-en-Un, *par* elle plutôt que déduit *d'*elle. Plutôt qu'une parole à écouter dans une auscultation intérieure, qu'un *épékeina* comme s'écouter-parler d'une transcendance immanente du Logos, c'est une parole-écriture indistinctement, une *pratique réglée d'abstraction ultimante* exercée à même le Logos autoritaire. L'auto- et l'hétéro-diction du Logos, le style kérigmatique et la promesse ne sont plus, transformés, que des effets constitutifs du seul sujet-Christ. Par exemple, plus encore que celle de la Déité, la « nature » de l'Humanéité est d'être « sans nature », précédant et l'essence et l'existence de son primat de Réel. Cette formulation d'une « nature sans nature » (Eckhart) cesse alors, sur cette base du moins, d'être de paradoxe (du type « coïncidence des opposés » ou bien « contradiction performative », ou encore de mystique négative comme est souvent la philosophique), pour acquérir une validité axiomatique, ni nature ni non nature ni le mélange des deux.

De nouvelles catégories (le mélange, le mixte, l'identité radicale et la dualité unilatérale, etc.) permettent d'universaliser le discours de la mystique. Nous substituons au simple et au composé, à la forme et à la matière, à l'être et à l'étant, des noms premiers de catégories symbolisés et formalisés, qui sont comme des prédicables pour les transcendantaux de la philosophie et qui règlent leur nouvel usage. Il y a quelque chose d'incréé ou, de manière plus moderne, de non-constitué dans l'homme, c'est le Simple-en-personne ou sans-simplicité plutôt qu'un composé comme le mixte et surtout le mélange. La réalité du mélange est instable mais originale comme symptôme. En revanche le *mixte est le phénomène du Verbe ou du sujet-Christ,* c'est le Deux qui postule comme son essence une Identité réelle-transcendantale non-synthétique, le clone, qui ne fait plus de la relation idéelle entre les termes son élément. C'est dire que par exemple la manifestation, contenu du clone, reçoit sa réalité ou son être-déterminé du Manifesté-sans-manifestation et non l'inverse comme le veut la croyance traditionnelle qui renvoie en général les termes à l'idéalité. Comme si le Vrai devait honorer la vérité...Mais le Vrai, qui a cessé d'être vérifiable ou validable, le Vrai-sans-vérité du savoir indocte n'est pas vrai par la vérité mais détermine, l'impossibilisant, l'opération véritative.

L'acte mystique ne consomme ni n'intériorise dans sa propre lumière une tradition, ses textes et ses protocoles de lecture. L'Un hérétique n'a pas à s'attester soit dans des textes « objectifs » soit dans une intuition intellectuelle. Mais si le Verbe-sans-logos n'est pas déjà déposé dans un tissu de représentations historiques ou caché *in nuce* au fond du Christ paru sur cette terre, le sujet-Christ a cependant besoin de s'approprier cette tradition dont les propriétés sont les *occasions* de son clonage. Si le Verbe futur a ainsi un objectif apparent, ce n'est pas de convertir ou de revertir, de « tourner » des hommes en chrétiens et des chrétiens en mystiques. C'est d'« univertir » des hommes qui croyaient que leur engagement dans le *meta-* et l'*épékeina-* de la transcendance était le Réel même, de les « tourner unilatéralement » vers le Monde, sous la forme ici de la communauté érotique des sujets-Christs. Le Monde sous sa figure unitaire ne leur est plus donné dans une relation de face-à-face, comme terme opposé, mais eux sont *universés*, *versés unifacialement* au Monde et font du Monde un Uni-vers plutôt qu'un Monde possible. Et si le Monde est ouvert autant que clos, l'Uni-vers est forclos au Monde.

En-dernier-silence. La prière comme axiome du cœur

Le clonage par le silence de-dernière-Identité explique l'affinité de l'axiome et de la prière, il simplifie l'auto-médiation de l'écriture mystique, rendant impossible par exemple la déconstruction de ses contradictions apparentes.

Dans ses formes les plus arides, la mystique spéculative éprouve la déité de Dieu, sa sur-essence, son fond sans fond (Eckhart) comme « désert ». Mais un tel désert n'est pas sans faire trace dans les créatures et la langue qui sont comme des traces effacées et qu'il faut réveiller. Empreinte, écriture neutralisée, l'Un de Dieu a besoin d'une médiation d'écriture dans son rapport au Monde, comme lieu où se convertissent l'un dans l'autre la création et la négation de négation, le flux et le retour. Il est toujours possible de déconstruire cette écriture mystique résiduelle, cette auto-signifiance laissée en réalité par l'auto-médiation philosophique. Mais il importe encore plus d'y apercevoir l'ultime servitude de la mystique chrétienne où l'Un existe hors de soi, dans la représentation réduite à la marque et au sceau laissés par le néant, le trop de né-ant, à vrai dire de Dieu qui, selon les théologiens de la mystique, a fait abandon de tout si ce n'est de la théologie elle-même. Le Verbe de la mystique unitaire est sans doute une écriture qui n'est plus seulement *méta-phorique*, surtout *épékeina-phorique* pour cause de co-appartenance à la métaphysique et à sa double articulation. Il est donc réduit aux flux et aux retours d'une jaculation sans fin ni commencement, à un discours de vocables anonymes.

La causalité propre de l'Un est inaliénable à toute écriture comme auto- et hétéro-médiation. Il se donne au symbole ou au signifiant *tel qu'* il est déjà donné en mode propre sans le secours d'une nouvelle et seconde écriture, signifiant originaire ou signifié transcendantal, parce qu'il n'est ni une parole ni un silence contraire, mais l'Identité réelle *impossible pour* la contradiction du silence et de la parole, telle qu'elle détermine de manière ultime un Verbe axiomatisé et théorématisé fait de mots-sans-langage, d'une écriture-sans-logos ni anti-logos, de noms premiers. Leur pauvreté en méta-phores et en épekeina-phores ne signifie pas le vide d'une axiomatique formelle, mais un vide a priori puis transcendantal, de (non-)Un, son être-déterminé-en-dernier-silence, traînant après soi mais unilatéralisée une frange de logos. Les symboles premiers dont est tissée la mystique-fiction sont des identités de dualité unilatérale renvoyant la double articulation dans un statut de matériau. Plus généralement, pour prendre d'autres niveaux d'expression, il n'y a plus par exemple d'Ancien et de Nouveau testament, cette dualité trop simple est emplacée comme symptôme par la dualité unilatérale de l'Homme-sans-testament et des testaments dont nous héritons.

Parole vocale et parole intérieure se co-appartiennent dans l'ancien Logos et, s'échangeant, font ce bruit infernal qu'est le Monde. Ce bruit est aussi bien un silence *absolu*, si assourdissant qu'il ne s'entend plus lui-même comme bruit mais seulement comme silence et que le silence ne sert au mieux qu'à couronner ou fuir le bruit. La philosophie les distend plus ou moins, use de l'un contre l'autre en vue d'une unique musique toujours désaccordée dont elle poursuit la déconstruction. La mystique religieuse ne se contente pas de transcender ou de faire silence, elle se fait extase hyper-silencieuse, épékeina-silencieuse. Elle procède par l'extinction progressive ou balbutiante, inhibition de la parole ou silence concentré et dur comme un cri, mais toujours en vue d'une auto-diction qui est « silence souverain ». Intériorisation a-vocale, détachement de la parole créée dont le mystique abandonne l'extériorité et la nature représentative. Ce silence suressentiel par séparation de la voix intérieure qui n'a plus besoin apparemment de la parole, c'est la prière. Elle ne s'écoute plus sans doute parler avec la suffisance du Logos, mais elle s'écoute encore prier, s'entend et se reçoit pour se donner immédiatement à Dieu.

La science des Futurs repose de manière nécessaire mais non-suffisante dans un être-silencieux intrinsèque propre au savoir indocte. Ce silence est le *Tu-sans-avoir-été-tu*, il refuse la duplicité de la parole intérieure, de la prière autant que de l'*Appel* secret, que cet Appel ait un contenu théologique ou qu'il soit une forme pure. La parole transcendante de la prière, son unique objet, est le silence anéantissant le Logos, attestant de cette performativité cherchée par toute mystique. Mais sa pratique non-mondaine l'inverse, fait de ce *Tu* sa base réelle, qui n'est ultime que d'être autre que finale, la dernière-identité pour le Verbe futur. L'être-Performé du *Tu*-en-personne, forclos à toute parole auto-signifiante, transforme la prière chrétienne en symptôme. Il la détermine en-dernier-silence et la clone à partir du bruit-Monde pour enfin la destiner au Monde.

Comment s'explique la « prière du cœur », acte fondamental de la posture hésychaste, quelle est sa possibilité transcendantale ? Ses explications métaphysiques la redivisent et en perdent l'identité. La prière a toujours été une activité, disons, pour fixer un terme, performationnelle ou performative, qui actualise l'unité de fusion de la parole et de la foi en une « parole-de-foi », l'unité de Dieu et de l'homme. Mais ce trait de performativité doit être dé-philosophé et distingué de ses formes religieuses. Performant sous des conditions humaines le Verbe ancien, la mystique-fiction ne le répète pas stérilement comme dans une actualisation ou une réalisation, ce serait le lire encore depuis lui-même et verser dans un idéalisme performatif. Sans prise sur l'Homme-en-Homme, les vocables jouissent seulement de l'être-performé qui en fait des cris ou des jaculations axiomatiques pour des paroles théorématiques.

Ce sont les deux états de la prière, états inégaux dans une dualité unilatérale qui ne passe plus entre les mots et les choses, entre le silence et la parole, le cri et le dogme, mais entre la forme axiomatique qui a quelque affinité avec l'invocation, et la forme théorématique quelque affinité avec la dogmatique et la confession de foi. Les axiomes sont ici traduits de la théologie mystique mais tels des manières de témoigner de l'ineffabilité, tels les gémissements ou les premiers soupirs de la prière mais qui par ailleurs sont déjà remplis ou effectués, « vérifiés » et sans appel, consistants comme des théorèmes. La prière n'est plus alors de l'Un vers l'Un ou de l'homme vers l'Un, elle est par elle-même Un-ique et tient en-Un-mot, c'est son identité de symbole ou de chaîne déliante de symboles, « axiome du cœur » qui est le contenu réel de la « prière du cœur ». Elle est moins présence ininterrompue à Dieu, diachronie du désir de l'Autre ou synchronie du rapport à l'Autre, qu'être-performé comme Verbe-Christ pour un Monde-sans-enfer.

Glorification et répétition du Nom

La glorification déifiante du Nom repose dans la tradition (orthodoxe) sur une expérience encore transcendante de la performativité du Logos et un concept trop particulier de l'unilatéralité de l'Un comme Dieu.

Si l'Un n'est plus un problème pour qui le pose par une hypothèse déterminée en-dernière-Identité par lui-même qui est anhypothétique, c'est le Verbe selon l'Un qui le devient. Le Nom cesse d'être une question interminable pour devenir un problème soluble par les actes du mystique futur. Le nom d'« Un » de l'Un est même son problème le plus important, celui qui met en cause sa forme existante et son support philosophique. L'usage correct du nom d'« Un » en fonction de l'Un résume la Bonne Nouvelle.

Que le langage ait été « frappé d'ouverture », de puissance ontologique et révélatrice par les grecs, cette propriété somme toute particulière mais élevée à l'état d'essence ne pouvait qu'être massivement mobilisée par les mystiques jusqu'à virer parfois à une idolâtrie du nom, une onomatolâtrie. Parce qu'elle aspire à une identification au Réel (Un, Être, Dieu) tout en étant condamnée au langage et au sens, à son emploi métaphorique, la mystique-monde engage nécessairement une théorie forcée, épékeinaphorique, du langage, une surontologie de la parole. C'est une onto-théo-logie, mais elle comporte sur l'une de ses faces une *onto-théo-linguistique* qui est la structure invariante et complète de son usage du langage. Cette onto-théo-linguistique s'exerce en général comme *Différence onomato-théo-logique* susceptible, dans des proportions diverses à examiner, de convertibilité et d'unilatéralité. Le nom et le verbe ne possèdent pas seulement en effet un usage méta-physique ou méta-linguistique, mais *épékeina-linguistique*, un usage des mots comme identité d'une altérité, comme performant l'expérience de l'Un au-delà de l'Être. L'onto-théo-linguistique réside dans cet usage par lequel le langage se fait auto-nomination et s'excède lui-même sans s'annuler véritablement. Tel est le fondement philosophique complet de la *Glorification du Nom* dont l'hésychasme est la forme la plus significative, du Nom comme expression divine de Dieu, expression-Un(e) du Dieu-Un.

Soit alors l'axiome qui généraliserait de Dieu à l'Un l'argumentation fondatrice de la posture hésychaste : *le nom de l'Un est l'Un lui-même* (sous-entendu : et réciproquement à une différence près). Il programme la possibilité et la nécessité d'une répétition du Nom et surtout une certaine réversibilité qui assure le devenir-Dieu du Nom. La *theosis* de la créature implique celle du Verbe et d'abord celle du nom. À l'adoration de Dieu, correspond la glorification de son nom et de tout nom. La *theosis* du nom use du même procédé que celle de l'homme, tantôt par procession, tantôt par « image de Dieu », tantôt par manifestation icônique de sa présence au nom, plus généralement comme mode ou type d'Incarnation. Ce devenir-Dieu du langage et du Monde fait corps, avec quelques réserves théologiquement considérables mais sans signification décisive pour nous, avec le devenir-Monde de Dieu. Le Verbe mystique est en général inséparable d'une répétition de mots et de gestes, de vocables et de rites, de la même courte prière (« prière de Jésus »). On l'interprète par son effet, illumination intérieure, union à Dieu. Mais sa cause importe davantage. Si la répétition philosophique est celle de la différence, de la transcendance, la répétition mystique est celle de l'immanence et doit produire de l'immanence fût-ce sous la forme du ressassement, elle est de l'Un plutôt que de l'Être.

S'il n'y a pas de mystique sans répétition, il reste donc à fixer la possibilité et les limites de celle-ci. On distingue trois répétitions, la répétition militante ou philosophique ; la répétition glorifiante ou mystique-mondaine ; la répétition performante unilatérale ou immanente qui est celle de la mystique future. La répétition glorifiante ou chrétienne n'est l'exact opposé ni de la militante, mais son supplément intériorisant, ni de l'interdiction judaïque de répéter le nom, mais ce qui s'ajoute à celle-ci comme l'Incarnation à la particularité de la Loi et comme la naissance du Fils à la fécondité jalouse du Père. Ni enfin de l'immanente, la plus hétérogène mais dont elle est le symptôme et le modèle. Si la glorification du nom a reçu par exemple une fondation philosophique d'ailleurs très tautologique, elle n'est qu'un *datum* ou qu'un matériau pour le sujet-Christ. Quoi qu'il en soit de ce dernier point, il faut comprendre concrètement, quasi-corporellement, la répétition philosophico-mystique et son pouvoir de déification.

L'axiome proposé ne sous-entend ou ne tolère une certaine convertibilité, très discutée, de l'Un et de son nom, qu'au prix de certaines apories, celle au mieux de l'idéalisme (l'Un est co-constitué par son nom, par le Verbe en général), celle au pire de l'idolâtrie (si le nom de l'Un est l'Un, cette représentation est adorée et glorifiée tel l'Un lui-même), celle enfin de l'hénolâtrie (l'Un adoré et glorifié sur le mode d'une représentation humaine). Toutes ces possibilités sont congénitales à l'axiome pleinement déployé et appartiennent au cercle vicieux d'une décision philosophique malgré son « application » mystique à l'Un et sa formalisation. La structure néo platonicienne et philosophique de l'hésychasme est ici simplement généralisée mais nullement supprimée et la répétition mystique n'est qu'une répétition philosophique concentrée ou condensée « sur » l'Un.

Toutefois mystiques et philosophes – pas seulement ceux de l'hésychasme – ont tenté d'introduire certaines distinctions destinées à éviter ces apories. En particulier une certaine distinction unilatérale nécessaire, formalisable, de Dieu à l'Un, indépendante de la littéralité textuelle. *Le nom de l'Un est l'Un lui-même mais l'Un lui-même n'est pas le nom de l'Un, il est forclos au nom en général.* Ou encore *l'énergie de l'Un est inséparable de l'essence de l'Un mais l'essence de l'Un n'est pas énergie mais an-archie et non-consistance.* Ou encore, l'ontologie de la Glorification du Nom se jouant entre essence et énergie, *celle-ci suppose celle-là mais non réciproquement.* Toutefois, en vue de la mystique-fiction, une défense radicale de l'unilatéralité devrait être réelle et syntaxique et refuser tout résidu de convertibilité de Dieu et du nom, c'est-à-dire du sujet et de l'attribut. C'est ce que nous allons dire.

L'unilatéralité du Nom premier de l'Un

L'Un est forclos au Nom de l'Un qui est cependant donné-en-Un, comme a priori puis comme Nom-sujet.

Apparemment, plus que la philosophie, qui use massivement de la convertibilité, la mystique recourt donc elle aussi à l'unilatéralité au profit de l'Un-Dieu et aux dépens des créatures. Toutefois même si l'entente complète de la philosophie dépasse ou distend la convertibilité par la sur-transcendance de l'*épékeina* qui soutient directement la mystique-monde, celle-ci, on l'a dit, projette la dualité et la causalité unilatérales dans l'élément de l'extériorité, supposant que le mystique reste un philosophe en état de survol fixe par rapport à son expérience d'errance, postulant une forme supérieure de réversibilité unitaire dans laquelle il développe et anéantit ses efforts. Le mystique ne rencontre l'unilatéralité qu'à la périphérie d'un appareil de pensée qui est le Monde, comme transcendance sur-ontologique et quasi-ontique de l'Un-Dieu qu'il croit pouvoir faire passer pour le Réel. La simplicité de cet Un-Dieu se distingue sans doute de l'énergie ; mais celle-ci est par ailleurs inséparable de l'essence dont elle est l'énergie, si bien que cet ensemble connexe se localise dans l'homme empirique, son réceptacle et son point d'application. Tout se complique, se réfléchit et s'imbrique dans une dualité dont le concept *complet ou déployé* implique qu'elle soit bilatérale.

La dualité unilatérale, lorsqu'elle est ainsi étalée dans la transcendance, génère une apparence ou une illusion, un simple désir sans effectivité réelle. De là un Verbe « énergétique », une oraison-manifestation, un Un-Dieu en cours de manifestation et parfois une procession-conversion. Pour prendre l'axiome, « le Nom de Dieu est Dieu lui-même », peu importe que la relation sujet/attribut soit syntaxiquement irréversible et que l'on refuse son renversement en « Dieu est le nom-de-Dieu ». Cette dernière équation n'est pas nécessairement hérétique ou abstraite (simple égalité ou identité), la philosophie dispose de la dialectique pour la rendre acceptable et prolonger le flux du Nom hors de

Dieu par son retour en Dieu. Mais si l'unilatéralité syntaxique de cette formule peut être levée par les moyens de base de la philosophie, l'autre unilatéralité, celle de l'*épékeina*, du retrait par exemple de la Déité par rapport à la positivité de Dieu n'est plus, elle, apparemment réductible et nourrit au contraire la croyance à une jouissance de l'Autre. C'est à ce niveau plutôt qu'à celui du jugement de prédication que l'irréversibilité de la relation de Dieu et de son Nom peut apparaître comme irréductible. Toutefois la dimension de l'*épékeina* est distincte mais strictement inséparable de celle du *meta*, la philosophie étant un discours à double articulation (de pensée, pas spécialement linguistique). L'unilatéralité de l'*au-delà* se déploie donc sur un support de transcendance et dans l'élément de celle-ci, c'est de toute façon une partie abstraite de la philosophie, incapable par définition et malgré la croyance contraire qui l'anime d'assurer une autonomie radicale à son objet, l'Un-Autre ou Dieu. Cette forme philosophique d'unilatéralité relève de l'*essence* ou de l'être de l'Un plutôt que de l'*Un-sans-essence*, et reste une interprétation particulière de l'unilatéralité.

Celle-ci est seulement le noyau d'une syntaxe, pas encore une thèse sur le Réel. Mais elle doit être interprétée en fonction du Réel sous peine justement d'idéalisme philosophique. Il y en a deux usages possibles, selon la transcendance, elle dissimule alors une bilatéralité, et selon l'immanence radicale, elle aboutit alors à une dualité unilatérale et qui le reste sans retourner au cercle philosophique. L'immanence *est* unilatéralité, son identité ou son inséparation est telle qu'elle est séparée non pas de soi mais (du) Monde – qu'elle donne par ailleurs de manière immanente – donc séparée sans avoir été séparée. L'Un ne se sépare pas du Monde, il *vient comme séparé* et cet être-séparé n'est pas le résultat d'une opération, d'un sujet pré-existant, une bilatéralité. L'Uni-latéralité est la racine de toute dualité unilatérale postérieure. Dans et par celle-ci, le Monde est une transcendance mais donnée-en-immanence c'est-à-dire de manière qui n'est justement plus bilatérale. Toutefois la reformulation rigoureuse de l'axiome hésychaste ne peut consister à dire sans plus que l'Un et son nom d'« Un » forment une dualité unilatérale en général – c'est dissimuler un « blanc » ou un symptôme. Il faut poser nécessairement l'axiome, *l'Un est en-Un, et donc séparé (du) nom « Un » sans se distinguer de lui ou lui être opposé.* L'être-séparé de l'Un n'est pas le contraire de son uni-versalité ou de son pouvoir de donner-sans-donation le Monde. Mais cet être-immanent séparé ne peut pas être séparé comme l'est un côté par rapport à un autre, tel un face-à-face qui serait démembré. L'uni-(latéralité) n'est pas un côté opposé, l'(uni-) latéralité est le seul côté, ce qui donne son *contenu réel* à l'opposition et lui interdit d'être une transcendante « opposition réelle » (Kant), à plus forte raison une contradiction dialectique.

Les mots-messies. Adoration et démocratie

La dualité unilatérale de l'Un et de son nom suspend la suffisance du nom, sa glorification et son autonomination, elle introduit la démocratie-de-dernière-instance dans le Verbe. Ce sont les vocables-sujets, mots-Christs ou mots-messies.

On se doute que l'onto-théo-linguistique est particulièrement sujette à déconstruction, encore que celle-ci suppose une conception métaphysique ou restrictive du concept complet de la philosophie et se contente de la surdéterminer judaïquement par un empirisme textuel refoulé. Aussi faut-il, sans refuser cette déconstruction dans son ordre, prendre le problème de l'onto-théo-linguistique avec une autre radicalité. Si l'unilatéralité est le moteur de toute mystique, son aspiration et sa spécificité, la posture de la mystique-fiction qui use du même concept doit être définitivement clarifiée. Avec ce nouvel axiome, *le nom d'« Un » est déterminé-en-dernière-humanéité par l'Un dont il est le nom premier*. Transformé de l'hésychaste et de celui des Glorificateurs du nom, qui sont pour nous des symptômes et des modèles restreints, nous sommes en état de reposer le problème du Verbe et en particulier du Nom.

La philosophie connaît l'exception, la singularité, l'intéressant, la hiérarchie en général, le judaïsme connaît l'élection, la mystique chrétienne la noblesse et l'adoration. La mystique future connaît le clonage immanent, suspens sans reste ou sans destruction, donc *l'égalité démocratique mais en-dernière-Identité*, ici des vocables. L'onto-théo-linguistique de la philosophie et de la mystique consacre le nom parmi les mots, ou bien alternativement le verbe. Le Nom de Dieu parmi les noms, de toute façon, fait exception du langage parmi le Monde, de la structure de l'énoncé à prédicat ou bien à complément parmi la syntaxe. Mais cette « glorification » – pour formaliser ce vocable – doit être stérilisée par la « force (de) diction » du sujet dont l'être-cloné se refuse à faire « exception » et « acception ».

Le Verbe le plus réellement pauvre est aussi probablement le plus démocratique mais sans l'introuvable égalité abstraite. La mystique future établit la démocratie à même le fond de l'âme, elle est non pas coïncidence mais égalité du sommet et du fond, de la pointe et du réduit du sujet, en leur dernière-identité plutôt que pas leur équivalence. L'âme du philosophe contient un point rationnel, le plus élevé, celle du mystique un point de réversion ou une cime, mais l'âme du sujet-Christ, comme être-cloné, vaut univoquement de la cime et du fond et met un terme aux séductions abyssales du Monde-comme-enfer. « Là où le sommet de l'âme s'unit à la lumière de l'Ange », ainsi que l'écrit Eckhart, ce *là* est maintenant un non-lieu, une utopie qui n'est ni le sommet de la Raison ni la hauteur de l'Ange. Comment ne plus diviser l'âme, comment la faire naître *en* son identité, comme née-sans-naissance, voilà le problème que résout le *sujet* mystique comme dernière humanéité du haut et du bas.

Le nom d'« Un », pas plus que les autres, n'approche donc l'Un ou ne coïncide avec lui, si ce n'est par sa valeur de symptôme qui postule une telle proximité, mais il s'agit toujours du matériau, symptôme compris. La vision-en-Un n'est pas Dieu, elle ne se confond pas avec sa manifestation au Monde et au langage, avec sa connaissance, mais avec son être-manifesté-sans-logos. Il unilatéralise le Logos par une immanence dont la non-suffisance, la non-totalité excède, si l'on peut dire, toute totalité et auto-position, puisqu'elle a la ressource de *les donner sans devoir les recevoir ou les générer par une procession.*

La mystique future ne peut toutefois détruire tout esprit antidémocratique lorsque celui-ci lui revient de la philosophie par le canal du matériau aspirant à son ancienne autonomie. Mais sous cette réserve elle donne à tous les mots plus qu'un « droit de cité » ou qu'un « droit de logos », le droit d'être les premiers-nés de la vision-en-Un ou les Fils de l'homme. Le Verbe futur pratique des *mots-sujet, mots-Christs ou mots-messies,* telle est son universalité démocratique. Comme le nom de l'Homme est le nom premier du Réel-sans-nom, de l'In-nommable qui ne peut être que nommé malgré tout « en différé » ou unilatéralement, le nom du Christ est un nom premier pour le sujet-Étranger mais il n'est que premier, sans autre primauté que celle qui viendrait du matériau. Des technologies de la prière à la performation humaine du Verbe, émerge ce nouveau rapport du Réel, qui n'a pas la consistance du nom, étant forclos au Verbe, et par ailleurs du Verbe-selon-le-Sans-Verbe. Tel est l'Homme-sans-nom (constitutif), qui se dit comme sujet selon-le-Sans-nom.

À la pauvreté sans gloire, si peu « adorable » de l'Un humain – si ce n'est une adoration plus qu'intérieure, immanente et performée –, correspond une non-glorification du nom et du Verbe. Il n'y a pas à adorer l'Homme plutôt que Dieu, mais à exercer éventuellement l'adoration de Dieu *selon* cet Un humain. Le Verbe futur répète lui aussi rituellement le nom du Christ mais il le répète pour lui communiquer sa non-consistance. L'auto-nomination est la structure latente de tout mot dans son usage onto-théo-linguistique, tout mot abandonné à la spontanéité de la philosophie rêve ou s'illusionne d'une auto-position qui aurait pour effet de convertir l'un dans l'autre le mot et le Réel, à l'exemple majeur du Nom (de) Dieu. Cette auto-nomination absolue, le survol du nom par lui-même, voilà ce qui fait la magie universelle du Nom absolu. Son caractère magique n'est pas seulement de produire des miracles ou du Réel dans le Monde, mais d'être lui-même un miracle ou un mystère – le Réel absolu – dont les philosophes ont permis l'exploitation, donnant à la mystique une apparence objective tout en l'abîmant dans l'illusion, voire l'hallucination. Si Dieu se nomme de l'intérieur de soi et si l'auto-nomination du langage est à Dieu près, à l'épékeinaphore près, la nomination future se sépare de cette apparence, fait apparaître cette illusion qui fonde le désir des vieux-mystiques. L'Un et son nom ne naissent pas l'un dans l'autre comme Dieu et son nom, pour la plus grande gloire du troisième terme, du Logos. Le vocable humain ne peut naître au sein du Logos ou de l'auto-nomination du langage, naissance par procession de l'Être dans le langage, mais il naît tel que cloné et Fils. Loin d'apparaître comme un mystère à l'égal de l'Incarnation et du même type que celle-ci, la nomination n'est pas un effet direct de l'Un ni n'a d'effet sur lui. Si Dieu prétend se produire comme son « propre » nom – la Différence théo-linguistique – l'Homme est forclos au sien.

Le Verbe-Christ toutefois se saisit de cette glorification et adoration du Nom et les performe à la dernière-Humanéité près. S'il y a *un contenu réel* de la « prière de Jésus », ce n'est pas la répétition transcendante de ce vocable dans le désir de l'intérioriser à lui-même, au cœur de l'illumination à force de répétition. C'est de répéter, rituellement d'une certaine manière, ce nom de Christ dans l'esprit universel de la vision-en-Un plutôt que dans l'« esprit de Jésus » qui est un esprit historique et mondain, condamné à un usage ascétique du langage. La mystique future est un rituel unilatéral comme le reste de la non-philosophie. Que naisse-sans-naissance, que naisse le nom cloné de Jésus comme autre nom du Fils ou du Sujet...

Transférant la glorification sur un double plan, axiomatique et performatif, le traitement des noms religieux comme noms premiers retrouve alors contre la mystique extérieure la thèse de l'unification en-dernière-identité du nom (de Dieu) et de la pensée (de Dieu). Prononcer, écrire les noms du Christ Futur ou de l'Homme, les faire entrer dans des axiomes libérés de l'*intuitivité historique et dogmatique chrétienne*, c'est vivre en eux dans leur immanence dernière, performer la connaissance-qui-est-le-Christ. Nous comprenons l'axiomatisation transcendantale comme performation, et cet ensemble comme la seule *glorification* humaine possible de ce qu'il subsiste de Dieu hors du Monde. Le nom premier est ici indéconstructible, son identité n'étant pas celle du signifiant ou du signifié mais de l'Un dernier que présuppose elle aussi la déconstruction mais sans s'interroger sur les contraintes de cette présupposition et y reconnaître le Vécu Ultime. L'être-Performé unifie en-dernière-humanéité le vécu et le théorème, performation plus resserrée encore, moins différenciée en son fond que sa forme linguistique et poétique. En dehors du nom premier du sujet-existant-Christ il n'y a de mystique que sur les lèvres du Monde.

Monologie. Hénologie. Unilogie. Jeux de langage unilatéraux

Trois usages du Logos sont possibles en fonction de l'Un et selon la définition de celui-ci, la monologie de la mystique « orientale », l'hénologie positive ou négative de la mystique « occidentale », l'unilogie de la mystique-fiction qui use de jeux unilatéraux de langage.

Nous, Fils-de-l'Homme et Verbe-sans-Logos, entretenons de multiples rapports au vieux Logos. Notre verbe a des aspects de paléo-et de néo logos mais c'est une vision superficielle de notre usage de la parole-monde. Par exemple la mystique chrétienne « orientale » se concentre dans une monologie, pensée ou prière unitaire qui use de la forme de la double extase de la parole ou double articulation de la prière, mais qui s'achève dans l'adoration comme hénologie rejetant *in extremis* l'échelle langagière. L'*uni-logos,* qui n'est pas l'hénologos, a une tout autre signification et d'autres moyens. L'indifférence du Réel rend inopérante la suffisance du Logos plutôt qu'elle ne détruit celui-ci mais elle interdit tout autant le recours au schème de l'Un-Multiple qui soutient l'hénologos. L'Un est *en-Un* et le Multiple est *en-Multiple*, si bien que le Verbe ou Christ, l'« Étranger », est une pratique du nom premier ou de l'axiome chaque fois uni-que, mais aussi de paroles *unifiées*, fussent-elles aussi développées et aussi longues que des équations. C'est l'uni-logos, tantôt jaculation première ou parole-flash mais qui n'est pas une auto-nomination, plutôt une nomination seulement première qui n'a pas besoin de discursivité et n'en manque pas, tantôt chaîne unifiée de vocables qui pourrait s'étendre aussi loin que le Monde mais hors du Monde.

Dans le Verbe-fiction, la mystique-monde fait l'objet de jeux de langage vécus ou immanents, donc unilatéraux, qui supposent le refus de tout arrière-logos ou arrière-Verbe. C'est une séparation unilatérale exercée par l'humilité à l'encontre du capital mystique. Il n'y a pas de nom immédiatement approprié originairement (si ce n'est dans les limites du symptôme) à l'Homme-en-personne comme il y en a un *supposé* dans la philosophie, en particulier de l'Être, à la fois nom, verbe absolu, copule et auxiliaire, mais aussi de Dieu ou de l'Unité. L'Un-en-Un est dépourvu d'aspect verbal, à la différence de l'Être afin de dire son agir, son déploiement et sa causalité. Mais la causalité (de) l'Un est plutôt l'agir d'un sans-agir ou un (non-) agir propre à l'Homme-en-personne. L'être-cloné, essence du sujet, étant lui-même sans opération transcendante, la seule opération vient en toute rigueur du matériau. En revanche, la vision-en-Un est susceptible d'une diction axiomatique-transcendantale, d'axiomes et de théorèmes qui sont autant de *jeux unilatéraux de langage* d'un nouveau type, tout autant que les aspects verbaux du présent, du passé, de l'imparfait. À la différence de l'Être, qui finit toujours par supposer un contraire déficient ou autre, un devoir-être, un appar-être, un non-être, toujours un voisin, une instance subordonnée ou supérieure, l'Un-en-personne ne doit plus se dire comme attribut et encore moins par l'identité et l'unicité comme attributs.

Le Verbe humilié. Le contenu réel de l'héno-théo-logie négative

L'humiliation du Verbe, comme disent les mystiques, ici par le savoir indocte, est le contenu phénoménal ou la vérité de l'héno-théologie négative qui en est le symptôme.

De là un autre usage du langage qui n'est plus d'héno-théo-logie négative. L'Humain-en-personne qui détermine le sujet mystique n'est pas l'Innommé, le sans-nom au sens mystico-philosophique. Il est même plutôt le radical Nommé-sans-nomination et en ce sens l'In-nommé. Il n'est tel que par l'abstraction axiomatique du *Nommé* comme *Innommé*, à partir du nom, du pouvoir ou de l'impouvoir de la nomination, et non par une abstraction métaphysique qui le placerait hyperboliquement au-delà et au-dessus de tout nom possible. La théologie mystique négative tend finalement à *opposer au sein de leur convertibilité* le Réel et la nomination, l'Humain et le langage, et à *réfléchir en celui-ci cette opposition* au lieu de (se) donner un Réel suffisamment pauvre et humble pour n'exiger du langage qu'une axiomatique impossibilisante plutôt qu'une négation. La négation redoublée de la dialectique ne fait que complexifier et renforcer la voie négative de la mystique dominante et précisément autoritaire, tandis que la simple humiliation axiomatique du Logos qui règne dans tout langage laisse à ce dernier la force, mais non la « réalité », du Réel. La dualyse du nom, c'est-à-dire du mélange du nom et de la nomination symbolisante et formalisante, reconnaît au Nommé comme Innommé le pouvoir de déterminer toute nomination, son usage linguistico-philosophique et ses normes de recevabilité.

Le Verbe radicalement humilié – formule qu'il ne faut pas entendre psychologiquement ou moralement par confusion du radical avec l'absolu – voilà le noyau réel de la mystique négative, ce dont celle-ci n'est que le symptôme et le modèle spécifiés au Monde. Verbe audible depuis l'en-Silence qui le détermine de son être-forclos, non reconnaissable dans l'horizon des usages dominants, sinon comme un fatras de concepts. C'est la manière future, le style réellement pauvre de l'oraison, « os » ou bouche, lorsqu'elle ne dit plus la raison ni le contraire de la raison, lorsqu'elle n'est plus l'énonciation honteuse ou sublimée du Principe de raison.

Souffrances et solitude de la langue, mais aussi Corps Glorieux de la langue... La Fille de l'Homme supporte cet aspect de crucifixion et de résurrection. Pas le « discours » philosophique ou théologique, le Logos prononcé du bout des lèvres, mais la langue comme cette identité performationnelle de la parole et de la pensée nouées une première fois comme Monde, dénouées et uni-fiées une seconde fois hors du Monde. Le matériel de la mystique future n'est pas en effet n'importe quelle parole ou quel acte classé en général *signifiant*, mais un mélange diversement dosé d'événement et de sens, de signifiant et de signifié, des relations toujours interprétables philosophiquement. Or cette langue-monde, voilà le *corps* du mystique destiné à être retravaillé par clonage ou mission en vue de son identité de *Chair Glorieuse.* La confusion des langues doit quitter sa forme de « mélange » ou de « monde » et advenir à l'état de « mixte » unilatéral tel que le détermine l'humaine Dernière Identité. La vie mystique n'est pas identification à l'Un et désir de l'Un, mais jeux de langage unilatéraux ou encore *langue charnelle-selon-l'Un.* Le mystique n'a qu'une tâche-passion, faire advenir la langue confuse et embarrassée qu'est le Monde à l'état de langue uni-que c'est-à-dire de multitudes des langues uni-ques ou solitaires en-dernière-identité. Ce ne sont pas seulement les « facultés » de l'esprit mais les membres divisés du discours-monde qui adviennent comme identités une fois chaque fois sans être le moins du monde rassemblés. Dispersée et déchirée de tant d'antinomies par les philosophes et les théologiens, la langue-monde est « en-guerre » avec elle-même mais cette guerre est le terrain d'exercice du mystique réel qui y acquiert sa science toute de performation et d'expérimentation. La mystique est la science expérimentale qui explique selon-l'Un la langue hallucinée de la folie-monde à laquelle, par un dernier tour de la pensée, appartient encore la foi comme croyance. Entre la langue adamique et les langues babéliennes, elle n'a pas à choisir. Elle institue une cité transcendantale des langues-messies comme étrangères, sans équivalent par leur pauvreté et leur dénuement, leur absence de consistance théologique et philosophique. Cité des mots-Christs, des idiomes qui sont des messies...

Mystique-fiction

Le Verbe futur, performé et théorématique, est une pratique de mystique-fiction, pas une fiction mystique ni un mysticisme imaginaire.

La mystique armée par la philosophie fonctionne selon un double oubli, l'oubli relatif bien connu de la vérité de l'Être propre à « la-métaphysique », mais aussi l'oubli radical, la forclusion de la non-essence ou de la non-consistance de l'Un humain comme en-Un. Toutefois les insuffisances, oublis ou prétentions de ses formes historico-religieuses ne peuvent nous servir de motivation mais seulement d'occasion et de matériau. Ré-activer aux limites de la philosophie le *sens* de l'Un en général est important pour la position théorique du matériau dont on fait symptôme, mais ne permet pas de découvrir le nouveau statut, non-ontologique, de l'Un tel qu'il fait l'objet d'axiomes, en-dernière-Identité non-axiomatisés (ou d'hypothèses an-hypothétiques, dirait Platon, mais cette fois en-dernière-instance) plutôt que d'élucidations. Rien de consistant n'épuise l'Un-en-Un, ni le sens car le Réel est « impossible » à tout sens et le détermine sous cette « incondition », ni la vérité car il est le Vrai forclos à la vérité, ni la localité car il est a-topique. La mystique-fiction est l'abandon, « renoncement » et « détachement » a priori déterminés par le Réel, des voies philosophiques et même déconstructrices du sens, de la vérité et de la topologie où se réfléchit l'enroulement sur soi de la métaphysique (sa « fin »). Elle ne remonte pas de la tradition occidentale de l'Être et secondairement de celle de l'Un vers un sens oublié ou présupposé (par exemple de l'Être-présence vers l'Être comme temporal ou vers l'Autre). Elle n'a pas à régresser de leur manifestation historique à leur présupposition, elle prend son départ dans *un présupposé réel ou sans-présupposition*. C'est plutôt l'objet de la mystique-monde que d'élucider et de réaliser comme sens, expérience désirée, conversion ou réversion topologique, l'Un limitrophique et déserté propre à la philosophie, de le révéler ou de le manifester dans son essence, tandis que la mystique-fiction est une théorie de la non-essence de la manifestation, celle-ci se constituant comme une essence, *comme manifestation selon le Manifesté*. Même l'invention du sujet n'est pas une ré-activation de sens, le sujet se constituant à partir du matériau symptomal traditionnel par des procédés qui ne sont plus en toute rigueur d'élucidation mais de clonage, soit d'identité du « déduit » ou du « missionné » d'une part et de l'« induit » ou de l'« occasionnal » d'autre part. Aussi ne se contente-t-elle pas de « remonter » à l'Être comme au fondement de l'étant, ni même à l'essence de l'Être comme non-fondement, ni même à l'Un comme impensé encore à penser de toute cette thématique. Elle prend son départ dans la vision-en-Un mais comme Performé, elle fait donc plus qu'inverser le sens de la philosophie et de sa mystique, elle change de terrain de sorte qu'elle admet un Envers, l'Un comme libre de toute topologie, « libre » ou « vide » d'Être.

De là la plasticité du Verbe-fiction, dépourvu de la lourde ambiguïté du sens et de l'idéologie de la « métaphore ». Il cesse d'être hésitant, bégayant et questionnant comme le Logos pour devenir librement inventif et quasiment poétique, fictionnal plutôt que réaliste ou que simplement imaginatif. Il est poésie-fiction, philosophie-fiction et maintenant mystique-fiction, mais sans jamais être une simulation de l'expérience mystique supposée « réelle » et la redoublant, ajoutant à sa duplicité et l'offrant à une déconstruction. Justement parce que la mystique traditionnelle, dominante et autoritaire, est dé-réalisée, privée du Réel qu'elle *s'attribuait* par les procédés vicieux de la philosophie, un *usage réel de fiction* en est possible, un sans-logos qui est le Verbe tel quel (du) sujet-Christ. Le vocabulaire de l'« essence », pour prendre un exemple, n'est plus utilisable sans traitement identiquement scientifique et philosophique. Il est possible de requérir la formule « fond-sans-fond » à titre de symptôme puis de modèle d'une formulation axiomatiquement plus complète ou manifeste de part en part qui est celle de « fond-sans-le-mélange-du-fond-et-de-l'essence » ou de « fond-sans-fondation ». Formulation qui n'est pas plus inutilisable, si ce n'est pour le fétichisme sémantique et conceptuel de la philosophie, *qu'une longue équation ou qu'une démonstration.* Ici aussi il s'agit non pas de « tout manifester » sous réserve de la surface aveugle qui tapisse le Tout, mais de *manifester tel qu'en-identité le Tout lui-même.* Pour être en-dernière-Identité, elle n'en est pas moins identiquement définitive et à poursuivre, mais non à totaliser.

La mystique-fiction n'est rien d'autre qu'*un exercice spirituel sans choses spirituelles mais aux règles immanentes*, aux impératifs performés en-dernière-Humanéité. Comme pratique théorique, comme unition érotique avec le sujet-Étranger, comme usage en général du Monde, elle ne dit pas, si ce n'est apparemment, ce qu'il faut faire pour devenir un « mystique nouveau », elle le pratique en le disant et l'écrivant – elle est performée et performative, spirituelle en-dernière-identité. Elle a plusieurs aspects, théorique de connaissance, éthique de commandement, religieuse d'exhortation, artistique d'invention d'un langage. Sa réalité de sujet cloné est si pauvre qu'il ne peut être titulaire exclusivement de la seule théorie, ou de l'éthique, de l'esthétique, de l'érotique élevées à l'état de doctrines, précisément parce qu'il ne se manifeste sous chacun de ces simples aspects qu'à cause de son immanence humaine.

CHAPITRE V

INCARNATION ET CLONAGE

Clonage et mystère dialectique

Le mystère théologique est un concentré de dialectique, la dialectique est la face « présentable » et rationnellement recevable du mystère, cet ensemble est le symptôme transcendant du clonage.

Le clonage du Fils de l'Homme a évidemment des symptômes plutôt que des antécédents dans l'ancienne mystique sous les formes diverses de l'*hénosis* ou déification, de l'adoption de l'homme par Dieu, de l'identification, de l'unition, de l'incarnation du Verbe, du devenir-Un de Dieu et de l'homme, etc. Toutes ces notions, d'ailleurs toujours nuancées et différenciées, relèvent d'un même principe d'arrière-plan, qui est la convertibilité de Dieu et de l'homme, voire leur réversibilité ultime, de toute façon synthèse et parfois système. Une certaine confusion affecte ces rapports de filiation et suffit à interdire la science des hommes selon-l'Homme. Elle masque la non-convertibilité de l'Homme et de l'homme-monde, comme elle fait de leur unition ce qui hallucine leur vrai rapport qui est bien d'unition mais *non-unitionnelle (de) soi.*

La convertibilité est le berceau de la dialectique. L'Un philosophique se redouble toujours comme autre Un, c'est le « même » Un, celui qui *est* et s'engendre comme Fils ou diffère de soi. Mais le clonage est une opération soustraite au redoublement ontologique de l'Un comme au redoublement dialectique de la négation. La grande distinction est ici celle du « moyen terme » dont la médiation est auto-médiation, et de l'Un-en-Un qui, dans le clonage, *constitue* la médiation et lui interdit de devenir auto-médiation ou auto-position. L'Un est forclos à la transcendance, il n'est pas en soi, séparé de soi et réfléchi, ses aspects d'être-séparé, d'universel et d'unidentité sont immanents et ne lui sont pas ajoutés comme des attributs. Chez Eckhart et Hegel le *meta* est absorbé finalement et conservé dans l'*épékeina*, la transcendance se supprime et se conserve elle-même par un tour de magie alors que seule l'immanence radicale peut la transfigurer d'une manière réelle et non magique.

L'Incarnation et la Trinité en particulier, le cœur de l'ancienne mystique, donnent lieu à des spéculations et des antinomies qui ne peuvent apparemment se résoudre, on l'aura compris, que dans le « mystère ». Le mystère théologique est un concentré de dialectique, inversement la dialectique avoue son côté mystique d'Unité comme dit Marx, et pas seulement chez Hegel. Extase et conversion sont les deux branches d'une opération qui reviennent au même dans le cercle-Un d'une « vie supérieure ». La mystique enregistre toutes les antinomies philosophiques, le dedans et le dehors par exemple, la sortie et le retour pour les unifier finalement dans une expérience de cheminement qui est l'équivalent mystique de la vie interne du système.

L'Incarnation en particulier concentre le schéma traditionnel de la coïncidence – le troisième terme – des opposés (des deux « natures ») dans laquelle le mystique coule ses désirs, ses gestes et ses espérances. L'Incarnation n'a pas été l'occasion de l'invention d'un nouveau schème universel, d'une forme d'ordre neuve pour la culture. Sa nouveauté se décide seulement par son rapport au judaïsme, non par rapport à la philosophie. Elle a simplement resserré sur soi, rendu plus concrète aussi la convertibilité (à une dialectique près) des opposés. Il est presque incroyable qu'une telle économie – mais c'est sans doute celle qui assure la maîtrise, l'accumulation et la capitalisation de la pensée – ait envahi toute la culture pour perdurer « aux siècles des siècles ». Aussi le hiatus n'est-il pas aussi considérable entre la vétéro-nomination judaïque (comme inhibition de la nomination) et la néo-nomination chrétienne (comme aussi Bonne nouvelle de l'auto-nomination avec son risque de redoublement, « qui m'a vu a vu le Père »). Comme manière de penser, l'une et l'autre présupposent la dyade des contraires, le minimum philosophique du Deux, soit comme corrélation synthétique par troisième terme, soit comme différe(a)nce écartelée des contraires – des contraires par défaut ou par excès d'altérité – mais toujours une dualité de base explicitement ou subrepticement survolée.

Posons le problème de manière apparemment moins spéculative et plus phénoménologique. Inévitablement l'extase fait cercle et réciprocité, la vie mystique est une circulation des extases. À l'extase de l'homme hors de soi répond l'entrée de Dieu dans le soi, au renoncement répond la grâce, à la déshabitation l'inhabitation de Dieu dans l'âme, à la désappropriation l'appropriation, etc., c'est le rouet ordinaire avec lequel la mystique-monde ne cesse d'expérimenter des voies supposées nouvelles. Jamais, lorsqu'elle y est parvenue, elle n'a pu toutefois dépasser cette loi qui n'est que celle de la philosophie ou du Monde, le recouvrement des extases même les plus dissymétriques, le cercle de l'extase cette fois absolue et qui culmine dans un Homme-Dieu ou un Dieu-Homme qui témoigne seulement d'une hallucination par le Monde. Que le *nous* sorte de soi vers soi ou de soi vers Dieu, que l'extase soit d'accomplissement ou de divinisation, c'est toujours d'un cercle extatique qu'il s'agit, d'une forme resserrée ou relâchée de convertibilité, dialectique ou érotique. Même la vacuité est flux et extase, la mystique-monde n'a fait que vivre et concrétiser les métaphores et les épékeinaphores philosophiques jusqu'à s'y identifier et les supprimer apparemment. C'est un système de circulation extatique, de mélange et d'échange que la philosophie plus tardive reprendra comme étant la Vie même de l'Absolu. Car c'est la loi des lois que toute opération se résorbe fatalement, après plus ou moins de médiations, dans un échange et dans cet échange supérieur qu'est l'identité de l'identité et de la non-identité. Toutefois le mystique s'attribue l'initiative du premier geste, sortir d'abord de moi-même afin que Dieu entre en moi...Témoignage irrécusable de suffisance, d'empirisme et de mondanité. La nécessité d'introduire une certaine unilatéralité dans le mécanisme de l'échange mystique se résout une fois de plus par l'initiative anthropologique et mondaine qui cesse d'être simple occasion pour se prétendre constitutive.

L'autre solution pour expliquer la nécessité de cette unilatéralité à l'origine de l'échange est d'en appeler à l'Homme non-mondain, à une unilatéralité inaliénable dans l'échange-monde. Le mystique peut ne plus accepter de vivre la vie d'un autre, de Dieu, au lieu de vivre la sienne. Toi en Moi, Moi en Toi, sans doute, mais cet impératif achève d'aliéner la vie et de la menacer de Dieu, tandis que Dieu manque d'identité humaine et se perd dans la superessentialité, dans une superconsistance. Humanéifier le sujet plutôt que le déifier, la dernière instance libère Dieu lui-même et fait de ce matériel divin une variable du Fils de l'Homme. Comment rompre d'emblée avec le cercle du Dieu-Homme, sinon en refusant de rendre l'Homme indistinct du Monde ? Qu'il soit l'Immanent-en-personne implique qu'il ne le soit pas « au » Monde. La cause par immanence n'est pas pour cela immanente à..., pour ensuite se distinguer de... C'est d'emblée que l'en-Homme est séparé (du) Monde et pour cela cause d'un clonage du sujet.

Le clonage comme mission et le Deux impair du sujet

Le clone est l'identité-sans-synthèse de l'Un-en-Un (comme dernière-instance) et du Deux (ou du Trois)comme occasion en laquelle il se missionne, c'est la dualité unilatérale du sujet comme quasi-Deux ou Deux impair.

Il existe en l'Homme une opération immanente par laquelle il est fait sujet ou Fils. Peut-être faut-il dire que l'Homme-en-personne saisit en-Un le Monde et ainsi existe-Fils. Cette opération n'est pas comprise dans le

Monde mais doit le supposer, elle est l'effet de ce qui n'est pas engendré sur ce qui est engendré, de ce qui n'est pas créé sur ce qui est créé et qu'il ne crée pas, de ce qui n'a ni forme ni quantité sur ce qui a forme et quantité. L'Invisible radical traversant le visible, ou plutôt son mélange avec son contraire, se mettant *lui-même en-personne* comme marque sur le Monde, le Non-consistant manifestant *sur son mode propre* le consistant, telle est *l'essence du clonage* en tant que phénomène intrinsèquement humain, étranger à la vie biologique de l'espèce, ne valant par conséquent que de la naissance du Fils de l'Homme.

Le clonage est le contenu phénoménal réel, le noyau humain-de-dernière-identité du sacrement, union et vie réciproques de l'homme et de Dieu tels que le système religieux les a travestis. C'est la forme strictement immanente de la diffusion, de la *mission* de Dieu, dont la théologie fait mystère, dans le Monde. Le Fils ne naît pas dans la supposée âme de l'homme, il naît en-Homme mais sans l'entraîner dans un devenir ou même dans une œuvre, sinon retenue comme une grâce. Le clonage est une in-fusion d'immanence qui, dans le sujet-Christ, libère le Monde de l'Enfer. C'est à partir d'elle-même et selon sa loi qui est l'être-donné-sans-donation que la vision-en-Un flue et diffuse en toute retenue, se donne telle qu'une Identité *autre-que...*le Monde mais qui se destine à lui.

Au sein de l'Un comme *épékeina*, et pour définir son effet, ce fut une lutte incessante qui traversa la scolastique et dont les échos parvinrent jusqu'à Bergson, Heidegger et d'autres. Deux thèses sont impossibles pour nous, l'Agir (ou l'opératoire comme disent les Modernes) suit de l'Être, celui-ci dérive de celui-là, elles font une antithétique aux solutions nuancées mais dont la solution radicale est ailleurs, dans le refus d'un ordre seulement transcendantal de priorité du Réel. Le Réel détermine en-dernière-identité donc hors dialectique et hors priorité, les rapports de l'Être et de l'Agir, ce type de détermination n'étant pas un agir ou une cause d'action, mais en toute rigueur axiomatique un sans-agir dont tout l'agir (unilatéral) consiste à cloner sous la forme d'un sujet l'agir mondain. Du clonage, on dira qu'il n'est pas une participation, un processus réel d'aliénation, il donne au sujet son Humanéité non-mondaine. Le sujet-Christ est une archi-image transcendantale et non transcendante de l'Homme et ne le transforme donc pas.

Le clonage comme grâce

Le contenu réel de la grâce est le clonage, dont la grâce chrétienne est le symptôme.

Quel est le principe du clonage comme *être-né* spécifique du sujet-Christ ? L'en-Homme ne peut que donner et donner sans donation comme il est lui-même sans avoir été donné par un *deus ex machina*. L'Homme ne peut pas faire autrement que donner son être-donné ou que le communiquer gratuitement, le clonage est le concept réel de la grâce en tant que, purement humaine, elle s'adresse nécessairement au Monde. La grâce radicale est le comble et la destruction du dogmatisme. Seul un être de solitude, de non-consistance peut donner ce qui l'accompagne comme lui de manière clandestine. Plus Dieu comporte de perfections et d'attributs, de moyens, plus il est consistant, et moins il est en état de donner réellement parce qu'alors il *se* donne et se retient donc déjà afin de ne pas s'appauvrir, n'étant pas assez pauvre d'emblée. Dieu a trop de moyens pour donner réellement, sa grâce est une grâce d'attente et de patience. Le seul don-sans-réserve ou retrait n'est pas le fait de Dieu ou de l'Être, c'est la nécessité d'un être dépossédé de toute essence, et le calcul théologique ne connaît rien de tel. Comment un être suffisant pourrait-il donner sans retenir le don au profit de sa gloire, sans les antinomies et la dialectique théologiques ? Seul un être radicalement insuffisant est contraint de donner au Monde son propre mode d'être-donné et seulement lui.

Sans doute, comme le Dieu des mystiques onto-théo-logiens, la vision-en-Un ne peut-elle que donner et se donner mais elle ne donne pas par une donation la dédoublant. Le clonage ne fait que communiquer l'être-donné-sans-donation et ne lui ajoute rien. Le donné-sans-donation n'est pas à son tour l'objet d'une donation, le clonage arrête ce cercle vicieux, cette réversibilité du donné et de la donation. Ce n'est pas ici une opération technologique ou une *opération* mystique au cœur de la Déité comme *cause de soi*. Il y a, donnée de manière immanente quoique se disant immédiatement de la transcendance du Monde, la simplifiant plutôt que la dédoublant, une Identité réelle ou sans-essence mais transcendantale en tant qu'elle vaut du Monde. Le sujet cloné est l'Homme devenu (semi-)phénoménal et substitué à la techno-mystique mondaine des chrétiens et des philosophes. La techno-mystique duplique ou plie réciproquement le Monde et la foi l'un dans l'autre, faisant de celle-ci un double purifié et ascétique de celui-là, se développant au mieux comme intériorité dialectique d'une négation, par la Déité, du néant de la créature. La mystique future en revanche, sans la technique de la création ou de la naissance, sans opération d'un clonage imaginaire de Dieu en la créature, se déploie de manière toujours immanente, sans que l'appareil des techniques spirituelles la constitue, sans qu'elle procède à une duplication de l'Un *avec* l'Un ou du sujet en Dieu et de Dieu dans le sujet.

Le clone comme image unilatérale

Le Christ comme cloné par l'Homme est une image unilatérale du Monde, un non-monde.

Le clone est l'existence comme image réelle et transcendantale, donc non spéculaire. Réelle par sa face d'invisible phénoménal, imitation du Monde par son contenu ou son « argument ». Il n'y a plus trois instances empiétant l'une sur l'autre comme dans l'image philosophique renvoyant à son prototype idéal et par ailleurs à l'ectype matériel. Son être-réel et son contenu matériel ne sont plus distingués comme les deux termes d'une dyade philosophique appelant une synthèse, l'image « imaginaire », mais forment seulement une dualité unilatérale ou immanente. Ni un seul terme ni deux termes ni leur rapport unifiant, mais une dualité qui réserve les droits du Monde, dualité strictement indivisible ou une. C'est de cette manière que nous comprenons désormais le sujet-Christ comme image du Monde plutôt que de Dieu et clonée par l'Homme plutôt que créée par Dieu. Le clonage humain-de-dernière-identité se substitue à la création et aux procédures qui en découlent.

Si l'être-cloné n'est plus réellement une image de Dieu, c'est la possibilité pour l'immanence radicale de se transmettre, sans perdre sa nature de non-essence, à la transcendance donnée par exemple sur le mode mondain de la créature. Le clonage suppose le raccourcissement de la causalité qui « tourne » de l'intérieur la médiation de la représentation, de l'engendrement et de la naissance. L'Identité transcendantale du sujet n'est pas un second Un ni une image *de* l'Un, c'est une image unilatérale du Monde, une onde à un seul côté, non à deux côtés comme l'entité reflet-chose en miroir. L'homme comme image de Dieu, cette théorie théologique approche le clonage mais ne fait que l'approcher puisqu'elle livre encore l'être-cloné au processus de la représentation et finalement au vieux schéma du modèle, de la copie et du simulacre, à ses avatars en termes de naissance et d'engendrement. Le clonage défait l'Un-paradigme, l'Un-modèle avec le sujet comme sa copie, mais il défait aussi le renversement de ce système, l'affirmation des simulacres. Il l'inverse ou l'uni-verse hors de sa duplicité.

Il ne suffit pas de dire que l'Un-Dieu ne peut que se donner au Fils d'abord, aux créatures, à l'âme ensuite si c'est pour concevoir encore ce Dieu comme flux et retour, comme ultime respiration d'une philosophie expirante. Comme la philosophie classique s'est dite par cercles et sauts, sols et fondements, la contemporaine par « évènements », « percées » et « coupures », la mystique s'est dite par influx, diffusion, lumière ruisselante, larmes, écoulement, émanation, devenir, passage, par le côté fluide des humeurs autant que par son côté « affect », les deux réconciliés dans la « tonalité affective » (Heidegger, Henry). L'expérience supposée la plus spirituelle n'a jamais dépassé le stade d'un imaginaire de l'eau et de son auto-ressemblance narcissique autant qu'insaisissable. Son peu de spiritualité fait le pathétique du vieil homme, comme un sujet-Christ retombé en christianisme.

Le sujet-Christ naît comme cette non-articulation ou cette simplicité qu'est le clone. C'est un arraché-fixe, un transcender transi *a priori* par l'Homme qui l'a aimé le premier. Le mystique futur n'est pas pris de l'eau, du feu, de la terre et de l'air, de l'alchimie qui fait le Monde, du souffle et de la pneumatique qui fait l'esprit mondain, et il sait cela sans recourir à un Cogito. Si l'esprit est encore une chose spirituelle, alors l'ordre de l'Homme-en-personne est pauvre aussi « en » esprit. En toute rigueur le clonage est à peine une communication, plutôt une (comm)uni-cation. La vision-en-Un ne diffuse pas au Monde son identité, elle la lui donne-sans-effusion. Si le clonage interrompt le cercle de la fluxion, c'est seulement pour son propre compte, dans le sujet, non dans le Monde. Il n'annule pas la transcendance du symptôme mais exclut pour soi et pour le sujet les rapports opposés et continus de la procession et de la conversion et ce qu'il en reste toujours nécessairement à l'intérieur du symptôme. Le clonage n'est pas un accompagnement de la transcendance par l'immanence, une extension de celle-ci jusque vers le Monde, ce n'est pas en général une position. Dans le langage d'Eckhart nous dirions, le violentant, toute position est fournie par le Monde incréé, l'Un-en-personne ne le pose ni ne le crée, il ne communique ou ne donne que l'être-donné (de) son Identité, et il le donne à toute position venue du Monde, plus généralement à l'auto-position qu'est le Monde. Le Monde n'a donc pas davantage à faire retour en lui, n'ayant pas flué de celui-ci mais jouissant d'une autonomie relative. Le clonage cesse ainsi de supposer la convertibilité nécessaire entre Dieu et la créature. Non seulement l'uni-versalité ne vaut que de l'immanence (de) l'Un en tant qu'elle donne-sans-donation, sur son mode à elle, toute conjonction d'étant et d'être donnée-par-donation. Mais elle « se rapporte » aussi transcendantalement, dans un rapport-sans-rapport, à la transcendance propre du Monde qui la « motive » ou la sollicite et, sans l'aliéner, lui fait remplir son rôle d'Identité. L'Un-en-Un n'est jamais convertible avec lui-même, fût-ce dans le sujet – il vaudrait mieux dire qu'il est forclos à lui-même (en tout cas comme Un philosophique). Il ne contient aucun semi-tournant même lorsqu'il clone ou missionne l'essence du sujet mystique. La vision-en-Un agit plus immédiatement que la création, même lorsqu'elle suppose que lui soit présent un matériau de symptôme.

L'Uni-carnation, Corps Glorieux ou Chair-en-personne

L'uni-carnation est le contenu phénoménal réel de l'incarnation, sa dualyse en fonction du Corps Glorieux, qui n'« existe » pas mais insiste. Elle se prolonge de l'invention clonée du sujet-Christ qui existe « en-chair » ou « en-corps », chair future ou étrangère au Monde.

La mystique a toujours été une science expérimentale de la chair, une discipline des corps et des esprits qui se désincarnent et se réincarnent, imitation du Christ comme incarnation à un pôle, union à Dieu comme déification à l'autre. Le vieux couplage grec des contraires se concrétise de ces opérations croisées dialectiquement en Christ. Car la chair vient du Monde sur le support du corps vivant, ce pourquoi beaucoup de gnostiques l'ont haïe. Ainsi comprise elle est déjà un double processus diversement dosé d'incarnation et de désincarnation contraires. Même la déification appartient à ce procès et à ce concept de la chair-monde. La toute-puissance chrétienne de la chair comme sa haine gnostique font système aux opposés et suppose le Principe de Chair Suffisante. L'incarnation reste suffisante dans le christianisme et donc finalement indéterminée à cause de la réciprocation de Dieu et de l'homme, de l'esprit et de la chair.

La mystique-fiction invente un formalisme de pensée et de pratique qui défait en tout point la coïncidence des opposés hétérogènes de l'Incarnation. Avec l'*uni-carnation* elle pose comme premier axiome l'Homme-en-personne comme Corps Glorieux, sans les philosophiques Être, Autre ou Chair, elle prend d'emblée ses distances avec le schéma globalement philosophique du Tout-chair. Si le mystique mondain ne voit pas qu'il travaille en réalité pour le corps-Monde, par exemple l'Église comme corps visible des croyants, le mystique futur éprouve l'impossibilité de s'identifier à la pensée-monde ou de dépasser la vision-en-Un, la nécessité de devoir accéder au corps-Monde à travers celle-ci, sans transcender vers lui qui est déjà transcendant, sans passer par son autorité. Il a sa demeure dans l'immanence glorieuse du Performé-sans-performation plutôt que dans le Ciel et la Terre de la philosophie.

Une mystique hérétique est une pratique d'uni-carnation qui comporte un moment de désincarnation comme suspens de la chair suffisante. *Le Corps Glorieux est la chair future, la dernière chair telle qu'elle se transmettra au sujet-Christ.* Il faut du platonisme et du christianisme pour se contenter d'incarner le Logos dans la chair et le Verbe dans l'âme, pour les y faire naître ou les engendrer. Le mystique futur ressent cette incarnation comme un mal qui cède au mal et cette naissance réciproque de Dieu dans l'âme et de l'âme en Dieu comme un inceste humano-divin et une corruption, comme la sujétion par la connivence avec le Monde.

L'ensemble du dispositif mystique doit donc être reformulé pour un nouvel usage. On ne peut dire que l'Homme-en-personne soit incarné ou désincarné, le problème ne se pose pas ainsi, il est Homme-en-Homme plutôt que « chair », mais c'est en sa Venue ou son déploiement a priori une chair glorieuse, sans-essence et pourtant sans être néant d'essence, l'impossibilité uni-carnée de la chair mondaine. Mais il devra se dire selon le matériau de la langue ancienne de la chair, idiome du Monde. S'il y a une mutation de ce concept, elle a lieu au point de contact, de clonage en toute rigueur de ces deux instances, d'une part la chair-Monde à laquelle appartient encore l'esprit comme chose spirituelle trop consistante, d'autre part ce qui n'est même pas esprit et intelligence mais vision-en-Un qui sauve la chair en la transfigurant en un Corps Invisible *et donc* semi-visible en sa matérialité a priori, Corps Glorieux ou Chair-en-personne. Cette dé-figuration immanente de toute figure même la plus spirituelle est l'être-clo-né, non-figure et donc semi-figure du Christ Futur. On appellera « uni-carnation » l'opération de dualyse de la chair et de l'incarnation unitaires selon la Chair-en-personne.

Le christianisme aura été une christo-logie transcendantale et sans Réel, comme une hallucination de la naissance humaine. Devenir-Dieu et devenir-homme croisés, engagés dans une naissance qui est une forme de convertibilité, pas un engendrement irréversible et neuf qui émergerait de par un Vécu Glorieux donné en deçà de la chair. Le christianisme et sa mystique ont trouvé dans la chair le pathétique nécessaire. Ce qu'ils recherchent, c'est une chair dans la chair, plus profonde et plus consistante qui ne demande qu'à ré-apparaître comme plus haute et idéalisée, comme une arrière-chair porteuse de tous les fantasmes. Mais il n'y a qu'une chair, celle du Monde aux multiples replis, uni-que de par l'identité que l'en-Homme lui assure à travers le sujet-Christ. Le christianisme ne connaît de la chair que ses avatars empiriques, idéaux et spirituels, tous inclus dans le Monde, mais pas l'uni-chair qui deviendra celle du sujet-Fils. L'Homme ne s'incarne pas comme le fait Dieu, il a toujours déjà transi la chair sans l'habiter ou y venir de l'extérieur par grâce, il était déjà là « avant » que le Monde ne se présente et même pour qu'il se présente et soit désincarné de sa suffisance, unicarné dans les sujets comme chair future. Nous appelons chair future celle qui est clo-née à partir de la chair naturelle et chrétienne par le Corps Glorieux. Tel est le contenu réel de l'*hénosis* comme clonage, une *Autre* chair *que....* l'ancienne. Nous ne répétons la chair chrétienne dans une chair hérétique qu'à sa détermination par l'Homme près. L'être-clo-né-sans-naissance se dit aussi bien du Verbe-sans-logos produit à partir du Logos. L'uni-que chair est en-dernière-Humanéité et ne se dédouble pas en une autre qui serait encore déterminée par la première. La chair n'est pas première ou, si elle l'est comme chair transcendantale, elle n'a plus la primauté chrétienne, elle est déterminée par un Corps Glorieux encore plus inconsistant et an-archique que la Vie.

La chair-Christ et l'adoption du Monde

L'Homme est un Corps Glorieux et une messianité du Vécu immanent, qui clone les sujets-Messies. L'unicarnation réelle se prolonge ainsi par l'archi-carnation, adoption du Monde par l'Homme. La chair religieuse ou mondaine, la chair de l'incarnation chrétienne, encore suffisante, n'est qu'un symptôme « pour » le clonage du sujet sous la forme d'une chair transcendantale mais intrinsèquement humaine, la chair-Christ.

La mystique-fiction est « imitation » du Monde *sous la condition de l'Humanéité,* elle bouleverse les présupposés et la techno-mystique chrétienne de la chair et de l'incarnation. Comme phase spécifique du salut, le clonage apparaît dans le problème du (non-)rapport de l'Homme au Monde qui peut se dire comme « adoption » du Monde, dans la mutation du corps religieux donc mondain en chair propre au sujet-Christ – d'où une dualyse du concept unitaire, aporétique et miraculeux de « chair ». C'est ici qu'il devient urgent d'abandonner la trop pâle et transcendante « incarnation » ou encore l'ontologique « transsubstantiation » pour l'être-unicarné de l'Homme et l'archi-carnation des Christs que nous sommes. Dans cette opération, il y va du sujet comme « Fils de l'Homme », une formule inespérée ou « impossible » à prendre ou jamais au pied de sa lettre. L'*opus humanum*, devenir Fils ou Fille, est au cœur du sujet-Verbe par la grâce unilatérale du clonage comme « mission » immanente de l'Homme. Le Vécu-en-personne, du moins comme Venue ou messianité, est un Corps Glorieux, il n'y a pas d'incarnation miraculeuse d'une transcendance dans le sensible, à la religieuse, ou de « schématisme » transcendantal à la philosophique, mais un Corps Glorieux immanent, d'un Vécu réel, matérial plutôt que matériel. Et il clone ou incarne avec le corps du Monde ce qui peut être aussi bien un sujet-langage qu'un sujet-pensée, c'est selon l'occasion ou la conjoncture charnelle, érotique en particulier. Le Corps Glorieux « se fait chair » à partir du Monde et pour celui-ci par une incarnation immanente, une uni-carnation a priori d'abord, et qui le reste, sans s'identifier elle-même à la nature charnelle transcendante du Monde, se contentant par cette mission de l'assumer sans s'y aliéner, c'est le clonage.

Nous abandonnons la phénoménologie matérielle de la Vie et de l'Incarnation, si admirable soit-elle (M. Henry), et ses divisions finalement transcendantes. Pour des raisons imposées par le formalisme que nous utilisons, il ne s'agit pas de ré-affirmer ou d'accentuer le caractère soit intuitif et sensible, soit non-intuitif et auto-affectif, de l'Être avant le langage sous la forme phénoménologico-religieuse de la « chair » propre ou vécue, comme s'il s'agissait d'une donation plus originaire que celle du sujet lui-même. Nous dualysons le « corps vécu » et distinguons 1. un Vécu radical qui est un Corps Glorieux, a priori « matérial », corps-sans corporéité mais uni-carné, nous appelons ainsi « corps glorieux » le Vécu en tant qu'il fait bord immanent ou extériorité unilatérale a priori, 2. un corps-monde, la corporéité dont le Monde est la forme (en un sens nous avons pour corps en soi et pour soi, corps suffisant ou corps-monde, la forme globale et spécifique à la fois du Monde qui sous-tend et oriente toutes nos activités), 3. d'où le premier tire un sujet archi-carné, un Christ qui est le Verbe de la mystique-fiction.

Parce que nous, les Humains, sommes déjà les Corps Glorieux forclos à la « nature humaine », Dieu n'a pas à nous assumer et à se faire chair, c'est à l'Homme à cloner de sa corporalité radicale les sujets-Étrangers ou Christs avec le symptôme de la corporéité mondaine. Il n'y a pas de genèse des Corps Glorieux, juste une anthropo-philo-génèse du corps-monde par les bifurcations génétiques qui sont la conjoncture de notre corporalité « actuelle » de sujet. Quant à l'Homme-en-personne il est trop inconsistant pour donner lieu à engendrement, il se déploie juste comme Corps Glorieux. C'est comme Fils qu'il est, comme on le dira, plutôt né-sans-naissance qu'engendré à proprement parler. L'œuvre mystique était d'individuer charnellement le corps, celle de la fiction est de l'*indivi-dualyser* et de le soustraire à son anonymat mondain, de le tirer de l'Enfer. C'est la seule adoption dont nous soyons passibles comme sujets – devenir Fils et Fille de l'Homme. On appellera donc chair transcendantale le corps archi-carné que le sujet-Christ ne reçoit pas du Monde sans être dualysé par sa détermination en-dernière-Humanéité. Onde de chair unifaciale, jamais en face-à-face avec le corps-Monde et que cependant elle traverse de son Identité Étrangère et Glorieuse.

Ainsi dualyse-t-on le concept de chair au lieu d'en faire un usage unitaire d'auto-englobant. Car la « chair » et pas seulement le langage peut être suffisante comme l'Enfer. L'Homme-en-Homme n'est de toute façon pas Dieu et ne *se fait* pas, au point de s'y aliéner, verbe ou chair en procédant ou en se sacrifiant à travers le langage, la chair mondaine, la chair mélangée du langage. L'unicarnation ne s'opère pas sur le modèle d'une procession comme la Trinité en menace toujours les Humains. Ceux-ci « désincarnent » plutôt la chair philosophique ou phénoménologique telle qu'offerte de prime abord par le Monde. Mais l'Immanent-en-personne, le Glorieux, donne au corps la chair la plus « subjective » et la plus séparée, et la donne avec le suspens de sa prétention de substitut de l'Absolu.

La grâce vient au Monde comme un ultimatum

Le Christ Futur est imitation unilatérale, grâce d'imitation du Monde sous la condition de la grâce prodiguée par l'Homme-en-personne.

Le philosophe est l'homme qui fuit d'abord hors du Monde, parfois hors de la métaphysique, de lui-même finalement, quitte la honte aidant à revenir de gré ou le plus souvent de force vers ce qu'il appelle joliment, fermant les yeux, l'« expérience », où s'épanouit son âme de philistin. Il s'agit de fuir ce monde de dissemblances vers un monde de ressemblances ou, à la rigueur vers un mélange post-moderne des deux mondes. Enfin fuir est se rendre semblable ou s'identifier à Dieu, à l'Être, Plotin dit « une fuite du seul vers le seul ». En revanche le sujet-Christ va d'abord au Monde, c'est même ce qui fait sa priorité sur celui-ci qu'il a aimé le premier, sans qu'il se fuie inversement dans la préoccupation puisqu'il ne peut se séparer de soi. C'est justement d'être sa propre Identité immanente qui, loin de l'enfermer en soi, le voue, si elle est bien comprise, *pour* le Monde et en vue de lutter contre sa suffisance. Sans doute seul le semblable connaît-il le semblable mais, sous peine de cercle vicieux et de stérilité, il ne le connaît qu'en-dernière-Identité. L'Identité donne plus que la ressemblance de l'identité, elle donne celle-ci même à ce qu'elle clone de la dissemblance. Il n'y a pas deux termes opposés et réciproques comme deux semblables, mais une seule Identité pour la dissemblance radicale, c'est le clonage. Le Seul est pour l'Un-Multiple et pas seulement pour le Multiple.

C'est donc plutôt le Christ que l'Homme qui est imitation – mais de quoi ? L'Homme n'est pas un objet imitable mais il rend réelle l'imitation comme clonage. Le clone produit est en son essence un imité-sans-imitation, le Christ Futur ne sombre pas dans les simulacres d'une imitation prélevée sur un processus de réciprocité. Le contenu phénoménal de l'« imitation du Christ » est la pratique non mimétique ou non spéculaire par laquelle le sujet-monde est rendu simple comme l'Un par l'Un lui-même, *hénoéikélos* plutôt que *monoéikélos*, unifié en-dernière-identité plutôt qu'unitaire par imitation de réciprocité avec Dieu ou avec Jésus. Le clone est par ailleurs une imitation du Monde, seule réalité imitable sous certaines conditions. Le Monde lui-même ne s'identifie à l'Homme que pour l'exterminer et c'est l'Homme qui, au travers du Christ Futur, Égal ou Clone par excellence, donne au Monde l'identité salvatrice ou le « fait » en-Christ.

Le clonage est dualyse du don et autre chose qu'un don, très précisément le donné radical qui, sans précéder le don, a la force de rendre le don lui-même et la donation adéquats à son immanence de donné. Que le don doive être sinon dissous du moins dualysé selon le primat (non hiérarchique) du donné sur le don et la donation, voilà qui interdit la vieille conception du don comme duplication du donateur et du donataire, et qui remet à leur place la création et cette seconde création qu'est la *theosis* mystique, la divinisation surhumaine de l'homme à quoi aspire le philosophe.

Philosophie respiratoire et corps de prière

La prière est un corps respiratoire ou spirituel qui doit être incarné glorieusement en-dernière-humanéité.

L'Un a le primat sur son nom d'« Un » et sur le langage en général parce qu'il n'est plus intuitif comme l'est une intériorité susceptible d'incarnation langagière externe et interne. La mystique-fiction, c'est le phénomène mystique libéré du *mélange* mystico-philosophique, et c'est la tentative de le nommer malgré tout à l'aide de ce mélange. À quel prix ? Que sont devenues les souffrances si redoutées et si aimées du désir de Dieu ? L'imitation du Christ, de sa crucifixion et de sa résurrection doit laisser de dernières traces dans le sujet-Étranger. Mais y a-t-il encore un sujet humain pour supporter de l'extérieur cette imitation ? Ou bien l'« abstraction » de l'immanence radicale évite-t-elle au sujet sinon la souffrance et la joie du moins leur *défilé* ? Peut-on penser de manière rigoureuse, sans cercle vicieux, le « corps mystique » ? C'est une généralité unitaire dans laquelle se recouvrent les deux réductions habituelles des humains, au « tout-mystique » et au « tout-corps ». Elle voue les vieux-mystiques à partager plus que d'autres la confusion de l'être-*pour*-le-Monde avec le Monde-Enfer, confusion qui nourrit une psychiatrie universelle. Tant de cheminements jalonnés de tant de cris de détresse et de jouissance, d'espérances et de déceptions, de folies et de sécheresses, tant d'extases accordées in extremis et comme arrachées, n'est-ce pas l'expérience mystique telle que la donne l'Enfer et telle qu'elle se donne en Enfer ?

Nous le savons depuis qu'il y a de la philosophie, le Monde est vivant et a forme respiratoire, mais la philosophie n'est pas faite pour nous enseigner que l'Enfer respire lui aussi et ne cesse d'expirer. Ce Grand Corps Respiratoire du Monde tel qu'il se réfléchit sous le signe du Cercle Vicieux se spécifie entre autres avatars en un corps de prière, les mystiques ayant toujours su que l'Enfer hantait les marges de la prière. Or la méthode respiratoire, telle qu'elle est associée à la sobriété hésychaste, est un exemple des amphibologies de la mystique ancienne. Le Monde est expansion et concentration, les premiers philosophes en faisaient leur cosmologie, les mystiques du « cœur » leur psycho-théologie. La mystique-monde se fonde en général sur le processus de l'Incarnation qui s'accomplit comme procession et conversion, flux et retour, respiration. Le Verbe est d'une part une affaire de respiration, c'est le *meta* comme rythme alternant de l'aller et retour, la psychosomatique transcendantale de la méta-physique. D'autre part c'est une affaire d'aspiration – à l'Un ou de l'Un – c'est l'*épékeina*, qui s'ajoute de l'intérieur et de l'extérieur à la respiration de la transcendance comme son énergie proprement transcendantale. La mystique issue de la philosophie, surtout chez les hésychastes mais pas seulement chez eux, est cette respiration spirituelle complète, et la respiration est incarnation.

Détaillons cette analogie. Philosopher est donc respirer, expirer et inspirer sur le mode de la pensée, rien de plus. Le mouvement de double transcendance, la respiration conceptuelle, est clonée imaginairement, décalquée de la respiration corporelle, mais elle sert à son tour à expliquer la nécessité du Grand Vivant comme celle d'une respiration corporelle dans la prière. Car respirer est répéter, c'est la dialectique d'union de l'Un avec l'Un. La pensée ne se contente pas d'inspirer et d'expirer le monde, elle devient Monde dans ce double mouvement. La philosophie est le côté vital et naturel de la pensée, la mystique lui donne un supplément d'inspiration et une force renouvelée d'expiration de l'ici-bas. Les mystiques du « cœur » savent que la prière est une respiration, la respiration une science expérimentale et psycho-somatique qui mime la structure de la transcendance ontologique mais au profit du primat chrétien de la vie et de l'unité divino-subjective. Le premier temps est donc d'inspiration et de réduction des pensées, de rassemblement de la *dianoia* à l'unité de l'esprit. Le second temps prolonge le premier par l'expiration, la détente et la dissipation des pensées, mais leur ensemble forme l'aller-retour de l'extase, le cercle de toute pensée philosophique. Peut-être l'unification inspiratoire est-elle juste première, inverse de l'ontologique où l'aliénation et la distance expiratoire sont premières. Mais surtout l'extase respiratoire complète se prolonge et se consomme mystiquement dans une phase sacramentelle de jaculation ou d'invocation brève du nom de Jésus qui mime l'éruption de la transcendance extatico-verticale ou d'*épékeina,* assignant à l'Un en sa transcendance le vocable non-logique de « Christ ». Ce mélange théo-techno-logique fait de la prière un concentré *vivant* de logos. La mystique a repris au Logos le primat du nom-événement sur la chose métaphysique et le primat subjectif et somatique du souffle sur l'extase anonyme de l'Être.

Ce substrat somato-philosophique ne prend un sens quelque peu théorique que d'être un symptôme de la solitude-monde qui reste celle de l'hésychaste. Cette appropriation respiratoire du nom du Christ où se résume la mystique-monde, est un symptôme qui doit être réduit à son phénomène humain radical. Il y a du performatif dans le souffle et la respiration, qu'elle rythme ou non la prière, mais l'esprit n'est rien de plus qu'une métaphore, un corps spirituel ou une *res spiritualis*. Qui *suis*-je demande le mystique ancien, qui « été »-je demande le mystique futur ? Une chose spirituelle du Monde ? un Un spirituel-sans-esprit qui incarne le corps, le clone ou se vêt de chair ? Il y a une expérience plus secrète encore et plus simple que la spirituelle, plus dématérialisée et plus désimagée. L'esprit est le mouvement et la vie du Monde, le Monde est éminemment spirituel jusque dans sa barbarie d'Enfer, mais nous les Humains ne nous réduisons pas à cette somato-théo-logie. Déjà la mystique postulait une transformation du corps dans un sens ontologique, une purification lumineuse de l'œil et glorieuse de la bouche, mais sans pouvoir déterminer le corps comme chair immanente en-dernière-Identité. L'Homme-en-Homme n'est pas plus esprit que corps mais donne à chacun d'eux son identité, son humanéité plutôt que sa subjectivité. Le Fils ou la Fille de l'Homme naît dans un corps mystique qui n'est ni tout-« objet » ni même tout-« vécu », ils sont clonés à partir de la corporéité mondaine qui ne leur sert que de symptôme. La compréhension grecque de la Vie comme vie naturelle et plus encore du *Vécu* comme vie c'est-à-dire comme spiritualité – car l'esprit est méta- et épékeina-phore – est la catastrophe inaugurale par quoi la pensée achevait de prendre parti pour la suffisance du Monde. Mais l'esprit n'est pas le dernier mot humain, seul « Humain » est le dernier nom humain.

Inhabitation et grâce d'adoption

L'inhabitation de l'Homme dans le Verbe, le clonage, rend possible telle une grâce l'adoption du Monde

Un terme classique de la théorie de la grâce dit que Dieu comme Verbe « habite parmi nous », qu'il est « venu parmi nous ». Inhabitation intérieure à l'âme et finalement au Monde, elle a des traits de procession. La mystique-monde est d'emblée procession et habitation, elle n'est pas d'abord séparée, c'est une autre manière de refaire fonctionner des schèmes philosophiques où le plus transcendant – Dieu ou le Verbe – descend dans l'immanence du Monde. Pour la mystique-fiction c'est l'Homme-en-personne qui inhabite, pour cause de « sa » propre immanence, dans le Verbe futur. L'Un hérétique n'habite pas ni n'« habitue » le Monde, et s'il le forme en effet à l'identité, c'est sans participer originairement de lui et supposer une stratégie de promesse et de pardon, une économie spirituelle de voies et de moyens, mais en le faisant à son tour immanent malgré sa transcendance. La détermination-en-dernière-Identité – occasion et clonage – se substitue aux mécanismes de participation, de procession et radicalise ou simplifie « la transcendance dans l'immanence ». Ainsi le clonage est grâce d'inhabitation pour le sujet mais par ce fait est grâce d'adoption offerte au Monde. Angelus Silesius dit que le Verbe naît là où l'homme se perd en Dieu. Nous inversons plutôt la formule, le Verbe est clo-né comme adoption du Monde là où le sujet est inhabité en-dernière-humanéité. Que peut signifier l'ancienne adoption de l'homme par Dieu, une fois réduite à ses conditions humaines de-dernière-identité, sinon son inversion en l'adoption du Monde par l'Homme à travers le sujet-Christ ? L'homme-monde est si peu le lieu de

Dieu qu'il est tout au plus le lieu *occasiomnal* de l'Homme. Humanéification plutôt que déification... *Dieu lui-même doit être adopté et humanéifié.* L'Homme enfante le Fils en-Homme à partir du Monde, sans y perdre son hérésie. La vraie assomption étant donation plutôt que réception de l'être-Homme, seul le Monde peut être adopté. L'Homme n'est pas de ce Monde, c'est pourquoi il doit (se) faire sujet et adopter le Monde non comme il se présente, comme Enfer, mais en lui donnant *comme être-donné* son Fils. Adoption, épousailles, union non-unitionnelle (de) soi peuvent encore dire le rapport radical de l'Homme au Monde (et donc à Dieu). Il faut évidemment opposer l'adoption du Monde et l'aliénation en lui, celle-ci exprime le caractère négatif et tragique de la philosophie, celle-là la possibilité d'un salut inespéré.

Lorsque l'adoption de l'homme par Dieu est encore pensée comme une naissance du Fils, la grâce d'adoption est comme un clonage transcendant, opération qui se croit intérieure mais qui est encore extérieure, dont l'Un de la philosophique *épékeina* est capable et qui se donne comme processus. Inversement le clonage est proche de l'adoption (le « fils adoptif ») mais de l'adoption du Monde par l'Homme à travers le « Fils de l'homme ». Si l'œuvre divine, l'*opus divinum* suppose le réceptacle préalable de l'âme, le clonage, l'*opus humanum*, suppose la donation symptomâle de l'âme et des autres représentations gréco-chrétiennes de l'homme, non pas comme un réceptacle mais comme un matériau et un symptôme. Le clonage est l'immanence comme cause ou, c'est la même chose, l'immanence comme hétéronome au Monde. Cette hétéronomie prend la forme d'un Messie comme fonction transcendantale exercée par rapport à l'argument du Monde. Grâce qui ne se répand pas par une filiation mais par la multitude des Fils et des Filles premiers-nés qu'aucun Père ne précède. Le premier-né, le Christ *existe* à l'état radicalement multiple, d'une multitude aussi peu quantifiable que l'est l'Un comme Dernière Identité. Nous les Humains qui sommes universels – ni grecs ni juifs, ni hommes ni femmes, ni esclaves ni maîtres –, nous sommes une fois chaque fois un ultimatum de grâce.

CHAPITRE VI

PATERNITÉ, NAISSANCE ET FILIATION

La naissance comme symptôme

Demander « comment Dieu devient fils de l'Homme » plutôt que « comment l'homme devient fils de Dieu » suppose une refonte théorique des concepts de la naissance, de l'engendrement et de la filiation.

Une question préjudicielle d'usage des vocables s'impose avec le symbole « Père ». Il s'agit d'une désignation symptomale du Réel ou de l'Homme-en-personne qui ne correspond plus à aucun privilège naturel ou social, voire sexuel ou symbolique. Un tel privilège est ici plus que métaphorisé, il est dualysé. En revanche nous sommes condamnés par la philosophie, la mystique et la psychanalyse réunies comme symptômes inévitables, à requérir un tel terme (comme aussi, pour abréger, ceux de « Fils » plutôt que de « Fille ») pour désigner l'Homme-en-Homme dans son rapport « occasionnal » à la naissance. C'est le Monde qui nous fait obligation de chercher dans la paternité de quoi désigner le Réel humain, de même que les termes d'« Homme-en-Homme » et de « Fils », qui n'ont, c'est évident – surtout pour l'« Homme », pour moitié quant au « Fils » – aucun sens sexuel *déterminant* ou réel, seulement une connotation objective apparente dans la différence sexuelle.

Les mystiques ont introduit aux limites de la philosophie une question fondamentale, *comment devient-on fils de Dieu ?* Introduisons une question qui n'est plus tout à fait l'inverse, plutôt l'Envers, de la leur, *comment Dieu devient-il Fils de l'Homme ?* Ils ont répondu à leur propre question par la naissance mystique distincte de la naissance mondaine. Naissance, engendrement, devenir, toutes ces solutions reposent sur la créature comme duplication ou *image* de Dieu, convertible avec lui à quelques différences près. Cette dynamique spéculaire prend la forme d'une dialectique déployée dans la naissance réciproque de Dieu et de l'Homme ou bien concentrée dans un mécanisme de conversion. La naissance mystique (du Fils et de l'Ame en Dieu) reste une variation sur le thème de la création et recourt à l'appareil philosophique néo platonicien. À l'opposé mais toujours dans l'horizon de la naissance, le moine (*monos*) comme modèle et le prêtre comme exception marqués de l'Un comme Unité, sont les vrais sujets du monothéisme chrétien. Ce sont des images de l'unicité divine, seuls en tant qu'ils sont devant Dieu, des exceptions à l'humanité sous une identité transcendante plutôt que des Uns-et-Seuls à force d'immanence-en-personne. Figures ou représentations dont le sujet-Christ que nous avons à être doit précisément se détacher au même titre que du Monde. Comment convertir l'unicité-devant-Dieu en solitude-pour-le-Monde ? En son appareil dialectique, la naissance n'est pour nous que symptôme d'un autre sujet adéquat à l'impouvoir (de) l'Un. Dans la naissance il y va du Un, du Deux et du Trois, toute la philosophie, il faut refondre cette économie et ce familialisme réunis.

Que serait une naissance humaine qui ne soit ni biologique et naturelle ni une métaphore de la nature, qui soit la naissance d'un sujet ou d'un « Étranger » tel qu'un « Fils » ou une « Fille », valant identiquement pour les deux côtés de la différence sexuelle? Naître est toujours naître comme un Autre mais pas nécessairement devenir un Autre, le devenir suffisant à effacer la plus grande altérité. À plus forte raison la naissance biologique achève d'effacer le nouveau-né dans le continuum unitaire de « la-vie ». La mystique est à la recherche d'une naissance qui soit émergence radicale en même temps que fidélité ou que filiation. Il est nécessaire que l'Homme ait été défini comme *en-Homme* pour qu'il puisse communiquer son identité sans faille à un sujet dont les conditions, nécessairement, lui viennent d'ailleurs, étant par définition insuffisant à « créer » un Fils à mesure même où il est capable de le « donner », d'en faire don et grâce à l'humanité en souffrance d'elle-même.

Deux formes de la naissance veillent aux extrêmes. D'une part le processus, le devenir, par exemple la métamorphose dialectique d'un être déjà là, le devenir-soi comme Autre. D'autre part le clonage comme émergence d'un sujet-Fils qui n'est déjà plus une naissance. Il suspend la naissance en lui retirant son caractère mondain, le sujet est l'*être-né-sans-naissance.* La matrice à tout faire, théologie comprise, de l'*alter ego* est le substrat de la conception philosophique unitaire mais se situe au voisinage de la naissance biologique, tandis que l'Homme-en-personne et le sujet qu'il clone sont déjà hors de ce système. La mystique ancienne a ses formules pour la naissance, mourir au vieil homme, naître à la vie, naître en Christ. Il est remarquable qu'il ne s'agit jamais de naître à l'Homme mais de pousser l'imitation du Christ jusqu'à l'unition avec Dieu, si bien que le concept même de naissance porte toutes les équivoques du Monde.

L'âme et le clone

L'Uni-sans-unition détermine-en-dernière-Humanéité l'unition de l'homme et du Monde

Mystiques, encore un effort, demandent les philosophes, pour se placer sur le plan où Dieu et l'homme ne sont plus de simples termes mais les moments d'un processus. C'est un stratagème dialectique, le spectre de la philosophie se déployant jusque dans ses termes extrêmes. Il faut toutefois autre chose qu'un effort pour mettre à jour le secret du plan divin, pour faire plus que déplier cette machine à faire s'évanouir l'homme entre unition en Dieu et épousailles du Fils. La téléologie de l'ancienne mystique est simple, c'est d'être un avec Dieu et finalement d'être un avec l'Un. Mais comment peut-on être un avec l'Un sans le nier comme Un et sans le rabattre sur le plan par excellence de l'Être ? La philosophie s'accommode de ces chutes et de ces profils bas, mais pourquoi la mystique comme expérience *selon*-l'Un le ferait-elle ? Certes Dieu-l'Un n'est pas substance mais relation aussi bien, et si rien n'est simplement Un, tout doit le devenir et l'homme former une seule émanation avec le Fils ou le Verbe. L'Uni-sans-Un pourrait être une formule de sauvegarde ou de secours contre la suffisance des anciens mystiques. Nous distinguons l'Uni-sans-unification, l'unification unifiée ou unilatérale et non unitaire, enfin l'unification unitaire ou synthétique. C'est dans ce cadre que la filiation doit être replacée pour se délivrer de la continuité naturelle et atteindre son régime de fiction.

Or il est dans le sujet quelque chose d'apparenté à l'Homme-en-personne, c'est Un-et-non-uni comme lui. Ce quelque chose est dans le sujet sans être du sujet. L'Un ou le non-Uni est sans commune mesure avec rien d'existant et pas davantage avec le rien. Mais cet Uni-sans-unition est uni par unition non-unitionnelle (de) soi ou clonage avec le Monde. Le Réel humain d'abord et le sujet-Christ ensuite, le Sans-naissance d'abord et le Nouveau-né ensuite peuvent seuls prononcer l'invalidation d'un plan de filiation et le révéler comme ordre infernal. À la condition que l'être-né cesse définitivement d'être décalqué de la naissance naturelle ou de l'en-gendrement et que cessent ces échanges spéculaires de la filiation.

Dans la mesure où la mystique ancienne possède une théorie du sujet proprement dit, elle apparaît sous la forme d'une théorie de l'âme. L'âme est un mélange triadique ou trinitaire de deux termes en rapport de synthèse ou d'unité tierce. Mais la mystique future ne connaît, en guise d'âme, que le clone, l'Identité transcendantale des mixtes ou des dualités *simples* que l'Un-en-personne extrait, tel un filtre, des mélanges donnés, par exemple de l'intellect et de la volonté. Ce sont deux modes possibles d'une extase non-extatique de soi *pour* le Monde. La vieille âme était dans le Monde et se croyait hors du Monde, plus que jamais elle est destinée au Monde parce qu'elle n'en est pas originaire, en vertu de la force d'un théorème avec lequel se confond la personne du sujet-Christ. Que l'intellect donne Dieu purement et dans sa nudité ou que la volonté et l'amour assurent l'ultime suture, peu importe tant que l'Homme-en-personne les détermine au lieu de les subir.

Du Monde pour le Monde

Si Dieu crée le sujet avec le Monde ex nihilo, l'Homme-en-personne clone le sujet à partir du Monde pour le Monde.

Le clonage, par l'Un inconstitué, du sujet pour partie constitué, résout le mystère des relations de l'incréé et du créé au sein non pas de l'âme mais du sujet. Le sujet est tout entier incréé en son essence immanente et pour partie constitué selon la loi du Monde et avec son concours. Il témoigne sans intermédiaire de l'Homme-en-personne dans sa nudité, qui l'a déjà transi *avant même que celui-ci ne prétende se retourner vers lui.* Le sujet est un nouveau-né qui naît-tourné vers un Monde neuf qu'il contemple pour la première fois sans avoir à y reconnaître le vieux Monde saisi de l'Enfer. Le sujet ne se pré-existe pas, si ce n'est par son seul matériau corporel et spirituel ou son symptôme qui n'est pas sa pré-existence virtuelle ou potentielle. Tout homme « venant en ce Monde » est un Christ soutiré au Monde plutôt qu'au néant. À la différence de la « créature » et du mystique qui conjuguent chacun à leur manière le néant et la préexistence, il conjugue (« uni-jugue ») sans synthèse, procession ni conversion, sa donation mondaine et son être-cloné à partir de celle-ci qui lui offre son matériel. Cette naissance unilatérale est sa sortie radicale hors du Monde mais aussi son existence-pour-le-Monde, et pourtant il n'est pas machiné par un mécanisme de procession et de réversion de l'Un. Le sujet est inventé, il est la dualité de l'invention en son Identité.

Le don le plus radical est que l'Homme-en-Homme *donne* (naissance) c'est-à-dire *donne, sans* l'*en-gendrer*, *l'être-né* à ce mélange, à cette nature à la fois boueuse et trop bien normée de l'humanité mondaine. L'Homme ne fait que donner sans rien recevoir ni accepter. Pas de réception phénoménologique, l'Enfer n'est pas reçu, il est de toujours donné et manifesté comme l'hallucination qui contient toute réception possible. Le Dieu de la mystique déjà donnait au-delà de toute mesure mais donnait malgré tout non sans recevoir la repentance et le désir, les larmes et les appels. Mais le Christ Futur est arraché à un cycle sans espoir en vertu de son Corps Glorieux qui, sans *précéder* tout arrachement, le détermine ou possède un primat sur lui. Une telle naissance d'emblée orpheline ou par clonage, non-originaire sans être seconde, est le Commencement-en-personne et définit une *mystique première* incommensurable à la *philosophie première* dans laquelle sa forme dominante prend racine. Elle n'est première qu'au sens où le « premier », le sujet-Christ, est cloné par le Réel hors-d'ordre et n'est donc ni originaire ni second mais « premier-né ».

La naissance hallucinée

La naissance mystique est traditionnellement comprise de manière dominante comme auto-engendrement ou auto-génération, un mode de la convertibilité.

La naissance mondaine, « spirituelle » autant que « naturelle » (deux concepts que nous ne pouvons plus opposer mais seulement impossibiliser-en-dernière-identité), relève finalement d'une auto-génération soit de l'individu dans l'espèce soit de l'âme en Dieu. Il n'y a pas de raison de les distinguer, ayant toutes deux la forme de la convertibilité ou de la vie-comme-cercle à une métaphore et une épékeinaphore près. L'auto-engendrement de la déité est intérieur et extérieur à Dieu ou à l'âme. C'est le schème de la *causa sui* dans lequel la Déité, le Fils ou bien encore l'âme, sont séparés de soi juste pour un devenir soi, un devenir plutôt qu'une hérésie.

L'engendrement porte trop de caractères naturels et spécifiques pour être toléré par le sujet-Christ. Par sa cause, le sujet n'est pas plus engendré que l'Homme-en-Homme. Ce qui est plus que premier, ce qui a la primauté sur la priorité ne peut pas être engendré ni engendrer, mais peut cloner. Au lieu que l'Un soit posé comme forme matériale a priori, comme « non-né », l'hallucination initiale le pose comme « inné » au sens philosophique unitaire d'opposé à l'être-né. Le contexte d'illusion est celui d'un clonage imaginaire compris comme naissance et de celle-ci comme une forme de la convertibilité mimétique. Tous les fantasmes de la ressemblance et du dédoublement, finalement de l'image de Dieu, se concentrent alors dans la naissance réciproque de Dieu et de l'âme. Mais la naissance mystique, lorsqu'elle n'est plus celle de l'âme ou de Dieu comme déité, n'est engendrement ou auto-génération que par son côté limité de matériau vivant d'où le sujet est cloné.

L'ancienne mystique a mis sa jouissance dans le *processus* comme identité de la substance et de la relation, du sujet et de la substance, sans apercevoir le caractère de cercle malin de cette solution. *L'Identité est forclose au processus, n'y ayant jamais deux Un(s) dans l'Un-en-Un*, voilà au contraire l'axiome qui détermine la mystique-fiction comme humaine. L'identité n'est pas de la différence et de l'identité mais, réelle, elle se dit transcendantalement de la différence et transforme celle-ci, la lui soutirant (ou la lui « souvenant ») en une dualité unilatérale, sans synthèse possible. La mystique philosophique ne voit pas que la jouissance de l'auto-engendrement, qui est sa loi imaginaire, est la Loi d'orgueil de l'Enfer-monde. Mais l'Homme-en-personne est autrement entêté et ne va pas jusqu'à la négation et au procès dialectique qui supporte l'engendrement. Avec l'hérésie le Christ Futur s'est arrêté aux pieds de l'Homme et a connu un autre calvaire.

For(t)-clo-né-sans-naissance. Le Principe de Paternité Suffisante

Le sujet mystique, premier-né de la vision-en-Un ou for(t)-clo-né, ne connaît pas la naissance ou l'engendrement qui sont la condition de l'aliénation de l'Homme compris comme image de Dieu.

La compréhension de la naissance mystique comme auto-engendrement, outre qu'elle montre un orgueil transcendantal, efface le don humain du nouveau-né dans des fantasmes religieux autant que biologiques.

Le clonage en-dernière-humanéité se substitue donc à l'auto-génération. Le sujet ne naît mystiquement que par la grâce déjà-performée de l'Un sur la « créature » elle-même, que comme être-cloné en mode hérétique ou immanent. L'être-cloné pourrait passer pour un devenir-Dieu de l'homme et réciproquement pour un devenir-homme de Dieu. Mais ce double devenir auxquels les mystiques veulent prendre part et dans lequel ils cherchent leur salut, n'est qu'une duplication de la forme-monde qui ne se sait pas comme telle. Et un abîme sépare l'être-cloné, son devenir unilatéral si l'on peut dire, et ce devenir réciproque, réversible, par lequel le Monde tente de le séduire.

La limitation de l'engendrement s'appelle l'être-Né ou le *Nouveau-Né*, à peine la « naissance » encore trop anonyme. Un sujet-Messie ne naît que par un suspens radical de l'auto-génération, même s'il contient un côté de génération à titre de variable ou d'argument. La « naissance » du sujet-Christ prend la forme d'une dualité unilatérale, elle n'a pas de plus grand ennemi que l'auto-génération divine. L'Homme-en-Homme échappe au cycle mythologique et naturaliste, philosophique pour tout dire, des générations et peut naître, exister enfin, comme Messie, il subit la passivité de l'être-né ou du clonage qui peut seule ne pas le faire confondre avec le Monde. C'est pourquoi l'être-né-sans-naissance du Christ humain le libère du cycle du Monde, son clonage étant limité lui aussi dans son aspect biotechnologique. Il vaut mieux expliquer, en mode théorique plutôt que doctrinal d'ailleurs, la naissance comme un clonage unilatéral qui met d'emblée l'enfant debout comme Corps Glorieux, sujet existant sur le mode de l'« en-face » immanent ou de l'Étranger pour le Monde, que par la seule génération qu'opèrent les parents qui l'inscrivent dans le cycle de la nature, de la société et de la religion. Le tout-génération rejette l'enfant dans un mauvais passé cyclique mélangé de présent et sans radicalité, tandis que l'être-né, qui fait exister l'enfant sur le mode du futur, a sa cause dans ce futur radical ou immanent qu'est l'Homme-en-personne. Parce qu'il est né-sans-naissance, l'enfant est Messie et Christ. À la vieille question grecque du désespoir, aurait-il mieux valu ne pas naître, nous préférons la réponse, *il vaut mieux naître hérétique que conforme, persécuté que complice.*

Fils-sans-filiation

Le sujet-Messie porte l'hérésie jusque dans l'appareil de la filiation que la philosophie a contribué à rabattre sur l'unition qui fait l'Éros.

Nous n'opposons plus au plan de la nature le plan de la grâce, à la naissance naturelle la naissance mystique, mais à toute naissance quelle qu'elle soit l'être-né-sans-le-mélange-de-la-naissance-et-du-nouveau-né, et qui, d'être nouveau, est inengendrable dans l'ordre du Monde et de Dieu réunis. Seules les choses anciennes et déjà mortes sont engendrables à partir d'autres, c'est d'ailleurs le principe de la philosophie. Le sujet ne *devient* pas « mystique » comme le devenait l'homme déifié par la grâce. Être un sujet n'est pas devenir « fils de Dieu » ni même devenir en général dans le jeu d'une double grâce, d'incarnation de Dieu dans l'homme et d'inhabitation du Verbe déifiant la nature humaine.

L'introduction de la filiation au clonage en change donc le concept. L'être-cloné du sujet tient d'une grâce pauvre et courte, sans effusion (« effluxion »). Une pensée pauvre, pauvre et non sublime, se délivre d'emblée de la primauté, non de la priorité, des axiomes de la filiation, de la famille et de la conjugalité. Elle fait de la naissance de tout sujet humain une invention mystique plutôt qu'une reproduction. Quant à la filiation, c'est un mixte de génération et de naissance, au mieux une génération vue du côté de la naissance. C'est dans la mystique naturaliste encore des chrétiens que « le Père engendre son Fils unique » et que même le Père et le Fils s'engendrent réciproquement dans une unique « naissance » qui est celle du Père (du) Père, l'auto-paternité ou la sur-paternité de la Déité. Ce naturalisme méconnaît le sens de l'être-né comme unique et les véritables raisons d'identité qui font l'uni-cité du Fils. *L'Homme comme Messie ne partage pas sa naissance, juste la génération de son matériau biologico-mondain, de son capital génétique* pour lequel il peut même rêver d'une auto-génération.

Le sujet hérétique, justement parce qu'il est par excellence le Fils cloné de l'Homme, n'est pas le « Fils de Dieu » et rejette dans le Monde toute filiation transcendante et pas seulement la filiation naturelle qui le détruirait comme Messie ou Étranger et le ramènerait au sein du Monde. L'Un étant trop humble pour s'attribuer la suffisance de la filiation, le Christ est dans son essence un Fils-sans-filiation et ne connaît celle-ci que comme occasion mondaine. La mystique traditionnelle a confondu l'être-cloné avec l'être-créé, l'émergence inventive de sujet avec un processus de naissance. Le familialisme et le filialisme du sens commun contaminent la pensée la plus haute et justement parce qu'elle a la hauteur et la sublimité de la philosophie. Un père, fût-il le Père céleste, procède selon les actes de la paternité et de la filiation, il ne clone que dans l'imaginaire. En revanche l'Homme n'engendre pas filialement mais clone un Fils qui n'existait pas avant cette opération. Toute la philosophie, dans ses tenants mythologiques et ses aboutissants mystiques, est animée d'une téléologie « paternocentrique » et pas seulement d'un « familialisme ». Le Père premier ou originaire, l'*Urpater* qu'est l'Un philosophique tient sans doute dans sa priorité un moyen d'excéder l'Être et sa parenté mais il se voue encore à l'engendrement dans le ciel et sur la terre. L'Homme-en-personne, lui, est, si l'on veut, un Père-sans-paternité, un Père non-originaire et non-suffisant mais qui détermine seulement, sans répondre aux lois de la filiation, un Fils à partir d'un matériau donné et parfois spirituel. Cloner en-dernière-paternité est la seule voie pour arracher le Fils au Principe de Suffisance Paternelle, en un sens pour « impossibiliser » le Fils.

Le Nouveau-né n'est pas une image.

Le Nouveau-Né, parce qu'en son essence du moins il ne ressemble à rien du Monde, naît tourné vers (pour) le Monde.

Que le Fils soit le Premier-né ne peut donc plus s'entendre dans le sens théo-logico-familialiste ou sexuel d'une filiation divine. Le sujet-Fils ne naît pas, il n'y a pas d'opération derrière l'être-né, pas d'arrière-naissance comme le croit la philosophie, mais rien qu'un « Nouveau-Né ». Seuls des mystiques peuvent prendre au sérieux la formule de « nouveau-né », ou faire de cette expression un condensé du théorème de la naissance. Le nouveau-né est Un-tel-qu'un-Autre, Étranger ou Messie. Seul ce Fils, cette Fille-sans-naissance peut être l'organon de l'Homme-en-personne, tourné unifacialement vers le Monde qui n'en veut rien savoir.

La naissance est toujours trop comprise, Dieu et philosophie aidant, comme ressemblance et image. Le nouveau-né devrait pourtant faire taire le mimétisme, au moins différencier le désir de jouissance du Réel qui soutient ce mimétisme, tarir peut-être un tel désir de filiation. Le sujet-Fils ou Fille ne ressemble justement à aucun sujet pré-existant. Un simple processus ou devenir de la Déité dans l'âme et comme nouvelle âme ne pourrait que relever simplement un Christ historique sans changer vraiment d'opération. Le nouveau-né porte des traits résiduels de ressemblance génétique traversés par une force d'être-pour-le-Monde qui les emporte, il témoigne d'un ordre hérétique brisant toute mesure commune avec l'histoire comme présent-du-Monde. Le sujet-Fils est le commencement radical, le premier-né transcendantal qui manifeste le Monde donné-en-Homme et défait les prestiges de la filiation naturelle et sociale, plus largement toute la chrono-logique de la cause première et des fins dernières dans le milieu de laquelle les religions se sont installées.

Dualyse de la Trinité. 1. En-dernière-paternité

L'Homme limite en-dernière-paternité le tout-naissance en clonant le Nouveau-Né.

La confusion de l'ordre naturel-mondain et de l'ordre du Réel humain se concentrant dans la paternité comme dans la naissance et la filiation, donne lieu à la Trinité comme forme-théologie et symptôme de la dualité unilatérale. Selon certains vieux-mystiques qui faisaient un usage de métaphore de la paternité biologique, « Père signifie naissance ». La psychanalyse et un certain judaïsme ont symbolisé et formalisé la paternité mais sans rompre avec l'ordre ancien. Cette rupture est enfin consommée lorsque « Père » signifie « Homme », la cause de l'« être-né-sans-naissance », l'impossibilisation paternelle non pas de toute naissance mais du « tout-naissance » et de l'oubli de l'être-né. L'Homme est cause ou Père par cette naissance et pas avant, pas de toute éternité et par vocation, mais la naissance ne le transforme pas en-Personne et ne transforme que ses symboles ou ses symptômes, il n'entre que dans ses noms premiers, par exemple à l'occasion de la Trinité. Il n'y a pas de métaphore ni même d'épékeinaphore paternelle si ce n'est dans un ordre symbolique qui a partie liée de manière constitutive avec le Monde. Un tel Père-sans-consistance détermine-en-dernière-paternité le Fils, il n'est donc pas la Loi en sa transcendance mais il peut toujours valoir comme nom premier symbolisé et formalisé et désigner de cette manière la cause.

Ainsi l'Homme-en-personne n'est pas le père de l'Homme, comme le veut le cercle biologico-philosophique, seulement du sujet-Fils. Pour ce Père qui ne suffit pas par lui-même à la naissance du sujet-Christ mais dont l'une des « fonctions » négatives est de mettre un terme à l'auto-engendrement comme fantasme fondamental, la naissance n'est qu'une donnée nécessaire dans son ordre mais une simple donnée qu'il a à charge de mettre en-Identité. Quant au Nouveau-Né tel quel, il a cessé de désirer le Père ou de vouloir être-le-Père ou, comme tant de mystiques anciens, de s'unir à lui, de vouloir le tout-paternité. Le Père agit en étant absent ou invisible mais intrinsèquement, ces termes ne lui conviennent que sous cette réserve et risquent toujours d'être repris dans l'économie générale du Monde, c'est une condition nécessaire et non-suffisante, « négative » en ce sens, du Fils. À plus forte raison, on évitera de le dédoubler presque à l'infini comme font les néo platoniciens et certains analystes, de multiplier sa personne, de chercher le Troisième Père, lui qui est le Simple et le Seul aux multiples désignations fictionnales. Comme cause il est univoque, comme désigné il est équivoque. Du Père aucun nom premier ne vaut absolument ou n'est vrai et/ou faux au-delà de ce que fournit la contingence du langage, leur économie est celle de la pensée, pas de la connaissance. Encore que l'incognoscibilité du Père ne signifie pas qu'il soit impensable puisque le terme premier de « père » inséré dans des axiomes suffit à le penser de manière fictionnale sans le connaître, à le demi-penser ou le rendre demi-visible. Ces désignations d'une part sont donc imposées par la philosophie et ses voisines et relèvent pour cette part de leur critère de vérité. D'autre part elles sont comme symboles clonées *en-dernière-paternité* et réduites à leur forme de « passé simple », déterminées comme nom premiers. Le sujet hérétique, le Christ Futur ne se dresse que contre le Père mondain ou autoritaire qui revendique la naissance comme déterminante de l'Homme. Mais il le fait au nom forcé du Père Inconnu, mais agissant et, loin de le définir et de le constituer, le libère ainsi de la servitude du nom en « vérifiant » son Identité.

La nature du Père n'est donc pas de produire le Fils par un mode quelconque de la pro-duction mais, le clonant, de se donner, de se missionner, tel que Père sans réserve et sans aliénation, au Fils. Lui seul peut le faire émerger comme Étranger ou Messie-destiné-au-Monde. Le Fils est l'« image » unilatérale du Père sans être un mode ou une partie de celui-ci. Si le Fils a un rôle, de sujet en général, c'est d'être le véhicule et l'existence du Père auprès du Monde. Existence étrange ou hérétique, qui a cette propriété de n'être représentation de rien de déjà existant. Ce qu'il présente, ce comme quoi il se présente pour la première fois, c'est un Monde déjà transformé ou sauvé. Le Père et le Fils sont deux en un seul Vécu sans division, en une dualité unilatérale au sens où ils sont identiques en-dernière-paternité, nullement sa réalisation ou son actualisation. À la différence du Père, le Fils *existe* et peut être moins facilement nié ou oublié. Le Père est séparé ou forclos au Fils, il sait qu'il ne s'aliène pas dans le Messie ni ne peut prétendre exister comme lui. Le Monde hallucine le Père et s'illusionne sur le Fils, c'est le contenu réel de la Trinité, dans laquelle mystiques et théologiens ont tenté de rabattre ou d'importer tant de figures religieuses et mythologiques.

2. Comment Dieu devient Fils de l'Homme

Dieu doit devenir lui-même sujet-Christ ou Fils de l'homme à partir de ce qu'il est, Dieu-le-Monde ou Dieu-l'Enfer. C'est le seul salut possible pour « un Dieu méchant ».

Qui est maintenant la figure historique et théologique dite du « Christ » ? Un symptôme et un modèle, une occasion et une interprétation restreinte du Fils de l'homme universel. La mystique-fiction repose tout entière sur une pratique non-chrétienne c'est-à-dire non-philosophique du Christ et de Dieu. Le clonage vaut des choses théologiques et vaut de Dieu comme de toute chose. Il rend possible de faire un nouvel usage du Christ, de le traiter d'abord comme une simple indication symptomale, ensuite comme une interprétation particulière du sujet mystique. Non comme fils sacrifié d'un Dieu à la fois jaloux et généreux de sa seule transcendance, mais comme Fils cloné de l'Homme et, à ce titre, messie pour le Monde.

Sur cette base, *qui* est maintenant « Dieu » ? Le mystique qui erre dans la transcendance indéfinie offre ses secrets à Dieu qui le sonde et le met à découvert, qui le manifeste non pas phénoménologiquement mais affectivement par l'amour et la foi – réponse à la création. Mais l'humaine vision-en-Un, indocte et donnée hors de toute révélation, missionne maintenant un Étranger jusque dans le Dieu chrétien en ses racines judaïques et plus largement monothéistes. La thèse d'une *théogénésie*, d'un devenir-Dieu ou d'une naissance de Dieu dans l'âme, est un symptôme qui peut recevoir un contenu non-mondain. Dieu naît sans doute, non comme Dieu avec ses créatures (Eckhart), mais lui aussi comme né-sans-naissance. Il ne naît pas dans l'âme dialectiquement mais comme être-cloné à partir de ses anciennes formes historico-religieuses dont certaines sont inoubliables de méchanceté. Et c'est sous cet état qu'à son tour il est tourné unilatéralement vers le Monde et vers l'ancien Dieu-l'Enfer. C'est en devenant Fils de l'Homme que le nouveau Dieu comme modalité du Fils peut sauver Dieu l'Ancien. Si la *théosis* est un don transcendant supposant plus ou moins explicitement une instance donatrice et au minimum une donation transcendante, le clonage est autre chose qu'un devenir-homme de Dieu, envers d'un devenir-Dieu de l'homme, il est radicalement universel même pour Dieu qui doit émerger lui aussi comme Fils, ni plus ni moins que l'homme avec lequel il fait système dans le Monde. La radicalité hérétique, celle qui explique le symptôme des hérésies historiques et mondaines, met en-Identité un sujet qui, encore qu'il ne s'épuise pas dans cette énonciation sinon simplement anarchiste, a seul le droit de dire *ni Dieu ni Monde*. Le sujet mystique ne cherche plus ni ne désire Dieu *comme* Dieu mais, si l'on peut dire, comme *identité transcendantale du sujet-Dieu* Il ne la désire d'ailleurs pas, mais *l'invente*, l'induit à partir du Dieu Infernal et la déduit selon la vision-en-Un. Réduite à sa fonction de sujet, l'Humanéité invente un Dieu lui-même mystique, un Dieu qui ose renoncer à sa création et pour lequel se retirer du Monde comme Fils est désormais se donner *pour* le Monde.

CHAPITRE VII

LES FUTURS ET LA JUSTIFICATION DU MONDE

SECTION I
L'EQUATION MONDE = ENFER ET SA SOLUTION

Le Monde comme mystique-monde, 1. Le symptôme

La première phase, encore philosophique, de constitution de la mystique-monde est la co-appartenance ou « mélange » de la philosophabilité et de la mystique chrétienne sous l'autorité de celle-là.

Le matériau de la mystique-fiction est le « Monde » mais compris comme 1. un concept élargi par fusions tendancielles de deux opposés dont l'un est toujours la philosophie comme forme-monde ou *philosophabilité* (fusion du Cosmos ou de sa sagesse et de la folie, de la philosophie et du Monde, de la philosophie et de la mystique, de Dieu et du Monde, etc.), puis 2. comme Identité transcendantale de ce concept ou hypothèse déterminée et clonée par l'humaine vision-en-Un. Examinons d'abord la première phase, philosophique, du concept de mystique-monde.

Nous appelons mystique-monde la mystique traditionnelle et dominante, de style philosophique et chrétien, telle qu'elle s'est accumulée dans la culture et dans l'histoire jusqu'à donner une nouvelle forme du Monde ou une nouvelle forme-monde (sa philosophabilité), mélange vécu et pensé, diversement dosé, de thèse philosophique et de dogme théologique. La « causa sui » par exemple (Eckhart) noue la philosophie en son noyau fondamental (l'Un visé par l'*épékeina*), la dialectisation de cette structure (l'Un comme double négation produisant sa réalité), enfin son interprétation spécifiquement chrétienne comme Dieu ou Déité avec les vécus attachés à cette dialectique. Haïssant un certain « Monde », les vécus religieux qui se sont emparés de l'expérience christique se sont intégrés, comme la philosophie, dans une expérience plus large du Monde en tant que potentiellement philosophable. De là les expressions que nous utilisons de « mystique-monde », de « Dieu-monde », de « Christ-monde » qui désignent des entités historico-systématiques *au style auto-englobant et suffisant*. Les possibilités mystiques du Nouveau

Testament ont été recueillies par la suffisance philosophique en son telos le plus secret, la *jouissance du Réel, devenue jouissance de Dieu.* Ce n'est pas une plate identité, c'est une structure de « fusion » toujours différentielle et tendancielle où les termes sont définitivement inséparables et distincts. Comment se présente alors le Monde en dehors de son contenu complexe ? La mystique ancienne est une certaine onto-logique de ce mode d'existence qu'est le Monde, pas une simple cosmologie ou une cosmopolitique mais une expérience de l'homme en tant qu'il transcende *sur ce mode* pour des raisons religieuses.

Philosophie et mystique, sans être identiques, se nourrissent donc l'une de l'autre et s'interpénètrent. Leur convertibilité « supérieure » répète plus concrètement celle de l'Être et de l'Un, et produit un éternel présent tel un Autre absolu. L'obsession des mystiques qui ne se sont pas réellement détachés du Monde, c'est-à-dire de la philosophie, ou qui s'en détachent d'une manière inadéquate, est d'être le *contemporain* de soi-même ou de sa naissance, le double de soi ou de Dieu, le *converti absolu*, convertible avec Dieu, la Ressemblance supérieure. Ce point de coïncidence, illusion et hallucination transcendantales pour nous, Hommes-en-personne, est devenu *via* la philosophie un nouvel Enfer, le cercle vicieux est devenu un cercle malin. C'est de cette manière déjà quelque peu hérétique que nous héritons de la mystique et la traitons en vue d'une nouvelle expérience du Monde, de Dieu et du Christ sous la condition de l'Homme comme « Un séparé ». Comment se conquiert cet état dans lequel nous avons toujours été dès les commencements, conjuguant dans le sujet une hallucination effective et son intelligibilité dans un unique suspens ?

Le Monde comme mystique-monde, 2. Le théorème

La seconde phase, non-philosophique, est l'extension et la transformation des concepts intra-philosophiques du Monde dans le nom premier de « pensée-monde » ou de « mystique-monde ». C'est l'objet d'un théorème transcendantal qui se déduit de l'Homme-en-personne. Il supprime la particularité de ces concepts qui sont désormais sans référence intra-mondaine et constitutifs de la mystique-fiction.

Examinons plus en détail le concept de mystique-monde, dans sa formation intrinsèque et dans sa détermination par l'Homme-en-personne sous la forme d'un théorème.

Comment le Monde est-il devenu « le-Monde » ? Par la philosophie et seulement par elle, c'est le premier degré de sa philosophabilité. Supposons maintenant qu'aux choses on ajoute non pas une philosophie particulière comme sa condition, non pas tel ou tel postulat philosophique mais *la* philosophie en son essence invariante. Le Monde devient alors réellement universel (au *sens* philosophique qui est réflexion sur soi de *la* philosophie) et plus aucune doctrine particulière, telle qu'elle est incluse dans une mystique, ne peut encore le déterminer, le critiquer et l'expliquer sous cette forme, juste l'illustrer concrètement. Cette impuissance ne dépend donc pas du nouvel usage, mystique ou chrétien, de l'appareil philosophique. Comme la philosophie, avec d'autres accents, la mystique traditionnelle entend rejeter la diversité représentative, le Monde comme représentation. Mais c'est là une définition trop étroite et trop partielle du Monde dont le concept doit plutôt inclure la totalité des conditions philosophiques de sa pensée et non pas seulement une partie de sa structure ou une doctrine particulière. Quant au christianisme, il ne modifie pas fondamentalement de ce point de vue « extensionnel » et structurel le concept du Monde même s'il enrichit son expérience d'affects nouveaux liés à sa « création » et à sa dépendance de Dieu. *Dans l'esprit de la mystique-fiction en effet*, l'objet immédiat de la philosophie, le Monde, a toujours la forme intérieure de celle-ci, l'appareil philosophique étant enrichi du supplément de l'expérience christique supposée apporter ou renforcer la dimension de Réel. Ce mélange est l'élément qui permet à la philosophie de se dépasser avec ses propres moyens, de relever le défi du poids divin. Et à la mystique de conceptualiser ses fins, ses degrés, ses stades et le type de Réel auquel elle aspire. Ce mélange est pour nous, ici et maintenant, un tout indissociable, le seul concret où philosophie, théorie, prédication, théologie, désir d'unition sont des moments inséparables. Le Monde est maintenant la *mystique-monde*, le nœud de l'ontologique, du théologique et du mystique, *évidemment sous sa forme encore suffisante, telle qu'elle peut être admise naïvement ou au contraire suspendue et rendue intelligible.* Ce qui du point de la suffisance noue cet ensemble est de nouveau la philosophie en sa duplicité qui se divise et se retourne sur ses diverses dimensions hétérogènes.

Ce n'est donc pas comme nœud toujours redivisible et interprétable depuis l'une de ses parties, comme Idée du tout susceptible d'une interprétation particulière, comme Tout intégrant une multiplicité de moments, mais comme *Identité indivise (de) ce nœud ou (de) ce Tout* qu'apparaît la nouvelle conjoncture que seuls les hérétiques ou les Futurs peuvent apercevoir. Le sujet élaboré par la mystique future n'est rien d'autre que l'Identité réelle-transcendantale, le clone (du) mélange philosophico-mystique ou de ce que l'on appellera la *théorie unifiée de la mystique et de la philosophie*. Et une *théorie unifiée* rapporte en général un mélange qui prétend se penser suffisamment par lui-même à une cause de-dernière-Identité qui détermine pratiquement cette théorie comme un formalisme.

Pour expliquer ce Monde « élargi » et « complexifié », il faut donc une théorie mystique qualitativement, autrement universelle (par sa détermination réelle) que la philosophie elle-même. Il faut l'*uni-versalité de l'Identité*, telle qu'elle ne résulte pas d'un complément ou d'une extension de l'universalité philosophique mais qu'elle ait une tout autre origine, qu'elle provienne de l'hérésie comme Identité humaine capable de déterminer (*pour*...) l'universalité transcendante de la philosophie. L'ensemble des postulats philosophiques particuliers, avec le postulat général de l'autoposition du Réel qui les rassemble, doit déserter la cause et le sujet de la mystique future pour lesquels il est embarrassant et particulier, et passer du côté de son « objet », du champ de propriétés qu'elle exploite comme symptômes et comme modèles. De là plus qu'une extension ou une universalisation du Monde, de ces objets spéculaires qu'étaient la philosophie et de la mystique. Pour reprendre notre modèle quantique, elles passent à l'état semi-visible à partir de leur être-déterminé intrinsèquement invisible.

La philosophie a toujours été guettée par un devenir-opinion, contaminée de l'intérieur et de l'extérieur par les pièges du langage et de la sophistique. Sa conjoncture démontre un peu plus ce vice congénital au fur et à mesure de son immersion annoncée dans l'ordre de la communication universelle. Mais ce n'est encore là qu'une opinion supplémentaire tant que cet énoncé ou cette thèse n'est pas validée théoriquement par un formalisme. Seule une conception du Réel comme immanence et indivisibilité soustraites sans reste à la philosophie, non déterminables par le Logos, peut déterminer la pensée à poser comme décidables (évidemment sous ces nouvelles conditions) la petite équation *philosophie = opinion* (ou forme supérieure de l'opinion), la grande équation *philosophie = Monde*, la plus grande encore, *philosophie = Enfer*.

Réalité et dissolution du Monde. Dialectique et mystique

La dialectique hallucine le Réel en le faisant naître à la visibilité et dissout la réalité du Monde sous forme par exemple de fantômes (hégéliens) et de simulacres (nietzschéens). Cette double dissolution dans l'idéalité de la représentation, c'est-à-dire de la transcendance, est aussi bien la cause que l'effet de la mystique ancienne.

À quoi sert-il de remplacer comme Eckhart le couple du *meta* et de l'*épékeina* par celui du néant et du surnéant ? Ce que cette substitution gagne sur la positivité est largement perdu par la conservation de la même structure traditionnelle. Que la science de l'Être devienne celle du Néant, la science de l'Un celle du Surnéant, est de l'ordre d'un déplacement structural avec quoi la philosophie pense changer le Monde en se faisant Monde. La dialectique est structurée *comme* une métaphysique mais ce qu'elle apporte est la disparition du Monde. C'est ruse ou magie, rien moins que penser rigoureusement. Comment une science expérimentale comme la mystique peut-elle longtemps se laisser égarer par l'idéalisme théoriciste et admettre d'être science de spectres ou de simulacres sans qu'il y ait un objet réel ? La science n'est pas science d'apparences et encore moins de fantômes mais distingue son objet réel-« objectif », parfois de son objet-« objectif », et toujours dans les deux cas, de ses apparences de savoir et n'est science d'apparences objectives que sous cette condition.

L'invariant le plus général de la dialectique est que le Deux et le Un se déterminent réciproquement. Il y a plusieurs versions de cette logique. Par exemple le Deux tout en restant Deux dans son ordre affecte l'Un qui devient Un pour l'Un et se développe comme devenir sur son plan propre. L'Un naît donc comme Un, c'est la thèse hallucinée de l'idéalisme philosophique et de « sa » mystique. Il naît comme Un en anéantissant d'une double négation le Deux dont il conserve cependant les termes au sein de leur rapport. Il naît lui-même en engendrant des fantômes ou des spectres. Père spectral qui engendre des enfants-fantômes...Cette juxtaposition du plan logique de l'Un et du plan empirique du Deux dans l'idéalité est typique de la philosophie et de la dialectique qui veut tout conserver par le moyen de hiérarchies ontologiques et de processus continus sans pouvoir transformer pratiquement le Monde, qui veut créer de l'immanence avec de la transcendance. L'idéalisme se renforce encore avec l'autre intériorisation, nietzschéenne et par immanence sans double négation, de la dialectique dans le « devenir ». Les termes du Deux, et le

Deux et l'Un eux-mêmes fusionnent dans un unique devenir qui résorbe un peu plus les plans et les hiérarchies, achevant de transformer les fantômes hégéliens en simulacres nietzschéens. L'auto-dissolution du Réel par sa représentation comme machine philosophique est consommée.

Contre cette entreprise autophagique et cette logique hallucinée, et sans abandonner toute philosophie, il n'y a que l'immanence radicale de L'Homme-en-personne qui puisse encore sauver la réalité du Monde. L'immanence, lorsqu'elle est dépourvue de toute trace de transcendance, affecte évidemment les termes mais pas de manière idéelle et idéalisante, elle les conserve à l'état d'autonomie relative ou unilatérale sans les « vampiriser » ou les « fantômaliser ». Le Monde lui-même contient beaucoup de spectres mais n'en est pas un, beaucoup de simulacres sans en devenir un. Le salut de la réalité est maintenant une entreprise qui doit procéder par les voies quasi « quantiques » de la non-visibilité. Et le *Principe quantique du Réel* engage l'Un-en-Un en priorité.

Introduction à l'Enfer comme négation de la réalité

La vieille mythologie religieuse de l'Enfer reçoit un sens nouveau sous la forme du Principe de Suffisance de la pensée-monde qui, hallucinant le Réel de l'Homme-en-personne, dissout la réalité du sujet-Messie, du Monde et de l'Enfer lui-même.

En quel sens croyons-nous à l'Enfer et refusons-nous sa dénégation par des théologiens à courte vue ou complaisants ? Le comble de l'Enfer pourrait bien être son auto-dissolution, sa disparition de l'horizon du Monde et de l'Histoire. Comment donner plutôt que redonner à la pratique mystique une réalité que les Églises et l'histoire ont dissoute justement avec l'extinction de la croyance à l'Enfer comme arrière-monde abyssal ? Cet essai présente, parmi les « théorèmes mystiques », un théorème fondamental selon lequel la mystique ancienne et sa théologie *assument la fonction d'être notre Enfer à nous – nous-les-sans-religion et les-sans-mystique* –, comme une nouvelle expérience de la suffisance du Monde, philosophie et mystique s'y employant mutuellement. Dieu apparaît alors dans la figure hérétique de Dieu-le-Monde ou de Dieu-l'Enfer...C'est le seul testament dont nous n'ayons pas hérité.

Puisque la mystique traditionnelle est une version *chrétienne* de la philosophie, que du moins elle inclut ses invariants fondamentaux et une part importante de ses variations historiques (néo platoniciennes), le même principe de solution peut lui être appliqué. Seule une conception du Réel comme Homme-en-personne peut déterminer la pensée à poser cette fois la grande équation *mystique (philosophico-chrétienne) = Enfer* et la valider. Lorsqu'elle devient l'objet d'une théorie, elle change évidemment de statut et cesse d'être une opinion pour devenir l'objet d'un théorème.

Le vieil homme mondain de la philosophie est révélé en l'Homme futur d'agir en sujet-Christ. La mystique elle aussi a confondu le sujet et l'Homme-en-personne dans un cercle général de convertibilité, ici de « conversion ». Deux phases s'y conditionnent, sinon à part égale, du moins dans une structure unique qui l'emporte sur les termes et refait de la mystique un système. Elle conjoint la pratique dans le Monde et le tournant ou la conversion simultanés vers l'Être transcendant, Un ou Dieu, ou bien le détournement du Bien et la perte dans le Monde, elle identifie réversion et aversion, à la différence de Dieu et du Monde près. On imagine une dynamique topologique des actes, saillances, creux, effondrements, cheminements et bifurcations, toute une catastrophique mystique. Se détacher, se tourner vers, remonter à, se convertir ou se revertir, c'est toute la théo-topo-logique, la gestualité invariante qui noue les expériences de l'Être et de la foi dans un grand cercle. Toutefois cette structure du Monde n'est pas encore *pensée comme* l'Enfer, qui émerge avec la prétention à suffisance du Monde.

Il faut rétablir la causalité du Réel humain intrinsèquement invisible pour apercevoir cette prétention. Ni analogie ni causalité univoque, la première accorde donc trop au langage, la seconde trop à l'être ou à l'essence et finalement à l'intellect. Deux causalités mais hétérogènes de manière unilatérale s'articulent, l'une « fondamentale » parce que réelle, l'Homme-en-personne, l'autre occasionnale et relative, le Monde. De la première l'Être est exclu et le langage avec lui, dans la seconde il est mélangé indissolublement au langage et à la pensée. La mystique de fiction pose leur dualité unilatérale, l'en-Un donné-sans-conversion et ce qu'il détermine en-dernière-Identité, l'autonomie certaine mais relative de la pratique. Le roc de la mystique-fiction, c'est que l'Homme n'a pas à faire reddition à soi mais qu'il est en priorité jeté-pour-le-Monde, que c'est là le commencement de la vie subjective en tant que première. Et qu'il est jeté ainsi *pour*...sauver le Monde de sa suffisance infernale.

L'Homme-en-personne semble sans doute adoucir le vieil « enfer » où Dieu mettait trop de flammes et de corps torturés. Toutefois le nouvel Enfer anti-humain a renouvelé flammes et tortures, leur a donné une identité plus universelle. Ce que l'Homme semble adoucir, c'est la cause du mal, l'hallucination transcendantale qui universalise et transmute le péché, l'aliénation et l'exploitation plutôt que le « Mal » tel qu'il était encore, tel qu'il fut toujours convertible *malgré tout* avec le Bien dans les théodicées. Mais à son tour l'hallucination qui anime le Monde engendre l'Enfer lorsqu'elle dérobe au sujet l'Homme-en-personne comme Un-en-Un. Les « machinations de l'adversaire » ont acquis une douceur transcendantale, mais elles se sont universalisées et délocalisées, elles ont quitté les « lieux infernaux » puis le secret de l'âme pour couvrir la surface de la Terre. Ce sont maintenant des manières de surprendre et d'abuser, de harceler le sujet et pas seulement les corps et les âmes, de l'amener dans la complaisance et la suffisance de la foi au Monde. Monde-le-Menteur est devenu Monde-l'Halluciné lorsque son mensonge porte sur l'Homme-en-personne et prend une couleur transcendantale.

Le renoncement-pour-le-Monde

Sous la condition de l'Homme-en-personne, le Monde et donc la mystique-monde révèlent leur nouveau visage, une suffisance hallucinée et illusoire. Pleinement déployé, le Principe de Philosophie Suffisante intègre et transforme, les relayant, les anciennes déterminations du Monde, le péché, la corruption et les ténèbres, symptômes et modèles de la suffisance. Au Principe de Suffisance, nous opposons le Renoncement-pour… le Monde.

Avec cette extension et transformation de structure, la tonalité de folie et de péché attribuée au Monde par le christianisme doit donc changer d'accent et de nature. Si la mystique future prend ce Monde uni-versel comme objet, ce ne peut plus être pour le haïr, le fuir, dénoncer son néant de créature, son péché, la folie de sa sagesse. Si le sujet mystique n'est un sujet que *s'il renonce au Monde pour s'y donner*, ce renoncement doit être uni-versel plutôt que régional (les plaisirs, les richesses, les vertus, etc.) et même que fondamental ou philosophique. Il doit englober la philosophie entière, sa triade et la Trinité à quoi elle donne lieu, renoncer à les corriger et les amender, à les resserrer sur elles-mêmes d'un lien substantiel, rejeter la duplication de l'Un dans un Un encore supérieur, abandonner ce qui prétendait passer au-dedans et au-dessus de l'Homme. L'ancienne lutte contre le Monde, sa sagesse et son péché, sa séduction et son néant, doit être relayée par un véritable *renoncement-au-Monde-pour-le-Monde*, et le Monde entendu en un sens plus universel que celui de l'Évangile, comme hallucination (réelle) pour l'Homme-en-personne et comme illusion transcendantale pour le sujet-Christ.

Comme Humain le sujet-Christ refuse d'être ce fond indifférencié, ce désert noir ou blanc que la tradition, confondant l'Un de-dernière-identité avec l'Un abyssal (*épékeina*), lui a toujours fait prendre pour l'Un-en-Un. C'est donc à une transmutation corrélative du Monde plus qu'à une fondation qu'il faut procéder, traitant le Monde non plus *chrétiennement*, comme néant, péché, ténèbres contre Dieu, mais *uni-versellement,* comme non (-Un) déjà déterminé comme (non-) Un, corruption et confusion mondialisées de la transcendance hallucinée contre l'Homme-en-personne, normalisation et folie destructrices tout ensemble du sujet (l'Étranger). La mystique-monde, avec sa forme philosophique intérieure, est ignorance et ténèbre par forclusion de l'Homme-en-Homme plutôt que de la « Croix ». De la mystique unitaire à la future, le Monde change *de type* d'universalité et de tonalité affective. Toujours affecté de *né-ant*, il l'est plus encore de (non-) Un, donc manifesté lui-même comme non(-Un), forclusion de l'Homme plutôt qu'oubli de l'Être ou ignorance de Dieu.

Beaucoup de mystiques chrétiens ont partagé la haine toute philosophique de la philosophie, le ressentiment tout mondain contre le Monde. Mettons entre parenthèses cette haine trop spontanée ou essayons de la penser de manière rigoureuse. Par exemple le Monde comme multiplicité des pensées et donc des tentations que pourchassait l'hésychaste est devenu une expérience trop restreinte pour le mystique d'hérésie, comme d'ailleurs le concept de la représentation des philosophes du dernier siècle. Que devient le Monde lorsque c'est l'unité théologique ou ecclésiale des pensées qui est l'ennemi, lorsque c'est Dieu lui-même qui est découvert comme l'adversaire ? Certains hésychastes distinguent sur le modèle philosophique trois temps dans le péché comme processus. Tout commence par la suggestion – représentations émergentes, affects isolés –, se continue par la liaison qui mêle les vieilles pensées en un esprit mauvais et se termine par un acte d'union, assentiment et captivité de l'esprit qui passe immédiatement à l'acte ou au réel. *Triade philosophique parfaite du mal* et qui suffit inversement à compromettre la philosophie elle-même, du moins dès que la vision-en-Un permet cette apparente inversion du Bien et du Mal et cette uni-versalisation du Mal. Car un pas plus-que-supplémentaire reste à faire, est déjà fait – lorsque le Monde sensible et intelligible tourne vers l'Homme sa face maintenant infernale et livre à l'hallucination l'Étranger-Messie, cela la mystique l'a ignoré. C'est l'œuvre propre de l'hérétique qui ne peut condamner le Monde que pour mieux le sauver.

Généralisons le problème au grand leurre de la critique philosophique, celle de la « représentation » et de sa supposée suffisance. La représentation et sa critique font éternellement système et se nourrissent l'une de l'autre. Le suspens de la structure extatique au nom de l'immanence radicale doit aller au terme de son formalisme et ne pas se limiter au seul *meta* mais porter explicitement sur l'extatique-vertical de l'*épékeina*. La caractérisation de la transcendance comme « distance phénoménologique » (Scheler, Henry) est peut-être trop générale et laisse de côté la transcendance en *épékeina* qui risque toujours de revenir, comme c'est en effet le cas, sous la forme chrétienne d'une vie de Dieu s'auto-générant ou d'un plan d'immanence divin écrasé sur lui-même. Or un plan de l'Un n'est pas encore l'Un-en-Un séparé (du) Monde et donc (de) tout plan qu'il unilatéralise ou sauve de la circularité de l'Enfer. Le modèle quantique défait le tout-représentation et sa critique philosophique en posant le Monde tel qu'une onde semi-visible accompagnant l'Homme invisible.

Les Futurs viennent pour-le-Monde

Sous le nom général et l'abréviation de Futurs, nous entendons l'Homme-en-personne comme sujets-Christs. La destination des Futurs est d'être-et-venir pour-le-Monde.

Le non-rapport, le rapport-sans-rapport au Monde est l'œuvre des sujets comme Christs ou Messies, on dira des Futurs pour abréger. Il ne veut ni ne désire rien, même pas le désir ou la volonté. Il ne se connaît pas soi-même comme le voudraient les philosophes ni ne jouit de soi comme le voudraient les mystiques. Nous avons pu dire qu'il (a) Été-sans-être, ce qui doit être compris en fonction de notre formalisme comme la formule de l'Immanent radical se déployant occasionnellement comme Futur ou Venue. Le présent est mis entre parenthèses pour n'être qu'occasion du clonage du Fils de l'Homme. L'Humanéité ne sort pas dans l'Être pour s'y aliéner, ne prend pas position, n'opère ni percée ni retour, elle use de son être-séparé pour aller à l'homme-en-monde. Les Futurs sont et viennent non dans le Monde mais pour le Monde, c'est pourquoi ils sont inaperçus ou hallucinés du Monde. Ce ne sont pas des créatures destinées à revenir dans le sein de Dieu mais à répondre à la sollicitation du Monde par le salut, ni des philosophes destinés à hâter le retour de Dieu et de ses créatures à lui-même. Les Futurs sont l'organon transcendantal pour-le-Monde et substituent aux oppositions les dualités unilatérales, défont les mélanges de service et de fuite, d'affairement et d'évitement, d'abandon de poste et de consentement, qui sont les mots d'ordre de la philosophie. Ils échappent au dilemme gréco-moderne d'avoir ou bien à transformer l'homme sans transformer le Monde, ou bien d'avoir à transformer le Monde mais en y incluant l'homme.

Condamnés à penser le Monde

Le seul testament de l'Homme comme Futur ou hérétique est d'avoir à penser le Monde-Enfer comme sauf de l'Enfer.

Y aurait-il un testament de l'Hérétique ? Nous présentons une mystique-sans-testament, « future », utopique à mesure du non-lieu de l'Homme-en-personne. Non-testamentaire, selon le Christ Futur plutôt que selon tel récit historique pieusement recueilli. Mystique « nouvelle-née », non mystique supplémentaire à compter avec les autres pour lesquelles elle est l'Étrangère-en-personne et ne fait pas nombre. Notre aversion pour la suffisance du Monde plutôt que pour le Monde même ne nous en éloigne pas dans une fuite eidétique mais nous tourne « à » lui. Comme Homme nous n'avons pas d'autre issue. Le *détachement-pour...*est un paradoxe non-philosophique qui ne se comprend que par l'inhabitation radicale, séparée, de l'homme en-Homme et de celui-ci « dans » le sujet par une opération de « mission ».

Comment allez-vous penser le Monde que vous devez de toute façon penser et puisque vous ne pouvez le penser que par la face infernale qu'il vous offre ? De manière ininterrompue toute votre vie ? ou bien une fois dans votre vie suffira-t-elle ? Le temps mondain mélange la ponctualité et la continuité, il se concentre comme l'Un avec l'Un, mais il garde sa nature et sa dualité extatiques. Ne vous souciez de ce temps que lorsqu'il est ainsi tombé dans le temps et entré en guerre avec lui-même. Pour le reste performez-vous comme sujets-Christs. Plus qu'une forme à assumer ou à devenir, à quoi s'identifier dans l'âme, le Christ Futur est le Performé *selon* lequel vous assumez le suspens de l'Enfer. Ne vous inquiétez plus d'Une Fois ni d'Une Fois pour Toutes, ne vous laissez pas déchirer par la guerre de la durée et de l'instant, de la répétition et de la différence, souciez-vous, *souvenez-vous* d'Une-Fois-Chaque-Fois. Comme le Monde, le temps vous est donné pour être transformé, approprié dans l'identité d'un clone. Mesuré à ce que vous pratiquez comme Homme-en-Homme, on appelle « Monde » ce qui est tombé dans le Monde, « temps » ce qui est tombé dans le temps, « mal » ce qui est tombé dans le mal, et même « homme » ce qui, de l'Homme-*en*-Homme, est tombé *dans* l'homme. C'est la chute dans la suffisance. Mais par rapport à ce qui est ainsi tombé et dont vous ne voyez pas d'abord qu'il est tombé, on appelle « Monde » l'identité (du) Monde qui verse celui-ci hors de sa suffisance, « temps » l'identité (du) temps qui verse celui-ci hors de lui-même. L'Identité se dit *de..., pour...*un être duplice et mélangé mais dont elle-même ne s'est pas dédoublée et qu'elle verse hors de sa duplicité. Le Messie va du mélange à la dualité et de l'Identité à la dualité dont il a fait « entre-temps » une dualité à un seul côté, –si ce n'est que dans ce cas il n'y va donc pas et ne refait pas le même chemin inverse. Mystique non-spéculative à force de spéculation et de concept-fiction, non-affective à force d'érotique pour le Monde, non-unitive à force d'unition, de mission non-unitionnelle... Aller à Christ ou aller au Monde ? Se détourner de l'un pour aller à l'autre ? Opposer le Christ et le Monde comme les deux voies ou les deux vies ? Nous faisons de la mystique-fiction le plus court chemin pour aller au Monde. L'homme qui est donné en-Homme est performé comme Christ, et seul qui est fait Christ est donné pour le Monde sans se donner à lui.

Futur, le Verbe est sans doute une lutte *pour donc contre* le Monde. Ce n'est pas une simple déclaration en quelque sens que ce soit, par exemple une déclaration de guerre, c'est une existence toute en performation et une assistance portée au Monde qu'il assume ou dont il fait apport en sa personne. Le Verbe-fiction est l'usage réel qu'il soit encore possible de faire du salut religieux en dehors de la foi chrétienne et des autres Autorités. Le Verbe ne dit surtout pas qu'il « faut » lutter contre l'illusion transcendantale du Monde au nom d'une pensée vraie, d'une liberté humaine ou d'un devoir supra-sensible, mais que la pratique déterminée par l'Homme-en-personne est *cette* lutte *pour* le Monde. Qui rédimera le Rédempteur ? Le Verbe est Fils et console même le Monde, même Dieu, et même l'Enfer puisqu'il est né-pour-eux. Le Fils de l'Homme, clo-né de l'Homme-en-personne, est le salut du Christ historique et de Dieu, la performation de l'intelligence de la Trinité comme forme par excellence du Monde. Exercer la philosophie en Christ, la vivre et la dissoudre en Dieu pour la résoudre finalement en l'« homme » de l'humanisme, ce n'était que le symptôme de la solution que performe le Fils de l'Homme comme Messie.

La science transcendantale de l'Enfer

La « science du Monde n'est pas une logique ou une philosophie mais un simple formalisme qui contient une théorie transcendantale de l'Enfer ou de la Conformité universelle.

Comme dans tout programme pratique, il y a un matériel à transformer, un monde ancien dont il faut se détourner par le travail et l'invention mais qu'il faut aussi rendre intelligible autant que faire se peut comme modélisation ou interprétation. Pourquoi nommer le nôtre du nom premier et propre d'« Enfer » ? C'est ici plus particulièrement et par *occasion* la mystique ancienne, dite religieuse, sous ses formes chrétiennes et néo platoniciennes pour l'essentiel qui nous sert d'index de l'Enfer. Notre enfer à nous les Hérétiques, Mystiques futurs ou Sans-religion, n'est toutefois pas celui des chrétiens, mais la suffisance d'une complicité, d'un nœud de conformité ou d'un complexe théologique et philosophique de duplicité. Le Monde en effet est encore un concept philosophique anonyme et fade, destiné à s'auto-neutraliser. « Le-Monde » est le Grand Conforme, l'essence de toute conformité, le Conformisme est notre nouvelle expérience de l'Enfer, surtout lorsqu'il détermine la vie mystique comme cet arrachement à l'Ici-bas en vue de l'expérience de Dieu. Plus généralement nous désignons le Trois comme l'adversaire unitaire dont l'autre figure est la suffisance du Monde. De la triade philosophique à la trinité théologique, la figure du Trois rassemble tous les cercles possibles qui vont porter l'Enfer-en-personne dans son unité insondable. Nous avons la tâche, nous les Simples, de nous « simplifier » ou de nous désapproprier comme Messies, Filles et Fils de l'Homme. Le mystique futur n'a pas à rentrer en lui-même, à faire réversion, il doit et ne peut qu'aller à l'Enfer. Tel est le chemin du mystique non-chrétien pour qui aller à Dieu c'est aller à l'Enfer plutôt qu'en revenir.

Future, la mystique est donc encore un travail et une lutte avec la matière du Monde, mais une lutte d'unition, un combat érotique avec le Monde lui-même. Puisqu'elle est maintenant expérience de Dieu-le-Monde selon-l'Homme, elle s'arrache moins au Monde qu'elle ne va à lui, inversant et faisant autre chose qu'inverser la direction de la pensée, sa rigueur et ses souffrances, son détachement et son éros. La vieille science théologique et psychologique de l'Enfer est devenue une science transcendantale en ce qu'elle opère maintenant *une œuvre non-mondaine dans sa cause mais pour le Monde c'est-à-dire encore pour l'Enfer.*

Il est évident que le problème transcendantal du Monde et d'un transcendantal qui ne soit plus encore dans le Monde mais *pour* lui, n'est pas le souci des mystiques religieux qui préfère le transcendant au transcendantal et pour lesquels le Monde donné manque sans doute de possible, de vide et d'indifférence. Le formalisme que nous utilisons ici, sans négliger le souci de la vie en Dieu, l'ordonne à l'explication du Monde. L'objectif de la mystique-fiction, qui n'est pas seulement de gnose, unifie le formalisme de la cause et une approche expérimentale du Monde. C'est de se détacher du Monde pour, s'unissant à l'Homme existant-Christ, en acquérir l'intelligence et une nouvelle figure. Il y faut donc une condition encore supérieure au transcendantal et détachée elle-même « a priori » de tout rapport possible au Monde. C'est le Réel comme Un-en-Un, se déployant comme bord a priori et matérial donnant le Monde ou y assurant l'accès de droit. Il libère le transcendantal en l'assumant comme son (non-)rapport possible au Monde puisqu'il est l'identité « dernière » de ce rapport et de ce non-rapport, identité précisément non-dialectique. Ainsi cesse, après celle de l'homme et de Dieu, la convertibilité de l'homme et du Monde contre laquelle les gnostiques ont tant lutté mais à leur tour sans apercevoir la nécessité pour le sujet existant comme Messie de se rapporter transcendantalement à l'Enfer.

Laisser-être transfiguré le Monde

La mystique-fiction est l'unification en-denière-Identité de l'être-donné ou de l'être-laissé du Monde et de sa transfiguration effective.

Comment être-sauvé de l'hallucination de l'Absolu c'est-à-dire du Monde comme Enfer, sans le fuir vers Dieu ou vers un autre Monde, le laissant être-donné sans y intervenir ou mettre un vain espoir dans cette intervention ? Comment dans ces conditions le transformer ? Quelques arguments.

1. Ce n'est qu'apparemment une ré-appropriation par l'homme d'une essence qui lui aurait été dérobée par une religion. On n'accusera pas le christianisme de vol ou d'aliénation, il faut renoncer à cette vieille problématique anti-religieuse et traiter l'homme, le Monde et la religion de manière phénoménalement généreuse. Entre l'en-Homme réel, le Monde-Enfer et le Fils-sujet, les relations ne sont ni continues, ni discrètes, ni une combinaison des deux, ce sont des dualités unilatérales, indirectes et en-dernière-Identité. Pas de procession ontologique, d'aliénation ou de sacrifice, c'est déjà un terme mis de droit à l'autorité de la religion mais non à sa matérialité dont nous avons usage.

2. Le Monde conserve son contenu religieux et il acquiert de plus la forme philosophique universelle. Il est dénommé « Enfer » par décision axiomatique, comme nom premier de sa suffisance. Sous cette forme, il est moins caractérisé par le péché que par l'hallucination du Réel, par la *foi* à la suffisance de la religion ou de la raison philosophique.

3. Aller au Monde n'est plus conditionné par une fuite préalable vers Dieu, ce n'est plus un cheminement nécessairement partagé en deux directions opposées et qui se recouvrent, descente et ascension, flux et retour. Il suffit moins d'un dieu que d'un sujet-Christ soutenant sa rigueur d'humain pour sauver le Monde de la suffisance où il se perd. Cette

« réduction » de la foi-au-Monde est un don de l'Homme fait sans donation à celui-ci plutôt qu'un retrait religieux.

4. L'onto-théo-technologie de dés-union et d'union au Monde et à Dieu trouve un dernier usage mais d'occasion dans une pratique d'unition non-unitionnelle ou de clonage avec le seul Monde, donc avec Dieu aussi par cette nouvelle voie. Pragmatique et théorique de toute façon, elle use du clonage des techniques mystiques, spirituelles ou physiques, enveloppées dans une pratique d'unition érotique qui est propre à l'affect mystique

Consumer la suffisance du néant

Consumer la suffisance du néant plutôt que consommer le néant, c'est ce qui distingue les Futurs du métaphysicien qui est au fond du mystique chrétien.

Par un paradoxe tout apparent, la mystique la plus philosophique abandonne ses fétiches métaphysiques les plus positifs, elle fait ascèse et dégrisement de l'étant et de l'Etre et pas seulement du « Monde », et va au néant par les deux extrêmes de toute philosophie, par le néant de la créature et le néant superessentiel de Dieu, qui n'est rien de *seulement* positif et ontologique, qui est néant ou déité. L'effort et la tension de la transcendance mystique se consomment en fusion mais se consument en néant. Le néant, c'est tout ce que peut la philosophie lorsqu'elle ne se veut plus elle-même. Ce néant est chargé de « dépasser » et donc d'« intérioriser » la positivité, la mystique est une entreprise de conservation de l'Être qu'elle met au-dessus de l'étant grâce au néant, et conserve le Monde en le mettant comme créature au-dessus du Monde « sensible » grâce aussi au néant. De ce néant-ci à ce néant-là, se déploie le geste philosophique qui lui aussi conserve la métaphysique en la transférant au-dessus d'elle-même. C'est l'inévitable dialectique, loi de la pensée-monde, ancien testament que le Christ Futur doit éternellement suspendre.

L'usage hérétique de la mystique ne passe plus par une exacerbation du néant, soit de l'ontologie du non-étant, qu'il soit simple ou dialectiquement redoublé. Eckhart et Hegel n'ont voulu connaître l'Un que par la médiation du néant et son redoublement, comme si de redoubler le néant hyperboliquement pouvait nous faire venir à bout de l'Être. Justement il ne s'est jamais agi de « venir à bout » de l'Être, de la Représentation ou de l'Enfer. Les philosophes sont fascinés en dernier ressort par le néant et se moquent de l'idée qu'un usage du Monde soit possible qui ne soit pas immédiatement positif. Comme s'il pouvait y avoir une consommation qui ne soit pas dans son être intime une consumation, et entre autres choses une consumation de la suffisance.

La différence dernière qui distingue la mystique constituée et son usage de fiction, c'est donc le refus du néant comme opératoire, noir compagnon de l'Être et quelque peu spadassin, ou du néant de la créature, au profit de l'unilatéralité. Pour prendre ce couple emblématique, le plus profond ennemi de l'hérétique, son adversaire le plus décidé, plus décidé encore que les mystiques reconnus par l'Église, c'est le dialecticien, le philosophe accompli ou achevé, le « meilleur des hommes », auquel le Messie oppose sa définitive unilatéralité d'Étranger. La « Dernière Bonne Nouvelle », meilleure encore que le « meilleur des hommes », c'est que l'Homme n'est pas une créature et un néant, qu'il n'y a pas eu de création pour lui fixer une ontologie, c'est l'Homme-en-personne qui détermine l'être et le néant, comme la vie et la mort, comme l'être et le temps.

Du néant à la non-consistance

Le néant est le milieu de la mystique-monde comme la non-consistance ou la non-visibilité celui de la mystique future, si ce n'est que ce n'est pas un élément mais une cause-de-dernière-humanéité.

Tous deux, le néant et la non-consistance, ont un effet de conservation du Monde, mais cette similitude est une apparence. Une conservation par dualité uni-latérale est si peu une conservation dialectique par néant qu'elle conserve celle-ci qui ne peut la conserver réciproquement et qu'elle transforme celle-ci qui ne peut la transformer. Eckhart écrit que « la plus grande perfection, c'est que l'homme extérieur soit maintenu ». C'est ici un objectif invariant mais à condition de comprendre que la plus grande perfection est l'absence des perfections positives, la pauvreté « négative » en perfection. Et que seule l'immanence la plus imparfaite peut maintenir le sujet extérieur.

La non-consistance est absence du Néant, c'est-à-dire de l'Être, absence de leurs mélanges. Elle décide que la positivité de l'Être s'étend au Néant, de l'ontologie à la dialectique, de la mystique à la philosophie, du logos à la logicité. Elle n'est plus, comme le Néant, la pointe extrême de la transcendance en *épékeina* et ne se propose plus de *relever* le Monde mais peut tout au plus l'assister. Relever, mettre au-dessus, sublimer, idéaliser, on connaît ces avatars de l'esprit de domination et de suffisance dont la philosophie se fait le porte-parole. Pourquoi toujours relever et ne pas tenter une autre opération de pensée, de manifestation pratique de l'Identité ? La non-consistance ne peut se dédoubler comme le néant de néant, elle ne vaut que de l'Immanent-en-personne, elle est dépourvue non pas de tout pouvoir au moins conditionnel mais de toute opération, alors que le Néant opère au moins un « néantir ». Au Néant qui est encore un quelque chose, un « rien » ou une *res*, il faut donc substituer, « ultimer » plutôt, la non-consistance qui donne et ne peut que donner le Monde. Certaines phénoménologies ont recherché un néant qui ne soit que néant pur, avant même toute dialectisation, certains philosophes platonisants un vide pur et catégoriel au-delà de l'Être. Mais poser le problème en termes de néant ou de vide c'est se condamner à rester dans les marges ontologico-matérialistes de l'Être sans pouvoir s'échapper de la phénoménologie. C'est pourquoi la non-consistance spécifique du (non-)Un doit remplacer un instrument aussi compromis dans l'œuvre de donation et de détermination du Monde que le non-Être. La convertibilité de Dieu et du Néant à travers le quelque chose témoigne de la forclusion religieuse du Réel. Évidemment la ruse du Monde consiste ici à faire du Réel la somme négative de tous les quelque chose, mais la somme négative n'est pas encore la non-consistance. Même le refus d'attribuer l'Un positif à Dieu ou à la déité n'en fait pas une simple condition négative, elle-même non-suffisante, tout le problème étant d'enlever à Dieu la suffisance qu'il pourrait tenir de la négation de ses perfections. Toute négation du Monde est position positive et suffisante de Dieu, et les mystiques chrétiens prétendent encore penser et donc penser le néant. Plutôt vouloir le Néant que de renoncer à penser le quelque chose... Mais justement ne rien voir n'est pas encore la vue-en-Un, c'est une opération aveuglée, une intuition affaiblie. Le critère est de l'élimination non pas de toute intuitivité mais de la détermination du mélange intuitif du voir et du non-voir par l'Invisible.

La mystique comme Appareil (de) Monde

L'hérétique suspend, le rendant intelligible comme identification aliénante ou suraliénation, l'appel que la mystique ancienne fait au sujet d'avoir à se rendre conforme à Dieu et donc au Monde comme Conformité.

La philosophie est un appareil d'instances hiérarchisées qui tend à s'évanouir dans son résultat ou son but final et pas seulement dans une dialectique « officielle » (comme celle de Hegel). C'est un Appareil à Monde ou de Monde. Un *Appareil de pensée*, diversifié en une multiplicité de sous-appareils, destinés à insérer l'homme sous la Loi du Monde.

Pleinement déployé dans sa typologie d'instances dynamiques et surdéterminé par un espace ou par des fonctions théologiques, l'ensemble représente la vraie constitution onto-théo-logique positive de la mystique, et non plus seulement sa forme métaphysique dessinée par Heidegger. Lorsque cet Appareil est modulé par la mystique, il assujettit l'humain à Dieu autant qu'au Monde, il l'assujettit à la Conformité divine.

Cet assujettissement, nous le comprenons globalement comme un rejet des Futurs, lui-même motivé en-dernière-identité par leur être-forclos. Cette mutation dans l'objet de la mystique comme fusion du Monde et de Dieu, capital de l'onto-théo-logie, est impliquée dans la cause hérétique. Le mystique futur « croit » donc certainement à Dieu – et à l'Enfer dont la substructure est le Monde. Mais il y croit d'une manière très spéciale, immanente et pratique, sans la « foi » sous sa forme de croyance qu'il rejetterait plutôt dans l'Enfer. L'hérétique n'est plus le solitaire ou le déviant en marge des dogmes et des institutions, en marge même du puissant appareil philosophique. Lui seul peut maintenant manifester tel quel le dogme philosophico-chrétien, Dieu en trois personnes, comme constituant le système supérieur de la mystique-monde. S'il y a un fond indifférencié, une profondeur « abyssale », peut-être s'agit-il de Dieu en effet mais c'est encore plus sûrement le Monde dont Dieu est le partenaire et la Déité la forme ultime. La mystique a trop souvent été, sous l'union à Dieu, l'effort d'exercer *latéralement* la philosophie. C'est pourtant un progrès par rapport à sa réduction à son soubassement métaphysique, le progrès d'une pensée par *épékeina-* sur une pensée par *meta-*, par transcender réel et absolu sur un transcender idéel et incomplet. Mais mystique et métaphysique, prises en leur structure ternaire, restent les faces conjointes de celle-ci, la recherche de la base et du sommet de la pensée et supposent toutes deux que la pensée est cette oscillation entre-base-et-sommet où se meuvent encore des critiques apparemment aussi avertis de la métaphysique que Nietzsche, Bergson, Heidegger, qui restent sur les rivages de l'onto-théo-logie et ne se retirent que du milieu de son « océan » (Kant).

Métaphysique et mystique ne sont pas identiques mais le Même, celle-ci renvoyant spéculairement à celle-là qu'elle intériorise. D'une part toute déviante et autre apparemment qu'elle soit par rapport à la philosophie, la mystique a été son relais chrétien. Même si elle croit à un objet propre, celui-ci lui est fourni pour l'essentiel de sa structure par la philosophie. C'est pourquoi toute réduction de la mystique opérée par les sciences humaines (histoire, psychanalyse, sociologie) revient à s'interdire la juste compréhension de sa radicalité dans la pensée et à dissoudre sa réalité dans les représentations superficielles de ses conditionnements sociaux, psychologiques ou historiques qui, si « incontournables » soient-ils, ne peuvent accéder au fond ultime où s'enracine la *force mystique*. Un texte mystique sera toujours préférable à la plate suffisance de ces représentations, de leur explication réductrice qui ne fait que l'inscrire un peu plus dans le Monde. En réalité la mystique est la figure d'excès du Monde sur lui-même et n'est pas enveloppée dans celui-ci sans « faire-monde » ou déployer le Monde dans sa plus grande dimension.

L'Enfer comme hallucination transcendantale

Le Monde n'a pas seulement changé d'envergure et d'universalité, mais de statut, comme Enfer c'est une hallucination et une illusion transcendantales, plus qu'une aliénation, c'est la forme du « péché » contre l'Homme-en-personne.

L'*épékeinaphore* a la propriété de *paraître* se réaliser elle-même, de se produire comme objet réel et de s'annuler comme langage, de ne plus relever du mécanisme irréel ou idéal de la métaphore qui laisse hors d'elle le réel de référence. *C'est plus qu'une illusion transcendantale, c'est une hallucination réelle propre à la pulsion philosophique.* L'épékeinaphore porte le langage à une performativité réelle apparente. Elle semble ne plus être un déplacement méta-physique, mais une pure verticalité qui se consume en non-agir et en renoncement, en identification immédiate au réel de l'Un. Elle est gravitation sur place, abysse de la hauteur, résorption apparente de la médiation langagière. Elle crée spontanément, comme comble ou cime de la philosophie, l'apparence d'une performativité qui n'a plus besoin de son appareil technique, langage compris, de ses degrés élémentaires et laborieux. Elle « dépasse » la métaphore en réalisant le langage, en s'installant dans l'abîme comme au centre des choses. Surtout lorsque cette verticalité est effectuée par l'expérience mystique, elle suscite l'apparence qu'il n'y a plus de changement de terrain, qu'elle est le changement ou le terrain réalisé, la terre promise enfin donnée. C'est la suprême apparence que crée la philosophie s'intériorisant, l'illusion de la fin de la métaphore philosophique dans et par la mystique, une forme de « clôture » sur soi de la métaphysique. Jamais le mystique, en se croyant en Dieu et au centre de l'Être n'a été aussi éloignée du Réel et victime de son désir. De là le trait de merveilleux (Eckhart) de ce désert admirable, de ce réel apparemment atteint sans passer par une métaphore ni même par son rejet possible.

Cette mauvaise foi philosophique a été partiellement démasquée par Kant, par Fichte, puis par la philosophie du 20e siècle qui introduit explicitement l'ensemble des gestes métaphysiques, dont le langage, dans le calcul du résultat final de la philosophie *tel qu'il se veut toujours total.* Ainsi prise au mot de sa totalité par elle-même, la métaphysique avoue décompter ses présupposés et en limiter la prétention sans en annuler l'efficacité. Elle a seulement été intériorisée et s'est réfugiée dans son geste ou son opération qu'elle paraît annuler, se rendant encore plus invisible que précédemment. Même Dieu, à qui les mystiques offrent le secret de leur cœur, n'est pas assez puissant pour déceler – et pour cause – les arcanes de cette stratégie qui abandonne ses armes, les « oubliant » au fur et à mesure de leur usage et de leurs œuvres seules conservées et apparentes. C'est d'ailleurs au nom encore d'un Autre anonyme, sans identité autre que de transcendance, que la mystique peut être déconstruite de cette manière qui la prive une fois encore de son identité propre. Il faut les Futurs pour *ramener la philosophie et la théologie dans leur propre sein comme identité, dans leur solitude, c'est-à-dire les verser hors de leur suffisance.* Le mystique mondain est enfermé ainsi dans l'Enfer d'une boîte noire fermée à double tour, dont les deux côtés sont, pour parodier un célèbre anonyme, un nuage d'inconnaissance entre lui et Dieu et un nuage d'oubli entre lui et les créatures. Mais boîte dont la fermeture est désormais ouverte à tous et manifeste par la force de l'Humanéité intrinsèquement absente et qui fait apparaître la mystique-monde comme une grande apparence, transcendantale quand ce n'est pas réelle comme hallucination.

Elle cesse d'être une simple hallucination (du Réel) se méconnaissant elle-même lorsque sa structure objective est replacée là où elle a sa vérité, dans le sujet et son extase érotique telle qu'elle prend pour objet la merveille de l'Autre-comme-Un. Il faudra, sur ce point, revenir à l'*épékeina*, à son enracinement dans le *meta* et à sa distinction d'avec lui. Celui-ci en effet est le symptôme de l'Étranger dans sa généralité, tandis que celui-là est le symptôme de l'Autre-Étranger non plus seulement éthique, mais comme objet d'une unition extatico-érotique. Mais plus profondément encore, c'est l'Humanéité et elle seule qui met à nu sans reste le mystère du Logos s'auto-dissimulant. Elle le manifeste sans le déchirer ou le briser pour reconstituer ailleurs cet oubli. Seule en effet une instance de droit invisible et indéfinissable à force de simplicité et de pauvreté, peut manifester de part en part sans le concours d'une opération, peut *obliger* le Monde, contraindre la philosophie à manifester leurs labyrinthes les plus tortueux, leurs prétentions les plus inapparentes. Seul ce qui est déjà manifeste-sans-manifestation peut imposer à la mystique-monde une révélation radicale. Dieu déjà avait besoin de se révéler par son Fils, un Dieu lui-même auto-révélé et décidant de se révéler au Monde, mais ce Dieu-là dissimule son secret d'inintelligibilité dans le mécanisme inapparent de la naissance et du sacrifice de son Fils. Il n'y a pas d'auto-révélation, si ce n'est pour Dieu-le-Monde, pas de décision de révélation, pas de Fils-médiateur. Mais un Révélé-sans-révélation qui est la vision-en-Homme et qui implique une expérimentation du Monde. Et une révélation qui a la forme d'un clonage, naissance sans processus qui est l'être-né lui-même. S'il y a quelque chose à sacrifier à cette révélation, cela n'a jamais été un Fils, c'est le Monde comme Enfer et Dieu-le-Monde. Mais justement le Monde et Dieu ne sont pas d'emblée des Fils ou des Messies et ne servent que d'occasions pour leur « impossible » Venue.

Pourquoi ce pouvoir révélateur ou « missionnaire » du Révélé-sans-révélation ? Précisément parce qu'il n'est que « révélé » de part en part, l'Homme-en-personne donne cet être-révélé à la transcendance du Monde – c'est son statut de « présupposé réel » – et ne peut le lui communiquer que de cette manière sans passer par un acte ou un processus. Pour le dire autrement, la vision-en-Un, parce qu'elle est le Vrai-sans-vérité, suffit à déterminer le sujet mystique ou les Futurs comme véracité. Le Verbe dit la vérité parce qu'il est la véracité même qui opère selon le Vrai-sans-vérité qu'est l'Humanéité. De là la manifestation de l'Identité (du) Monde hors de lui-même, séparé de manière immanente de son symptôme dans et par le Verbe. Manifestation unilatérale plutôt qu'auto-manifestation qui est la substance de la philosophique parousie. Le Monde est dans sa nature un capital accumulé de la manifestation et par conséquent boîte noire de la parousie elle-même. Et la découverte du Réel ou du Vrai-sans-vérité, roc de l'hérésie, ne détruit pas cette auto-manifestation à quoi aspirent le Monde et sa mystique mais l'« emplace » (la met « en-place ») et la stérilise.

Conciliation non-conciliationnelle (de) soi

Le sujet-Christ comme Futur détermine-en-dernière-Humanéité, donc sans réconciliation, tout rapport de réconciliation avec le Monde et en fait une Conciliation.

Entre sa forme ascétique et sa forme ontologique de « laisser être », plusieurs types d'abandon (*Gelassenheit*) seront distingués. Mais plus profondément entre un détachement métaphysique de retour à...., un détachement dialectique de double négation, et un détachement par endurance et « tournant » simple qui ne se redouble pas d'une réflexion Tous ces cas de figure ont en commun un trait philosophique plutôt que gnostique, le détachement du Monde a un but premier, s'unir encore à une autre instance, Dieu ou l'Être en sa vérité, mais un but secondaire, saisir le Monde en sa vérité et d'une certaine manière s'y sauver plutôt que s'en sauver. Ces objectifs sont nuancés en fonction de la syntaxe du détachement mais constituent un invariant qui a poussé des rejetons jusque dans le marxisme.

Comment dualyser cet invariant ? Le sujet-Christ se constitue sur la base non pas d'une double donation mais d'un donné-sans-donation, le présupposé réel qui procède par clonage d'une donation de ce qui sera son matériau. Le sujet est ainsi uni au Monde mais sur la base déterminante de son être-séparé radical, c'est la conciliation unilatérale ou non-conciliationnelle (de) soi. On distingue donc plusieurs moments. 1. S'il y a de l'unition, elle ne concerne plus Dieu et pas davantage l'Homme qui est déjà Un-en-Un et qui n'a pas à s'unir à qui que ce soit, c'est le moment gnostique radical du christianisme futur, moment de l'Uni-sans-unition. 2. En revanche l'« homme » doit s'unir et ne naît que comme s'unissant, c'est le moment philosophique et proprement mystique-chrétien mais il ne vaut que du sujet par définition ouvert au Monde, nullement de ce qui fait l'Homme-en-Homme séparé. 3. L'unition humaine radicale cesse donc d'être divisée (pour Dieu et pour le Monde), elle est non-unitionnelle (de) soi dans son essence, et sa structure extatique en est transformée. 4. L'unition du sujet-Futur est avec le Monde seul. Ce n'est pas une réconciliation de l'homme en général et du Monde. L'en-Homme est l'Hérétique, l'Irréconcilié sans opération de conciliation, seul le sujet peut sur cette base se concilier le Monde ou « égaliser » son rapport avec lui par une conciliation non-conciliationnelle (de) soi. 5. C'est d'une manière générale et en premier une émancipation de l'Homme-comme-sujet par rapport au Monde, libération acquise par son être-Uni-sans-unition et qui prend la forme du clonage.

Nous devons aux mystiques et en particulier à l'hésychasme que la solitude *est* science, comme nous devons à la gnose qu'elle est savoir indocte. La gnose est une science plus contemplative, l'hésychasme une science plus combative, la solitude comme combat et science de ce combat. La première nuance vaut plutôt de l'Homme-en-personne, la seconde plutôt du sujet-Christ, mais dans les deux cas c'est une découverte universelle pour toute mystique. Le Seul clone une solitude transcendantale qui a des aspects théorique (science des pensées), pratique (science performationnelle), pragmatique (science des œuvres). Le pouvoir de solitude du Seul est celui de la non-suffisance ou de la « force faible ». La lutte ne s'oppose plus à la science dès qu'elle opère avec l'uni-latéralité. Le Monde est le combat général comme illusoire, contre soi, et comme halluciné, contre l'Homme-en-personne qui mène, lui, le juste combat de l'unilatéralité, de la paix imposée aux combattants, de la tranquillité des pensées comme unifaciales et étrangères. La paix de dernière-identité n'est pas un apaisement. Il s'agit moins de chasser les pensées, suggestions et imaginations, celles des peuples comme celles des individus, que d'en user pour une œuvre de solitude et d'unilatéralisation qui « ôte » l'Enfer du Monde.

SECTION II
L'ASSISTANCE MESSIANIQUE AU MONDE

Le Christ uniface et l'assistance au Monde

Le sujet-Christ est invisible de part en part même à l'invisible de type religieux mais aussi semi-visible ou uniface par sa participation au Monde et, pour cette raison, est l'Étranger destiné à porter assistance à ce Monde.

L'athéisme mystique est une question empoisonnée. Les anciens mystiques sont menacés d'athéisme parce qu'ils conservent le Dieu chrétien malgré ou à cause des tortures de toute nature qu'ils lui font subir. Dieu lui-même, ils le mettent à la question, c'est une lutte où les adversaires combattent en réalité pour le Com-bat. Cette erreur de visée est peut-être le vrai « athéisme ». Ce face-à-face interminable où les adversaires se cherchent dans un miroir est une science somme toute illusoire ou mal conduite. Qu'est-ce qui fait l'universalité du Vécu Nouveau, son être-pour-le-Monde-sans-le-Monde ? Il y faut une nudité et une inconsistance telles qu'elles ne se mettent jamais en face-à-face avec l'Adversaire, si discrètes qu'elles déjouent pièges, séductions et suggestions spéculaires. L'athéisme ne nous menace pas plus que la foi à laquelle nous réservons une place, la seule que les Humains puissent tolérer. Nous dissolvons si peu Dieu et l'Homme dans leurs rapports, dans une dialectique qui les vouerait au néant de néant, que nous *donnons* à chacun une réalité, si phénoménale ou semi-visible soit-elle, irréductible au miroir de la pensée.

« Qui a vu le Fils a vu le Père »...Ce sont là deux visions dans l'identité de l'une d'elles qui est invisible ou non-réfléchie. L'unifacialité du Messie s'en déduit ou témoigne de l'invisibilité de l'en-Homme dont « le Père » est le modèle transcendant. Le sujet mystique existe sur le mode de l'« en-face », non pas « en face de... » mais « dans la face » qui n'est même plus la face de l'Homme comme il y a une face du Père malgré tout. Le mode de l'« en-face », il le tient de l'absence de toute face de l'Humain-en-personne qui, lui, n'*existe* pas. L'en-Homme détermine sans les précéder l'existence et l'essence qui ont alors mode de face unique ou d'Étranger. Le sujet-Christ renonce à s'épuiser dans une essence préalable et se donne de manière immanente comme une *radicale extériorité au-devant-du-Monde* et destinée à l'assister. Il n'existe surtout pas comme hors de soi, selon le schéma traditionnel de la procession et de la conversion. Il renonce à se faire retour ou rentrée, réversion dirait Eckhart, et se donne *pour cette raison* comme extériorité *pour* le Monde.

L'existence unilatérale, à face uni-que, étrangère au Monde, est donc en même temps *pour* le Monde ou lui porte assistance. Se distinguent de cette manière l'existence philosophique, bilatérale comme la présence qui se pose ou se ré-affirme, et l'existence hérétique, unilatérale, de l'Étranger. L'assistance au Monde plutôt que « dans » le Monde est le mode d'existence du Fils de l'Homme. Le Messie cloné n'est pas assisté dans son être-né-sans-naissance mais il est lui-même assistance en-personne. Seul un sujet inaliénable, un Futur, peut assister le Monde et lui porter le salut. Assistance n'est pas service, réciprocité, échange même inégal, c'est l'œuvre de la solitude sans-consistance, seule l'inaliénable pauvreté en essence peut combattre l'Enfer. Cette faiblesse agit par une *force faible* qui n'assiste la force forte et les Dominations que pour les ruiner d'un dénuement radical. L'assistance ne se répète pas, ne se reproduit ni n'insiste, elle ne revient pas, tirant le Monde à soi. Elle se donne une fois chaque fois, c'est un don séparé ou une grâce qui se transmet par le sujet-Christ. Assister est uni-que.

Tel est le Futur-comme-vécu, le Futur qui n'a pas à venir. La vie n'est « nouvelle » ou émergente que si elle n'est pas supérieure mais unilatéralement future et, sans dépasser l'homme, se confond performativement d'emblée avec son fond secret de Vécu. Le dénuement donne sans doute un sur-croît de vie, l'ascèse un supplément d'intensité, mais la nudité qui s'appelle l'Homme-en-personne donne le sujet comme Messie.

Assistance. Détachement. Abandon

L'assistance messianique est l'ajustement unilatéral du détachement déjà-détaché et de la causalité du Monde.

Monde et/ou philosophie, mystique sont des systèmes réglés de subterfuges pour réquisitionner l'humain au service de l'accumulation du Monde-capital (sinon du capital-monde), voire au service de ce mélange, Dieu-le-Capital. Les mystiques ont été trompés par leur Dieu, d'autant plus séducteur et sublime qu'il était le faux Étranger, l'étranger venu du Monde. Un Dieu qui s'attribuait perfections et « propriétés personnelles », « essence » et « nature » et qui n'était pas lui-même suffisamment pauvre. Dieu lui aussi, lui d'abord peut-être, doit « devenir » pauvre et ne pas seulement faire preuve d'ascétisme et de sacrifice. Le Dieu des chrétiens décline son identité jusque dans la mort de son Fils et sa résurrection, comme s'il manquait d'immanence et d'identité au point de devoir les manifester, les prouver aux yeux de ses créatures. Il participe de la faiblesse prétentieuse de la philosophie qui croit de son côté qu'elle le fait décliner ou qu'elle l'exalte lorsqu'elle le décline sur le mode du Logos. Encore moins que chez les mystiques, il est donc question ici d'un détachement positif et actuel du Monde, d'un changement de lieu ou de sol, de terrain ou de région comme le veulent les philosophes. Le problème se pose tout autrement maintenant qu'il est question de l'abandon de la philosophie *elle-même* qui est pour nous le Monde et peut-être sa face d'Enfer. Les mystiques ne connaissent que la tension vers le détachement, la sérénité et la liberté de la vacuité, ils se confondent avec le désir de Dieu.

Comme être-séparé et de droit détaché avant tout détachement, le sujet-Christ affronte le problème de sa participation au Monde. Comment s'organisent en lui le détachement du Monde et l'abandon comme unition au Monde ? Problème crucial à mesure des embarras de la philosophie, de la mystique et du marxisme à poser sans contradiction un sujet capable de se désaliéner du Monde et de tout ce qui est soumis à la « forme-capital » ou, c'est ici la même chose, à la forme-Monde. Si Dieu est immutabilité, si son repos l'emporte en dignité sur la sortie hors de soi et sur quelques autres vertus, que dire de ce non-rien qu'est l'Homme-en-personne, lui qui n'a même pas à sortir de soi pour se prouver son existence comme le fait Dieu, à se préoccuper du Monde comme le philosophe ? Il n'a même pas à se demander pourquoi existe le non-rien plutôt que le rien puisqu'il n'*existe* pas lui-même comme Homme. Ni à vouloir le rien plutôt que de ne rien vouloir et à donner ainsi dans la sagesse, la vertu ou la béatitude. L'Homme-en-personne est le Contemplé qui contemple toutes choses comme premières, même le devenir éternel que contemplent les philosophes.

Ce que nous appelons l'assistance est en revanche un changement de posture réservé aux seuls Futurs en fonction d'un nouvel usage du Monde. Globalement elle n'a plus pour objet, la recherche de la béatitude comme Bien transcendantal ou Dieu transcendant. C'est le sujet effectuant l'Homme-en-personne et *se libérant pour* le Monde. Un abandon de... ou à l'Un-en-personne n'a de sens qu'à confondre l'Un et Dieu. S'il y a pourtant un abandon à l'Un, il est pratique de toute façon et met en cause le sujet que nous sommes. L'abandon (à) l'Homme-en-Homme est le *don* au Monde que le sujet fait non pas de sa personne mais en tant qu'il est « en-personne » ou séparé. L'assistance, plus que le détachement ancien, ajuste comme unilatéralement séparés deux termes (dont l'un n'est plus ici Dieu sauf à mettre Dieu dans le Monde). Elle prend la forme d'une équation dont la solution est la Dernière Identité et qui organise ainsi autrement le double sens de l'« abandon » (de..., à...). Le détachement (le non-Uni) n'est plus la condition d'une union mais seulement son effet. L'Homme-en-Homme n'a pas à se détacher puisqu'il est déjà séparé, plus que détaché, et n'a pas à s'unir à lui-même puisqu'il est déjà l'Un. Un détachement ontique ou régional, même ontologique ou fondamental, se fait à l'intérieur du Monde et pour l'ultime gloire du Monde, si ce n'est de Dieu. En revanche le détachement et l'union donnent lieu à une pratique réglée par rapport au seul Monde. Le désir d'Un est l'Enfer et l'Enfer est très proche, peut-être le plus proche, de l'Homme, il donne le change et hallucine l'Homme-en-personne. Le détachement doit plutôt être lui-même déterminé par le Détaché-en-personne qui ne le supporte qu'à le cloner comme étant *pour*.... Il n'y a pas d'abandon premier, seulement les noms premiers d'Abandonné-sans-abandon ou de Renoncé-sans-renoncement qui valent pour l'Homme. Sur cette base, le détachement du sujet se fait non par rapport aux seules « créatures », ni par rapport à l'Être ou à Dieu, mais par unilatéralisation de leur corrélation qui est le Monde.

La mystique future inclut un abandon non pas déjà réalisé ou effectué, même virtuellement ou « en puissance », mais réel, immanent et nécessaire sans être justement suffisant. Il accompagne le Monde donné-en-Un (et il l'est toujours dès que l'on pense ou que l'on rêve), et il est de plus effectué dès que le Monde est introduit explicitement dans l'opération qu'est le sujet-Futur. Le détachement réel d'« avec » le Monde commence donc avant toute entreprise de l'abandonner ou plutôt, il faut inverser la formule, *détermine l'accès immanent à lui*. Abandon « définitif » parce qu'il n'a jamais commencé ou ne s'est pas éternisé comme une tension hésitante. Mais il assume une forme transcendantale avec l'introduction du point de vue du Monde comme tel et donc du sujet. Du Détaché réel au détachement transcendantal, l'Homme-en-Homme détermine le Monde comme abandonné-et-assisté. Le sujet-en-personne contient cette expérience d'être-séparé du Monde pour des raisons plus profondes que le Monde lui-même ne peut les donner ou les imaginer, conditions de son être-assisté. L'être-détaché est à ce point proche du non-rien qu'aucune chose n'est si ténue qu'elle puisse se loger en lui, même le Dieu le plus immanent. Seule une dualité l'accompagne, celle de l'unilatéralité indivise de l'Enfer et de son support de Monde.

Abandon absolu et abandon radical du Monde

Le renoncement, la sérénité et l'abandon (*Gelassenheit*) sont la face d'hétéronomie au Monde du clonage immanent. Seule l'indifférence non-suffisante au Monde peut lui destiner le sujet-Messie et performer son unition avec lui.

Renoncement, abandon, détachement ne peuvent être des injonctions premières, au sens philosophique absolu de la priorité, sous peine de s'exercer comme simple négation conditionnée par le Monde, plutôt que comme son unilatéralisation radicale venue de l'Homme-en-personne.

Le désir unitaire n'est pas tant désir de Dieu que désir de l'union à Dieu, désir d'*être* Dieu ou du moins de le devenir, de résorber peu à peu sa distance à force de prière. Dieu et Ame, cette dualité qui ouvre l'espace de la mystique à la fois à l'intérieur et à l'extérieur de l'espace philosophique, obéit rigoureusement à la structure philosophique mais déplacée d'un cran supplémentaire selon l'*épékeina*. C'est la *théosis*, la déification de l'homme et l'humanisation de Dieu. Égalité qui ne puise pas encore sa possibilité dans une identité radicale inaliénable en chacun d'eux, mais dans une convertibilité générale et un pouvoir réciproque de l'un sur l'autre. Dans l'effort complémentaire pour se détacher du Monde, le Verbe se détache en premier, par transcendance, du Logos *méta*-physique mais c'est pour le replier sur lui-même, le faire coïncider avec soi par son bord ou sa pointe extrême d'*épékeina-*. Plus que jamais la cime de la contemplation est coïncidence de la substance et de la relation, de l'Un et de l'Être, non plus Logos mais logicité du Logos. La logicité mystique n'est pas celle du concept abstrait, de la représentation ou de l'Idée, c'est la logicité concrète, supposée réelle, du Logos se réalisant à travers le total de ses conditions ou de ses instances philosophiques.

La purification mystique traditionnelle ne procède par exclusion du Monde qu'en vue de l'intérioriser aussi dans un discours plus universel. Il y a bien une purification mystique, et elle est du même ordre autoritaire, quoiqu'on refuse d'envisager pareil scandale, que toute purification rationnelle ou bien, par exemple, ethnique. Il y a une xéno-phobo-logie de la mystique dominante et unitaire, une manière d'exclure le Monde comme Étranger pour l'intérioriser à l'ordre onto-théo-logique. Il y a un niveau d'acceptabilité et de recevabilité, comme une basse continue dans le pathos théo-logo-centrique, pour un Verbe de désir et de désespoir, d'attente et d'injonction, de haine et d'amour. Peu importe le niveau ou le plan, élémentaire ou sublime, de ces affects – le mystique autoritaire exclut, tue en lui et hors de lui, il accable le Monde de tous les néants et péchés. Exclusion apparemment douce, non barbare à force d'intériorisation et de conservation, la philosophie en général et la mystique sont, comme l'économie, des appareils à rejeter le Monde, à ne l'intérioriser que pour mieux le dominer. Ce ne sont pas des pensées amoureuses a priori du Monde en son identité, elles opposent encore l'unition avec le Monde à l'unition avec Dieu. Au lieu d'être pleinement a priori, elles sont tout autant déterminées par le Monde même et sa haine propre.

Les mystiques qui prétendent donc d'abord et essentiellement se libérer de toute « représentation » en vue d'une parousie par définition absolue, restent en cela philosophes. Se libérer de la philosophie n'est pas possible si l'âme n'est pas d'emblée née-telle-que-libre, clonée-telle-que-vacante de toute représentation et de cette représentation-maîtresse qu'est la philosophie. L'âme simple est *forclose plutôt qu'anéantie*. L'auto-anéantissement, voire l'hétéro-anéantissement ne parviennent pas à la vision-en-Un, et ne produisent pas une âme-selon-l'Un mais une âme-selon-le-Monde. L'âme simplement « enfranchie » (Marguerite Porete) doit naître « franche », libre ou vacante sans désir de vacance. La liberté n'est souvent que l'envers de négation du désir de l'Un, mais l'Un lui-même comme en-Un ne peut être libéré, désiré, anéanti, doublement anéanti, il est d'entrée de jeu trop pauvre pour supporter ces affections, il n'a rien d'un *ens* et de ses *passions transcendantales*. Et seule cette pauvreté peut suspendre la force philosophique suffisante, la conservant sans l'intérioriser, la *respectant* plutôt que la *conservant* – avec son auto-position mais devenue stérile, sans nier encore moins son contenu de représentations. Un abîme d'immanence unilatérale sépare l'anéantissement du Monde ou le désir de l'Un, de l'indifférence native qu'implique l'être-forclos de l'Un au Monde.

L'Un-en-Un, déjà séparé (du) Monde, se sépare de l'intention de l'Un parce qu'il est d'emblée le Réel. Il se sépare de la double négation comme désir philosophique de l'Un. Il se sépare de l'expérience chrétienne pour se donner d'emblée comme Christ hérétique dans sa structure d'immanence. Il ne se crée ni ne se pose, ne laissant pas à la transcendance, au désir, à la négation, le temps d'investir son immanence. À la différence de la Déité, l'Humanéité est non-négationnelle (de) soi comme le seraient encore un sur-néant ou une négation réfléchie. Il va sans dire que l'hénologie négative n'a aucun sens ici et n'est que l'envers d'une hénologie positive et métaphysique. L'héno(-logie) ne peut être « négative » que par le côté de l'Un qui est condition non-suffisante mais ne contient aucun néant, elle ne l'est pas par un procédé d'auto-négation du Logos. Puisque d'emblée rien ne lui est ajouté, qu'il est encore Autre-que... moins-que-rien, il n'a pas à se détacher du Monde par tout un système d'opérations dialectiques ou simplement ascétiques, de degrés et d'échelles, de voies et de cheminements qui, puisqu'ils prétendent mener hors du Monde plutôt qu'y aller, y ramènent sûrement. Si un Verbe de fiction doit être inventé, ce n'est toutefois que dans les limites d'une part du matériau-monde, d'autre part de sa détermination par la pauvreté-en-personne de l'Humanéité. Forclos à toute représentation (et lui seul délimite ce « tout ») et pas seulement à une « représentation » délimitée *ad hoc* ou artificiellement, le Réel tire un clone du fond sans fond de la religion par sa pauvreté plus douce qu'un retrait, qu'une mise entre parenthèses, qu'une négation voire un néantir.

L'amour-pour-le-Monde est premier ou avant le Monde

Le sujet-Messie est délié-pour-le-Monde et a aimé le Monde le premier, l'amour est un commencement premier ou transcendantal mais ordonné à la primauté de l'Homme.

L'Homme-en-personne est délié (du) Monde et délie le sujet de tout lien substantiel avec lui ou avec Dieu, il le laisse-être-délié avant qu'il n'y ait eu opération de déliaison. De là cette triple distinction, l'Humanéité est le Délié-sans-déliaison, le Monde est déliaison bilatérale, le sujet-Messie est délié du Monde *pour* le Monde, unifacial en quelque sorte, unilationnel plutôt que relationnel.

Par cette indifférence, l'abandon *du* Monde n'est plus la condition de l'abandon *à* Dieu. Parce que la vision-en-Un est paupérité intrinsèque, elle l'est *a priori* en Être et en Monde. Sans doute, étant non-suffisante ou forclose, condition négative par soi, elle a besoin, du moins pour cloner un sujet, du symptôme du Monde mais elle donne à celui-ci une nouvelle et simple fonction de modèle qui interdit qu'il conditionne encore le détachement ou la *Gelassenheit* elle-même dans sa force messianique. Un tel détachement réel, celui qui n'est pas simple « dépassement » ontologique de l'étant, qui est déterminé déjà de manière immanente par plus radical que lui et qui porte sur *le* Monde en personne, sur la corrélation philosophique de l'Étant, de l'Être et de l'Un, ce détachement doit être compris hors de toute négativité ou haine philosophique du Monde pour le Monde. C'est une simple uni-latéralisation immanente, une opération qui n'aura jamais usé de la transcendance contre la transcendance, qui ne l'aura pas retournée par ressentiment contre elle-même. L'hérésie de-dernière-Humanéité, jusque dans le sujet qu'elle clone, est sans ressentiment, elle n'est ni ressentie ni même « sentie » dans une affectivité spécifique du Vécu-sans-vie. Elle se détache de... ou unilatéralise l'affectivité la plus intérieure et la plus isolée elle-même. Si bien qu'elle rend inutile cet effort héroïque de l'Être vers le Réel-comme-Autre, effort qui fait toute la mystique traditionnelle comme expérience vive de l'Au-delà de l'essence. La non-suffisance de la vision-en-Un n'est pas un moindre héroïsme, ou sa déficience, mais ce qui suffit-sans-suffisance, à la donation près de la mystique, à déterminer un Messie *pour* le Monde.

Si l'âme est « seule avec Dieu » et Dieu seul avec la création, l'Homme-en-Homme, lui, est seul « avec » le Monde tel quel, c'est-à-dire sans-le-Monde. Ce n'est donc pas l'amour *de* l'Un que nous substituons à la philosophique « science de l'Un » mais la vision-en-Un déterminant un sujet amoureux du seul humain et du Monde en tant qu'il est son occasion, dualysant leurs confusions anthropo-logiques. Comme toutes choses en-dernière-identité, le renoncement au Monde doit être uni-versel et par conséquent incommensurable avec le Monde quoique pour celui-ci. Le Messie, détaché le premier du Monde, l'a aimé le premier, donc avant le Monde mais avec son concours.

Le clonage comme justification du Monde

La non-suffisance de l'humaine vision-en-Un, qui n'est pas création ou processus, exige, pour que le sujet-Messie existe, que le Monde soit donné lui aussi sur le mode du donné humain radical ou sans-donation.

Un problème subsiste : comment comprendre le recours nécessaire du sujet au Monde s'il n'en est pas essentiellement constitué, s'il n'en naît que par un clonage, s'il s'en est détaché a priori et « avant » sa capture par lui ?

La nature hérétique de l'Un implique qu'il soit impossible de lui attribuer une opération suffisante, même une opération en général. L'Homme-en-personne ne peut plus être un substitut du Dieu créateur. Si le Dieu des mystiques philosophes était réellement Un et rien de plus, s'il n'avait plus la suffisance de ses perfections, il cesserait d'être créateur et ce serait un tout autre type de causalité, celle de l'Identité, qu'il faudrait lui attribuer. Le sujet sait que le Réel n'est pas simplement une limite, un

Impossible, un Autre mais le Vécu (de) l'impossible, que c'est une simple condition négative dont le « négatif » n'est pas obtenu par (double) négation de l'étant ou de l'Être mais par *simple* non-suffisance et humilité immanentes. Parce qu'il est dépourvu de l'Être, il ne requiert celui-ci que *pour* le déterminer et en tirer un clone, et s'il se présente par ailleurs. L'Homme-en-Homme est donc une condition radicale, inaliénable, obligatoire mais seulement négative, sans la moindre perfection. La vision-en-Un n'apporte rien par elle-même, aucun devenir ou création, si ce n'est qu'elle « donne » un Messie mais en le déterminant en-dernière-identité. C'est la condition de tout dégrisement, de tout renoncement à la confusion de la mystique-fiction et du Monde.

La thèse de la causalité immédiate de Dieu sur toutes choses, sans intermédiaire ou causes secondes, est une conception confuse de l'« agir » ou du « non-agir » de l'Un. Qu'il n'y ait pas de seconde cause si ce n'est en un sens secondaire, c'est le signe d'une causalité unitaire, parfois dialectique, d'une identification à quelques différences près de Dieu et du Monde, du créateur et de sa créature. Mais précisément la causalité de l'Un suppose son non-agir sans en faire un opposé de l'agir si elle prend la forme philosophiquement inouïe du clonage, de la nécessité d'une causalité non certes seconde mais « occasionnale » du Monde. Causalité non pas évidemment sur l'Un, son être-forclos étant justement déterminant en tant que forclos, mais sur la constitution, comme être-cloné, du sujet. C'est pourquoi le Monde doit être « donné » par donation pour être donné-en-Un. Si par exemple la « conversion » est la forme mystique qu'a prise la répétition philosophique, elle est simple symptôme, et modèle d'interprétation, du clonage par lequel le Monde sollicite et motive la vision-en-Un comme transcendantale. L'être-cloné est le type de répétition qui use du Monde et que tolère la mystique-fiction. Tandis que la conversion est nécessairement réciproque à la création près – mais la création est déjà une conversion de Dieu lui-même ou la présupposition de toute conversion possible de la créature –, l'être-cloné est, si l'on peut dire, une uni-version, une version unilatérale du Monde (à) l'Un. À une telle uni-version, Dieu lui-même, Dieu-le-Monde doit se plier s'il veut devenir lui aussi ce qu'il n'a jamais été réellement, un sujet qui soit un Messie.

Le principe du clonage, c'est que la vision-en-Un ne peut donner moins qu'elle-même – Un-identité, Uni-latéralité, Uni-versalité, et qu'elle ne peut donner plus qu'elle-même – l'expérience d'un matériau, qu'elle doit recevoir c'est-à-dire donner comme Étranger. Elle est la condition du sujet, de son essence universelle, de son identité et de son être-séparé, et les apporte d'elle-même sans les engendrer de son sein ou les supposer virtuellement implantés en elle à la manière de la Déité eckhartienne. Elle se rapporte sans rapport à un donné-Monde, à la mystique déjà constituée dans l'histoire, les textes, les structures de la pensée dominante qu'est la philosophie. Elle suppose un *apport* de données qu'elle traite d'abord comme les symptômes puis comme les modèles de cette mystique-fiction universelle qu'elle produit à partir d'elles. L'usage du Monde comme symptôme et comme modèle est le contenu réel de la procession et de la conversion, du flux et du retour, du processus métaphysique en général des hypostases.

Si la vision-en-Un est en effet un renoncement radical par exemple à la procession et la conversion qui animent la mystique représentative, elle dégage le « noyau réel » de ces procédés philosophiques, comme des procédés théologiques de la création et de l'anéantissement, ou des procédés mystiques de flux et de retour, elle le dégage sous la forme de deux « rapports » à ce qui n'est plus pour elle que le donné d'une expérience : 1. Comme données symptomales ou matériau pour une induction transcendantale des instances constitutives du sujet mystique, depuis son essence ou son Identité transcendantale jusqu'à sa structure *a priori* d'extase dont elle change la constitution interne et la destination (érotique désormais). 2. Comme modèle ou interprétation particulière de ce sujet-Messie universel, restreinte par la transcendance où se développe cette mystique-monde. Ces deux mouvements ne redoublent pas sous une forme positive la conversion et la procession mais sont leur teneur en réel. À la différence d'une simple généralité abstraite, on suppose le donné matériellement contingent comme pour *une « science expérimentale » de l'existence*. Pas une science de l'esprit mais de l'homme comme Messie, science de Dieu-en-Homme, donc de Dieu devenu à son tour sujet-Futur. Pas une science empirique ou expérimentale-positive, telle par exemple que Bergson la poursuit encore à propos d'ailleurs de la mystique, mais *théorique, pratique et pragmatique*, explication et usage de l'expérience accumulée comme Monde.

L'unition non-unitionnelle (de) soi avec le Monde

L'Homme, l'Uni-sans-unition, est unition mais non-unitionnelle (de) soi avec le Monde, ou Messie.

Le sujet mystique futur cesse d'être une créature désirante, il n'aspire plus à la divinisation et encore moins à la déification, non par manque, déficience ou extinction du désir mais parce qu'il existe comme ultimement Performé, selon une primauté-sans-priorité qui lui assure sa propre priorité. Dans la mystique-monde l'Un a toujours été « désiré », – même lorsqu'il a été thématisé – plutôt que performé, l'Être étant le véritable élément et le pivot de la pensée. Nous n'abandonnons la *causa sui* ou l'autoposition de l'Un que pour l'Un non-positionnel, et pas seulement non-positionnel (de) soi comme peut l'être en revanche le sujet mystique. Celui-ci, quoique en-dernière-Identité, conserve comme pensée-langage une structure positionnelle en général bien que non-positionnelle (de) soi. Lorsque l'Un est compris de manière unitaire, comme cause de soi ou auto-position, il ne peut que virer en divinité. Or si le sujet-Messie refuse la *theosis* chrétienne de l'homme, à plus forte raison commence-t-il par refuser la *theosis* de l'Un lui-même, le vaste travail mondain de la déification de l'Un, du capital qu'est le Dieu-Monde.

La philosophie a toujours été pour les mystiques chrétiens le moyen subtil d'un ultime lien distendu mais constitutif avec le Monde. Dans leur haine du Monde la plus expressive, ils n'ont jamais poussé leur revendication de rupture, parfois d'hérésie, jusqu'à cette co-appartenance essentielle à sa suffisance. Ils n'ont pas inventé un Verbe spécifiquement non-mondain mais se sont contentés de moduler le Logos de leurs cris d'extase. Ils n'ont pas la *force* de se constituer en simples sujets mais ont toujours compris la pauvreté comme pauvreté mondaine plutôt que pauvreté radicale « en » Monde. Aussi ne sont-ils que sujets-monde et méconnaissent-ils le sujet-sans-subjectivation, né d'un clonage plutôt que d'une naissance. Le Messie cesse de se mouvoir selon le devenir en cercle du Monde mais se donne comme force transcendantale de l'Étranger *pour* lui. Lorsqu'il s'est enfin appauvri de ce postulat inutile qu'est la philosophie *suffisante*, si ce n'est comme matériau, le mystique atteint un « état » uni-versel *pour* le Monde et non plus seulement pour les choses du Monde. S'il déserte en général le Monde ou l'« abandonne » en s'abandonnant à son clonage, à plus forte raison renonce-t-il au labyrinthe infernal de la représentation et y renonce-t-il jusqu'à l'utopie mais à cause de l'utopie de l'Un-Homme.

Le sujet-Messie a-t-il, alors, comme l'âme ou l'« homme intérieur », un fond plus intérieur à lui que lui-même ? La vision-en-Un n'est pas un arrière-sujet. Non seulement l'Un-en-Un exclut par définition tout autre Un plus pro-fond, mais lui-même n'est justement pas un dernier arrière-monde qui ne serait jamais aussi « dernier » que la Dernière Identité. Si la constitution de l'Étranger en général ou du sujet n'est pas une auto-constitution (en termes théologiques une auto-création), même si la mystique la plus spéculative (Eckhart) est obligée d'aller jusqu'à cette affirmation (l'auto-création de Dieu et des créatures ensemble), si elle est immanente, elle est aussi hétéronome sous une autre raison. Le sujet n'est donc constituable et constitué que du côté du Monde. Cette constitution unilatérale est le noyau réel, non fantasmatique, de la « création » délivrée de son concept et de son sens mondains.

Solitude du Messie, acquisition du Monde

Parce que nous avons renoncé à la suprême illusion, l'acquisition de Dieu et du Christ, qui n'est jamais réelle, nous les Futurs pouvons acquérir a priori le Monde mais hors des moyens de sa suffisance.

Parce que l'Homme lui est dés-uni ou non-uni, le Monde est déjà uni à l'Homme sans lui avoir été uni. Nous ne tournons pas le désir de Dieu en désir du Monde, la réciprocité de Dieu et de la créature en réciprocité de l'homme et du Monde. L'Homme séparé est, comme sujet, (séparé) *en uni-face pour* le Monde. L'apparence plus que transcendantale, dont il est nécessaire de se détacher, est celle de l'homme en face de Dieu et donc en face du Monde, de cette position bilatérale et spéculaire à une chute ou une création près. C'est dire que cette mutation comme future est tout autre chose qu'une création, qu'un fluer, ou même qu'un *retour* à une prétendue situation réelle. C'est le projet d'ensemble de la mystique, sa réalisation chrétienne et philosophique qui est ici en défaut. Et il s'agit moins d'un détournement mondain ou inauthentique de l'« authentique » posture mystique que de la conquête, à partir de celle-ci, de l'explication hérétique de ce qui aura forclos et normalisé l'hérésie. Elle use *a priori et même transcendantalement* du Monde, elle le donne de cette manière pour pouvoir en user, le manifeste ou le fait exister, émerger en personne pour pouvoir le recevoir. L'inclusion réciproque dont s'illusionne l'ancienne mystique de l'Un-sujet et du Monde-objet est d'emblée brisée par le non-rapport le plus humble et le plus pauvre au Monde.

L'occasionnalité du Monde lui fait perdre la suffisance de sa causalité. Une dualyse, sans le rejeter complètement, ne rejette que sa suffisance au Réel, celle que lui donne son mélange comme accomplissement chrétien avec la métaphysique. La vision-en-Un reste ce qu'elle est, elle ne se mélange ni ne se redouble avec le Monde, le sujet ne se dépasse pas vers l'Un mais transcende d'un seul tenant sans retour *pour* le Monde, sans se dépasser *lui-même*, sans s'auto-transcender vers l'un ou l'autre pôles. Il n'y a pas d'unition à l'Un ou avec l'Un, et par conséquent il n'y a d'unition avec ou pour le Monde que non-unitionnelle (de) soi en-dernière-identité, ou encore qu'uni-faciale. Le mystique, (ayant) été en-dernière-Humanéité, s'unit au Monde, Dieu compris.

Nous usons du nom premier d'*hésychia* comme de la solitude la plus profonde, solitude donnée ou innée aux Humains et donc donatrice a priori du Monde. En toute rigueur elle donne non pas le Monde mais sa donation c'est-à-dire le Monde *lui-même*. L'acquisition du Monde selon l'en-Homme est transcendantale parce qu'elle est d'abord réelle, c'est moins une possession du Monde que son offre en forme de salut ou de non-suffisance.

Contre le dualisme et le monisme

La dualité unilatérale de l'Humanéité messianique et du Monde exclut les dialectiques monistes de la mystique-monde (Eckhart, Hegel, Nietzsche) mais tout autant un dualisme transcendant et religieux, celui des anciennes gnoses et indirectement celui des philosophies de l'immanence de la Vie (Henry).

La vision-en-Un et le sujet (en tant qu'il suppose le Monde), celui-ci (en tant qu'il présuppose l'Un) et le Monde entretiennent des rapports dits de dualité unilatérale ou déterminés en-dernière-identité. Le Deux dans la mesure où il y en a dans ces « relations » unilatérales – du point de vue du Monde – présuppose la vision-en-Un mais celle-ci ne présuppose rien, en particulier pas le Deux avec lequel elle ferait cercle dialectiquement comme chez Eckhart. Le mystique mondain fait une double présupposition réciproque, une double postulation. Il est renvoyé de l'une à l'autre et toute son existence se passe dans cet entre-deux de l'Un et du Monde, avec les allers-retours obligés. La mystique est souvent confondue avec son but dernier, la tentative d'identification à l'Un-comme-Dieu, mais sa réalité est l'hésitation infinie, l'errance chérubinique du cercle infini. Sa croix propre, c'est le *système* de la présupposition qu'il confond avec le Réel. L'universel lui est interdit parce qu'il a préféré lui donner la forme ultime du Monde ou de la philosophie auto-englobante plutôt que la non-forme de l'Un. Il s'entend à déguiser l'appareil-Monde de la philosophie, ses voies et ses cheminements, ses échelles et ses degrés, dans un spectre de tonalités affectives qui lui donnent l'illusion d'une expérience du Réel.

Les figures dominantes, Dieu, le Christ, l'Ame, les Créatures, se meuvent alors selon l'ordre vicieux de mélanges qui traversent et assemblent tous les plans de la représentation dans un unique anneau. Il y a une dualité des plans de Dieu et de la créature, mais elle se résorbe dans un unique plan dont Dieu est le titulaire mais comme retrait de la Déité. C'est toujours le schème de la Décision philosophique, avec plan horizontal bipolaire, à double foyer, et unité verticale. Que l'Un et le Deux fassent dyade et supposent leur présupposition réciproque comme troisième terme, c'est même la forme pure de la Décision philosophique. La double présupposition est la dialectique avec ou sans synthèse, le tiers qui n'est immanent que pour autant qu'il est transcendant. Cette réciprocité de l'Un et du Deux, son unicité, n'élimine pas la hiérarchie, la montée (au Calvaire, au Carmel, au Fondement, etc.) ou la descente (de la croix, du flux dans le Monde, en enfer, etc.) mais la transfigure. Elle l'intériorise, ne rejetant que ses formes les plus conceptuelles ou bien les plus représentatives. Toute mystique n'est pas spéculative, pratique explicite de l'Un de l'*épékeina* et des conditions de son exercice philosophique. Mais elle suppose la *structure* transcendantale élémentaire de la philosophie. Quant aux formes les plus élaborées de la dialectique, elles programment l'identification de la substance et de la relation, la convertibilité généralisée de l'être de la relation, de la relation interne et de la relation externe. Mais ou bien les termes existent *comme* termes même lorsqu'ils sont relation, ils ne se réduisent pas à leur transition à l'autre (Eckhart, Hegel), ou bien ils se réduisent à cette transition mais alors celle-ci conserve en elle un résidu de leur extériorité sous la forme d'une certaine unilatéralité ou réciprocité seulement infinie et par divergence (Nietzsche). C'est d'un cas à l'autre changer de cercle, du cercle de cercles dialectique au cercle de l'Éternel retour. Dans le cas de la dialectique simplifiée, nietzschéenne, le tout du cercle est finalement donné-comme-Autre, l'Un de l'*épékeina* est le Même-Autre de l'anneau des divergences. Cette dialectique de transition et de devenir est une simplification par rapport à la dialectique de termes (Eckhart, Hegel) qui garde un résidu ontologique et fétichiste (substantialiste) puisque ce sont le Deux et l'Un comme *termes* qui se présupposent sans réellement s'annuler, la circularité l'emportant de nouveau sur l'unilatéralité immédiatement dissoute, l'identité sur la différence. Toutefois, Nietzsche, Hegel ou Eckhart, ce sont toujours des formes de la mystique-monde plutôt que des mystiques *pour* le Monde, des jeux d'instances dans l'appareil philosophique mais qui ne parviennent jamais à l'être-tourné-vers...de l'Identité pour le Monde. La mystique unitaire ruine le Monde, le délite et le délie, en fait un capital, elle met sa jouissance dans les pièces résiduelles et dans des agencements qui exploitent la transcendance suprême et illusoire de l'« au-delà du Monde ». C'est une pragmatique mais de la présupposition généralisée, du survol unitaire.

Ce n'est donc pas encore la droiture, la non-réversibilité immanente de l'Humanéité, c'est au mieux l'unilatéralité bilatérale ou transcendante entre termes. Que l'homme soit une créature ou un Dieu, finalement qu'il représente un philosophe pour l'homme, voilà l'axiome en réalité inhumain que la mystique-fiction entend détruire pour retrouver l'unifacialité humaine et messianique avec le Monde. Lorsqu'il se délivre de ces modèles que sont la créature ou l'étant, ou encore de l'imitation du Christ, et qu'il ne requiert plus que l'Un par lequel il est cloné, le sujet se délivre du système de la Présupposition et expérimente l'Un comme simple présupposé-sans-présupposition, comme la pauvreté d'un vécu immanent. Il n'est jamais passé, le défilé de la « sécheresse »... mais sa plus-que-sécheresse, sa pauvreté, fait émerger un sujet qui ne transcende plus l'étant vers le Monde, ou le péché vers l'amour mais transcende encore *pour* le Monde lui-même, c'est la transcendance d'Éros. Le sujet ainsi cloné conserve cette uni-versalité pour le Monde mais doit reconnaître sa transcendance et se fait donc sujet transcendantal quoique immanent en-dernière-humanéité.

De la double négation à la dualité unilatérale du non-

Seule une dualité unilatérale du « non » – le non(-Un) de la philosophie et le (non-)Un de la non-philosophie– peut dualyser la double négation dialectique

Quant au dualisme, si combattu des mystiques et des philosophes monistes comme Hegel, il ressurgit dans leur pensée comme dualité des plans de réalité, de la création (conservée) et de Dieu (comme intériorisation ou plan unique). Cette dualité témoigne d'un certain respect de l'expérience qui n'est levé que dans le sens et le discours, dans la logicité elle-même. Mais elle ne parvient pas à une dualité-sans-dualisme, dualité immanente ou unilatérale de l'Un et du Monde, telle qu'elle ne fasse plus l'objet d'une décision mais soit donnée-sans-donation, ou en-dernière-identité. Ce respect précautionneux de l'expérience résulte tout autant d'une impuissance à synthétiser par un terme positif ou par une double négation. Tout ce que produit la dialectique, c'est de redoubler l'Un par et en lui-même plutôt que de l'appauvrir définitivement. C'est de passer de l'Un à l'Unité achevée ou supérieure. Toutefois, si le Deux reste Deux et l'Un reste Un, pourquoi alors dénoncer un redoublement de l'Un,

d'autant plus que cette duplication est tout intérieure ? La vraisemblance de la dialectique dans sa position de l'Un, ce par quoi cette solution ne peut que séduire les mystiques qui prennent le désir de pauvreté pour la pauvreté même, tient à une position non positive de l'Un qui n'est que l'envers d'une double négation. Si bien que le Deux en tant qu'Un, la relation-substance, l'Un comme dialectique de la négation de négation est le mélange mystico-philosophique par excellence.

Ce tour de magie dialectique qui semble produire le Réel, un réel non positif, qui n'est pas l'objet d'une donation explicite, empirique ou autre, mais dans lequel la dialectique se comporte avec la pauvreté apparente de la négation redoublée – ce tour n'est pas une opération à proprement parler mais la présupposition d'une identité enveloppée dans son propre nuage, d'une identité-nuage qui flotte magiquement dans son propre abîme. La ruse dialectique de la mystique-monde est de refuser le redoublement positif ou néo platonicien de l'Un, par exemple en une triade d'Uns, et de lui substituer un redoublement négatif, négatif parce qu'il est de la négation par elle-même, et de confondre l'être-forclos de l'Un avec le néant où ne demande qu'à se réfugier le sujet mystique pour échapper à sa solitude, une solitude qui lui vient de plus loin que du néant et donc pas nécessairement du surnéant de la Déité. La double négation donne à la mystique une séduction supplémentaire d'abysse mais ne fait que transférer au néant lui-même la vieille suffisance de l'Être. À quoi sert-il de remplacer la convertibilité de l'Être et de l'Un par celle du néant avec lui-même ? C'est toujours présupposer l'Un, mais obscurément et métaphysiquement, sans l'exposition axiomatique. C'est alors cette convertibilité du néant avec lui-même qui fait office de synthèse cachée, d'opération dissimulée. Le néant est le dernier masque du mystique-monde lorsqu'il veut se délivrer de ce masque lui-même. Il est certain que dès que l'Un et le Deux sont donnés comme termes de base, ils ne peuvent plus être assumés que par un néant ou une négation, n'y ayant pas en philosophie de terme positif pour aller au-delà d'eux (le troisième n'est pas autonome mais un Deux-Un ou un Un-Deux). Le néant de néant tient lieu de ce troisième terme.

La mystique future ne confie pas l'Un à la négation, fût-elle redoublée ou réfléchie, et pas davantage à un retrait vers son impensé encore et toujours un-ique. L'axiomatique transcendantale n'opère pas une négation dialectique ou un retrait différentiel, même pas une soustraction, par rapport à la positivité de la représentation, l'Un comme « Dernière Identité » n'est ni l'impensé d'une différence ni le nié d'une double négation puisqu'il n'est ni n'existe encore, encore suffisamment pour être affecté de ces opérations. Toutefois l'Un-en-Un peut être dit encore axiomatiquement ou aprioriquement « (non-)Un » ou même « sans-Un » au sens de « sans-Unité métaphysique ». Dans l'ordre dogmatique de la chose, le (non-)Un est la force d'altérité ou d'être-séparé par laquelle le sujet-Messie est cloné avec le matériel du Monde. Dans l'ordre symbolique du Verbe futur, il peut désigner l'Un-en-personne lui-même. Mais pour comprendre ce double usage, il faut remonter à la dualité unilatérale des « non », celle du non(-Un) hallucinatoire de la philosophie, en réalité l'Être comme ce non(-Un) qui refuse l'Un radical, et du (non-) Un comme être-séparé spécifique de cet en-Un.

SECTION III
THEORIE DE LA LAISSE MYSTIQUE

Le mathème du détachement

L'ultime Souvenu, l'Homme comme abstrait-sans-abstraction, détachement ou abandon, transmet intégralement cet état au Monde et détermine l'opération de l'arrachement ou de l'enlèvement métaphysique (raptus) supposé nécessaire à l'ancienne mystique.

Le pathétique mondain de la vie mystique, c'est l'*arrachement*, qui prend appui sur le transcender ontologique et l'extase phénoménologique et les relaie en mode affectif. Les vocables de la mystique comme le détachement, l'abandon, le vide libérateur, la *Gelassenheit*, sont amphibologiques et disent de manière ambiguë le rapport au Monde. Notre propos a été d'y mettre une dualité unilatérale du type « Autre-que le Monde mais pour le Monde », seule manière de réduire l'ambiguïté. À la vieille question des mystiques, *qu'est-ce que l'abandon* ? trop anonyme et métaphysique, nous substituons un problème soluble, comment transmettre l'abandon au Monde lui-même depuis l'Abandonné que nul abandon ni personne n'a abandonné, l'Homme ? Pourrait-on parler d'un mathème de l'abandon ou de l'Identité en tant que transmissible ou missionnable par le clonage ? De toute façon, le clonage est notre façon de concevoir une transmissibilité intégrale du Vécu immanent au Monde. Plusieurs suspens de l'activité de l'esprit sont distingués dans la tradition, mais ils restent en deçà de ce suspens radical et « mathématiquement » donateur de la pensée. Sans être les phases d'un unique processus de plus en plus compliqué, ce sont des conceptions de la vie où la pensée agit de moins en moins sur elle-même et devrait laisser comme étant déjà opérée la mise entre parenthèses de la pensée-monde.

Ces grands impératifs mystiques sont pour nous des symptômes, il faut les transformer plutôt que s'y opposer. L'*aphélé panta* (Plotin) serait le symptôme de la causalité de-dernière-identité de l'Homme, nullement une attitude contraire à la vie théorique et pratique. La *theôria* exprimerait la contemplation immanente du Monde hors du Monde et déterminée par le Dernier Contemplé en mode de Souvenu (l'Homme). Le clonage est séparation du Monde d'avec son côté de suffisance et même de sa structure, abstraction qui n'est plus d'arrachement métaphysique. Le sujet-Messie naît comme intelligence du Monde, il « se remplit » de son Identité, non d'un « intelligible » noétique même si c'est du Monde saisi comme intelligible. Le Messie, être-né-sans-naissance, implique une abstraction originale, il est arché-type par son côté de Monde et uni-type par son côté d'Un. L'être-séparé d'avec le Monde se fait en-Homme, par le Réel plutôt que par l'intelligence, par un abstrait-sans-abstraction qui dépouille le vieil orgueil et se dénude sans coup férir de la suffisance. Abandonner jusqu'à l'imagination et jusqu'à l'intelligence pour mieux les transformer dans l'humain Sou-venir. L'Homme inextatique s'unit à l'extase du Monde sans se laisser pénétrer par elle, il s'exerce comme sa contemplation transcendantale. Comment l'homme se détacherait-il s'il ne l'était déjà plus que par la connaissance, déjà par son être réel, détaché par sa non-consistance même ? Comment se libèrerait-il s'il ne l'était de Dieu même mais *pour* le Monde où Dieu a trouvé refuge ? Dépouillé du néant suressentiel par sa non-essentialité, séparé (de) l'Être et de ses images, c'est peu de dire qu'il met à bas l'imagination, qu'il « désimagine » le Réel et donc aussi le Monde. Le « vide » comme (non-)Un est vide de suffisance, autorité et domination, pas du contenu mondain. La mystique humaine est moins violente et destructrice que celle du Monde et de la religion qui veut sa propre destruction. Aussi ne procède-t-elle pas par négation et purification, qui sont des opérations mondaines, mais par suspens ou stérilisation et par réduction des mélanges. C'est qu'il ne s'agit pas de s'arracher une nouvelle fois au Monde et de « revenir » à Dieu, de s'identifier à l'Un et de se détacher du multiple mais de prolonger ou de transmettre la non-consistance de l'Humanéité jusque dans le Monde. L'Homme-en-personne n'est pas en attente d'un remplissement par grâce, il est vierge du Monde parce que rempli ou in-habité (de) l'Homme. Faut-il aller au désert ou bien au Monde en y portant l'esprit du désert ? Le désert minimal et nécessaire, c'est le désert humain par immanence et paupérité. Mais un tel Abandonné est la mesure immanente du Monde et il abandonne le Dieu-monde pour le sauver « humain ». Plus encore que certains mystiques ne l'imaginaient, il faut abandonner Dieu lui-même en tant du moins qu'il participe de la suffisance du Monde.

Pas plus que l'être séparé n'est un se-séparer, l'être-détaché n'est un se-détacher. Encore moins que Dieu l'Homme-en-personne n'a à se détacher du Monde que pourtant il donne ou qu'il a donné avant toute réception. La réception fait le transcendantal, l'être-donné fait le Réel. C'est ce qui l'explique comme futur, le mystique ne fuit pas ou n'emprunte pas les voies battues de la transcendance, il est sans retour sujet-pour-le-Monde sur la base de ce Monde offert à l'Homme qui l'a déjà donné. La solitude dans le Monde s'apprend tandis que celle qui affecte le Monde est trop originaire pour être apprise et fait corps avec l'Homme. L'Un qui n'est pas toutes choses nous le trouvons en toutes choses parce que nous, Christs et Messies, n'existons que de l'y avoir mis. Ne rien posséder, user de tout est la véritable appropriation, celle qui ne capture rien puisqu'elle est déjà l'Homme-en-personne et qu'elle se contente de le faire valoir auprès du Monde. La pensée prise dans l'apparence du Monde ne cache pas l'Homme comme elle cache la déité, ne le fait pas oublier de la même manière, lui qui est trop *manifesté et donné* pour pouvoir être oublié. En revanche c'est le sujet, le Christ, qu'elle fait oublier. La confusion philosophique de l'Un et de l'Être, du manifesté et de la manifestation, se prolonge dans celle de la Révélation supposée opérée par Dieu et réalisée par le Christ, dans celle aussi de l'Homme, identifié à Dieu ou à un mode de Dieu, et du sujet-Christ. Comme le suggère Eckhart, l'homme est « troublé » par le Monde mais il n'est pas « jeté hors de sa voie ».

Les apories de l'auto-renoncement

L'Homme-en-personne ignore les apories de l'auto-renoncement de la volonté et missionne un Messie ou un Verbe-mathème afin de les résoudre pour son compte de sujet.

L'anthropologie culmine dans une philosophie de l'homme comme volonté et désir d'une part, comme égalité avec soi d'autre part mais que, pour cause de désir, il ne peut atteindre que dans la réciprocité avec Dieu et finalement avec soi. Peu importe alors, *pour notre problématique*, le débat qui place la sérénité dans la volonté s'abandonnant et se dé-laissant d'elle-même ou bien dans son être-saisi par la volonté divine. La volonté et son rapport de réciprocité diversement orienté à Dieu ou à soi, active ou passive, sont ici sans pertinence mesurés à la non réciprocité ou au non-échange, à la dualité unilatérale qui fait l'incommensurabilité de l'Étranger pour Dieu et le Monde. L'Homme est annoncé comme le Renoncé qui a moins renoncé au Monde qu'il n'a obligé le Monde a lâché prise sur lui. Il abandonne moins le Monde qu'il ne le force « à abandonner » la lutte. Il pourra d'autant plus s'y vouer qu'il sera délaissé ou délesté de son propre poids de servitude. S'il y a une Dernière Bonne Nouvelle, que peut-elle être d'autre que celle de l'homme comme Étranger au royaume de l'égalité-par-égalisation, mais égal comme un Identique plutôt que comme identifié à soi à Dieu ou à un Autre près ? La sérénité, égalité de l'âme avec soi dans sa proximité au Monde mais délestée de lui, est la cime de la philosophie comme de la mystique. Mais c'est la sérénité intime du combat et de la souffrance, pas encore celle du Messie dont la liberté se performe dans son rapport de-dernière-Identité au Monde.

Ainsi est brisée l'aporie de la volonté qui doit renoncer à soi par un ultime effort de dépassement-négation qui fait toute la philosophie des Stoïciens et de Descartes au moins à Heidegger et au-delà à travers la mystique philosophique. L'en-Homme est naturellement « vide » de la consistance du Monde. N'étant plein que de l'Homme, il n'a pas à déblayer son cœur ou à faire régner dans sa conscience l'étiquette de la propreté (Nietzsche) ou la sérénité et le détachement (Eckhart et Heidegger). En revanche c'est dans le sujet ou le Christ qu'il faut « laisser », « lâcher prise » et « abandonner ». Mais non se renoncer soi-même, s'anéantir ou se désapproprier comme si cette opération relevait de la volonté propre. Car la désappropriation, la démondanisation plutôt, ne se décide pas elle-même, n'est pas décisionnelle de soi. Bien entendu l'extase comme structure ontologique soutient toutes ces opérations, extase à plusieurs degrés en fonction de ce qui est à quitter ou abandonner, même si elle est déterminée en son essence comme non-extatique (de) soi. Le Monde, avec l'homme tel qu'il lui appartient encore, ne peut pas se laisser ou s'abandonner lui-même et par ses propres forces. L'homme serait incapable de « se » délaisser du Monde s'il n'avait déjà abandonné comme en-Homme la suffisance où il baignait sans le savoir.

Encore ne s'agit-il pas ici de renoncer purement et simplement à l'*ekstasis* au nom de l'immanence radicale, au risque de noyer le Monde dans le mysticisme. Il n'y a pas de sortie pure et irrésistible hors de soi, ce serait encore admettre *une orientation et une planification phénoménologiques de la transcendance*. La décision de se libérer ou de se renoncer d'une part est plus largement renoncement à la suffisance du Monde, moi compris, philosophie comprise, et d'autre part elle n'est plus qu'un aspect dit occasionnal plutôt que le tout de l'opération. Ainsi l'agir volontaire est bien réel ou effectif mais il n'a de réalité non-effective et d'efficace sur le Monde que s'il est déjà saisi dans le clonage avant même d'être efficace. Quel que soit l'acte supposé mystique et ses nuances (faire le vide, abandonner, sortir de soi, renoncer, être-serein, perdre toute forme, être-vide et vacant, se dépouiller), et dans cet ordre tout est possible, l'essentiel est la dualité unilatérale de sa manifestation, qui fait son identité transcendantale d'acte christique. La richesse de la pratique tient à cette *relative* contingence occasionnale du matériau à partir duquel le mystique futur peut inventer sa voie et transformer ses propres règles.

Laisser-Être ou laisser-Un le Monde

Le laisser-Un détermine le laisser-Être, comme le Renoncé-en-personne détermine l'homme de la dialectique.

Quel usage faire de l'abandon mystique qui ne soit pas une négation ? Comment concilier l'immanence radicale et la *Gelassenheit*, opération ultime de la pensée mystique transcendante, moins qu'une opération, le point de coïncidence de la volonté et de la non-volonté ? Pas plus que la philosophie elle-même, la mystique chrétienne ne peut réellement penser la *Gelassenheit* qu'elle appelle de ses vœux comme la pointe ultime de la jouissance de l'Autre absolu. C'est qu'*elle ne se donne jamais l'être-suspendu de la volonté sur le mode du Vécu-sans-vie, elle ne se le donne qu'au terme d'un processus ou d'une transcendance, jamais comme un mode de l'immanence radicale.* Laisser-être, c'est pour elle re-donner l'Être ou le Néant, ou la superessence, c'est encore une techno-mystique douce. Le laisser-être est son dernier mot, son dernier acte. Plutôt laisser être ou néantir que de ne pas laisser, alors que le laisser doit être laissé à sa radicalité de « Laisse ». Plutôt s'en remettre à l'Autre que s'en remettre à l'Un et plutôt s'en remettre à l'Un que se démettre en-Un. Plutôt laisser « rien » que laisser « Un » (reconnaître qu'il n'est pas un problème). Laisser « Être » sans doute mais à condition de l'entendre unilatéralement selon le Réel ? En réalité laisser le Réel, ce n'est ni le laisser agir ni non agir, *c'est le laisser comme lui-même (en-Un) forclos à l'agir comme au non-agir.* Que peut-on faire de plus sensé que de laisser le Réel tout simplement, et de laisser la « laisse » comme le Réel ? Le sans-consistance ne peut être que laissé radicalement, la Laisse-en-personne. « Laisser l'Un » ou plus rigoureusement l'axiome de l'« Un-comme-laisse » s'achève dans le théorème qui stipule « laisser-Un le Monde » Le Vécu-sans-vie donne, sans le transformer par une opération ou laisse être c'est-à-dire être-donné, ce qu'il manifeste. Le « aisser-Un »ou le laisser(-être-) Un le Monde, plutôt que de laisser l'Un lui-même, voilà la pauvreté plus efficace que toute passivité. Seul l'Un peut laisser être-Un sans rien ajouter. Seul l'Homme-en-personne est « renoncé » et seul l'abandon donne enfin, transfigurée, toute chose en son identité. L'Homme qui laisse-Un ne re-trouve même pas l'Être ni le Néant, il les trouve enfin. Il ne se remet pas au néant suressentiel ni ne se réapproprie lui-même.

L'abandon est en général compris comme un laisser être ce qui est, son être, sans plus rien lui ajouter, sans intervenir dans son phénomène. Cette formule très générale dans la philosophie contemporaine (Husserl partiellement, Wittgenstein, Heidegger, Deleuze) et de toute façon dans la mystique, est malheureusement une abstraction et une mauvaise foi puisque la philosophie intervient alors (en personne c'est-à-dire ex machina) et fait artificiellement abstraction de soi par un mécanisme de volte-face qui est tout son secret. C'est ainsi que l'Enfer, vous embarrassant toujours plus, vous dit de tout changer sans rien bouger, ou de tout faire bouger du Monde ou du regard sans rien changer du Monde ou, pour sortir de ces apories, de pratiquer l'excès hyperbolique (épékeina-bolique), l'extrême de la passivité plus passive que toute passivité, de l'activité plus active que toute activité. Or la formule « laisser être » ne peut valoir du Réel que les philosophes espèrent continuellement modifier et qui n'est justement plus de l'ordre de l'Être. De l'Homme-en-personne, l'Enfer se fait une hallucination cohérente mais seulement cohérente, et quant au sujet, il s'en fait une illusion bien fondée mais seulement fondée. Donc une hallucination et une illusion d'agir et tout aussi bien de non-agir, d'activité et tout aussi bien de passivité.

Du Réel cependant on ne peut même pas dire qu'il exclut le changement et la causalité ou qu'il est passivité plus grande que toute passivité. D'une part c'est la pauvreté qui détermine la passivité la plus passive, l'excès de la passivité hyperbolique, c'est cette hyperbole qu'elle invalide en excluant les contraires en tant que passibles d'une synthèse. D'autre part l'Homme-en-personne n'est pas définissable, ni par l'agir ni par le non-agir. *Qu'il soit agir ou non-agir, car cela peut se dire et doit être dit, il détermine le rapport de ceux-ci en-dernière-identité.* C'est pourquoi le philosophe et son mystique ne sont pas des hommes « renoncés », qui ont renoncé au Logos, mais seulement des héros de néant et d'être qui ne font trembler que les barreaux de leur prison. Comme Renoncé ou Abandonné, le sujet n'a pas à se remettre à Dieu, au néant ou au rien, à l'action ou au verbe, au divin mécanisme de la double négation, qui ne servent en régime philosophique qu'à le séduire par des moyens faciles qui sont aussi des fins. Doit-il par exemple se remettre à l'Autre ou bien plutôt à l'Un (de) l'Autre, Un-en-Un déjà par soi suffisamment « Autre » ? L'Homme-en-Homme est le Renoncé qui n'a renoncé à la renonciation ou au renoncement qu'en les déterminant en-Identité.

La Laisse mystique. Aller-au-Monde pour la première fois

La Laisse est l'agir non-agi de l'Un, mais aussi son effet, ce que sa force faible ou son a priori matérial met du Monde à découvert comme Étranger à lui-même. L'Homme « a » cette force parce qu'il est le Laissé-sans-laisse, l'Abandonné de l'abandon lui-même.

Ce qui est mis à découvert par l'océan est dit en général une « laisse », ce que le retrait libère ou abandonne comme libre, y abandonnant parfois ce qu'il n'a pu retirer et emporter. Ce que la laisse humaine découvre n'est pas une étendue vacante mais l'Identité libre (du) Monde où cette fois elle n'abandonne rien comme prix de la vacance, si ce n'est la suffisance ou l'Enfer. Donné-en-Un, le Monde est désenveloppé de son auto-englobement et mis à découvert comme Étranger ou Uniface. L'être-Vécu-sans-vie use de l'Être et du laisser-être mais lui donne un autre objet, c'est un laisser-(être)-donné le Monde, un abandon de sa suffisance. Abandonner sa prétention exige que l'Homme l'ait toujours abandonné ou donné sans avoir à opérer. Il aura fallu pour cela que l'Homme soit un Laissé-sans-laisse que rien, aucune instance avant lui n'a laissé. Abandonné radical par l'abandon lui-même ! Solitude qui ne peut de toute façon être dite ou pensée que sur un mode d'axiome et de liberté, justement d'être-laissé mystique. La laisse mystique est le vrai automatisme plus-que-spirituel, la pratique la plus immanente, celle qui agit non pas en secret mais comme le secret qui fait l'intimité, l'Intimé de l'homme. La liberté du mystique est bien obéissance mais à quoi ? à Dieu ou encore à l'unition avec lui ? Ou bien à un secret plus libre que le Néant et que la Transcendance, le secret-sans-secret de la non-consistance et le quasi automatisme qu'elle appelle ?

La laisse mystique est un *laisser tel qu'être-en-Un le Monde*. L'autre aspect du théorème est en effet celui-ci, *le détachement du Monde est don du Monde au Monde.* Laisser-être-Un le Monde ne peut signifier pour le sujet qu'être-né pour aller au Monde et le connaître chaque fois pour la première fois. Beaucoup de reconnaissance entoure la naissance, beaucoup de mémoire, mais la vraie fête est pour le Nouveau-né, pour son arrivée imprévue, éternellement, future. Le Nouveau-né arrive avec une telle force d'Étranger ou de Messie qu'il fait du Monde autour de lui une utopie.

SECTION IV
AXIOMATIQUE DU DESERT

L'imitation en-Christ

Le sujet-Christ est imitation unilatérale ou clone du Christ historique, et lui-même est imité par tout homme qui devient ainsi Messie.

L'impératif mystique, « penser selon le Christ et penser le Christ en toutes choses » (Maxime le Confesseur), garde sa force et son style pour le sujet-Messie. C'est le clonage, contenu réel de l'imitation, la règle du *selon la cause de-dernière-Identité*. Même si la logique continue à gouverner partiellement son langage, l'Homme se soustrait, y sou-venant, aux opérations du mécanisme métaphysique de la position et de la négation, simples ou redoublées de leur « auto- ». Par principe il ne tolère pas sa réduction par la négation parce qu'il n'est pas objet d'énonciation métaphysique ou d'une opération apophantique qui se voudrait à la fois de connaissance et de pensée. Seule une entité irréelle comme le « sens » ou le « savoir absolu » est produite par un tel mécanisme dialectique. Le Vécu Nouveau ni ne s'auto-génère directement ni ne s'auto-produit par négation de soi et nouvelle négation. Le Christ Futur, c'est un « dépassement » par transformation de tout, créé et créateur ensemble, une extase dont l'Identité radicale, le Joui inextatique vaut justement du Tout lui-même. L'Homme ne se reverse pas du Monde à Dieu ou à une vacuité superessentielle, il est identiquement cette extase d'immanence qui l'arrache au Monde pour le Monde et cet être-joui de la non-consistance. En Humanéité ne subsiste aucune image sensible ou intellectuelle, aucune pensée. Qu'est-ce que l'imitation du Christ futur, sinon la répétition de son être-cloné dans chaque homme, l'être-né-sans-naissance ? Répéter le Verbe unilatéralement et non spéculairement.

L'abstrait comme sous-venu contre l'abstraction

L'Homme-en-personne détermine en-dernière-Identité n'importe laquelle des réductions philosophiques ou mystiques, il en fait en quelque sorte des semi-réductions (en notre sens du « semi »).

La philosophie connaît, on le sait, l'*aphairesis* comme abstraction usant de la négation, et la mystique l'*Entbildung* comme dés-imagination. Ce sont des opérations mentales qui n'ont aucun accès à l'Homme-en-personne mais seulement aux mélanges de la vérité et de l'apparence, à la guerre des apparences. *Ent-* et *Über- bilden* sont les deux faces du traitement des images et de l'imagination constitutive de l'homme-monde, ce sont les mouvements classiques de la transcendance philosophique et en un sens ils n'apportent aucune expérience nouvelle du Vécu intimé.

L'homme de l'Humanéité ne fait pas l'objet d'une abstraction ou d'une réduction, c'est un abstrait-sans-abstraction, un réduit-sans-réduction, plus positivement un Souvenu-sans-souvenir, l'a priori qui soustrait à ces opérations des semi-réductions. L'Humain n'est jamais latent, caché dans l'homme comme les idées dans l'âme ou l'esprit, encore moins comme des statues dans le marbre, à peine diraient les gnostiques comme une perle dans la boue, une perle-de-dernière-Identité. L'immanence qui se transmet au Monde n'est pas plus, pas moins non plus, que l'immanence dans l'Humain, il n'y a pas d'état supérieur et premier de l'immanence, à cause justement de sa radicalité qui exclut le retors philosophique. Vision-en-Un n'est qu'en-Un, même pas dans l'Un comme dans une intériorité passible de dialectique. En revanche il faut une certaine « opération » sur ce matériel expérimental, abstraction non-unitaire ou non-positionnelle (de) soi. Le Verbe, mais non l'Homme, connaît l'abstraction axiomatique-transcendantale telle qu'elle se distingue de la pensée théoriciste ou métaphysique. Dualité unilatérale, Identité inconstituée d'un côté, règles de transformation du matériel mystique de l'autre. Elle est faite d'un abstrait invisible et pauvre mais déterminant et d'une production d'énoncés qu'il transforme, abstrait de…ou souvient à… la philosophie.

La mystique chrétienne dissout trop vite dans une discursivité cette science expérimentale de la pensée qu'elle aurait dû être, et dans un sens neutralisant l'invention du Verbe toujours neuf. Elle mélange confusément la parole exprimée et son expression dans un *être*-parole que serait Dieu et tourne ces impossibles rapports dans tous les sens de l'aporie. Une science expérimentale, Vécue-sans-vie comme doit être la mystique, surtout si elle commence par axiomatiser ses premières notions, use du langage mais ne verse pas dans un langage-sens, dans le Logos comme la philosophie s'y destine. Elle se distingue de la philosophie par son caractère pratique de dualyse, par son caractère pragmatique d'usage humain du langage existant, par son souci expérimental de reconnaître la positivité alogique des phénomènes. L'abstraction est le salut de la connaissance en général mais l'abstrait-sans-abstraction, le Souvenu-sans-souvenir est le salut du Fils de l'Homme qui, comme sujet, pense dans la connaissance.

Rituel axiomatique

La mystique future est un rituel d'axiomes et de théorèmes, où se consomme la connaissance future comme sacrement du Monde.

Le Messie n'est pas consacré (cum-sacer) à l'Être ou à Dieu, à l'Histoire et au Monde, c'est un saint qui n'a de sacrement que son être-cloné. Un être séparé non pas à force de perfection et de pureté, au contraire, à force de non-perfection et de non-suffisance. C'est le seul saint non-religieux, qui soit donc aussi *pour* le Monde, religion comprise. C'est l'autre côté de la mystique humaine dont la pratique de parole et de geste est à sa manière un rituel pour le Monde, un sacrement par lequel l'Homme le fait accéder à cette sainteté non-religieuse, le séparant sans opération de toute suffisance. Il appartient à ce saint de transformer les énoncés de l'ancien Verbe en formules sacramentelles d'un nouveau type. Comment arracher ces termes, Dieu, Christ, Messie, Être, Homme à leur anonymat et leur généralité onto-théologiques ? Par la répétition unilatéralisante, symbolisante et formalisante qui sanctifie le Logos sous la forme de noms premiers ou *séparés*, « noms humains » plutôt que « noms divins » (Pseudo-Denys). L'axiomatique est ritualisante lorsqu'elle est science selon-l'humaine-sainteté. Une ré-itération sacramentelle du Logos plutôt que sa plate répétition herméneutique, des formules-axiomes ou séparées mais sacralisantes, voilà le mathème qui peut arracher les anciennes formulations ontologiques et mystiques (Un et Être, Identité et Unité, au-delà de l'Être, etc.) à leur sens mondain et les faire valoir comme théorèmes transcendantaux-pour-le-Monde. Une certaine inertie mystique du Logos semble ici devoir s'aggraver d'une inertie axiomatique mais change en réalité de sens et d'effet. Le style de la mystique future suppose pour dire en mode fictionnal le Réel l'identité de l'oracle et de l'axiome, de l'oraison et du théorème, style de l'oraxiome. Et c'est justement l'oracle, en tant qu'il prononce le Réel, qui se convertit en décision axiomatique, en axiome puis en théorème. Il donne à l'axiome infiniment ouvert le secret de l'oracle, à l'oracle la pauvreté et le silence de l'axiome, tout cela se conserve dans le théorème qui consacre le Monde.

Les Invocables et le Souffle unilationnel

La prière du sujet-Christ est tissée de vocables corpusculaires ou indivisibles, les Invocables, et d'ondes continues ou unilationnelles de souffle les accompagnant. Ils forment ensemble l'identité du Verbe-fiction.

Soit la prière et en particulier la monologie. Sa technique hésychaste est destinée à combattre la dispersion des pensées et la multiplicité des images. Elle s'inscrit, comme la dialogie qui lui est opposée superficiellement, dans la dialectique de l'Un-et-Multiple et de ses innombrables mélanges. La mystique philosophique est celle des singularités et des exceptions, des rapts et des ravissements, des à-coups qui font un cheminement continu, la même chose pouvant se dire de la généralité du mal ou du péché. C'est l'une des intuitions les plus radicales de l'hésychasme de faire de la prière une activité combinant des pensées ou des vocables-uns et leur caractère ininterrompu, au point d'atteindre à un certain style algorithmique et automatique.

Toutefois en luttant contre la seule multiplicité des pensées, elle ne s'est proposé que l'unité de l'âme, pas encore son être-uni radical, cloné par l'Homme qui fonde en-solitude toute unition. Le vocable n'est réellement indivisible et non-interrompu que lorsqu'il est performé en-dernière-identité et passe à l'état d'Invocable. De la monologie justement la mystique-fiction tire une technique de l'invocation unique ou brève-en-dernière-identité, une fois chaque fois, par exemple les noms premiers de l'Homme ou du Messie, qu'aussi bien elle ne cesse de répéter unilatéralement, de là un certain ressassement évident dans ce texte-ci. Cette brièveté de l'axiome fait qu'aucune de ses répétitions ne remet en face-à-ace avec le Monde pour le ré-introduire dans un discours déjà constitué. La brièveté de l'axiome est une oraison courte, la longueur unilationnelle du théorème une oraison continue. L'axiomatique est courte et systématique, points de silence ou de pensée pure et vide de Monde, mais la théorématique est ininterrompue comme une prière, comme le souvenir incessant de Dieu ou respectivement de l'Homme. Le Verbe nouveau-né est tissé de symboles premiers qui sont de véritables « Invocables » dont le contenu objectif ou la référence n'est qu'apparent, sans qu'ils soient des invocations religieuses lancées à l'adresse d'une transcendance. Ces invocations réduites témoignent de l'Homme-en-personne, du pouvoir de son impouvoir quant à la parole et sont adressées au Monde.

Déjà l'Un réduisait le Monde d'un suspens infiniment plus rapide, puisqu'il était a priori et sans retard aucun, que celui de l'Être ou de la Conscience et contractait en sérénité un chemin de douleur. Prière et cœur sont des « voies courtes » si on les mesure au travail de la médiation philosophique, à la voie développée du Logos. Mais autrement sans doute que la théologie négative, que la psychanalyse et les déconstructions, les combats spirituels des mystiques autour de la philosophie gardent en commun avec ces dernières de ne pas remettre en cause hérétiquement l'autorité du Monde, de répéter ses errements sans pouvoir les expliquer. Le rapt déterminé du Monde en-Un n'est pas le symétrique de celui de l'âme dans le Seigneur, ce n'est pas un ravissement ultime, un calvaire de jouissance, mais une pratique selon-le-Joui-sans-jouissance.

La prière comme œuvre de théorème

La prière est plus qu'une transcendance intériorisée, c'est une Identité qui excède ses réductions théologiques. Avec elle le Messie prononce le quadriparti du Théorème, du Verbe, de l'Œuvre et de la Prière elle-même.

L'Assistance au Monde a plusieurs aspects en fonction des attributs sous lesquels on la considère, mais ils doivent être universalisés comme aspects de la pratique et de cet organon qu'est le sujet-Fils afin qu'ils puissent se dire chacun et tous pour le Monde. Aspects d'ascèse, de renoncement, de déprise, de désaffection, de vacuité, de pauvreté, mais aussi d'aide, de don, d'intervention et de lutte. Techno-politique mystique à re-inventer comme déterminée désormais en-dernière-Humanéité et s'exerçant à l'occasion du Monde et de Dieu. Ce sont les voies aussi bien du corps amoureux que de l'esprit, une nouvelle pratique illocalisable, étrangère par sa cause à toute autorité religieuse ou représentée. La vie mystique sur le mode de l'en-Christ réside strictement dans cette pratique d'invention d'un nouvel usage du Monde, justement un *usage détaché plutôt qu'une consommation boulimique*. Et un usage de prière dont certains mystiques nous ont appris à amplifier le sens et la portée comme forme de toute activité et œuvre. Seule une prière transcendantale, effet de l'Un-en-Un ou *Autre-que*... la prière croyante limitée et fermée par la transcendance peut se dire de toutes les activités possibles et de toutes les prières possibles. *Prier*(-en-)*dormant* ou *prier(-)mangeant*, telle est la performation d'identité de la prière, tout à fait autre chose que mener la parole à son point d'évanouissement ou le Verbe à son point de voilement dans le silence.

Aneidétique, dégagée de toute forme d'intellect et réservée au seul cœur ou à la seule foi, fût-elle encore une intuition donatrice de l'être de Dieu, la prière hésychaste prépare, sans lui donner son identité, ce trait de performation. L'identification hésychaste du cœur et de la prière dans la « prière de Jésus » signifie pour une mystique plus radicale le présupposé de la Dernière Identité et donc une Identité univoque pour toutes ces déterminations que la religion et la théologie ont distinguées et divisées. Ce que prononce le sujet-Messie est le quadriparti du Théorème, de l'Œuvre, du Verbe et de la Prière elle-même assemblés dans un seul geste.

Si la prière de foi ou de cœur peut « soulever des montagnes », alors elle n'est que la force théorématique en-Personne mise à la portée de la religion et de ses métaphores. C'est cette force-sans-métaphore qu'il faut ressaisir. Peut-on distinguer par exemple, de manière autre que superficielle la prière et le Verbe ? La prière comme œuvre de foi du peuple ou des non-savants, et le Verbe comme propriété des savants théologiens ? La prière est le côté, le non-côté plutôt de l'être-performé dont la « prière du cœur » est l'un des symptômes. Prier est de toute façon cloner une parole émergente qui dans sa concrétude est un Verbe à vocation de mathème. Mais le Verbe est une affaire d'invocables plutôt que de mots, de théorèmes plutôt que de dogmes ou d'opinions, une œuvre de transmission pour le Monde plutôt que dans le Monde. Le Verbe est le sujet lui-même et la prière est l'essence ou le cœur du sujet, son « Identité transcendantale », le cœur est une intimité performationnelle.

Ainsi en tant qu'elles sont déterminées comme abstraites du Verbe théo-logique, ou « sous-venantes » à lui, le Verbe-fiction contient des déterminations multiples d'origine. Mais elles vont maintenant par couples simples ou binaires, sans synthèse, philosophiquement et mathématiquement non calculables, même sous la forme d'une *trinité*. Ce sont des dualités formées d'axiomes indivisibles ou corpusculaires et d'une théorématique ininterrompue. Elles sont délocalisées de leur cadre onto-théo-logique d'origine, ayant perdu toute référence à la double transcendance philosophique mais sont distinguées par une distance qui n'est même plus « phénoménologique » et d'objectivation mais *de rapport-sans-rapport ou de non-rapport, de séparation indivisible ou insécable, de toute façon unilatérale*.

Le Désert comme métaphore, épékeinaphore, nom premier

Le Désert est métaphore du changement de terrain dans la métaphysique, mais épékeinaphore, vocable performatif de ce changement dans son usage mystique traditionnel. Enfin c'est un nom premier de l'Un-en-Un, il peut se dire aussi de la mystique-fiction comme désert de philosophie, pensée et langage.

Nous ne cessons ici de « psalmodier » à notre manière, c'est la dualyse, la mystique ancienne. Prière tout intérieure par son côté « performé » qui détermine l'opération de la dualyse, prière silencieuse des axiomes qui décrivent apparemment l'Homme-en-personne, et prière juste murmurée dans les théorèmes avec lesquels se confond le sujet-Fils. La mystique future, sous réserve d'un traitement unilatéral, peut user de ce que sa forme mondaine lui fournit comme métaphores voire comme épékeinaphores. En particulier la téléologie de la limitrophie de l'Être s'est investie dans une théologie mystique qui en a changé la destination mais non la possibilité. C'est le cas du Désert qui manifeste comme épékeinaphore une prédisposition à devenir nom premier de l'Un. Pouvoir plus que métaphorique et qui le destine à des fonctions transcendantales d'un autre type désormais que les catégories ontologiques. Le Verbe futur est condamné par son essence théorique et pragmatique (érotique) à user de ces termes premiers non-catégoriaux, le Désert pour l'Un ou l'Humanéité, l'Ame pour l'identité transcendantale du sujet-Christ, le Cœur pour son extase érotique, la Prière pour l'acte performatif ou performationnel du Verbe tel que le sujet s'y constitue depuis le Désert. Ces instances sont distinctes unilatéralement, le Cœur et le Verbe trouvent dans le Désert leur présupposé réel, mais le Désert est forclos à l'Ame et au Cœur, au Verbe ou à la Prière. Le sujet puise dans ce vocabulaire et le transfigure dans de simples oraxiomes ou Invocables, comme Verbe détaché de l'intuitivité et de la naïveté philosophiques, de la « phoricité » en général.

On sait que le déplacement mystique par rapport à la philosophie, sa « phoricité » se symbolise entre autres choses par le Désert, qui reste le déplacement par excellence, l'excès du déplacement sur lui-même, l'épékeinaphore dont la performativité fait exception à la simple pratique métaphorique du langage. « Changer de terrain », cette formule inaugurante signifie en effet excéder limitrophiquement tout terrain, donc le terrain du langage, excéder le Monde vers Dieu, Dieu vers la Déité, la Déité enfin vers le Silence. « Changer de terrain » est la métaphore de la métaphore, la méta-phore par excellence ou la philosophie en tant qu'elle se meut de l'étant à l'Être, du sensible à l'intelligible, etc. Lorsque cette formule directrice est comprise comme son acte performatif de l'« au-delà de l'essence », c'est le langage même qu'elle excède par l'extase. Ce nom de désert « symbolise » un double dépouillement et s'auto-symbolise comme désert de tout langage, c'est sa force symbolique comme signifiante ou force métaphorique Il dit deux choses en une, l'âme esseulée en Dieu d'un côté, le Monde désertifié de l'autre, le dépouillement des biens de ce Monde et l'auto-destruction des valeurs chrétiennes. Divisé et rejeté aux extrêmes, il descend de Dieu dans l'homme et monte en celui-ci du fond du Monde. Ainsi dédoublé, il croît par le milieu et se rejoint pour constituer une immanence. Désert transcendantal, plan qui survole des surfaces locales et se tend de l'une à l'autre comme un voile indéchiré. Le désert est un voile, un voile est tout le désert, la philosophie est ce voile indéchiré d'un désert transcendantal jeté sur les choses. Mystiques et nihilistes se rencontrent dans ce non-lieu que les philosophes et les linguistes ont tendu pour eux.

Mais c'est encore autrement que nous faisons travailler cette force symbolique. Nous usons du langage du désert selon-le-désert de l'Un, nous le formalisons plutôt que de le métaphoriser et de le requérir de manière seulement limitrophique. Il signifie non plus l'excès, même pas l'excès de pauvreté, mais la pauvreté *en-personne*, donc un Invocable comme en-Personne, non plus la marge mais le désert de l'immanence, non plus l'hyperbole mais l'utopie. Le désert dédoublé de la mystique n'est alors que l'un d'une dualité de déserts dont l'autre n'est ni en Dieu ni en Monde mais en-Homme. C'est le Désertifié, l'Abandonné de tout désert, l'« en-désert » du Sans-consistance. Il se distingue du Néant qui appartient à l'Être. Ce n'est même pas du « réalisé » comme l'est l'inconscient, c'est le Réel. Ce n'est pas un transcendantal de la philosophie mais l'Immanent-sans-immanence qui *donne* à la pensée les transcendantaux eux-mêmes. Le désert est « en-désert » et ne se trouve que de cette manière, il se contente d'« en-sister » alors que les choses existent et que le signifiant insiste. Rien ne peut le faire apparaître à partir d'autre chose, ou le localiser en autre chose, âme ou Dieu, comme le croyaient les chrétiens. Inengendré plus encore que le Néant, il n'engendre que par clonage. Nous expérimentons les concepts « en-désert » sinon « au désert » et leur donnons la solitude des symboles premiers, nés *ex uno* plutôt que *ex nihilo*. Il n'y a pas de métaphore, rien qu'un désert pratiqué.

Sa traîne métaphorique ou métaphysique, son sens, ce qu'il en reste, n'est plus déterminé que par son nouvel usage comme Invocable dans des axiomes. Le but n'est pas ici d'axiomatiser la théorie de la métaphore, mais de faire un usage axiomatique-transcendantal de ces symptômes que sont la métaphore philosophique et l'épékeinaphore mystique. Le Désert ne cesse pas seulement d'être la métaphore de l'auto-négation, et la limite d'auto-négation de la philosophie au profit de la mystique où elle se conserve et se reproduit. Un Verbe-fiction, cloné par le Désert lui-même, ne peut se conquérir que par un nouvel usage, non-métaphorique et non-épekeinaphorique, du langage. Il est sans doute toujours possible de parler naïvement, comme de choses, de l'immanence du désert, de son être-séparé (du) Monde, et même tout aussi intuitivement de son universalité (il se dit comme identité séparée-sans-séparation (du) Monde, et comme univocité de dernière-identité pour tous les errants de l'Un). Toutefois l'*usage* de ces formules, pour n'être enfin plus intuitif ou naïf, c'est-à-dire ontologique, doit relever d'une « écriture » réglées formellement, règles spéciales de formation et d'usage afin que ce traitement des métaphores mystiques ne produise pas un Verbe qui les redouble ou les prolonge, un doublet ou un doublon de la mystique-monde.

La détermination en-dernière-instance comme an-archie

Il n'y a pas de principe des règles de la mystique-fiction, pas de méta-règle objet d'une théologie, mais une détermination en-dernière-Humanéité du matériel de règles fourni par l'Ancien Testament de la mystique.

Après les noms divins il y a encore les propriétés, attributs et perfections de Dieu, plus profondément encore la déité et la superessence, le néant de Dieu. Mais c'est plus qu'un pas qu'il nous faut franchir sur cette ligne, plus qu'un retour aux noms divins sur le même chemin et dans le cortège des degrés, échelons, stases, stades et figures de la philosophie. Le pullulement mythologique et l'enrichissement indécent de la théologie ne sont pas suffisamment balancé par le cortège parallèle des solitudes, repos, quiétudes, réclusions et sobriétés hésychastes. Leurs technologies spirituelles et corporelles, les mystiques les ont interprétées comme des effets de la rencontre amoureuse de l'âme et de Dieu. Mais la loi du Monde a fait de l'âme et de Dieu aussi bien des productions de ces technologies qui à leur manière prétendent produire « du » réel. Seul un Réel inconstitué comme l'en-Homme peut déterminer ces procédés et les tourner selon un usage non-technologique.

Pour aller au Monde sans en être revenu, il faut se délester de la croyance, qui est suffisance. Ce n'est pas une affaire de volonté mais un effet immanent. Celui-ci ne suspend que cette croyance, pas la réalité de son objet pour lequel cette croyance continue par ailleurs. Il n'y a donc pas à laisser place à l'Homme, qui est déjà « en-place », à faire le vide en soi-même, mais à pratiquer le Monde selon des règles qui se donnent et qui agissent sur le mode de l'*unilatéralité*. Elles impliquent une lutte, un désensorcellement de leur représentation en mode de suffisante. Cette libération est essentiellement pratique, sans qu'il y ait *représentation* de la règle à suivre. Toutefois une certaine représentation de la règle ne disparaît pas et joue même un rôle précis. C'est une représentation secondaire, non constitutive de son être-donné et qui n'a de fonction qu'occasionnelle. Les règles ne sont pas des principes, commandements ou maximes susceptibles d'être opérants dans l'horizon du Monde, d'une manière bilatérale ou réciproque, le contenu de la règle et sa représentation se déterminant alors réciproquement. Les règles de la manifestation et du Verbe du Christ Futur agissent davantage comme un gouvernail que comme un éperon, comme premières elles dirigent « de l'arrière » et « après coup », rétroactivement, la pratique de l'imitation du Christ.

Le Fils de l'Homme concilie en l'identité de sa personne mais non par ou sous cette identité directement, et sans chercher une *réconciliation* impossible, la vie méditante cachée dans le cœur et la vie pour le Monde, le côté monastique et le côté cénobitique de toute vie. La vision-en-Un ne se retire pas dans une forteresse intérieure, elle ne s'ouvre pas plus à un Monde trop fermé qu'elle ne se ferme à un Monde trop ouvert. Elle est performation qui, étant clonée, ne se partage pas entre action et contemplation, vie et pensée. À ces oppositions elle substitue une pratique de prière, de verbe, de théorème, son œuvre.

L'invention de la mystique-fiction

Déterminer un système de règles de transformation des énoncés mystiques, c'est les identifier en-dernière-Humanéité comme Verbe du Messie.

La fonction de la philosophie est d'assurer la survie de la pensée en milieu hostile, et pourtant l'hérétique ne peut s'en satisfaire. Les courtes vues font commerce de la mort de la philosophie, qui n'est qu'un artefact conjoncturel, alors que la survie est son essence, certes son peu d'essence. Encore moins se satisfait-il d'une autre de ses « fins » ou de ses moyens de survie, le « dialogue », l'œcuménisme, la connivence et la communication supposés suffisants, l'accueil et le recueil. Ce sont des prétentions d'unité démenties par les conflits inter-systèmes et confirmées comme simple désir d'unité. La mystique-fiction universalise plus radicalement les représentations, images et concepts existants qu'elle identifie-sans-les-unifier ou qu'elle « souvient » au/pour le Logos. Pour se défaire de la *doxa* religieuse, il faut l'Homme-en-Homme tel qu'il performe son être-nu-sans-nudité ou sa force faible d'a priori. Se dépouiller de la philosophie, non seulement des pensées et de leur multiplicité mais de leur système, voilà la nouvelle exigence que les mystiques anciens ont pressentie sans avoir les moyens de la remplir, ne la remplissant que par ces substituts qui engendreront plus tard la critique philosophique.

Commençons par des noms premiers, ceux qui ne sont pas divins mais humains, imposons-les à Dieu et à l'Enfer. Nous comprendrons alors que le problème n'est pas dans une opposition de ces deux procédés, dans le choix de l'une de ces stratégies comme étant la « vraie » mystique, mais dans leur dualité unilatérale. Moins que d'autres les hésychastes ont oublié qu'il fallait se désenchaîner des pensées, des concepts et pas seulement des images. C'est ce que la mystique future fait de son côté par un usage non-conceptuel des concepts auxquels le Monde nous condamne. Le discours philosophique de l'Adversaire est articulé de vocables qui participent en leur dimension métaphorique de ce mélange transcendantal qu'ont toujours été la philosophie et de là les savoirs voisins. Nous héritons du Logos pour en faire un tout autre usage, délivrant son noyau d'Invocable d'une suffisance hallucinatoire étroitement associée à ce type de mélange. La critique encore très élémentaire des « représentations », de la multiplicité des pensées et des images, ne peut motiver le Messie mais redouble une nouvelle fois le passé de la pensée. La lutte contre la multiplicité des opinions, outre que celle-ci a fini par philosophiquement triompher, est une lutte contre la forme discursive de l'intellect au nom de sa forme intuitive. Or l'intuition intellectuelle objectée aux pensées dispersées ou disséminées ne peut plus être pour nous un objectif depuis que la *déconstruction* ou la *dissémination* a atteint son plein régime et s'est du coup épuisée. Comme si d'ailleurs la purification de l'intellect et du cœur ou bien au contraire la judaïque contamination généralisée des textes pouvaient suffire à nous donner un intellect et un cœur nouveaux-nés et pas seulement renouvelés. C'est justement de l'intuition, intellectuelle ou sensible, qu'il faut se délivrer par axiome ou « esprit » mathématique pour acquérir la pleine connaissance de la forme-monde. Connais-toi toi-même ? Connais d'abord l'Enfer ! L'intelligence de l'Enfer, elle aussi nouvelle-née, suppose plus que la pureté et la purification, elle présuppose le vide de représentation de l'axiome et la contingence du Monde pour passer de l'axiome au théorème.

Le Verbe unifie en-dernière-identité plusieurs *aspects* ou procédés dans le traitement des énoncés qui ne sont pas ici du « simple » langage mais des mélanges indissolubles de pensée-langage. Un aspect par exemple de quasi psalmodie, de répétition vocale extérieure avec la variation répétée des dits les plus profonds ou les plus célèbres des vieux-mystiques. La « psalmodie » désigne maintenant dans le Verbe le côté de langage-et-pensée tel qu'il est pratiqué dans la dualyse. Et un aspect intrinsèquement silencieux déterminant les paroles reçues de la tradition. Prière et théorème font plus que s'accompagner à la manière du langage et de la pensée dans la philosophie ou dans la « lettre » de la psychanalyse. La prière est la condition transcendantale négative enveloppée dans la parole qu'elle dualyse. Ce n'est pas une connaissance mais un silence indocte qui prépare la connaissance, un silence inconnaissant enveloppé dans un langage et qui n'est pas encore parvenue à la formulation de théorèmes sur le Monde et le sujet-Fils mais qui représente sa condition nécessaire. Ces divers aspects, au gré des divisions philosophiques, ne sont pas synthétisés mais unifiés en-dernière-identité. L'inconnaissance-en-Un détermine l'illusion ou l'apparence des « connaissances » philosophiques par un Verbe théorématique. Aussi ne peut-elle être « dépassée » et réalisée par cette connaissance qui se contente de l'« effectuer ». Rien ne dépasse l'Homme, tout l'effectue.

Du mono-logos unitaire, les Futurs font donc plus qu'un nouvel héno-logos. Ils le transforment en *un Verbe qui a perdu toute orientation fondée sur les deux axes de la transcendance et sur leur tierce unité*, le Logos. Sans plus de référence à ces coordonnées de l'espace ontologique que sont *meta* et *épékeina*, déterminé seulement en-dernière-identité, *il flotte à jamais futur pour le Monde telle une utopie ou une nouvelle messianique qui a déjà affecté le Monde en état de survie philosophique, au moment où il vient.*

La science du combat spirituel. Mettre la mystique à nu

Le Messie, tout de lutte pour le Monde-sans-Enfer, est le sujet de la science, science du combat spirituel, science qui est ce combat.

Il y a toujours eu une guerre mystique déclarée contre une certaine expérience du « Monde ». Quel héritage en ferons-nous, quel usage, nous qui sommes condamnés à hériter de toute façon le Monde ? Modifier de part en part la pratique et donc l'acception de cette guerre. Le Verbe religieux est science de la solitude, de l'attention ou de quelque faculté que ce soit, science des âmes. Sa définition comme science du combat spirituel est dans cet ordre la plus parfaite, la plus proche d'une science *non-philosophique*, c'est-à-dire de la théorie du Monde. Toutefois la suffisance philosophique trouve sa forme la plus achevée dans la vie monastique qui se déclare, à la limite hallucinatoire de la métaphore, « science des sciences et art des arts » (Grégoire de Naziance). Le moine, sujet de la pauvreté, répète sur le mode de la sobriété l'idéal philosophique de l'auto-position et de la maîtrise supérieure de soi, sans se laisser déterminer par une humilité « plus ancienne » encore que celle qu'il a acquise et qui n'est ni sujet ni attribut. C'est un concentré d'idéaux ascétiques qui imite le philosophe en même temps que le Christ.

Si l'Humanéité détermine tout langage qui l'enveloppe et rend à l'apparence objective le concept qui semble la déterminer, il n'en va pas de même du sujet qui est, lui, la pratique en-Personne. Ici encore la pratique ne doit pas être décalquée des lambeaux de l'expérience immédiate et de ce que la pensée-monde entend par ce terme, sous peine de conserver la forme-enfer du Monde qui est justement notre adversaire. Au pôle spéculatif opposé, la double négation ne peut qu'intérioriser le *néant* et conserver cette détermination dans l'Un sous la forme de l'expérience du Monde comme histoire et culture. C'est pourquoi la pratique est réellement efficace lorsqu'elle prend la pensée-monde pour la transformer dans le cours du théorème et renonce à la prendre telle qu'un simple « objet » qu'il lui faudrait décrire. Seule la dualité unilatérale suspend et transfigure, la clonant, la logique d'enfer qui saisit le Monde. Dépasser le néant empirique dans un néant suressentiel, la signification dans le sens ou le non-sens, et autres dépassements philosophiques, est-ce bien encore utile ? Quelle pratique peut « mettre à nu » la mystique traditionnelle ? Qui la manifestera ou la *donnera*, la dénudant de sa jouissance hallucinatoire de Dieu ? Si les anciens mystiques entretenaient un rapport militant et parfois guerrier au Monde et de lutte amoureuse avec Dieu, rapport toujours trop rapproché par sa distance même, les Futurs unifient-en-dernière-Identité ces deux postures dans l'unique relation à l'Enfer-monde. Cette relation est en réalité, comme on a dit, une uni-lation ou une uni-latéralité, ce rapport est un apport du Monde sous des conditions enfin humaines qui mettent à bas l'Enfer. Notre rapport *spontané* au Monde est globalement philosophique, à Dieu il est globalement mystique, mais c'est justement ce type de rapport ou de mélange auto-englobant qui est suspendu pour un autre que seul l'Homme-en-personne peut soustraire à la suffisance du Monde.

Un précédent changement portait sur le concept de la mystique comme science théorique et expérimentale de l'Enfer, c'était le Verbe futur. Un autre porte sur l'égalité-en-dernière-identité du sujet-Messie et de cette science. Comme figure mystique de l'Étranger en général, le Fils de l'Homme *est* la science transcendantale en-personne de l'Enfer-monde, science « en-Performé » du seul combat qui ne soit pas le com-bat de tous les combats – le méta-combat philosophico-religieux –, mais la lutte universelle et minimale contre et pour le Monde. C'est une lutte pour moitié invisible, où le sujet est engagé unilatéralement et jamais « totalement », ce qui pour lui ne pourrait rien signifier puisque le mystique mène le seul combat où il ne fait jamais face à l'adversaire.

Le Fils est l'organon transcendantal de cette lutte et cette lutte-en-personne, il doit s'ordonner les techniques spirituelles et matérielles de libération. Il cessera de voir dans la technologie mystique une discipline d'assujettissement des âmes et des corps, une formation au désir de Dieu et à l'unition avec lui. La mystique-fiction est un problème d'usage, de « consumation » (pour éviter le « consomption ») de la suffisance et de consommation de la force de cette technologie à des fins plus universelles de désaliénation du Monde. Pratique menée pour moitié aussi méthodiquement que n'importe quel combat et, pour l'autre moitié, qui n'en est pas une, déterminée ultimement comme invisible. Nous avons besoin de l'imagination stratégique, du talent tactique des mystiques, confesseurs et directeurs de conscience, de la science des psychanalystes – tous spécialistes du combat psychologique et spirituel – pour décrire notre lutte avec le Monde. Il nous faut des techniques de pensée, des règles de formation et de dualyse des énoncés, la discipline d'une obéissance quasi automatique à des principes axiomatiques, pour nous constituer comme sujets-Fils *pour* le Monde. Mais d'abord de la solitude la plus tranchée, d'un esseulement incomparable, non pour nous identifier à Dieu mais pour nous assurer d'un salut simplement humain aux abords du Monde.

SECTION V
THEORIE DES MESSIES

Salut et libération

La non-consistance détermine en-dernière-Humanéité la libération du sujet comme Christ ou Futur.

Se rendre libre du Monde a toujours été supérieur à la liberté – tel est le principe de la liberté mystique comme chrétienne. La liberté est devenir, passage d'un état à un autre, c'est son présupposé philosophique. Mais si mystique et philosophie en appellent à la libération comme mode de transformation interne de l'être de l'homme et de Dieu dans leur devenir l'un l'autre réciproquement, la mystique future expérimente une autre conception de l'Homme qui le définit par la non-consistance plutôt que par la liberté. Celle-ci postule ultimement l'Être ou le Néant, elle est de l'ordre d'une re-création continuée, celle-là fait de la non-consistance le trait d'une absence intrinsèque d'« essence » jusque dans le langage, d'un impouvoir d'intervention dans le Monde mais qui a d'autant plus d'effet. L'Homme-en-Personne n'a pas à se libérer du Monde, il l'est déjà, mais à libérer le sujet-Monde du Monde, soit à lutter contre l'Enfer, la suprême consistance.

La libération, s'il y en a une, vaut donc du seul sujet. Le côté-Monde de sa situation l'emporte d'abord et crée une servitude dont le il donne spontanément une interprétation vicieuse, hallucinée en-dernière-instance (dans l'histoire, le capitalisme, les religions, c'est selon). Sa libération est identiquement sa constitution pratique de sujet-en-lutte ou en-uniface et d'« homme » unitaire en général. Le salut relève de la performation immanente plutôt que de la dialectique qui se fonde sur la transcendance. Le salut est bien *pour* le Monde mais n'en dérive pas, étant séparé-en-dernière-identité plutôt que dialectique du détachement. C'est de cette manière que nous comprenons l'« abandon » du Messie au Monde, tel qu'il se constitue dans cette libération. Il n'existe pas comme concept d'un sujet s'aliénant et se désaliénant de manière balancée dans un processus, le sujet et son aliénation étant convertibles à quelque opération continue et réversible près. Car il leur faudrait alors un supplément de libération opéré dans un second temps historique. Les Futurs se libèrent une fois chaque fois.

Multitude des Égaux-en-Humanéité

Les sujets-Christs existent comme multitude des Égaux-en-Homme et sont messie pour le Monde.

Il est fondamental que l'on ait dit du Christ qu'il assumait la nature humaine en son essence universelle et non pas un être humain particulier. Que dire alors du sujet-Christ qui assume sur un mode inouï le Monde dans son universalité plutôt que dans ses régions et ses nations ? dans ses philosophies et ses religions ? dans ses esclaves et ses maîtres ? ses grecs et ses juifs ? Dans le plérôme d'Hérésie, toutes les distinctions philosophiques et théologiques, théoriques et éthiques, sont abolies ou transformées, plus encore que dans le royaume des Cieux les distinctions sociales et ethniques. La distinction fondamentale, quoique limitée à la philosophie, de la *conformitas,* loi des choses créées, et de l'*uniformitas*, loi de consubstantialité du Père et du Fils, peut être radicalisée en celle du principe mimétique du Monde et du principe génétique de clonage du sujet-Christ sur la base de l'Humanéité. Une *henôsis*, il n'y en a que pour le sujet comme Fils, pour l'intelligence qu'il est du Monde, pas pour l'Homme qui est déjà Un. L'homme dans le Monde et le Monde lui-même sont la matière d'un advenir-Christ plutôt que d'un devenir-Christ, d'un être-égal du Messie à l'Homme-en-personne qui est le Dernier Égal. Appelons « forme » l'essence du sujet, on dira que l'homme mystico-mondain est con-forme à la Conformité ou au Monde, qu'il est le Conformé-par-conformation, le Conformiste, tandis que le Christ futur est *uni-forme* par sa cause et *archi-forme* transcendantale par rapport à son côté de Monde.

Toutes choses sont égales en-Un plus encore qu'en Dieu, elles le sont en-dernière-Identité plutôt que par leur négation universelle. Le non-christianisme est la pratique de tout homme comme déjà en-Homme sans qu'il y ait là une distance ou une proximité, une dernière extase à un Dieu ou réciproquement. Le Christ Futur, égalé-sans-égalisation à l'Homme, sa cause immanente, est égalisation pour les hommes engagés dans la dissemblance. Si le Monde des philosophes et des théologiens est dissemblance ou dissimilitude, le non-christianisme élargit le Monde à l'Unité qui fait système avec la dissemblance. *L'Unité est même la plus grande dissemblance, la plus étrangère à l'Identité ou à l'Un-en-Un c'est-à-dire à l'Égal-sans-égalité,* et sans doute celle qui égare le plus facilement la mystique-monde. L'Unité trompe les hommes et leur fait exterminer les Identiques ou les Égaux. L'inconstance de l'Unité simule l'inconsistance de l'Identité. Parce que l'Un est en-Un, il ne dépasse plus l'Unité dont il est la détermination et la critique. L'ultime mot d'ordre du christianisme futur est *l'Un plutôt que l'Unité, l'Identité plutôt que l'identification.* N'imitez le Christ que pour autant qu'il a cessé d'être le fils de Dieu pour être le fils de l'Homme, mais imitez le Monde sous la condition de l'Égal qui est en vous...

À la différence de l'« Humanité », de ce Tout halluciné qui s'est réparti inégalement sur les individus, sur moi et autrui, moi et l'étranger, sur les peuples dont certains sont « plus humains » que d'autres, et qui donne lieu à tant de mauvaise conscience intellectuelle, l'« Humanéité » se donne également à chacun mais en-dernière-identité. L'en-Homme est égal pour chacun car c'est lui qui fait qu'il y a un « tout un chacun » ou qui indivi-due la grégarité de l'humanité telle qu'elle est en-Monde. Pour introduire la démocratie dans la mystique elle-même, le pluriel des *Béatitudes* propres aux *pauvres en esprit* convient de toute façon mieux que le Tout-Bonheur lorsqu'il s'agit de définir des sujets tels que sont les Étrangers. Ce pluriel définit un concept univoque qui vaut universellement des juifs et des grecs, des païens et des croyants. L'œcumène humain ne peut être fondé sur une hiérarchie des vérités réputées « objectives » mais transcendantes et arbitraires, purs produits des appareils d'Église. Le Christ Futur n'est multiple que par occasion, comme l'Un est Un pour la raison de l'Un.

Le sujet le plus humain, Fils ou Christ, est Messie et porte assistance au Monde pour autant qu'il est délivré de l'hallucination de la jouissance de Dieu *comme du Réel.* En réalité ce ne sont pas deux opérations distinctes et successives, le sujet se constitue comme Christ-en-personne dans l'opération même par laquelle un pan total de Monde est arraché à l'Enfer. Tandis que le Monde par définition fait acte de présence, se montre en se retirant, prétend de son être faire jouissance du Réel, le sujet n'existe qu'en-dernière-identité, déterminé par l'Homme qui est sans existence comme sans essence et qui se contente d'« en-sister ». Si bien que c'est par cette moitié de non-existence, cette impossibilité du tout-exister ou du tout-jouissance qui le détermine et le structure comme demi-jouissance, que l'Homme-en-personne assume aussi la fonction de sujet à destination du Monde. Il a part nécessairement à l'Enfer mais, en tant qu'Homme, il n'(y) existe pas. La vision-en-Un est un spectateur aveugle qui, de ne pas recevoir le spectacle du Monde et de la présence, le donne à demi et l'assiste hors de l'Enfer de l'Être. Le Messie n'est qu'un mythe historique et religieux, justement une entité suffisante, tant qu'il n'est pas compris comme une structure ou un ordre nécessaire du sujet qui apporte le Verbe futur. *Nous appelons assistance au Monde cette émergence messia-*

nique du sujet-Christ au-devant de l'Enfer. L'essence du sujet-Christ est un gond ou une charnière scellée au mur de l'Homme, elle peut être tournée d'un côté ou d'autre du Monde, vers toutes ses faces, sans être arrachée.

Comment les Futurs justifient le Monde

Le Monde est justifié par son ajustement unilatéral à la personne des Messies comme clones. Seul l'Homme peut justifier le Bien lui-même.

Les philosophes par leur œuvre théorique et les mystiques par leur vie entreprennent la « justification du Bien » ou de Dieu et postulent donc l'auto-justification suffisante du Bien, ignorant, dans leur peu d'humilité, que *le Bien lui-même doit être justifié de plus loin que de lui-même*. Le Bien ne se justifie de lui-même que par sa forclusion de l'Homme, pourtant dernière Identité de la justice et seul Juste, plus que titulaire de la justification comme est le Christ historique. Le sujet, s'il est réellement cloné tel que Messie et Christ, ne recherche pas un salut – il *est* si l'on peut dire le salut-en-Personne du Monde.

À la différence de Dieu, l'Homme-en-personne ne s'abaisse pas jusqu'au Monde, ne coopère pas avec lui, pas plus qu'il ne lui sacrifie son Fils – c'est le sens du clonage transcendantal en tant qu'il s'oppose à toute mythologie sacrificielle et païenne par son opération de mathème. Il exclut de son essence de Sans-essence le devenir et la dynamique – *conversio, reflexio, reditio* – qui ne sont même pas des actes du sujet ou qui ne peuvent lui être attribués qu'à leur réduction unilatérale près. La philosophie s'est transformée en faisant entrer en elle la diversité des mouvements psychiques, compliquant le cercle initial, donnant à l'Être la vie, la fulguration, la réflexion, le bouillonnement et l'effervescence, le délai, l'avance et le retard, voire les flux d'humeur et les souffrances de l'homme. Quelques penseurs se sont inquiétés de cette psychologisation de la philosophie mais en vain, n'ayant trouvé à lui opposer que le glacis logique, le froid miroir ou la stérilité du sens. Il fallait le Christ, le Futur-en-personne pour témoigner du Vécu tel qu'il détermine l'usage vivant de ces fluctuations du Monde sans toutefois en décider.

L'Homme est la cause dernière, sans-œuvre, de l'œuvre mystique tandis que dans le Messie le Vécu Nouveau est tout d'exécution, de performation ou de pratique immanente. Il ne souffre pas le délai ou l'anticipation, le mauvais passé du retard, le mauvais futur de l'anticipation. Si l'Un est juste-sans-justification, il justifie le sujet. La teneur réelle de l'égalité-en-dernière-Identité s'appelle « justification », une forme non-théologique de la grâce réduite ici à l'immanence de la vision-en-Un et du clonage. La tâche, s'il y en a une, des Futurs est de justifier le Monde. Moins de devenir l'égal de Dieu au sein de Dieu que de poser l'égalité des dernières Identités hors de Dieu et de sa créature. La grande mutation est celle de la créature, non plus comme créature éternelle de Dieu, mais comme Étranger pour...*pour* Dieu (pour l'usage et l'explication théorique du Dieu-Monde) plutôt qu'*à* Dieu. Être un sujet hérétique justifie paradoxalement l'homme et le Monde transfigurés, les rend justes par leur adéquation à l'Un. Il n'y a de justice, de justesse, de justification que par l'Hérétique-en-personne, d'injustice, d'inexactitude et de non-justification que par le Monde en son autonomie supposée absolue.

Le goût du Monde ou l'amour d'indifférence

La « gustation » mystique du Monde unifie en-dernière-Identité la répulsion gnostique et l'amour premier pour le Monde. La pointe de l'hérésie n'est pas plus la haine que l'adoration, c'est l'amour en-dernière-indifférence.

À supposer avec la tradition que joie et douleur soient les deux pôles de l'affectivité dont le flux traverse l'Homme confondu avec le sujet métaphysique, le rapport hérétique au Monde est traversé par un flux non plus bipolaire mais unilatéral, l'onde d'une autre affectivité qui lui est propre. Deux filets, l'un de miel, l'autre de fiel, coulent simultanément au fond de l'âme, avant parfois de virer à la jouissance ou à la nausée, à la gustation suave du Monde comme disent certains mystiques ou au dégoût, à la Grande Nausée. Dans l'universalité philosophique du goût, dans la philosophie modulée par le goût, il y a la gustation de l'objet ultime de l'intellect, des goûts surnaturels et divins supérieurs aux « contentements de la méditation » (Thérèse d'Avila), la pensée comme équilibre et déséquilibre des proportions et des hiérarchies. Chaque fois le goût désigne la jouissance d'une affinité où le concept déterminant est absent. Universelle, la gustation désigne une sensibilité ontologique ou *a priori* sur laquelle l'esthétique pourrait donner quelques indications. La philosophie doit pouvoir, aidée de la mystique ou de l'art, supporter sans frilosité que même la saveur puisse être une forme *a priori* de l'expérience infernale du Monde ou bien de Dieu. Mais à condition de ne pas réduire davantage la gustation aux beautés du goût, d'y mettre aussi le dégoût et de compléter la jouissance du Monde par « son » vomissement. Un goût abstrait, séparé des « mille dégoûts » qui le constituent, serait le pendant du rationalisme abstrait, un artefact « métaphysique ». Déjà la déconstruction différe(a)nciait l'avaler et le rejeter dans « ce qui ne passe pas et reste au travers de la gorge ». Mais rester en ce travers est la synthèse boiteuse ou dépareillée, la synthèse judaïque de la déconstruction qui ne va pas jusqu'à l'hérésie.

Pour l'Hérétique le Monde ne reste pas simplement ainsi bloqué, ni avalé ni rejeté, à la fois... (en ce travers). Encore moins se laisse-t-il aller à l'adoration comme à la haine du Monde, il y pressent trop d'identification. Seuls les Futurs qui abordent l'Enfer avec une objectivité adéquate à ce non-objet peuvent penser une dernière identité du goût-Monde et une dernière identité de la nausée-Monde dans une gustation qui ne soit plus « mélangée », dans un goût-sans-gustation qu'il faudrait appeler *amour en-dernière-indifférence*. Sans doute la jouissance de la répulsion du Monde qui accompagne le Joui-sans-jouissance, répulsion elle-même jouie et tournée-inversée en une indifférence qui est rapport-sans-rapport. Le Verbe futur contient alors un goût qui *est,* pour user à notre manière de Thérèse d'Avila, comme un bassin rempli d'une source tout intérieure, tandis que le goût philosophique du Monde n'est qu'un contentement mélangé, un remplissement cette fois de canaux par une source extérieure, le Logos furieux du Monde.

De la paix comme ultimatum

Le Messie est (l'instrument d')une paix qui n'est qu'en-dernière-humanéité et à laquelle il introduit le Monde. La paix n'est pas historique, c'est l'une des « choses dernières », des ultimata qui ne cessent de venir.

La mystique ne fait pas qu'aspirer à la paix ou la trouver provisoirement, elle est le symptôme d'une théorie de la paix qui ne peut plus être politique, historique ou mondaine. On ne croira pas comme les désabusés ou les cyniques que la paix soit l'une de ces mauvaises utopies de l'imagination, en particulier de celle des faibles, même si nous n'hésitons pas à dire qu'elle est la dernière parole des vaincus. Entre autres dons qui ne sont pas de guerre ou de butin, notre dette à l'égard de l'Orient mystique a un nom, l'*hésychia*, la quiétude. Elle nous donne l'occasion d'un nouvel usage qui change de base ontologique cette quiétude et l'enlève ainsi à l'hésychasme religieux. De l'Un et du Multiple se réciproquant, nous la transférons dans le repos de l'Un-en-Un où le Multiple est encore Un-en-Un mais en-dernière-identité. Concrètement le sujet trouve en-Homme plutôt qu'en Dieu le repos radical, tel qu'il ne s'oppose plus au mouvement ou au « devenir ». Il prend aux grecs et aux byzantins de quoi nommer autrement le forclos radical qu'ils n'ont appréhendé que de loin, croyant l'obtenir par la répétition ininterrompue d'une prière étourdissante.

La paix non-mondaine et à plus forte raison non-planétaire, la planétaire n'ayant aucun sens concevable, est une utopie au sens où l'Homme-en-Homme est l'identité de toute utopie. *Hesychia* peut servir de nom premier dans des axiomes et des théorèmes transcendantaux sur la paix universelle en tant que déterminée et clonée à partir des contrats et des traités de paix qui, eux, font partie des jeux de la guerre la plus vaste. Aucune paix ne peut être gagnée sans l'indifférence transcendantale du Réel, c'est la paix comme *Autre-que...* le mélange de guerre et paix, autre encore que la conséquence qui lierait la paix du Monde à celle de l'âme. Les militants politiques et les héros philosophes pratiquent un suspens provisoire de la guerre, *la paix comme partie abstraite ou dépendante du conflit qui est le Tout seul concret*, comme si elle était définitivement entremêlée avec elle. La guerre doit être élargie jusqu'à la paix contractuelle, mais celle-ci dualysée et capable enfin de nommer l'Homme-en-personne, tel qu'il détermine dans le Messie la balance qui justifie les conflits par la paix-qui-vient tel un ultimatum. Pas plus qu'il ne s'agit de rendre rigoureux ou rigide l'arbitraire d'une décision philosophique par des connaissances scientifiques, il n'est question de pacifier les guerres idéologiques du Monde par un supplément de guerre et de paix plus ou mieux équilibré. Ce travail est nécessaire mais ce n'est pas celui pour lequel la mystique-fiction est faite. Le sujet se constitue tel qu'un Messie transcendantal de paix pour le Monde, la dernière des « choses dernières ».

Malheur radical et Vie bienheureuse

Nous, les Messies à l'état de multitudes, formons les peuples du malheur radical et de la béatitude, identiques pour qui a renoncé à la jouissance immédiate de Dieu.

Imaginons un instant que les fins de l'homme, puisqu'il s'agit d'elles en cette occurrence, aient schématiquement cette histoire philosophique. 1. Pour l'homme grec tel qu'il se reconnaît lui-même comme étant au Monde, la fin est la béatitude, assurée par la vie théorétique comme imitation du Cosmos et lutte contre le destin tragique. 2. Pour l'homme moderne, la fin, devenue « destination », est l'altérité, le travail et la transformation de la nature, homme compris, la béatitude étant rejetée comme simple postulat (Kant) de cet accomplissement par le travail. 3. Pour l'homme post-moderne, sa fin réside dans la synthèse des fins précédentes, dans une certaine « réconciliation ». Le Cosmos est devenu celui de la communication, la transformation se réalise par la mise en réseau technologique des moyens et des relais, l'insertion de l'homme dans ce cosmos prend cette forme cosmo-techno-logique qui se substitue à l'ancienne cosmopolitique grecque.

Parmi ces fins traditionnelles de l'homme, la mystique nous ré-oriente à nouveau vers la « vie bienheureuse » dont nous faisons ici matériau et modèle. La vie bienheureuse suppose la convertibilité de Dieu et de l'homme, leur auto-position et leur auto-jouissance, elle est la réalisation, donc aussi la transgression, de la philosophie par elle-même. C'est d'ailleurs, avec la « consolation », le topos qui assure la convertibilité de la philosophie et de la mystique, la fusion de la métaphysique et de la théologie dans le Verbe. Ainsi la finalité des fins humaines est structurée *comme* une métaphysique par une Décision philosophique. L'homme n'a jamais été seulement dans le Monde, il a toujours été dans le Monde-comme-philosophie. De là le caractère ultimement mondain de la mystique chrétienne, justement parce qu'elle fuit le Monde et son néant.

Par bien des aspects, encore que rien ici ne soit décisif ou définitif, l'Un-en-Un est « défini » axiomatiquement aussi bien par le malheur radical que par le bonheur radical, une forme non-absolue de la « béatitude ». Le mal ou l'humilité, étant des motifs plus chrétiens que grecs, conviennent stratégiquement mieux pour « unilatéraliser » l'idéal philosophique et mondain du bonheur dans la mesure où celui-ci supposerait une plénitude d'immanence proche de la totalité ou de la coïncidence *avec* soi, par conséquent divisible et donc réduite à la jouissance prise pour le Réel. Si donc la béatitude nous sert ici aussi de fil directeur occasionnel, elle ne peut plus maintenant se comprendre transgressivement comme jouissance de l'Absolu, comme bonheur de la perfection, mais comme jouissance certes *radicale*, déterminée par le Joui-sans-jouissance, objet dernier des « Béatitudes » assignées aux Simples. L'Homme-en-personne est ce Joui forclos à la béatitude, à celle dont parlent philosophes et mystiques C'est pourquoi l'Humanéité s'accommode aussi bien du malheur que de la béatitude, qui ne sont pas de toute façon ses *définitions* mais des noms premiers humains auxquels elle « souvient ».

Le cœur nouveau-né et l'éros de l'Uni-que

Le sujet-Messie, cœur transcendantal ou nouveau-né, a pour objet d'amour l'Étranger-comme-Unique.

Formellement mais philosophiquement défini, le cœur est à la sensibilité ce que l'intuition est à la pensée, l'identité extatique de la sensibilité rapportée à la donation de son objet comme l'intuition est l'identité extatique de la pensée rapportée à la donation de son objet. Si le cœur est donation intime, concentré de l'extase de la sensibilité, alors le sens intime existe dans le Monde comme toute chose et ne le déborde pas. Pas plus dans la philosophie que dans la mystique, le cœur ne peut excéder une fonction d'unité et de centralité, de sens du sens, et finalement une intuitivité qui a pour objet l'intériorité et l'existence. C'est un transcendantal concret et sensible mais qui prétend philosophiquement à la primauté du Réel, pas encore le cœur comme a priori matérial pour le Monde, capable de le donner et de le transfigurer. C'est que le cœur n'a peut-être pas encore été pensé à sa racine et dans son universalité comme cœur non-extatique ou plus exactement comme extase non-extatique (de) soi, ouverture intime *pour le Monde* en tant qu'*unique*. Philosophiquement lui aussi a perdu son identité, il a été divisé ou dédoublé comme cœur deux fois extatique, vers des objets *dans* le Monde et vers soi, et plus haut enfin vers Dieu, selon le schème ternaire et bientôt trinitaire.

Le mystique futur éprouve le cœur comme une extase simple, indivisée et sans retour, comme un effet d'« onde » parce que le cœur est l'être-donné-en-dernière-Identité de la donation affective. Il est ce qu'il y a de Réel ou d'humain dans l'intentionnalité affective, c'est l'identité transcendantale de celle-ci. C'est pourquoi ce que nous appelons le cœur nouveau-né donne affectivement « la chose même » en son unicité d'identité, si l'on peut le dire ainsi sans qu'il s'agisse d'un redoublement. Cette chose est certes le Monde en-personne mais cette fois sous les traits d'un sujet-Étranger uni-que. Le Monde est de toute façon en-Un et a cessé d'être en-Monde, mais il est donné ici de plus comme unicité et pas seulement de manière ultime comme Identité. C'est l'unicité telle qu'elle ne rompt pas son être-déterminé-en-dernière-Identité. Sans doute le cœur mystique ancien a parfois pour contenu effectif l'intellect ou l'esprit qui est au-delà de la raison ou dianoia. Mais le cœur est sans-Logos, à plus forte raison...sans raison, pour des raisons qui ne tiennent pas au Logos mais au Réel. Sans excéder l'inconsistance qui lui vient de sa cause humaine, il remplit ainsi une fonction transcendantale pour les autres sujets en tant qu'uniques. On pourrait dire que le cœur mystique mondain lui aussi est « cloné », mais de manière imaginaire ou selon la transcendance, il doit être le lieu de l'« Un ». Mais lorsque l'Un n'a plus de lieu dans l'Être ou dans le cœur et qu'il n'est plus donné par une donation intuitive mais seulement en-Un, c'est alors qu'il fait lui-même surgir un lieu transcendantal pour l'affectivité, le Fils de l'Homme comme Cœur-messie. Nous ne mesurons plus l'affectivité à la nudité de l'intellect mais à celle de la vision-en-Un.

Le Fils ou Messie est un théorème transcendantal mais ce type de théorème ou ce formalisme est vécu et finalement vivant. Le cœur co-appartient à cette puissance théorématisante que sont les Futurs, à la « force de Verbe » et la prolonge de manière amoureuse vers un Monde-Un. Son *unifacialité* le rend inconvertible avec le Monde, et avec Autrui en-Monde, c'est-à-dire identique avec l'Étranger-comme-Unique. La convertibilité de l'Un avec lui-même, axe de l'interprétation philosophique de la mystique, abandonne ici son objet et son statut. Elle glisse de Dieu avec Dieu ou avec l'homme vers l'humain avec l'humain. Cessant d'inclure l'Un comme simple Autre de l'Être, elle vaudra en-dernière-Identité du *sujet-Étranger-comme-Unique*, tel qu'il peut s'unir amoureusement avec son « semblable ».

L'a priori de l'extase érotique

Le sujet achève son devenir-Messie lorsqu'il a pour objet un Étranger-comme-Unique-dans-le-Monde. C'est une connaissance amoureuse, le contenu réel de la « science des amants ».

La convertibilité du Monde et de l'homme, telle qu'elle se déduit de celle de Dieu et de l'homme, forme une vaste métastructure que la mystique future prend, sous certaines conditions, pour symptôme et modèle d'une autre forme de convertibilité, amoureuse, du sujet avec le sujet, d'un Messie avec un autre Messie uni-que. Par son style d'énonciation, la mystique-fiction est une théorie unifiée non seulement comme explication et comme usage de cet objet complexe qu'est la mystique chrétienne, mais aussi comme érotique et pragmatique amoureuse. C'est la « science expérimentale », mais aussi érotique et mathématique, qu'ont toujours évoquée les mystiques platonisants. La décision de nomination axiomatique à partir du symptôme nous contraint de partir de l'humilité et de réserver la vie bienheureuse ou le malheur radical au sujet en sa constitution érotique. Si les fins grecques de l'homme contribuent à donner sa figure à la philosophie comme *vie heureuse*, et à la mystique qui s'y conforme comme *béatitude de l'errant*, cette béatitude théorétique acquise *a priori* par l'intellect prendra un autre sens comme béatitude de l'union amoureuse, comme *a priori* érotique constitutif du sujet mystique. La béatitude transcendante que cherchaient les Grecs et après eux les mystiques est pour nous ici le symptôme de la béatitude érotique, immanente et transcendantale par sa cause-de-dernière-humanéité. Il est vrai que l'extase amoureuse ainsi comprise n'est plus assignable à la « créature » mais à l'Étranger comme sujet-Christ, aux Futurs. L'union mystique doit être conservée, mais elle ne le peut qu'en changeant de statut, comme structure extatico-érotique où se consomme l'unition amoureuse des sujets humains.

L'extase érotique a toujours été le cœur de la mystique, enveloppé et vêtu de l'onto-théo-logie. Mais nous avons les moyens d'arracher au vieil homme son noyau d'éros après avoir arraché au Réel son noyau d'hérésie. Non pas le noyau rationnel de la dialectique mystico-hégélienne, mais le noyau érotique de la dialectique d'unition à Dieu. La relation amoureuse n'est pas une *relation première*, c'est à la rigueur un rapport-sans-rapport, et l'amour n'est pas donné avec l'Humanéité, rien n'est donné avec l'Homme si ce n'est lui-même. Dieu lui-même est ordonné au primat de la donation *a priori* de l'Un (de) l'Étranger ou plus précisément de l'Autre-Étranger-*comme-Unique-dans-le-Monde*. Ainsi lorsque l'Un-en-Un est expérimenté comme un présupposé réel non-unitionnel (de) soi, une nouvelle conception s'impose du rapport unitif de l'Autre à l'Autre.

La *théorie unifiée de la mystique* se performe donc comme une pratique et une pragmatique de l'extase érotique, mais elle ne vaut que des sujets-existant-Messies que nous sommes. La « critique » de la mystique spéculative prend celle-ci comme symptôme d'une unition de part en part humaine, d'une connaissance amoureuse d'Autrui comme Étranger, mais sans continuité réciproque avec ce dont elle est le symptôme. L'érotique future n'est pas déjà là, contenue *in nuce* dans l'expérience christiano-philosophique, elle doit être produite par le clonage de celle-ci dans des énoncés qui ont forme de théorème. C'est dire qu'elle ne naît pas continûment de sa forme philosophique par un « renversement », autre forme de fluxion, ou par une « réversion », autre forme du retour des créatures en Dieu. Un renversement garderait intacte la même méthode spéculative, une réversion garderait intacte la structure de la Décision philosophique et son autorité. Il est impossible d'appliquer à l'Homme-en-personne la méthode d'unition qui assure la convertibilité traditionnelle de l'homme avec Dieu. L'unition érotique des sujets humains prendrait des formes encore spéculatives, voire retournerait à la thèse du « rapport sexuel » présent ou absent, ou serait le simple transfert de l'« immanence » onto-théo-logique de Dieu. Il ne s'agit même pas de remettre l'opération mystique entre les mains de l'homme plutôt qu'entre celles de Dieu, comme cela peut toujours se faire sur le terrain anthropologique, mais de *transfigurer* notre expérience hérétique, mystique et érotique de l'humain tel qu'il devienne capable d'une forme d'unition avec lui-même comme Autre uni-que.

Un Verbe autoritaire suppose une convertibilité du Maître et de l'Élève, du Croyant et du Non-croyant, un transfert apparemment unilatéral mais continu, avec pour horizon l'être (en-) commun de l'intellect ou l'être-en-logos. Le mystique futur ne simule la transcendance liturgique que dans les rites de l'Éros mais lui dénie tout rôle constitutif dans l'uni-appartenance des sujets érotiques. S'il y a identité de la connaissance dans le Maître et le Disciple, symptôme du rapport érotique futur, c'est une dernière identité, universelle pour l'un et pour l'autre *à l'occasion* de leur communauté pédagogique ou ecclésiologique, amoureuse déjà peut-être. Le Verbe christique s'expose, s'explique et se constitue non comme transcendance du Christ qu'il faudrait recevoir dans l'immanence de la lettre et du texte, du sermon – mais tel que Verbe (de) l'Éros ou de l'unition avec l'Autre humain.

La mystique future s'achève comme connaissance amoureuse qui module le sujet de la connaissance théorique proprement dite (l'Étranger). Précisément elle n'est pas une transformation illusoire de l'Homme, mais une transfiguration, une connaissance identique à la constitution du sujet-existant-Éros. La connaissance n'est pas ici opposée à la sensibilité amoureuse, c'est une théorie sensibilisée a prioriquement de manière érotique et qui module un sujet théorique sensibilisé mathématiquement (axiomatiquement). Ainsi il n'y a d'érotique qu'*a priori*, pour clore la mystique-fiction et l'ouvrir sur l'Étranger-comme-Unique. Entre sa cause hérétique et sa destination érotique, entre l'Un séparé-sans-séparation et l'unition amoureuse, elle est ici globalement replacée et transformée. Cette destination érotique n'est pas secondaire. Ce qui était simple moyen ou pathos de l'union au Christ devient organon de l'Un-en-Un et structure du sujet. Cette dernière mutation de la mystique devrait permettre de répondre à la question et peut-être de la reformuler, qu'est-ce qu'un sujet amoureux ? *Qui* est amoureux ?

TABLE DES MATIÈRES

CHAPITRE II
LE ROYAUME D'HERESIE

CHAPITRE III
LA VISION-EN-UN OU LE SAVOIR INDOCTE

CHAPITRE IV
DU VERBE FUTUR

CHAPITRE VII
LES FUTURS ET LA JUSTIFICATION DU MONDE

Nous, les sans-philosophie
Collection dirigée par Ray Brassier, Gilles Grelet et François Laruelle

L'appel constant à la philosophie, à sa défense, à sa dignité, ne peut faire oublier qu'elle-même appelle les humains à se ranger à l'ordre du Monde, à se rendre conformes à ses fins, bonheur, intelligence, dialogue et correction. Nous, les sans-philosophie, ne participons pas de cette entreprise de mondanisation : nous cherchons une discipline de rébellion à la philosophie et au monde dont la philosophie est la forme éternitaire, pas un remaniement de plus ou un simple doute sur leurs valeurs et leurs vérités. Nous sommes en attente d'une seule régularisation : celle du « génie », par la méthode. Plutôt que les propriétaires de la pensée, nous sommes les prolétaires de la théorie, en lutte avec la suffisance des maîtres-philosophes. Qu'on la dise gnostique, matérialiste, non-philosophique, théoriste, seule importe sa puissance de désaliénation, c'est-à-dire d'invention. Il y a de la philosophie, mais la philosophie n'est pas (réelle). Nous, les sans-philosophie, faisons acte d'ultimatum.

Dernières parutions :

Jacques FRADIN, *La science des pauvres, traité de la richesse mortelle*, 2005.
François LARUELLE (sous la direction de), *Homo ex machina*, 2005.
Gilles GRELET (sous la direction de), *Théorie et rébellion*, 2005.

L'HARMATTAN, ITALIA
Via Degli Artisti 15 ; 10124 Torino

L'HARMATTAN HONGRIE
Könyvesbolt ; Kossuth L. u. 14-16
1053 Budapest

L'HARMATTAN BURKINA FASO
Rue 15.167 Route du Pô Patte d'oie
12 BP 226
Ouagadougou 12
(00226) 50 37 54 36

ESPACE L'HARMATTAN KINSHASA
Faculté des Sciences Sociales,
Politiques et Administratives
BP243, KIN XI ; Université de Kinshasa

L'HARMATTAN GUINÉE
Almamya Rue KA 028
En face du restaurant le cèdre
OKB agency BP 3470 Conakry
(00224) 60 20 85 08
harmattanguinee@yahoo.fr

L'HARMATTAN CÔTE D'IVOIRE
M. Etien N'dah Ahmon
Résidence Karl / cité des arts
Abidjan-Cocody 03 BP 1588 Abidjan 03
(00225) 05 77 87 31

L'HARMATTAN MAURITANIE
Espace El Kettab du livre francophone
N° 472 avenue Palais des Congrès
BP 316 Nouakchott
(00222) 63 25 980

L'HARMATTAN CAMEROUN
BP 11486
Yaoundé
002374586700
002379766166
harmattancam@yahoo.fr

639613 - Février 2016
Achevé d'imprimer par